Der Mann oben und andere Geschichten

PG Wodehouse

Writat

Diese Ausgabe erschien im Jahr 2024

ISBN: 9789359941202

Herausgegeben von
Writat
E-Mail: info@writat.com

Inhalt

DER MANN OBEN

Es gab drei verschiedene Phasen in der Entwicklung von Annette Broughams Haltung gegenüber dem Klopfen im Raum darüber. Am Anfang war es nur ein vages Unbehagen gewesen. Sie war in die Komposition ihres Walzers vertieft und hatte ihn fast unbewusst gehört. Die zweite Phase setzte ein, als ein körperlicher Schmerz wie glühende Zangen ihren Geist von der Musik abriss. Schließlich erkannte sie voller Empörung, was es war – eine Beleidigung. Dem unsichtbaren Tier gefiel ihr Spiel nicht, und er deutete seine Ansichten mit einem Stiefelabsatz an.

Trotzig, mit dem Fuß auf dem lauten Pedal, drückte sie noch einmal auf die Tasten – fast schlug sie sogar darauf.

'Knall!' aus dem Zimmer darüber. 'Knall! Knall!'

Annette erhob sich. Ihr Gesicht war rosa, ihr Kinn war geneigt. Ihre Augen funkelten im Licht der Schlacht. Sie verließ den Raum und begann die Treppe hinaufzusteigen. Kein Zuschauer, so gerecht er auch sein mochte, hätte einen Anflug von Mitleid mit dem elenden Mann verspüren können, der, ohne sich des drohenden Untergangs bewusst zu sein, möglicherweise sogar im Triumph, hinter der Tür stand, an die sie gerade klopfen wollte.

'Komm herein!' schrie die Stimme, eher eine angenehme Stimme; aber was ist eine angenehme Stimme, wenn die Seele niederträchtig ist?

Annette ging hinein. Das Zimmer war ein typisches Chelsea-Studio, spärlich möbliert und ohne Teppich. In der Mitte befand sich eine Staffelei, hinter der ein Paar Hosenbeine sichtbar waren. Über der Staffelei stieg eine graue Rauchwolke auf.

„Ich bitte um Verzeihung", begann Annette.

„Ich möchte im Moment keine Models", sagte der Brute. „Lassen Sie Ihre Karte auf dem Tisch."

„Ich bin kein Model", sagte Annette kalt. „Ich bin nur gekommen –"

Daraufhin verließ der Rohling seine Befestigungen, nahm seine Pfeife aus dem Mund und riss seinen Stuhl ins Freie.

„Ich bitte um Verzeihung", sagte er. „Willst du dich nicht hinsetzen?"

Wie rücksichtslos ist die Natur bei der Verteilung ihrer Gaben! Dieser schwarzherzige Bodenklopfer hatte nicht nur eine angenehme Stimme, sondern auch ein ansprechendes Äußeres. Im Moment war er leicht zerzaust , und seine Haare standen zu einem wirren Wuschel auf; aber trotz dieser

Nachteile sah er ganz passabel gut aus. Annette gab dies zu. Obwohl sie zornig war, war sie gerecht.

„Ich dachte, es wäre ein anderes Modell", erklärte er. „Seit ich mich hier niedergelassen habe, kommen sie mit einer Geschwindigkeit von zehn pro Stunde. Ich hatte zunächst keine Einwände, aber nachdem ungefähr das achtzigste Kind aus dem sonnigen Italien aufgetaucht war, begann es mir auf die Nerven zu gehen.'

Annette wartete kühl, bis er fertig war.

„Es tut mir leid", sagte sie mit einer Stimme, „hier bekommen Sie Ihre Stimme, wenn mein Spiel Sie gestört hat."

Man hätte gedacht, niemand außer einem Eskimo, der seine Pelze und Winterunterwäsche trug, hätte der Kälte ihres Verhaltens standhalten können; aber der Brute erstarrte nicht.

„Es tut mir leid", wiederholte Annette deutlich unter Null, „wenn mein Spiel Sie gestört hat." „Ich wohne im Zimmer unten und habe dich klopfen hören."

„Nein, nein", protestierte der junge Mann freundlich; 'Ich mag das. Tue ich wirklich .'

„Warum dann auf den Boden klopfen?" sagte Annette und drehte sich zum Gehen um. „Das ist so schlimm für meine Decke", sagte sie über die Schulter. „Ich dachte, es würde Ihnen nichts ausmachen, wenn ich es erwähne. Guten Tag.'

'NEIN; aber einen Moment. Geh nicht.'

Sie stoppte. Er musterte sie mit einem freundlichen Lächeln. Mit größtem Widerwillen bemerkte sie, dass er ein nettes Lächeln hatte. Seine Gelassenheit machte sie immer wütender. Schon längst hätte er zerschmettert und erbärmlich zu ihren Füßen im Staub liegen sollen.

„Sehen Sie", sagte er, „es tut mir furchtbar leid, aber es ist so." Ich liebe Musik, aber ich meine, du hast kein *Lied gespielt* . Es war immer und immer wieder das Gleiche.'

„Ich habe versucht, eine Formulierung zu finden", sagte Annette würdevoll, aber weniger kalt. Gegen ihren Willen begann sie aufzutauen. Dieser schockierte Jugendliche hatte etwas besonders Anziehendes an sich.

'Eine Phrase?'

'Der Musik. Für meinen Walzer. „Ich komponiere einen Walzer."

Ein Ausdruck so uneingeschränkter Bewunderung breitete sich auf dem Gesicht des jungen Mannes aus, dass die letzten Reste des Eisbeutels schmolzen. Zum ersten Mal, seit sie sich kennengelernt hatten, stellte Annette fest, dass sie diesen rücksichtslosen Bodenkämpfer wirklich mochte
.

„Kannst du Musik komponieren?" sagte er beeindruckt.

„Ich habe ein, zwei Lieder geschrieben."

„Es muss großartig sein, Dinge tun zu können – künstlerische Dinge, meine ich, wie das Komponieren."

„Nun ja, das tust du doch, nicht wahr? Du malst.'

Der junge Mann schüttelte fröhlich grinsend den Kopf.

„Ich denke", sagte er, „ich sollte ein ziemlich guter Anstreicher werden." Ich möchte Spielraum. „Leinwand scheint mich zu verkrampfen."

Es schien ihm keine Beschwerden zu bereiten. Er wirkte eher amüsiert als sonst.

'Lass mich sehen.'

Sie ging zur Staffelei.

„Das sollte ich nicht", warnte er sie. „Du willst wirklich? Ist das nicht reine Rücksichtslosigkeit? Sehr gut, dann.'

Für einen erfahrenen Kritiker wäre das Bild sicherlich grob gewirkt. Es war die Studie eines dunkeläugigen Kindes, das eine große schwarze Katze hielt. Statistiker gehen davon aus, dass es keinen Moment im Laufe des Tages gibt, in dem nicht ein oder mehrere junge Künstler irgendwo auf der Welt Bilder von Kindern malen, die Katzen halten.

„Ich nenne es „Kind und Katze"," sagte der junge Mann. „Eher ein hübscher Titel, finden Sie nicht? Vermittelt Ihnen sofort die Hauptidee der Sache. „Das", erklärte er und deutete zuvorkommend mit dem Stiel seiner Pfeife, „ist die Katze."

Annette gehörte zu dem großen Teil des Publikums, das ein Bild mag oder nicht mag, je nachdem, ob das Motiv ihm gefällt oder nicht. Vermutlich gab es unter den etwa einer Million Kinder-und-Katzen-Schandflecken, die es derzeit gibt, keinen, der ihr nicht gefallen hätte. Außerdem war er sehr nett zu ihrer Musik gewesen.

„Ich finde es großartig", verkündete sie.

Das Gesicht des jungen Mannes zeigte fast mehr Überraschung als Freude.

„Wirklich?" er sagte. „Dann kann ich glücklich sterben – das heißt, wenn du mich zuerst herunterkommen und dir deine Lieder anhören lässt."

„Du würdest nur auf den Boden klopfen", wandte Annette ein.

„Solange ich lebe, werde ich nie wieder in eine andere Etage klopfen", sagte der ehemalige Rohling beruhigend. „Ich hasse es, auf den Boden zu klopfen." Ich verstehe sowieso nicht, wofür die Leute auf den Boden klopfen wollen . ‘

In Chelsea reifen Freundschaften schnell heran. Innerhalb von eineinhalb Stunden hatte Annette herausgefunden, dass der junge Mann Alan Beverley hieß (wofür sie ihn eher bemitleidete als verachtete) und dass er seinen Lebensunterhalt nicht ausschließlich mit seiner Arbeit verdiente, sondern nur über ein wenig verfügte Er besaß eigenes Geld und hielt dies für eine glückliche Sache. Von Beginn ihres Gesprächs an gefiel er ihr. Sie empfand ihn als eine völlig neue und originelle Spielart des erfolglosen Malers. Im Gegensatz zu Reginald Sellers, der im selben Gebäude ein Atelier hatte und manchmal vorbeikam, um ihr Kaffee zu trinken und ihm seine Sorgen auszudrücken, führte er seinen Misserfolg nicht auf Böswilligkeit oder Dummheit seitens der Öffentlichkeit zurück. Sie war es so gewohnt, zu hören, wie Sellers den Philister auspeitschte und über nicht gewürdigte Verdienste redete, dass sie das Wunder kaum glauben konnte, als Beverley auf eine mitfühlende Bemerkung über den weit verbreiteten Geschmacksmangel in der Kunst antwortete: „Soweit es ihn betraf." , die Öffentlichkeit zeigte starken gesunden Menschenverstand. Hätte er mit allen Kräften versucht, ihre Wertschätzung zu gewinnen, hätte er es nicht sicherer erreichen können als mit dieser einen Bemerkung. Obwohl sie ausnahmslos mit einer süßen Geduld zuhörte, die sie ermutigte, noch lange nach dem Punkt, an dem sie im Geiste begonnen hatte, Dinge nach ihnen zu werfen, weiterzumachen, hatte Annette kein Verständnis für Männer, die jammerten. Sie selbst war eine Kämpferin. Sie hasste wie jeder andere die widerlichen Schläge, die das Schicksal den Kämpfenden und Ehrgeizigen versetzt; aber sie hat sie nie zur Grundlage eines Monologs gemacht. Oftmals heulte sie nach einem trüben Rundgang durch die Büros der Musikverleger heimlich bitterlich und kaute in den Nachtwachen sogar an ihrem Kissen herum; aber in der Öffentlichkeit sorgte ihr Stolz dafür, dass sie stets strahlend und fröhlich war.

Heute hat sie zum ersten Mal etwas von ihrem Leid preisgegeben. Da war etwas an dem strupphaarigen jungen Mann, das zu Vertraulichkeiten einlud. Sie erzählte ihm von der Steinherzigkeit der Musikverleger, von der Schwierigkeit, Lieder zu drucken, wenn man nicht dafür bezahlte, und von ihren miserablen Verkaufszahlen.

„Aber die Lieder, die Sie gespielt haben“, sagte Beverley, „wurden veröffentlicht?“

„Ja, diese drei. Aber sie sind die Einzigen.'

„Und haben sie nicht verkauft?“

'Kaum. Denn ein Lied verkauft sich nicht, wenn es nicht jemand Bekanntes singt. Und die Leute versprechen, sie zu singen, und halten dann ihr Wort nicht. „Man kann sich nicht darauf verlassen, was sie sagen.“

„Geben Sie mir ihre Namen“, sagte Beverley, „und ich werde morgen vorbeikommen und alles erschießen.“ Aber kannst du nichts tun?'

„Nur weitermachen.“

„Ich wünschte“, sagte er, „dass du jedes Mal, wenn du wegen Dingen deprimiert bist, zu mir kommen und das Gift über mich ausschütten würdest.“ Es nützt nichts, es in Flaschen zu füllen. Kommen Sie vorbei und erzählen Sie mir davon, dann wird es Ihnen viel besser gehen. Oder lass mich runterkommen. „Immer wenn etwas nicht richtig läuft, klopfen Sie einfach an die Decke.“

Sie lachte.

„Reiben Sie es nicht unter sich“, flehte Beverley. „Es ist nicht fair.“ Es gibt niemanden, der so sensibel ist wie ein reformierter Bodenklopfer. Du kommst herauf oder lässt mich herunterkommen, nicht wahr? Immer wenn ich dieses traurige, deprimierte Gefühl habe, gehe ich raus und töte einen Polizisten. Aber das wäre dir egal. Sie müssen also nur noch an die Decke klopfen. Dann stürme ich los und schaue, ob ich irgendetwas tun kann, um zu helfen.'

„Es wird dir leid tun, dass du das jemals gesagt hast.“

„Das werde ich nicht“, sagte er entschieden.

„Wenn du es wirklich ernst meinst, *wäre es* eine Erleichterung“, gab sie zu. „Manchmal würde ich mein ganzes Geld dafür geben, dass jemand meinen Kummer zum Ausdruck bringt. Ich denke immer, dass es für die Menschen in den alten Romanen so schön gewesen sein muss, als sie sagten: „Setz dich, ich erzähle dir die Geschichte meines Lebens.“ Müsste es nicht himmlisch gewesen sein?'

„Nun“, sagte Beverley und stand auf, „Sie wissen, wo ich bin, wenn ich gebraucht werde.“ Genau dort, wo das Klopfen herkam.'

'Klopfen?' sagte Annette. „Ich erinnere mich, dass es kein Klopfen gab.“

„Würde es Ihnen etwas ausmachen, mir die Hand zu schütteln?" sagte Beverley.

Eine besonders aufregende Stunde mit einem ihrer Schüler trieb sie schon am nächsten Tag in die Höhe. Ihre Schüler waren ihre Rettung und ihre Verzweiflung zugleich. Sie gaben ihr die Mittel zum Lebensunterhalt, aber sie machten das Leben kaum noch lebenswert. Einige von ihnen lernten Klavier. Andere dachten, sie hätten gesungen. Alle hatten solide Elfenbeinschädel. Etwa ein Teelöffel graue Substanz wurde auf die gesamte Truppe verteilt, und die Schülerin, die Annette an diesem Nachmittag unterrichtet hatte, war am Ende der Abteilung hinzugekommen.

Im Atelier mit Beverley fand sie Reginald Sellers, der kritisch vor der Staffelei stand. Sie mochte ihn nicht besonders. Er war ein langer, beleidigender, herablassender Mensch mit einem Schnurrbart, der wie ein Kohlefleck aussah, und der Angewohnheit, sie mit „Ah, Kleines!" anzureden.

Beverley blickte auf.

„Haben Sie Ihr Beil mitgebracht, Miss Brougham? Wenn ja, kommen Sie gerade rechtzeitig, um sich an dem Massaker an Unschuldigen zu beteiligen. Verkäufer hat mein Kind und meine Katze auf die Hüfte und den Oberschenkel geschlagen. Schau dir sein Auge an. Dort! Hast du es dann blinken sehen? Er ist wieder auf dem Kriegspfad.'

„Meine liebe Beverley", sagte Sellers ziemlich steif, „ich versuche lediglich , Ihnen meine Vorstellung von den Mängeln des Bildes zu vermitteln." Es tut mir leid, wenn meine Kritik etwas hart ausfallen muss."

„Mach weiter", sagte Beverley herzlich. „Kümmere dich nicht um mich; es ist alles zu meinem Besten.'

„Nun, mit einem Wort, es ist leblos. Weder das Kind noch die Katze leben.'

Er trat einen Schritt zurück und formte aus seinen Händen einen Rahmen.

„Die Katze jetzt", sagte er. „Es ist – wie soll ich es ausdrücken? Es hat kein-nein-ähm-'

„So eine Katze würde das nicht tun", sagte Beverley. „Das ist nicht diese Rasse."

„Ich glaube, es ist eine liebe Katze", sagte Annette. Sie spürte, wie ihr immer schnelles Temperament die Oberhand gewann. Sie wusste, wie inkompetent Sellers war, und es ärgerte sie über alle Maßen, dass Beverley seine Schirmherrschaft gut gelaunt annahm.

„Jedenfalls", sagte Beverley grinsend, „scheint ihr beide zu erkennen, dass es eine Katze ist." In diesem Punkt sind Sie ganz sicher, und das ist etwas, wenn man bedenkt, dass ich nur ein Anfänger bin.'

„Ich weiß, mein lieber Freund; „Ich weiß", sagte Sellers gnädig. „Sie dürfen sich von meiner Kritik nicht entmutigen lassen." Denken Sie nicht, dass es Ihrer Arbeit an Versprechen mangelt. Weit davon entfernt. Ich bin mir sicher, dass es Ihnen mit der Zeit tatsächlich sehr gut gehen wird. Ziemlich gut.'

In Annettes Augen konnte man ein kaltes Glitzern beobachten.

„ Herr Sellers", sagte sie ruhig, „musste selbst sehr hart arbeiten, bevor er seine jetzige Position erreichte." Du kennst natürlich seine Arbeit?'

Zum ersten Mal wirkte Beverley etwas verwirrt.

„Ich – äh – warum –", begann er.

„Oh, aber natürlich tust du das", fuhr sie süß fort. „Es steht in allen Zeitschriften."

Beverley blickte den großen Mann voller Bewunderung an und sah, dass er unangenehm rot geworden war. Er führte dies auf die Bescheidenheit des Genies zurück.

„Auf den Anzeigenseiten", sagte Annette. „ Mr. Sellers zeichnete das Bild des Waukeesy- Schuhs, des Restawhile- Sofas und der Sardinendose in der Little Gem Sardine-Werbung. Er beherrscht Stillleben sehr gut.'

Es herrschte angespannte Stille. Beverley konnte fast die Stimme des Schiedsrichters hören, der die Zählung aussprach.

„Miss Brougham", sagte Sellers schließlich und spuckte die Worte aus, „hat sich auf die rein kommerzielle Seite meiner Arbeit beschränkt." Es gibt einen anderen.'

„Natürlich gibt es das. Sie haben doch erst vor acht Monaten eine Landschaft für fünf Pfund verkauft, nicht wahr? Und noch drei Monate davor.'

Es war genug. Sellers verneigte sich steif und stolzierte aus dem Raum.

Beverley nahm einen Staubwedel und begann damit langsam den Boden zu fegen.

'Was machst du?' forderte Annette mit erstickter Stimme.

„Die Fragmente des elenden Mannes", flüsterte Beverley. „Sie müssen zusammengekehrt und anständig beerdigt werden." Sie haben auf jeden Fall den Durchschlag, Miss Brougham.'

Mit einem erschrockenen Ausruf ließ er den Staubwedel fallen, denn Annette war plötzlich in Tränen ausgebrochen. Das Gesicht in den Händen vergraben, saß sie auf ihrem Stuhl und schluchzte verzweifelt.

„Guter Gott!" sagte Beverley ausdruckslos.

'Ich bin eine Katze! Ich bin ein Tier! Ich hasse mich!'

„Guter Gott!" sagte Beverley ausdruckslos.

„Ich bin ein Schwein! Ich bin ein Teufel!'

„Guter Gott!" sagte Beverley ausdruckslos.

„Wir kämpfen alle und versuchen weiterzukommen und haben Pech, und anstatt zu tun, was ich kann, um zu helfen, verspotte ich ihn, weil ich seine Bilder nicht verkaufen kann!" Ich bin nicht lebensfähig! *Oh!* '

„Guter Gott!" sagte Beverley ausdruckslos.

Es folgte eine Reihe schluckender Schluchzer, die nach und nach zum Schweigen verklangen. Plötzlich blickte sie auf und lächelte, ein feuchtes und erbärmliches Lächeln.

„Es tut mir leid", sagte sie, „dass ich so dumm war." Aber er war so abscheulich und herablassend zu dir, dass ich nicht anders konnte, als mich zu kratzen. Ich glaube, ich bin die schlimmste Katze in London.'

„Nein, das ist es", sagte Beverley und zeigte auf die Leinwand. „Zumindest laut den verstorbenen Sellers. Aber ich sage, sagen Sie mir, ist der Verstorbene dann nicht ein großer Künstler? Er kam mit ausgestreckter Brust hierher und fing an, mein Meisterwerk zu zeichnen, also sagte ich natürlich: „Was-ho! Das ist ein Genie!" Nicht wahr?'

„Er kann seine Bilder nirgendwo verkaufen." Er lebt von dem Wenigen, das er durch die Illustration von Werbeanzeigen bekommt. Und ich verspotte-'

' *Bitte!* «, sagte Beverley besorgt.

Sie erholte sich mit einem Schluck.

„Ich kann nicht anders", sagte sie kläglich. „Ich habe es eingerieben. Oh, es war hasserfüllt von mir!" Aber ich war ganz nervös, einen meiner schrecklichen Schüler zu unterrichten, und als er anfing, dich zu bevormunden …"

Sie blinzelte.

'Armer Teufel!' sagte Beverley. „Das hätte ich nie gedacht. Guter Gott!'

Annette erhob sich.

„Ich muss gehen und ihm sagen, dass es mir leid tut", sagte sie. „Er wird mich furchtbar brüskieren, aber ich muss."

Sie ging raus. Beverley zündete sich eine Pfeife an und stand am Fenster und blickte nachdenklich auf die Straße.

Es ist eine gute Lebensregel, sich niemals zu entschuldigen. Die richtigen Leute wollen keine Entschuldigungen, und die falschen Leute nutzen sie gemein aus. Verkäufer gehörten zur letzteren Klasse. Als Annette, sanftmütig, reumütig, mit allen Krallen in der Scheide, zu ihm kam und unterwürfig war , vergab er ihr mit einer abstoßenden Großmut, die sie in einer weniger gedämpften Stimmung zu neuer Kampfeslust angestachelt hätte. So wie es war, ließ sie sich verzeihen und zog sich mit der düsteren Überzeugung zurück, dass er von nun an unerträglicher denn je sein würde.

Ihre Vermutung erwies sich als absolut richtig. Seine Besuche im Atelier des Neuankömmlings begannen erneut, und Beverleys Bild, das nun kurz vor der Fertigstellung stand, wurde so stark kritisiert, dass es einen ganzen Band gefüllt hätte. Die gute Laune , mit der er es entgegennahm, verblüffte Annette. Sie hatte kein Eigentumsinteresse an dem Gemälde, das über das hinausging, was sie aus einer wachsenden Achtung vor seinem Elternteil erlangte (was sie sehr beunruhigte, als sie Zeit hatte, darüber nachzudenken); Aber es gab Momente, in denen nur die Erinnerung an ihre Reue über ihren früheren Ausbruch sie davon abhielt, den Kritiker zu zerreißen. Beverley schien jedoch keinerlei künstlerische Sensibilität zu haben. Als Sellers die Katze auf eine Weise attackierte, die die SPCA über ihn hätte stürzen sollen, strahlte Beverley nur. Seine Langmut war für Annette unverständlich.

Sie begann ihn dafür zu bewundern.

Um seine Position als Kritiker noch uneinnehmbarer zu machen, konnte Sellers nun als jemand mit Autorität sprechen. Nach Jahren des Hin und Her schien sich sein Glück endlich gewendet zu haben. Seine Bilder, die monatelang bei einem Agenten gelegen und wie verwundete Schlachtschiffe geschaukelt hatten, hatten endlich begonnen, einen Markt zu finden. Innerhalb der letzten zwei Wochen wurden drei Landschaften und ein allegorisches Gemälde zu guten Preisen verkauft; und unter dem Einfluss des Erfolgs breitete er sich wie eine sich öffnende Blüte aus. Als Epstein, der Agent, schrieb, dass die Allegorie von einem Glasgower Plutokraten namens

Bates für einhundertsechzig Guineen gekauft worden sei, erfuhren Sellers' Ansichten über die Philister und ihren krassen Materialismus und Mangel an Geschmack eine deutliche Änderung. Er sprach mit einiger Freundlichkeit über den Mann Bates.

„Für mich", sagte Beverley, als Annette von dem Vorfall erfuhr, „hat die Angelegenheit eine tiefere Bedeutung." Es beweist, dass Glasgow endlich einen nüchternen Mann hervorgebracht hat. Kein Trinker hätte es gewagt, sich dieser Allegorie zu stellen. „Das ganze Geschäft ist sehr erfreulich."

Beverley selbst machte auf dem Gebiet der Kunst nur langsame Fortschritte. Er hatte „Kind und Katze" fertiggestellt und es zusammen mit einem Empfehlungsschreiben von Sellers zu Epstein gebracht. Die gewohnte Haltung von Sellers war nun die des freundlichen Prominenten, der angekommen ist und den Jugendlichen eine Chance geben möchte.

Beverley hatte seit seiner Abreise nicht viel für die tatsächliche Hinrichtung getan. Wann immer Annette in sein Atelier kam, saß er entweder auf einem Stuhl mit den Füßen auf dem Fensterbrett und rauchte, oder er lauschte in derselben Haltung Sellers' Ansichten über Kunst. Die Verkäufer, die sich im Upgrade befanden, ein Mann mit vielen Pfund auf seinem Guthaben auf der Bank, hatten jetzt mehr Muße. Er hatte seine Werbearbeit aufgegeben und plante ein großes Gemälde – ein weiteres allegorisches Werk. Dies gab ihm die Freiheit, viel Zeit für Beverley zu verwenden, und das tat er auch. Beverley saß da und rauchte während seiner Reden. Vielleicht hat er zugehört, vielleicht auch nicht. Annette hörte ein- oder zweimal zu, und das Erlebnis hatte den Effekt, dass sie zitternd vor Empörung nach Beverley geschickt wurde.

„Warum *lässt du zu* , dass er dich so bevormundet?" sie verlangte. „Wenn jemand käme und so mit mir über meine Musik reden würde, würde ich – ich würde – ich weiß nicht, was ich tun würde." Ja, auch wenn er wirklich ein großartiger Musiker wäre.'

„Betrachten Sie Sellers nicht auch heute noch als einen großartigen Künstler?"

„Er scheint in der Lage zu sein, seine Bilder zu verkaufen, also denke ich, dass sie gut sein müssen; aber nichts könnte ihm das Recht geben, Sie so zu bevormunden, wie er es tut.'

„Das Verhalten meines gelehrten Freundes wäre bei einem Kaiser gegenüber einem Schwarzkäfer unerträglich", zitierte Beverley. „Nun, was werden wir dagegen tun?"

„Wenn du nur auch ein Bild verkaufen könntest!"

'Ah! Nun, ich habe meinen Teil des Vertrags erfüllt. Ich habe die Ware geliefert. Da ist das Ding bei Epstein. Die Öffentlichkeit kann es mir nicht verübeln, wenn es sich nicht verkauft. Alles, was sie tun müssen, ist, zu Tausenden einzumarschieren und dafür zu kämpfen. Und übrigens, wenn wir gerade von Walzern sprechen –"

„Oh, es ist fertig", sagte Annette entmutigt. „Auch veröffentlicht."

'Veröffentlicht! Was ist denn los? Warum diese herabhängende Traurigkeit? Warum rennst du nicht über den Platz und singst wie ein Vogel?

„Denn", sagte Annette, „ich musste leider die Kosten für die Veröffentlichung bezahlen." Es kostete nur fünf Pfund, aber die Verkäufe haben das noch nicht erreicht. Wenn sie es jemals tun, wird es vielleicht eine neue Ausgabe geben.'

„Und musst du dafür bezahlen?"

'NEIN. Die Verlage würden es tun.'

'Wer sind Sie?'

' Grusczinsky und Buchterkirch .'

„Um Himmels Willen, worüber machst du dir dann Sorgen?" Das Ding ist ein Zertifikat. Ein Mann mit einem Namen wie Grusczinsky könnte allein ein Dutzend Ausgaben verkaufen. Unterstützt und inspiriert von Buchterkirch wird er den Walzer zum Landesgespräch machen. Kleinkinder werden es in ihren Kinderbetten singen.'

„Er schien das nicht zu glauben, als ich ihn das letzte Mal sah."

'Natürlich nicht. Er kennt seine eigene Macht nicht. Grusczinskys schwindende Zurückhaltung ist in Musikkreisen ein Synonym. Er ist das echte menschliche Violett. Du musst ihm Zeit geben.'

„Ich gebe ihm alles, wenn er nur ein oder zwei Exemplare verkauft", sagte Annette.

Das Herausragende war, dass er es getan hat. Es schien keinen besonderen Grund zu geben, warum der Verkauf dieses Walzers nicht so gering und langsam gewesen sein sollte wie bei jedem anderen Walzer eines unbekannten Komponisten. Doch fast ohne Vorwarnung weitete sich das Wasser von einem Rinnsal zu einer Flut aus. Grusczinsky , der väterlich strahlte, wenn Annette den Laden betrat – was oft vorkam –, kündigte zwei neue Ausgaben in einer Woche an. Beverley, dessen künstlerische Entwicklung immer noch unter den wachsamen Augen von Sellers stand, sagte, er habe von dem Moment an, als ein einziger Satz darin ihn so hingerissen habe, dass er gezwungen gewesen sei, seinen Applaus zu unterdrücken, nie an dem Erfolg der Sache gezweifelt begeistert auf dem Boden. Sogar Sellers vergaß seine eigenen Triumphe lange genug, um freundlich gratulieren zu können. Und das Geld strömte herein und ebnete den Weg des Lebens.

Das waren tolle Tage. Da war ein Hut...

Kurz gesagt, das Leben war sehr erfüllt und herrlich. Es gab tatsächlich nur eine Sache, die es davon abhielt, perfekt zu sein. Der übliche Nachteil des Erfolgs besteht darin, dass er seine Freunde so sehr nervt; aber bei Annette fehlte dieser Nachteil. Sellers Verhalten ihr gegenüber war das eines alteingesessenen Häftlings, der einen Novizen in die Hall of Fame begrüßt. Ihre Schüler – würdige Seelen, wenn auch mit Knochenköpfchen – umschmeichelten sie. Beverley schien zufriedener zu sein als jeder andere. Doch es war Beverley, die die Vollendung ihres Paradieses verhinderte. Da sie selbst erfolgreich war, wollte sie, dass alle ihre Freunde erfolgreich waren. Aber zu ihrem Unbehagen blieb Beverley ein fröhlicher Versager, und schlimmer noch, sie weigerte sich absolut, Sellers zu brüskieren. Es war nicht so, dass die Ratschläge und Kommentare der Verkäufer desinteressiert waren. Beverley war einfach das Instrument, auf dem er seine Triumphlieder spielte. Es beunruhigte Annette so sehr, dass sie, wenn sie jetzt nach oben ging und Sellers' Stimme im Studio hörte, ohne anzuklopfen wieder herunterkam.

Als sie eines Nachmittags in ihrem Zimmer saß, hörte sie das Klingeln des Telefons.

Das Telefon stand auf der Treppe, direkt vor ihrer Tür. Sie ging hinaus und nahm den Hörer ab.

„ Hallo !" sagte eine mürrische Stimme. „Ist Mr. Beverley da?"

Annette erinnerte sich, dass sie ihn ausgehen hörte. Sie konnte seine Schritte immer erkennen.

„Er ist draußen", sagte sie. „Gibt es eine Nachricht?"

„Ja", sagte die Stimme mit Nachdruck. Sagen Sie ihm, dass Rupert Morrison angerufen hat und gefragt hat, was er mit all dem großen Stapel an Musik machen soll, der angekommen ist. Will er, dass es an ihn weitergeleitet wird, oder was?' Die Stimme wurde immer höher und aufgeregter. Offensichtlich befand sich Herr Morrison in einem Zustand nervöser Anspannung, wenn es einem Mann egal ist, wer seine Sorgen hört, solange er sie jemandem mitteilt.

'Musik?' sagte Annette.

'Musik!' schrillte Mr. Morrison. „Stapel und Stapel und Stapel davon. Spielt er mir einen Scherz, oder was?' fragte er hysterisch. Offensichtlich betrachtete er Annette inzwischen als legitime Vertraute. Sie hörte zu. Das war der Hauptpunkt. Er wollte jemanden – es war ihm egal, wen – der zuhörte. „Er stellt mir seine Zimmer zur Verfügung", jammerte Mr. Morrison, „damit ich vollkommen ruhig und ungestört sein kann, während ich meinen Roman schreibe, und als erstes weiß ich, dass diese Musik ankommt." Wie kann ich ruhig und ungestört sein, wenn der Boden zwei Meter hoch mit riesigen Musikpaketen übersät ist und jeden Tag mehr dazukommen?

Annette klammerte sich schwach an die Telefonzelle. Ihre Gedanken waren im Durcheinander, aber sie begann, viele Dinge zu sehen.

'Bist du da?' namens Mr. Morrison.

'Ja. Was – von welcher Firma kommt die Musik?'

'Was ist das?'

„Wer sind die Verlage, die die Musik verschicken?"

„Ich kann mich nicht erinnern. Ein langer Name. Ja, ich habe es. Grusczinsky und jemand.'

„Ich werde es Mr. Beverley sagen", sagte Annette leise. Eine große Last schien sich auf ihrem Kopf niedergelassen zu haben.

„ Hallo ! Hallo ! Bist du da?' kam Mr. Morrisons Stimme.

'Ja?'

„Und sag ihm, dass es auch ein paar Bilder gibt."

„Bilder?"

„Vier tolle Tierbilder." Die Größe von Elefanten. Ich sage Ihnen, es gibt keinen Raum, sich zu bewegen. Und-'

Annette legte den Hörer auf.

Herr Beverley, der von seinem Spaziergang zurückgekehrt war, rannte auf seine energische Art drei Stufen auf einmal die Treppe hinauf, als er bei Annettes Tür ankam und diese geöffnet wurde.

„Haben Sie eine Minute Zeit?" sagte Annette.

'Natürlich. Wo liegt das Problem? Haben sie eine weitere Ausgabe des Walzers verkauft?'

„Ich habe es nicht gehört, Mr. Bates.“

Diesmal sah sie, wie die fröhliche Gelassenheit des Mannes oben geriet; aber er ertrug den Schlag ohne Aufregung.

'Du kennst meinen Namen?' er sagte.

„Ich weiß viel mehr als nur Ihren Namen.“ „Sie sind ein Millionär aus Glasgow.“

„Das stimmt“, gab er zu, „aber es ist erblich.“ „Mein Vater war einer vor mir.“

„Und du verwendest dein Geld“, sagte Annette bitter, „und erschaffst Narrenparadiese für deine Freunde, die vermutlich so lange bestehen bleiben, bis du des Vergnügens überdrüssig wirst und sie vernichtest.“ Ist es Ihnen nie aufgefallen, Mr. Bates, dass es ein wenig grausam ist? Glaubst du, Mr. Sellers wird sich wieder fröhlich der Kleinarbeit widmen, wenn du aufhörst, seine Bilder zu kaufen, und er herausfindet, dass – dass …“

„Ich werde nicht aufhören“, sagte der junge Mann. „Wenn ein Millionär aus Glasgow die allegorischen Bilder von Sellers nicht kaufen darf, wessen allegorische Bilder darf er dann kaufen?“ Verkäufer werden es nie erfahren. Er wird weiter malen und ich werde weiter kaufen, und alles wird Freude und Frieden sein.'

'In der Tat! Und welche Zukunft hast du für mich arrangiert?'

'Du?' sagte er nachdenklich. 'Ich will dich heiraten.'

Annette versteifte sich von Kopf bis Fuß. Er begegnete ihren leuchtenden Augen mit einem Ausdruck stiller Hingabe.

'Heirate mich?'

„Ich weiß, was Sie denken“, sagte er. „Ihre Gedanken verweilen bei der Aussicht, in einem Haus zu leben, das durchgehend mit allegorischen Bildern von Sellers geschmückt ist.“ Aber das wird nicht der Fall sein. „Wir lagern sie auf dem Dachboden.“

Sie begann zu sprechen, aber er unterbrach sie.

'Hören!' er sagte. „Setzen Sie sich und ich erzähle Ihnen die Geschichte meines Lebens.“ Wir überspringen die ersten achtundzwanzig Jahre und drei Monate und erwähnen lediglich, dass ich die meiste Zeit dieser Zeit nach jemandem wie Ihnen gesucht habe. Vor einem Monat und neun Tagen habe ich dich gefunden. Sie haben die Böschung überquert. Ich war auch am Ufer. In einem Taxi. Ich hielt das Taxi an, stieg aus und beobachtete, wie Sie gerade die U-Bahn von Charing Cross betraten. Ich sprang –'

„Das interessiert mich nicht“, sagte Annette.

„Die Handlung verdichtet sich“, versicherte er ihr. „Wir haben unseren Helden im Stich gelassen, denke ich. Einfach so. Nun, Sie sind mit dem West End-Zug gefahren und am Sloane Square ausgestiegen. Ich auch . Sie haben den Sloane Square überquert, sind auf die King's Road abgebogen und schließlich hier angekommen. Ich folgte. Ich habe einen Hinweis mit der Aufschrift „Studio zu vermieten“ gesehen. Ich überlegte, dass ich, nachdem ich ein wenig als Amateur gemalt hatte, durchaus als Künstler auftreten könnte; Also habe ich das Studio übernommen. Auch der Name Alan Beverley. Mein eigener ist Bill Bates. Ich hatte mich oft gefragt, wie es sich anfühlen würde, mit einem Namen wie Alan Beverley oder Cyril Trevelyan angesprochen zu werden. Es war einfach der Zufall, der mich für Ersteres entschied. Einmal drin, bestand das Problem darin, wie man einen kennenlernt. Als ich dich spielen hörte , wusste ich, dass alles in Ordnung war. Ich musste nur lange genug auf den Boden klopfen …“

„Willst du mir sagen?“ – Annettes Stimme zitterte. „Willst du mir sagen, dass du damals geklopft hast, nur um mich hochkommen zu lassen?“

'Das war es. Eher ein Schema, finden Sie nicht? Und würde es Ihnen jetzt etwas ausmachen, mir zu erzählen, wie Sie herausgefunden haben, dass ich Ihren Walzer gekauft habe? Ihre Bemerkungen über Narrenparadiese wurden nicht nur von den Angelegenheiten von Sellers inspiriert. Aber es übertrifft mich, wie du es gemacht hast. Ich habe Rozinsky , oder wie auch immer er heißt, zur Verschwiegenheit verpflichtet.'

„Ein Mr. Morrison“, sagte Annette gleichgültig, „rief am Telefon an und bat mich, Ihnen mitzuteilen, dass er sich große Sorgen wegen der Berge von Musik machte, die in den Zimmern, die Sie ihm zur Verfügung gestellt hatten, verstreut waren.“

Der junge Mann brach in schallendes Gelächter aus.

„Armer alter Morrison! Ich habe ihn ganz vergessen. Ich habe ihm meine Zimmer im Albany zur Verfügung gestellt. Er schreibt einen Roman und kann nicht arbeiten, wenn auch nur die kleinste Sache schiefgeht. Es zeigt nur –“

„ Herr Bates!“

'Ja?'

„Vielleicht hattest du nicht vor, mich zu verletzen. Ich wage zu behaupten, dass du nur freundlich sein wolltest. Aber – aber – oh, kannst du nicht sehen, wie du mich gedemütigt hast? Du hast mich wie ein Kind behandelt und mir einen Scheinerfolg beschert, nur um – nur um mich zum Schweigen zu bringen, nehme ich an. Du-'

Er kramte in seiner Tasche herum.

„Darf ich Ihnen einen Brief vorlesen?" er sagte.

'Ein Brief?'

„Eine ziemlich kurze. Es ist von Epstein, dem Bilderhändler. Das sagt er. Mit „Sir" meinte ich mich, wohlgemerkt nicht „Sehr geehrter Bill", sondern nur „Sir". „Ich freue mich, Ihnen mitteilen zu können, dass ich heute Morgen ein Angebot über zehn Guineen für Ihr Bild ‚Kind und Katze' erhalten habe. Bitte teilen Sie mir mit, ob ich es zu diesem Preis verkaufen soll."

'Also?' sagte Annette mit leiser Stimme.

„Ich war gerade bei Epstein. Es scheint, dass die Käuferin eine Miss Brown ist. Sie gab eine Adresse in Bayswater an . Ich habe die Adresse angerufen. Dort wohnt keine Miss Brown, sondern eine Ihrer Schülerinnen. Ich fragte sie, ob sie ein Paket für Miss Brown erwarte, und sie sagte, dass sie Ihren Brief erhalten und verstanden habe und ihn entgegennehmen würde, wenn er ankäme.

Annette versteckte ihr Gesicht in ihren Händen.

'Geh weg!' sagte sie schwach.

Mr. Bates trat einen Schritt näher.

„Erinnern Sie sich an die Geschichte der Menschen auf der Insel, die ihren Lebensunterhalt damit verdienten, dass sie sich gegenseitig die Wäsche abnahmen?" fragte er beiläufig.

'Geh weg!' rief Annette.

„Ich habe immer geglaubt", sagte er, „dass es sie sehr eng zusammengebracht haben muss – dass sie sich ziemlich verbunden fühlten." Nicht wahr?'

'Geh weg!'

„Ich will nicht weggehen." Ich möchte bleiben und dich sagen hören, dass du mich heiraten wirst.'

' *Bitte* geh weg! Ich möchte nachdenken.'

Sie hörte, wie er sich zur Tür bewegte. Er blieb stehen und ging dann wieder weiter. Die Tür schloss sich leise. Plötzlich waren aus dem Raum darüber Schritte zu hören – Schritte, die monoton auf und ab gingen wie die eines Tieres in einem Käfig.

Annette saß da und hörte zu. Es gab keine Unterbrechung in den Fußstapfen.

Plötzlich stand sie auf. In einer Ecke des Raumes befand sich eine lange Stange, die zum Heben und Senken des Fensterflügels diente. Sie nahm es und stand einen Moment lang unentschlossen da. Dann hob sie es mit einer schnellen Bewegung hoch und stach dreimal gegen die Decke.

Etwas, worüber man sich Sorgen machen muss

Ein MÄDCHEN stand auf dem Kiesstrand am Rande der Millbourne Bay und blickte auf die roten Dächer des kleinen Dorfes auf der anderen Seite des Wassers. Sie war ein hübsches Mädchen, klein und schlank. Gerade schien sie ein heimlicher Kummer zu beunruhigen, denn auf ihrer Stirn zeichneten sich Falten ab und in ihren Augen lag ein wehmütiger Ausdruck. Tatsächlich hatte sie alle charakteristischen Merkmale einer Person, die an ihren Seemannsliebhaber denkt.

Aber das war sie nicht. Sie hatte keinen Seemannsliebhaber. Sie dachte daran, dass sie ungefähr um diese Zeit die Schaufenster in London anzünden würden, und dass von allen tödlichen, deprimierenden Orten, die sie jemals besucht hatte, dieses Dorf Millbourne der tödlichste war.

Die Abendschatten wurden dunkler. Die ankommende Flut glänzte ölig, als sie über das Watt rollte. Sie stand auf und zitterte.

'Goo! Was für ein Loch!' sagte sie und beäugte das bewusstlose Dorf mürrisch. „ *Was für* ein Loch!"

Dies war Sally Prestons erster Abend in Millbourne . Sie war mit dem Nachmittagszug aus London angereist – nicht aus freien Stücken. Wenn sie sich selbst überlassen bliebe, wäre sie nicht näher als sechzig Meilen an diesen Ort herangekommen. London lieferte alles, was es vom Leben verlangte. Sie war in London geboren; seitdem lebte sie dort – sie hoffte, dort zu sterben. Sie mochte Nebel, Autobusse, Lärm, Polizisten, Zeitungsjungen, Geschäfte, Taxis, künstliches Licht, Steinpflaster, Häuser in langen, grauen Reihen, Schlamm, Bananenschalen und Filmvorführungen. Vor allem Bewegtbildausstellungen. Es war in der Tat ihre Vorliebe dafür, die zu ihrer Verbannung nach Millbourne geführt hatte .

Die breite Öffentlichkeit ist sich beim Thema Bewegtbildausstellungen noch nicht einig. Sally war, wie gesagt, mit ihnen einverstanden. Ihr Vater hingegen tat dies nicht. Als strenger ehemaliger Butler, der in der Ebury Street eine Unterkunft vermietete und sonntags im Hyde Park predigte, blickte er schief auf die „Filme". Er prahlte damit, dass er noch nie in seinem Leben ein Theater betreten hatte, und er stufte Kinopaläste mit Theatern als List des Teufels ein. Sally, die plötzlich als ständige Besucherin dieser verlassenen Orte entlarvt wurde , erlangte sofort Berühmtheit als das böse Mädchen der Familie. Da die sofortige Entfernung aus der Reichweite der Versuchung der einzig mögliche Plan war, schien es Herrn Preston eine Reise ins Land naheliegend.

Er wählte Millbourne aus , weil er dort Butler im Hall gewesen war und weil seine Schwester Jane, die als Stubenmädchen im Pfarrhaus gearbeitet hatte, jetzt verheiratet war und im Dorf lebte.

Sicherlich hätte er für Sally keine vielversprechendere Besserungsanstalt wählen können. Vielleicht würde sie hier, wenn überhaupt, die berauschenden Freuden des Kinos vergessen. Versteckt in einer Ecke seiner kleinen Bucht, die eine entgegenkommende Insel in eine stille Lagune verwandelt, liegt Millbourne und schlummert. Im verschlafenen Hampshire gibt es keinen verschlafeneren Ort. Es ist ein Ort ruhiger Männer und schläfriger Hunde. Dinge zerfallen und werden nicht ersetzt. Handwerker buchen Bestellungen, verlieren dann aber das Interesse und vergessen, die Ware zu liefern. Nur Hundertjährige sterben, und niemand macht sich um irgendetwas Sorgen – zumindest nicht, bis Sally kam und ihnen etwas gab, worüber sie sich Sorgen machen mussten.

Neben Sallys Tante Jane, in einem gemütlichen kleinen Häuschen mit einem wunderschönen kleinen Garten, lebte Thomas Kitchener, ein großer, ernster, selbstgenügsamer junger Mann, der durch den bloßen Arbeitseifer bereits fünfundzwanzig geworden war , zweiter Gärtner in der Halle. Die Gartenarbeit beschäftigte ihn. Wenn er nicht in der Halle arbeitete, arbeitete er zu Hause. Am Morgen nach Sallys Ankunft, es war ein Donnerstag und sein freier Tag, hockte er in gezwungener Haltung in seinem Garten und war mit jeder Faser seines Körpers auf die Beisetzung einer prallen jungen Blumenzwiebel konzentriert. Als daher ein Stück Schlamm über den Zaun flog, bemerkte er es nicht.

Ein zweiter jedoch erregte Aufmerksamkeit, indem er wie eine Granate in seinem Nacken zerplatzte. Er blickte erschrocken auf Niemand war in Sicht. Er war verwirrt. Es konnte kaum Schlamm regnen. Doch die alternative Theorie, dass jemand im Garten nebenan es warf, war kaum weniger bizarr. Die Art seiner Freundschaft mit Sallys Tante Jane und dem alten Mr. Williams, ihrem Ehemann, war eher angenehm als ausgelassen. Es war unvorstellbar, dass sie Erdklumpen nach ihm schleudern sollten.

Als er dastand und sich fragte, ob er zum Zaun gehen und hinüberschauen oder das Phänomen einfach als eines dieser Dinge akzeptieren sollte, die kein Mensch verstehen kann, tauchten vor ihm der Kopf und die Schultern eines Mädchens auf. In ihrer rechten Hand hielt sie einen dritten Erdklumpen, den sie zu Boden fallen ließ, da sie sah, dass seine Dienste nun nicht mehr nötig waren.

„ Hallo !“ Sie sagte. 'Guten Morgen.'

Sie war ein hübsches Mädchen, klein und schlank. Tom schien der starke, schweigsame Mann zu sein, der an eine Karriere dachte und keine Zeit hatte, sich um Mädchen zu kümmern, aber das sah er ein. Darüber hinaus lag eine gewisse Wachsamkeit in ihrem Gesichtsausdruck, die bei der weiblichen Bevölkerung von Millbourne , die tendenziell leicht boshaft wirkte, selten zu finden war.

„Was glaubst du, was *du* da vermasselst?" sagte sie freundlich.

Tom war ein langsamer junger Mann, der seine Gedanken gern unter Kontrolle hatte, bevor er sprach. Er war keiner von euren schwulen Rasseln. Außerdem hatte dieses Mädchen etwas an sich, das ihn außerordentlich verwirrte. Er war sich neuer und seltsamer Gefühle bewusst. Er stand da und starrte schweigend.

„Wie heißt du eigentlich?"

Das könnte er beantworten. Er hat es getan.

'Oh! Meiner ist Sally Preston. Mrs. Williams ist meine Tante. Ich komme aus London.'

Tom hatte keine Bemerkungen zu London zu machen.

„Hast du dein ganzes Leben hier verbracht?"

„Ja", sagte Tom.

'Meine Güte! Haben Sie nie das Gefühl, dass Sie die Nase voll haben? Willst du keine Veränderung?'

Tom dachte über den Punkt nach.

„Nein", sagte er.

„Nun, das tue *ich* . Ich will jetzt eins.'

„Es ist ein schöner Ort", riskierte Tom.

„Es ist nichts dergleichen." Es ist das schrecklichste Loch, das es gibt. Es ist absolut chronisch. Vielleicht fragen Sie sich, warum ich hier bin. Ich glaube nicht, dass ich hierher kommen *wollte* . Nicht ich! Ich wurde geschickt. Es war so.' Sie gab ihm einen kurzen Überblick über ihre Probleme. 'Dort! Nennen Sie es nicht ein bisschen dick?' sie schloss.

Tom dachte auch über diesen Punkt nach.

„Sie müssen das Beste daraus machen", sagte er schließlich.

„Das werde ich nicht! Ich werde Vater dazu bringen, mich zurückzubringen.'

Tom dachte auch über diesen Punkt nach. Selten, wenn überhaupt, hatte er an einem Morgen so viele Dinge zum Nachdenken gehabt.

'Wie?' erkundigte er sich ausführlich.

'Ich weiß nicht. Ich werde einen Weg finden. Sie sehen, wenn ich es nicht tue. Ich gebe Ihnen zu, dass ich ganz schnell von hier wegkomme *mein* Wort.'

Tom beugte sich tief über einen Rosenstrauch. Sein Gesicht war verborgen, aber das Braun seines Halses schien einen kräftigeren Farbton anzunehmen, und seine Ohren waren unbestreitbar purpurrot. Seine Füße bewegten sich ruhelos, und aus seinem unsichtbaren Mund kam die erste galante Rede, die seine Lippen jemals formuliert hatten. Bloß als Rede betrachtet, war es vielleicht nichts Wunderbares; aber von Tom war es ein Wunder an Ritterlichkeit und Eleganz.

Was er sagte war: „Ich hoffe nicht."

Und sein Instinkt sagte ihm, dass er seine größte Anstrengung getan hatte und dass alles Weitere nur ein bisschen sein musste. Er drehte sich abrupt um und stolzierte in seine Hütte, wo er Tee trank, Speck aß und chaotische Gedanken hegte. Und als sein Appetit nach mehr als der Hälfte der dritten Scheibe nachließ, verstand er es. Er war verliebt.

Diese starken, schweigsamen Männer, die schon vor ihrem dreißigsten Lebensjahr Obergärtner sein wollen und die Frau als gefährliches Hindernis für eine erfolgreiche Karriere aus ihrem Leben verbannen, müssen eine schwere Strafe zahlen, wenn sie sich tatsächlich verlieben. Der durchschnittliche verantwortungslose junge Mann, der samstagabends in der North Street herumlungerte, am Sonntagnachmittag durch die Wiesen und an der Mühle vorbei und am Bach vorbei nach Hause zurückging, sich für den Jahresausflug in die Bremse setzte und durch die Straßen schlurfte Polka auf dem Handwerkerball zu tanzen und im Allgemeinen alle legitimen Gelegenheiten zum Sport mit Amaryllis im Schatten zu nutzen, hat hundert Vorteile, die Ihrer erfolgreichen Karriere fehlen. In den folgenden Tagen gab es kaum einen Moment, in dem Tom seine vernachlässigte Bildung nicht bereute.

Denn er war nicht Sallys einziges Opfer in Millbourne . Das war das Problem. Ihre Schönheit war nicht von der schwer fassbaren Art, die sich unmerklich in die Vision des seltenen Kenners schleicht. Es war plötzlich und zwingend. Es hat dich getroffen. Hellbraune Augen unter einer Fülle blonden Haares, ein entschlossenes kleines Kinn, eine schlanke Figur – das sind beunruhigende Dinge; und die Jugendlichen des friedlichen Millbourne richteten sich auf und nahmen es als einen einzigen Jugendlichen zur Kenntnis. Denken Sie an die letzte Musikkomödie zurück, die Sie gesehen haben. Erinnern Sie sich an das Lied der Hauptdarstellerin mit dem Chor junger Männer, die alle gleichzeitig in einer ordentlichen Reihe ihre Hingabe darbieten. Nun, so verhielten sich die Jungs des Dorfes gegenüber Sally.

Herr und Frau Williams, bis dahin ein hochgeschätztes, aber wenig frequentiertes Paar, staunten über den plötzlichen Zustrom von Besuchern. Das Häuschen wurde praktisch zu einem *Salon* . Es gab keinen Abend, an dem das kleine Wohnzimmer mit Blick auf den Garten nicht voll war. Es stimmt, dass dem Gespräch etwas von dem Glanz fehlte, den man normalerweise in *Salons der besseren Klasse findet* . Um genau zu sein, gab es kaum Gespräche. Die Jugendlichen von Melbourne waren robust und ehrlich. Sie waren das Rückgrat Englands. England hätte sie in der Stunde der Not mit der beruhigenden Gewissheit anrufen können, dass sie ihm zu Hilfe eilen würden, wenn sie nicht gerade einen anderen Auftrag hätten.

Aber beim Smalltalk glänzten sie nicht. Im Gespräch waren sie völlig erschöpft, nachdem sie Herrn Williams nach seinem Rheuma gefragt hatten. Danach begnügten sie sich damit, massenhaft in den Ecken herumzusitzen und einander finster anzustarren. Dennoch war es alles sehr lustig und gesellig und trug dazu bei, die langen Abende zu verbringen. Und wie Frau Williams als Antwort auf einige ziemlich scharfe Bemerkungen von Herrn Williams zum Thema „Haufen junger Narren, die es einem Mann unmöglich machen, in seinem eigenen Haus eine ruhige Zigarette zu bekommen" betonte, hielt es sie dadurch von der Öffentlichkeit fern -Häuser.

Tom Kitchener beobachtete die Invasion unterdessen mit wachsender Bestürzung. Schüchternheit hielt ihn von den abendlichen Zusammenkünften und dem, was in diesem Haus vor sich ging, ab, wo junge Leute wie Ted Pringle, Albert Parsons, Arthur Brown und Joe Blossom (um nur vier der eifrigsten zu nennen) ihre Faszination aus nächster Nähe ausübten, er dachte nicht gern. Wieder und wieder versuchte er, sich auf die Feste der Vernunft und der Seelenströme vorzubereiten, von denen er wusste, dass sie jeden Abend um den Gegenstand seiner Andacht herum stattfanden, aber jedes Mal scheiterte er. Gewohnheit ist eine schreckliche Sache; es fesselt den Stärksten, und Tom hatte sich angewöhnt, sich morgens als erstes über den Gartenzaun nach Mr. Williams' Rheuma zu erkundigen.

Es war eine höfliche, nachbarschaftliche Handlungsweise, aber es machte die einzige Ausrede zunichte, die ihm einfiel, nachts hereinzuschauen. Er konnte nicht anders. Es war wie eine schreckliche Geißel – die Morphiumsucht oder so etwas in der Art. Jeden Morgen schwor er sich, dass ihn nichts dazu bringen würde, das Thema Rheuma anzusprechen, doch kaum war der Kopf des kranken alten Herrn über dem Zaun aufgetaucht, kam er auch schon heraus.

„Morgen, Herr Williams."

„Morgen, Tom.“

Pause, typisch für einen starken Mann, der mit sich selbst kämpft; Dann:

„Wie geht es dem Rheuma, Mr. Williams?“

„Besser, danke , Tom.“

Und da war er, mit aufgespießten Waffen.

Er gab jedoch nicht auf. Er brachte bei seiner Werbung die gleiche Entschlossenheit mit, die ihn mit fünfundzwanzig Jahren zum zweiten Gärtner in der Halle gemacht hatte. Er war ein Neuling in diesem Spiel, aber sein Instinkt sagte ihm, dass es eine gute Vorgehensweise sei, Geschenke zu überhäufen. Er hat es getan. Alles, was er zum Duschen brauchte, war Gemüse, und er duschte es auf eine Weise, die dafür gesorgt hätte, dass über die Göttin Ceres gesprochen wurde. Sein Garten verwandelte sich in einen perfekten Krater, aus dem Gemüse hervorbrach. Warum Gemüse? Ich glaube, ich höre einen Zwischenrufer schreien. Warum nicht Blumen — frische, helle, duftende Blumen? Mit Blumen kann man viel machen. Mädchen lieben sie. In ihnen steckt Poesie. Und darüber hinaus gibt es eine anerkannte Blumensprache. Schießen Sie eine Rose, eine Calceolaria, ein Staudenbeet oder so etwas hinein, nehme ich an, und Sie haben einen formellen Heiratsantrag gemacht, ohne sich die Mühe machen zu müssen, vor Ihrem Schlafzimmer eine lange Rede einzustudieren und entsprechende Gesten zu üben . Glas. Warum schenkte Thomas Kitchener Sally Preston dann keine Blumen? Nun ja, leider war es mittlerweile Spätherbst und es gab keine Blumen. Die Natur hatte ihre Blumensegen vorübergehend erschöpft und joggte mit Kartoffeln, Artischocken und so weiter. Liebe ist so. Es kommt immer genau zur falschen Zeit. Ein paar Monate zuvor hatte es in Tom Kitcheners Garten genug Rosen gegeben , um die Herzen eines Dutzend Mädchen zu erobern. Jetzt gab es nur noch Gemüse, das war immer so.

Es war nicht zu erwarten, dass eine derart praktisch zur Schau gestellte Hingabe Kommentaren entgehen würde. Dies wurde von diesem klugen Beobachter, dem alten Mr. Williams, geliefert . Er sprach ernsthaft mit Tom über den Zaun hinweg über seine Leidenschaft.

„Junger Tom“, sagte er, „lass es.“

Tom murmelte unverständlich. Mr. Williams rückte den Zylinder zurecht, ohne den er nie ins Ausland ging, nicht einmal in seinen Garten. Er blinzelte Tom wohlwollend an.

„Du machst es mit Janes jungem Mädchen wieder gut", fuhr er fort. „Du kannst *mich* nicht täuschen ." All diese P'taties und was nicht. *ICH* Ich habe dein Spiel schnell genug gesehen . Lass es einfach fallen, junger Tom.'

'Warum?' murmelte Tom rebellisch. Eine plötzliche Abneigung gegen den alten Mr. Williams flammte in ihm auf.

'Warum? Weil du dir nur die Finger verbrennst, wenn du es nicht tust, deshalb. Ich habe dieses junge Mädchen von Jane beobachtet und gesehen , was für ein junges Mädchen sie ist. Sie ist ein flippiges Stück, das ist sie. Wenn du dieses junge Mädchen heiratest, Tom, wirst du nie wieder Ruhe und Glück haben. Sie würde es einfach nehmen und den Laden für dich auf den Kopf stellen. Der Mann, der das junge Mädchen heiratet, muss Herr in seinem eigenen Haus sein. Er muss ihr zeigen, was was ist. Nun, du hast nicht den Teufel in dir, das zu tun, Tom. Du bist das, was ich eine Art Schaf nennen würde. Ich bewundere es an dir, Tom. Ich mag es, einen jungen Mann zu sehen, der genauso ruhig und ruhig ist wie Sie. So ist es also, sehen Sie. Lass diese Dummheit einfach fallen, junger Tom, und lass das junge Mädchen in Ruhe, sonst verbrennst du dir die Finger, genau wie ich es sage.'

Und der alte Herr schlenderte, indem er seinen Zylinder verwegen schwenkte, ins Haus, zufrieden, dass er auf angenehme und taktvolle Weise eine zurückhaltende Andeutung gemacht hatte.

Es ist anzunehmen, dass dieses Interview Tom zu schnellem Handeln veranlasst hat. Anders lässt sich nicht erklären, warum er bei dem Thema, das ihm am Herzen lag, nicht ebenso zurückhaltend gewesen sein sollte, als er Sally den siebenundzwanzigsten Kohl schenkte, wie er es bei der Verabreichung der hundertsechzigsten Kartoffel gewesen war. Jedenfalls bleibt die Tatsache bestehen, dass, als dieses schicksalhafte Gemüse über den Zaun hinweg den Besitzer wechselte, tatsächlich so etwas wie ein Heiratsantrag von ihm ausging. Als nachhaltiges Stück emotionaler Prosa blieb es hinter den höchsten Standards zurück. Das meiste davon ging in seiner Kehle verloren, und was herauskam, war größtenteils unhörbar. Doch als sie das Wort „Liebe" deutlich zweimal verstand und Tom mit den Füßen scharrte, schweißüberströmt war und überall hin blickte, nur nicht zu ihr, begriff Sally die Situation. Daraufhin akzeptierte sie ihn ohne sichtbare Emotionen.

Tom musste sie bitten, ihre Bemerkung zu wiederholen. Er konnte sein Glück nicht fassen. Es ist einzigartig, wie schüchtern ein normalerweise selbstbewusster Mann werden kann, wenn er einmal verliebt ist. Als Colonel Milvery von der Hall ihn über seine Beförderung zum zweiten Gärtner informiert hatte, hatte Tom keine *Zugabe verlangt* . Er kannte seinen Wert. Er war sich vollkommen bewusst, dass er ein guter Gärtner war, und die offizielle Anerkennung dieser Tatsache erfüllte ihn zwar mit Genugtuung, aber unbeeindruckt. Aber diese Affäre mit Sally war eine ganz andere Sache. Es hatte seine Wertmaßstäbe revolutioniert und ihn gezwungen, sich selbst als Mann zu betrachten, ganz unabhängig von seinen Fähigkeiten als Gärtner. Und bis zu diesem Moment hatte er ernsthafte Zweifel gehabt, ob er, abgesehen von seinen Fähigkeiten als Gärtner, noch viel bedeutete.

Er war überwältigt. Demütig küsste er Sally über den Zaun hinweg. Sally ihrerseits schien das alles sehr gleichgültig zu machen. Ein kritischerer Mann als Thomas Kitchener hätte vielleicht gesagt, dass die Sache Sally allem Anschein nach ziemlich langweilte.

„Erzähl es noch keinem", forderte sie.

Tom hätte viel dafür gegeben, dem alten Mr. Williams trotzig seinen Triumph verkünden zu dürfen, ganz zu schweigen davon, dass er darüber im Dorf beträchtlichen Aufruhr gemacht hätte; Aber ihr Wunsch war Gesetz, und er stimmte widerwillig zu.

Es gibt Momente im Leben eines Mannes, in denen seine Seele, egal wie enthusiastisch er als Gärtner ist, über Gemüse schwebt. Tom wird mit einem Ruck ins Tierreich geschossen. Das erste Geschenk, das er Sally als Verlobter machte, war ein Hund.

Es war ein halb ausgewachsener Welpe mit langen Beinen und einem langen Schwanz, der keiner einzigen Art angehörte, sich aber großzügig auf etwa sechs Arten verteilte. Sally liebte es und nahm es überallhin mit. Und auf einem dieser Streifzüge stürzte sich Constable Cobb, der Dorfpolizist, darauf und wies darauf hin, dass der Welpe entgegen den Vorschriften kein Halsband hatte.

Es ist möglich, dass eine vernünftige Sanftmut von Sallys Seite eine Katastrophe abgewendet hätte. Mr. Cobb war ein Mensch und Sally sah an diesem Morgen besonders attraktiv aus. Sanftmut fiel Sally jedoch nicht leicht. In einer Rede, die als Streit begann und als reine Frechheit endete (Herr Cobb erwies sich als solide und unnachgiebig), brachte sie den Polizisten völlig in die Irre. Aber ihr Sieg war nur ein moralischer, denn als sie sich zum Gehen umdrehte, trug Mr. Cobb, mattrot und leicht schnaufend, bereits Einzelheiten der Angelegenheit in sein Notizbuch ein, und Sally wusste, dass das letzte Wort bei ihm lag.

Auf dem Rückweg traf sie Tom Kitchener. Er sah sehr zäh und stark aus, und als sie ihn sah, kam ihr in abgeänderter Form der halbfertige Gedanke in den Sinn, Constable Cobb anzugreifen, den sie bedauerlicherweise als undurchführbar abgetan hatte. Tom wusste es nicht, aber der Grund, warum sie ihn in diesem Moment so strahlend anlächelte, war, dass sie ihn gerade zum angeheuerten Attentäter gewählt hatte. Obwohl sie nicht wollte, dass Constable Cobb tatsächlich ermordet würde, wünschte sie sich ernsthaft, dass ihm der Helm bis über die Augen geschlagen würde; und es schien ihr, dass Tom der Mann dafür war.

Sie schüttete ihm ihren Kummer aus und schlug ihren Plan vor. Sie hat es sogar näher erläutert.

„Warum solltest du nicht eines Nachts auf ihn warten und ihn in den Bach werfen? Es ist nicht tief und herrlich schlammig.'

'Äh!' sagte Tom zweifelnd.

„Es würde ihm nur etwas beibringen", betonte sie.

Doch die Aussicht auf eine höhere Ausbildung zum Polizeibeamten schien Tom nicht zu gefallen. In seinem Herzen sympathisierte er eher mit Constable Cobb. Er erkannte den Standpunkt des Polizisten. Reden ist schön und gut, aber wenn man in einem verschlafenen Dorf stationiert ist, in dem niemand mordet, raubt, Brandstiftung begeht oder sich betrunken auf der Straße verhält, ist ein Welpe ohne Halsband einfach ein Geschenk des Himmels. Ein Mann muss auf sich selbst aufpassen.

Er versuchte, Sally diese Seite der Frage klarzumachen, scheiterte jedoch deutlich. Sie fand seine Haltung bedauerlich.

„Ich hätte wissen können, dass du Angst gehabt hättest", sagte sie und zuckte verächtlich mit dem Kinn. 'Guten Morgen.'

Tom errötete. Er wusste, dass er in seinem Leben noch nie vor irgendetwas Angst gehabt hatte, außer vor ihr; aber dennoch schmerzte die Anschuldigung. Und da er immer noch Angst vor ihr hatte , stammelte er, als er begann, den Vorwurf abzustreiten.

„Oh, hör auf!" sagte Sally gereizt. „Lutschen Sie eine Lutschpastille."

„Ich habe keine Angst", sagte Tom und reduzierte seine Bemerkungen auf ein Minimum, da dies seine einzige Chance war, verständlich zu sein.

'Du bist.'

'Ich bin nicht. Es ist nur so, dass ich –"

Ein böser Glanz erschien in Sallys Augen. Ihr Verhalten war hochmütig.

„Das spielt keine Rolle." Sie hielt inne. „Ich habe keinen Zweifel daran, dass Ted Pringle tun wird, was ich will."

Trotz all ihrer Verachtung konnte sie einen Anflug von Unbehagen in ihren Augen nicht verbergen, als sie sich auf ihre nächste Bemerkung vorbereitete. Auf Toms Kiefer lag ein Ausdruck, der sie zögern ließ. Aber ihre Wut war mit ihr durchgegangen, und sie machte weiter.

„Ich bin sicher, dass er das tun wird", sagte sie. „Als wir uns verlobten , sagte er, dass er alles für mich tun würde."

Es gibt Reden, die im Gespräch derart umwerfend sind, dass man kaum glauben kann, dass das Leben nach ihnen jemals wieder auf die Beine kommen und weitergehen wird. Und doch tut es das. Der Dramatiker lässt den Vorhang für solche Reden fallen. Der Romanautor versperrt seinem Leser den Weg mit einer Zareba aus Sternen. Aber im Leben gibt es keine Vorhänge, keine Sterne, nichts Endgültiges und Bestimmtes – nur unregelmäßige Pausen und Unbehagen. Es gab jetzt so eine Pause.

'Wie meinst du das?' sagte Tom schließlich. „Du hast versprochen, mich zu heiraten."

„Ich weiß, dass ich es getan habe – und ich habe versprochen, Ted Pringle zu heiraten!"

Dieser Anflug von Panik, den sie nicht ganz unterdrücken konnte, die Panik, die jeden überkommt, wenn eine Situation wie eine seltsame, unkontrollierbare Maschine mit ihnen davonläuft, verleiht Sallys Verhalten eine Spur zu viel Trotz. Sie hatte sich gewünscht, cool zu sein, sogar lässig, aber sie begann Angst zu haben. Warum, hätte sie nicht sagen können. Mit Gewalt seitens Toms hatte sie sicherlich nicht gerechnet. Vielleicht war es das. Vielleicht hatte sie nur Angst, weil er so still war. Sie hatte ihn immer verächtlich als einen liebenswürdigen, durchsichtigen Lümmel angesehen, und jetzt stellte er sie vor ein Rätsel. Sie hatte den Eindruck, dass hinter seiner Sturheit etwas Furchtbares steckte, etwas, das ihr das Gefühl gab, gemein und unbedeutend zu sein.

Sie kämpfte gegen das Gefühl, aber es packte sie; und wider Willen merkte sie, dass ihre Stimme immer schriller und außer Kontrolle geriet.

„Ich habe versprochen, Ted Pringle zu heiraten, und ich habe versprochen, Joe Blossom zu heiraten, und ich habe versprochen, Albert Parsons zu heiraten." Und ich wollte versprechen, Arthur Brown und jeden anderen, der mich fragte, zu heiraten. Jetzt wissen Sie es also! Ich habe dir gesagt, dass ich Vater dazu bringen würde, mich zurück nach London zu bringen. „Nun, wenn er hört, dass ich versprochen habe, vier verschiedene Männer zu heiraten, wette ich, dass er mich mit dem ersten Zug nach Hause bringen wird."

Sie stoppte. Sie hatte noch mehr zu sagen, konnte es aber nicht sagen. Sie stand da und sah ihn an. Und er sah sie an. Sein Gesicht war grau und sein Mund war seltsam verzogen. Stille schien sich über das ganze Universum zu legen.

Sally hatte jetzt wirklich Angst und sie wusste es. Sie fühlte sich in einer äußerst beunruhigenden Welt sehr klein und wehrlos . Sie hätte nicht sagen können, was mit ihr passiert war. Sie wusste nur, dass das Leben plötzlich sehr lebendig geworden war und dass sich ihre Vorstellungen davon, was amüsant war, auffallend verändert hatten. Die Entwicklung eines Mannes ist ein langsamer und stetiger Prozess über die Jahre – die einer Frau ist eine Sache eines Augenblicks. In der Stille, die ihren Worten folgte, war Sally erwachsen geworden.

Tom brach das Schweigen.

'Ist das wahr?' er sagte.

Seine Stimme ließ sie zusammenzucken. Er hatte leise gesprochen, aber da war eine neue, ihr unbekannte Note darin. So wie sie nicht hätte sagen können, was mit ihr passiert war, so hätte sie jetzt nicht sagen können, was mit Tom passiert war. Auch er hatte sich verändert, aber wie, wusste sie nicht. Doch die Erklärung war einfach. In gewisser Weise war er auch erwachsen geworden. Er hatte keine Angst mehr vor ihr.

Er stand da und dachte nach. Stunden schienen zu vergehen.

'Mitkommen!' sagte er schließlich und begann, die Straße hinunterzugehen.

Sally folgte ihr. Die Möglichkeit, sich zu weigern, kam ihr nicht in den Sinn.

'Wo gehst du hin?' Sie fragte. Es war unerträglich, diese Stille.

Er hat nicht geantwortet.

Auf diese Weise gingen sie, er ging voran, sie folgte, die Straße hinunter in eine Gasse und durch ein Tor auf ein Feld. Sie betraten ein zweites Feld, und als sie das taten, machte Sallys Herz einen Satz. Ted Pringle war da.

Ted Pringle war ein großer junger Mann, sogar größer als Tom Kitchener, und wie Tom war er ein schweigsamer Mensch. Er beäugte die kleine Prozession fragend, sagte aber kein Wort. Es entstand eine Pause.

„Ted", sagte Tom, „es ist ein Fehler passiert."

Er trat schnell an Sallys Seite, und im nächsten Moment hatte er sie von den Füßen gerissen und sie geküsst.

Für den Geistestyp, den Millbourne hervorbringt, sagen Taten mehr als Worte, und Ted Pringle, der den Mund aufgerissen hatte, starrte nicht mehr. Er sprang vor, und Tom, der Sally beiseite schob, drehte sich zu ihm um.

Ted Pringle tut mir ein wenig leid. Angesichts dessen, was passiert ist, könnte ich mir wünschen, dass es möglich wäre, ihn als einen massigen Rohling mit bösem Aussehen und schlechterer Moral darzustellen – die Art von Mensch, über den man sich getrost vorstellen kann, dass er alles verdient hat, was er hat. Ich möchte ihn zu einem unsympathischen Charakter machen, über dessen Untergang sich der Leser freuen würde. Aber ehrlich gesagt muss ich zugeben, dass Ted in jeder Hinsicht ein durch und durch anständiger junger Mann war. Er war ein guter Bürger, ein pflichtbewusster Sohn und hätte sicherlich einen hervorragenden Ehemann abgegeben. Darüber hinaus hatte er in dem vorliegenden Streit das gleiche Recht auf seiner Seite wie Tom. Die ganze Angelegenheit war einer jener elementaren Zusammenstöße zwischen Mensch und Mensch, bei denen der Historiker nicht mit der einen Seite auf Kosten der anderen sympathisieren kann, sondern sich auf eine bloße Darstellung dessen beschränken muss, was geschehen ist. Und kurz gesagt, es geschah, dass Tom, der eine aufgestaute Wut ins Spiel brachte, die sein Gegner keine Zeit hatte zu erzeugen, Ted innerhalb von zweieinhalb Minuten völlig zum Stillstand brachte.

Sally hatte das Geschehen krank und entsetzt beobachtet. Sie hatte noch nie zuvor Männer kämpfen sehen, und der Schrecken darüber überwältigte sie. Ihre Eitelkeit empfand keinen angenehmen Anreiz bei dem Gedanken, dass dieser Sturm ihretwegen losgelassen worden war. Für den Moment war ihre Eitelkeit tot, betäubt von der Kollision mit der Realität. Sie bemerkte, dass sie in einem Traum zusah. Sie sah, wie Ted fiel, aufstand, wieder fiel und dort lag, wo er gefallen war; und dann wurde ihr bewusst, dass Tom sprach.

'Mitkommen!'

Sie hielt sich zurück. Ted lag ganz still. Es kamen grauenhafte Ideen auf. Sie hatte sie gerade als Wahrheit akzeptiert, als Ted sich wand. Er wand sich erneut. Dann setzte er sich plötzlich auf, sah sie mit blicklosen Augen an und sagte etwas mit belegter Stimme. Sie schluchzte erleichtert auf. Es war grässlich, aber nicht so grässlich, wie sie es sich vorgestellt hatte.

Jemand berührte ihren Arm. Tom war an ihrer Seite, grimmig und beeindruckend. Er wischte sich Blut aus dem Gesicht.

'Mitkommen!'

Sie folgte ihm wortlos. Und jetzt sehen Sie, wie Albert Parsons in einem anderen Bereich nachdenklich und ohne Rücksicht auf drohende Krankheiten pfeift.

Bei allem, was er tat, war Tom ein Mann der Methode. Er weicht nicht von seiner gewählten Formel ab.

„Albert", sagte er, „es ist ein Fehler passiert."

Und Albert glotzte, so wie Ted klaffte.

Tom küsste Sally mit der Ernsthaftigkeit eines Menschen, der ein Ritual durchführt.

die Hässlichkeiten des Lebens gewöhnen, verlieren sie ihre schockierende Kraft, und es besteht kein Zweifel daran, dass Sally diesen zweiten Kampf mit anderen Augen betrachtete. Sie verspürte ein Gefühl der Aufregung, ganz anders als das schwindende Entsetzen, das sie zuvor erfasst hatte. Ihre verblüffte Eitelkeit erwachte wieder zum Leben. Der Kampf tobte wütend auf dem zertrampelten Rasen, und als sie zusah, wurde ihr ganz plötzlich bewusst, dass ihr Herz bei Tom war.

Es waren nicht mehr zwei seltsame Tiere, die auf einem Feld kämpften. Es war ihr Mann, der für sie kämpfte.

Sie wünschte sich mit überwältigender Mehrheit, dass er gewinnen würde, dass er nicht verletzt werden würde, dass er Albert Parsons triumphierend besiegen würde, so wie er Ted Pringle besiegt hatte.

Unglücklicherweise war selbst ihr klar, dass er verletzt war und weit davon entfernt war, Albert Parsons triumphierend zu besiegen. Er hatte sich keine Zeit gelassen, sich von seinem ersten Kampf zu erholen, und seine Schläge waren langsam und ermüdend. Darüber hinaus war Albert aus härterem Holz geschnitzt als Ted. Obwohl er jetzt ein friedlicher Kuhhirte war, hatte es in seiner heißen Jugend eine Zeit gegeben, in der er auf Reisen mit einem Zirkus Woche für Woche gegen Staffeln von so rustikalen Kriegern wie Tom gekämpft hatte. Er kannte ihre Methoden – ihre stürmischen Angriffe, ihre ausholenden Schläge. Sie waren für ihn die bloße Alltäglichkeit des Lebens. Er ließ Tom ausrutschen, er wich Tom aus, er versetzte Tom einen Stoß; Er tat alles mit Tom, was ein trainierter Boxer mit einem rücksichtslosen Neuling tun kann, außer ihm den Kampf zu nehmen, bis er schließlich durch die bloße Arbeit des Schlagens ebenfalls müde wurde.

Nun, in den Tagen, als Albert Parsons an einem Abend gegen ganze Familien von Toms gekämpft hatte, hatte er in Runden gekämpft, mit dem Chef, der die Wache hielt, und mit halbminütigen Pausen und Wasser, um ihn zu erfrischen, und alles ordentlich und ordnungsgemäß. Heute gab es keine Runden, keine Pausen, kein Wasser, und die friedliche Haltung der Kühe hatte dazu geführt, dass Fleisch wuchs, wo vorher nur Muskeln waren. Toms stürmischen Anstürmen ließen sich nicht mehr so leicht ausweichen, und seine ausholenden Schläge waren schwieriger als der wissenschaftliche

Konter, der ihnen entgegenschoss. Als er müde wurde, schien Tom wieder zu Kräften zu kommen. Die Flut der Schlacht begann abzuebben. Er schaffte es und Tom warf ihn ab. Er täuschte vor, und während er täuschte, war Tom auf ihm. Es war der Höhepunkt der Schlacht – die letzte Kundgebung. Albert ging hinunter und blieb unten. Körperlich war er noch nicht fertig; Aber in seinem Kopf hatte sich eine Frage gebildet – die Frage. „War es das wert?" – und er antwortete: „Nein." Es gab andere Mädchen auf der Welt. Kein Mädchen war diese ganze Mühe wert.

Er ist nicht aufgestanden.

'Mitkommen!' sagte Tom.

Er sprach mit belegter Stimme. Sein Atem ging stoßweise. Es war ein schrecklicher Anblick, aber Sally hatte die schwächeren Emotionen hinter sich. Sie war zurück in der Steinzeit und ihr einziges Gefühl war leidenschaftlicher Stolz. Sie versuchte zu sprechen. Sie hatte Mühe, alles, was sie empfand, in Worte zu fassen, aber irgendetwas hielt sie stumm und sie folgte ihm schweigend.

Auf dem Weg vor seinem Cottage, unten am Bach, schnitt Joe Blossom eine Hecke. Das Geräusch von Schritten ließ ihn sich umdrehen.

Er erkannte Tom erst, als er sprach.

„Joe, da ist ein Fehler passiert", sagte Tom.

„Es war eher eine Schießpulverexplosion", sagte Joe, ein einfacher, praktisch veranlagter Mann. „Was hast du mit deinem Gesicht gemacht ?"

„Sie wird mich heiraten, Joe."

Joe musterte Sally fragend.

„Äh? Du hast mir versprochen, *mich* zu heiraten .'

„Sie hat versprochen, uns alle zu heiraten. Du, ich, Ted Pringle und Albert Parsons.'

„Versprochen – uns alle zu heiraten!"

„Da lag der Fehler." Sie wird mich nur heiraten. Ich – ich habe es mit Ted und Albert arrangiert, und jetzt bin ich gekommen, um es dir zu erklären, Joe."

„Du hast versprochen zu heiraten –!"

Die kolossale Natur von Sallys Betrug machte Joe Blossom sichtlich Sorgen. Er atmete langanhaltend erstaunt aus. Dann fasste er zusammen.

„Warum du nicht mehr und nicht weniger als ein Joshua bist!"

Die Jahre, die vergangen waren, seit Joe die Sonntagsschule des Dorfes besucht hatte, hatten seine einst einfache Vertrautheit mit den Charakteren des Alten Testaments geschwächt. Es ist möglich, dass er jemand anderen im Kopf hatte.

Tom blieb hartnäckig bei seinem Standpunkt.

„Du kannst sie nicht heiraten, Joe."

Joe Blossom hob seine Schere und schnitt einen hervorstehenden Ast ab. Der diskutierte Punkt schien ihn nicht mehr zu interessieren.

'Wer will?' er sagte. 'Auf Nimmerwiedersehen!'

Sie gingen die Gasse entlang. Noch immer herrschte Schweigen über ihnen. Die Worte, die sie wollte, entgingen ihr weiterhin.

Sie kamen zu einem grasbewachsenen Ufer. Tom setzte sich. Er fühlte sich unsagbar müde.

„Tom!"

Er schaute auf. Sein Verstand arbeitete schwindlig.

„Du wirst mich heiraten", murmelte er.

Sie setzte sich neben ihn.

„Ich weiß", sagte sie. „Tom, Liebling, leg deinen Kopf auf meinen Schoß und geh schlafen."

Millbourne nicht entkommen kann ; Denn als Sally dort saß und Tom stillte, wurde ihr plötzlich klar, dass dies genau die Situation war, mit der der Film „Romanze des Mittelalters" endete. Du kennst den, den ich meine. Sir Percival Ye Something (an das ich mich im Moment nicht mehr erinnern kann) geht hinter dem Heiligen Gral her; trifft ein Mädchen in Not; überwindet ihre Verfolger; rettet sie; wird verwundet und in ihren Armen wieder zum Leben erweckt. Sally hatte es ein Dutzend Mal gesehen. Und jedes Mal hatte sie darüber nachgedacht, dass die Tage der Romantik vorbei sind und dass so etwas heutzutage nicht mehr passieren kann.

TIEFE GEWÄSSER

Historiker des gesellschaftlichen Lebens im späteren Römischen Reich berichten von einem gewissen jungen Mann aus Ariminum , der in Flüsse sprang und darin schwamm . Als seine Freunde sagten: „Du angelst!" Er würde antworten: „Oh, Mist! Fische können nicht so schwimmen wie *ich* , sie haben keinen Schwung in sich ."

Ein solcher anderer war George Barnert Anrufer .

An Land war George in seiner Landkleidung ein junger Mann, der wenig Aufsehen erregte. Er sah anderen jungen Männern sehr ähnlich. Er war ungefähr normal groß. Seine Haltung ließ darauf schließen, dass er über ein normales Maß an körperlicher Stärke verfügte. So war George – an Land. Aber er zog seine Kleidung aus, hüllte ihn in einen Badeanzug und tauchte ihn ins Wasser, und sofort erlebte er, wie der Herr im *Sturm* , „eine tiefgreifende Verwandlung in etwas Reichhaltiges und Seltsames". Andere Männer schnauften, schnaubten und planschten. George flog mit der stillen Würde eines Torpedos durch den Ozean. Andere Männer schluckten Wasser, hier einen Schluck, dort ein halbes Liter, bald vielleicht ein Viertel oder so, und kehrten wie sinkende Wracks zum Ufer zurück. Georges Mund hatte die Exklusivität eines modischen Clubs. Sein Brustschwimmen war ein Anblick und Staunen. Als er kroch, schnappten starke Männer nach Luft. Als er auf dem Rücken schwamm, spürte man, dass dies die einzig mögliche Möglichkeit war, Fortschritte zu machen.

George kam eines Abends im Juli gegen fünf Uhr nach Marvis Bay. Marvis Bay genießt einen guten Ruf als Sommerferienort, und obwohl es vielleicht nicht in jeder Hinsicht das Paradies ist, als das es der aufgeregte Autor des örtlichen Reiseführers behauptet, hat es im Großen und Ganzen seinen Ruf verdient. Der Sand ist glatt und fest und fällt fast unmerklich ins Meer ab. Es gibt Brandung für diejenigen, die es mögen, und glatteres Wasser dahinter für diejenigen, deren Ideale beim Baden nicht darauf beschränkt sind, auf einer bestimmten Qualle auf und ab zu springen. Am nördlichen Ende des Strandes befindet sich ein langer Pier. Hierhin machte sich George bei seiner Ankunft auf den Weg.

Es war angenehm auf dem Pier. Sobald Sie die erste Zareba mit Obstständen, Souvenirständen, Eisständen und dem Versteck des Enthusiasten passiert hatten, dessen Lebensziel es war, Ihnen Ansichtskarten zu verkaufen, hatten Sie den langen Weg mit den Sitzplätzen erreicht waren, waren Sie praktisch allein mit der Natur. Zu dieser Tageszeit war der Ort verlassen; George hatte es für sich. Er schlenderte langsam weiter. Das Wasser glitzerte unter den Sonnenstrahlen und löste sich in weißen

Schaumwolken auf, als es den Strand erreichte. Eine kühle Brise wehte. Die gesamten szenischen Arrangements waren eine große Verbesserung gegenüber der stickigen Stadt, die er verlassen hatte. Nicht, dass George mit dem einzigen Ziel nach Marvis Bay gekommen wäre, ein Gegenmittel gegen die Großstadtmuffigkeit zu finden. Es gab einen wichtigeren Grund. In drei Tagen sollte Marvis Bay Schauplatz der Produktion von *Fate's Footballs sein* , einer Komödie in vier Akten von G. Barnert Anrufer . Denn George gehörte, obwohl man es von außen nicht vermuten konnte, zu denen, in deren Gehirn die graue Substanz ruhelos herumspritzte und starke Vorhänge und klare Dialoge erzeugte. Die Truppe sollte am folgenden Abend in Marvis Bay zu den letzten Proben aufbrechen.

Während George auf dem Pier auf und ab ging, waren seine Gedanken zwischen den Schönheiten der Natur und der bevorstehenden Krise in seinen Angelegenheiten im Verhältnis von einem Achtel zu Ersterem und sieben Achtel zu Letzterem geteilt. In dem Moment, als er London verlassen hatte, völlig angewidert von der gesamten Theaterwelt im Allgemeinen und der Gruppe, die *Fate's Footballs* im Besonderen probte, hatten die Proben gerade das Stadium lebhaften Deliriums erreicht, als der Autor mit seiner Giftflasche und der Bühne spielte -Manager wird eisig höflich. „*The Footpills*" – wie Arthur Mifflin, der Hauptdarsteller des großen Stücks, es zu nennen beharrte, sehr zum Missfallen von George – war sein erstes Stück. Noch nie war er in einer dieser Küchen gewesen, in denen viele Köche die Theaterbrühe zubereiten und manchmal auch verderben. Folglich kam ihm das Chaos einzigartig vor. Wäre er ein erfahrenerer Dramatiker gewesen, hätte er sich gesagt: „Das war schon immer so." So wie es war, war das, was er zu sich selbst – und zu anderen – sagte, eindringlicher.

Er versuchte gerade, die ganze Sache aus seinem Kopf zu verbannen – eine Leistung, die bisher über seine Kräfte hinausgegangen war –, als ihm das Schicksal in ungewöhnlich freundlicher Stimmung dies blitzschnell ermöglichte, indem es seinem gelbsüchtigen Blick das präsentierte, was er nach Überlegung Er entschied, dass es das schönste Mädchen war, das er je gesehen hatte. „Wenn ein Mann Angst hat", singt der Barde klug, „ist ein schöner Anblick ein erfreulicher Anblick." Im vorliegenden Fall wirkte der Anblick auf George wie ein Stärkungsmittel. Er vergaß, dass die Dame, der ein unvorsichtiges Management die Rolle der Heldin in *Fate's Footballs zugewiesen hatte* , es ausnahmslos – zweifellos aus besten Motiven – versäumte, dem zynischen *Roue* das Stichwort für die große Rede im dritten Akt zu geben. Seine Gedanken beschäftigten sich nicht länger mit der Tatsache, dass Arthur Mifflin, privat ein geschätzter Mensch und einer seiner Freunde in Cambridge, es vorzog, die leidenschaftlichen Zeilen der großen Verzichtsszene auf eine Weise vorzutragen, die an einen kleinen Jungen erinnerte (und noch dazu leidet er unter Nasenkatarrh) und hielt einen

Vortrag bei einem Sonntagsschulfest. Die Erinnerung an die abscheuliche Niedergeschlagenheit und Schwermut, die der Hauptkomiker in großen Wolken ausgestrahlt hatte, entfloh ihm wie ein grausiger Albtraum vor der Göttin des Tages. Jede Zelle seines Gehirns war unter Ausschluss aller anderen Gedanken mit dem Mädchen beschäftigt, das unten im Wasser schwamm.

Sie ist gut geschwommen. Sein geübtes Auge sah das. Ihre kräftigen, leichten Bewegungen trugen sie schnell über die Wellen. Er starrte wie gebannt. Er war ein wohlerzogener junger Mann, und er wusste, wie unhöflich es war, zu starren; aber das war ein besonderer Anlass. Gewöhnliche Regeln der herkömmlichen Etikette könnten in einem Fall wie diesem nicht gelten. Er starrte. Mehr noch, er klaffte. Als das Mädchen in den Schatten des Piers trat, beugte er sich weiter über die Reling, und sein Hals streckte sich in Gelenken wie ein Teleskop.

An diesem Punkt drehte sich das Mädchen um und schwamm auf dem Rücken. Ihr Blick traf seinen. Ihre Stimme war tief und klar; sein, prall. Für George schien es eine Ewigkeit zu sein, dass sie ihn weiterhin ansah. Dann drehte sie sich erneut um und schoss unter dem Pier vorbei.

Georges Hals war jetzt voll gestreckt. Keine Willenskraft oder Muskelkraft könnte es noch einen Meter verlängern. Als er das erkannte, beugte er sich weiter über die Reling und noch weiter. Sein Hut glitt aus seiner Hand. Er packte es und fiel aus dem Gleichgewicht geratend klatschend ins Wasser.

Unter normalen Umständen hätte es George kaum gestört, mit voller Kleidung zwölf Fuß ins Meer zu fallen. Er hätte es kaum bemerkt. Er wäre ans Ufer geschwommen und hätte lediglich ein Gefühl amüsierter Selbstvorwürfe gehabt, ähnlich dem eines Mannes, der geistesabwesend gegen einen Laternenpfahl auf der Straße läuft. Als er daher an die Oberfläche kam, bereitete er sich ohne Aufregung darauf vor, in seiner üblichen kühnen Manier loszuschlagen. In diesem Moment jedoch hoben ihn zwei Hände unter den Armen und hoben seinen Kopf noch weiter von den Wellen, und eine Stimme in seinem Ohr sagte: „Halten Sie still; Kämpfe nicht. Es besteht keine Gefahr.‘

George wehrte sich nicht. Sein Gehirn, das mit der kühlen Geschwindigkeit einer Kreissäge in einem Eisschrank arbeitete, hatte eine Aktion geplant. Auf dieser Welt gibt es für einen jungen Mann kaum etwas Schwierigeres, als das richtige Mädchen unter genau den richtigen Bedingungen kennen zu lernen. Als er sich von seiner besten Seite zeigt, wird er ihr mitten in der Menschenmenge präsentiert und nach einem kurzen Händedruck mitgerissen. Wenn keine Menschenmenge da ist, hat er Zahnschmerzen, oder die Sonne fängt gerade an, ihm die Nase zu schälen.

Das Leben Tausender junger Menschen wurde auf diese Weise traurig gemacht.

Wie anders war Georges Fall! Durch diesen einfachen Zufall, überlegte er, als er neben der guten Arbeit und gelegentlichen heimlichen Beinbewegungen ans Ufer geschleppt wurde , war zumindest eine Freundschaft entstanden, die nicht leichtfertig gebrochen werden konnte. Ein Mädchen, das einen Mann vor dem Ertrinken gerettet hat, kann am nächsten Tag nicht mit einer formellen Verbeugung an ihm vorbeigehen. Und was für ein Mädchen! Es gab eine Zeit, in der er in extremer Jugend war, da war sein weibliches Ideal die Art von Mädchen, die flauschiges, goldenes Haar hatte und Dinge fallen ließ. Tatsächlich hatte er in seinem ersten Jahr an der Universität dies zu einem dieser Art gesagt – und geschrieben –, und die Episode endete mit einem starken kleinen Drama, in dem ein zorniger, Scheck unterzeichnender Vater die Hauptrolle gespielt hatte, unterstützt von einem unterdrückten, frauenfeindlichen Vater Sohn. Diese Dinge hatten, unterstützt durch den Lauf der Zeit, Georges Vorliebe für das gesunde Mädchen im Freien geweckt, das Dinge tat, anstatt sie fallen zu lassen.

Die angenehmsten Funktionen müssen früher oder später ein Ende haben; und zu gegebener Zeit spürte George, wie seine Absätze im Sand kratzten. Seine Bewahrerin ließ ihren Halt los. Sie standen auf und sahen sich gegenüber. George begann, seine Dankbarkeit auszudrücken, so gut er konnte – es war nicht einfach, spontan klare, überzeugende Sätze zu finden –, aber sie unterbrach ihn.

„Natürlich war es nichts. „Überhaupt nichts“, sagte sie und wischte sich das Meerwasser aus den Augen. „Es war einfach Glück, dass ich zufällig dort war.“

„Es war großartig“, sagte der verliebte Dramatiker. 'Es war wunderbar. Es-'

Er sah, dass sie lächelte.

„Du bist sehr nass“, sagte sie.

George warf einen Blick auf seine durchnässten Kleider. Es war einmal ein schöner Anzug gewesen.

„Sollten Sie sich nicht besser beeilen und sich etwas Trockenes anziehen?“

Als George sich umschaute, bemerkte er, dass eine ganze Reihe von Neugierigen herabstürzten, mit Spekulation im Blick. Es war Zeit abzureisen.

„Hast du noch einen weiten Weg vor dir?“

'Nicht weit. „Ich wohne im Beach View Hotel.“

„Ja, das bin ich auch. Ich hoffe, wir sehen uns wieder.“

„Das werden wir“, sagte George selbstbewusst.

„Wie bist du reingefallen?“

„Ich habe – äh – ich habe etwas im Wasser angeschaut.“

„Das dachte ich“, sagte das Mädchen leise.

George errötete.

„Ich weiß“, sagte er, „es war abscheulich unhöflich von mir, so zu starren; Aber-'

„Du solltest schwimmen lernen“, unterbrach das Mädchen. „Ich kann nicht verstehen, warum nicht jeder Junge im Land vor seinem zehnten Lebensjahr schwimmen lernen muss.“ Und es ist wirklich kein bisschen schwierig. Ich könnte es dir in einer Woche beibringen.'

Der Kampf zwischen George und Georges Gewissen war nur von kurzer Dauer. Das von Natur aus schwache und durch den langen Mangel an Bewegung schlaffe Gewissen hatte von Anfang an keine Chance.

„Das wünschte ich“, sagte George. Und mit diesen Worten wurde ihm klar, dass er sich seiner heuchlerischen Rolle definitiv verschrieben hatte. Bis zu diesem Zeitpunkt wäre eine Erklärung schwierig, aber möglich gewesen. Jetzt war es unmöglich.

„Das werde ich“, sagte das Mädchen. „Ich fange morgen an, wenn du möchtest.“ Sie watete ins Wasser.

„Wir besprechen es im Hotel“, sagte sie hastig. „Hier kommt eine Menge schrecklicher Menschen.“ Ich werde wieder rausschwimmen.'

Sie eilte in tieferes Wasser, während George sich umdrehte und sich seinen Weg durch eine wachsende Menge glotzender Zuschauer bahnte. Von den fünfzehn, die in Sprechweite zu ihm kamen, sagten ihm sechs, dass er nass sei. Die anderen neun fragten ihn, ob er gestürzt sei.

Ihr Name war Vaughan und sie besuchte Marvis Bay in Begleitung einer Tante. So viel erfuhr George von der Leitung des Hotels. Später, nach dem Abendessen, als er beide Damen auf der Esplanade traf, sammelte er weitere Informationen – nämlich, dass ihr Vorname Mary war, dass ihre Tante froh war, seine Bekanntschaft zu machen, dass sie Marvis Bay mochte, aber Trouville vorzog, und dass sie glaubte, dass es beliebter würde etwas kalt und würde drinnen gehen.

Die Eliminierung des dritten Faktors hatte eine erholsame Wirkung auf Georges Gespräch, das allmählich ins Stocken geraten war. In der weiblichen Gesellschaft neigte er in der Regel dazu, eingeschränkt zu werden, aber bei Mary Vaughan war das anders. Innerhalb weniger Minuten schüttete er seine Sorgen aus. Die zurückhaltende Hauptdarstellerin, der stockartige Mifflin, der Trauerkomiker – sie alle kamen, und sie versuchte, sanft mitfühlend, nicht ohne Erfolg, ihm zu beweisen, dass die Dinge nicht so schlimm waren, wie sie schienen.

„An diesem Abend wird bestimmt alles gut", sagte sie.

Wie selten ist die Kombination von Schönheit und Intelligenz! George dachte, er hätte noch nie eine so klare, gut ausgedrückte Bemerkung gehört.

„Ich nehme an, das wird es", sagte er, „aber als ich ging, waren sie sehr schlecht." Mifflin zum Beispiel. Er scheint zu glauben, dass die Natur ihn als Napoleon der Werbung vorgesehen hat. Er hat ein großes Interesse daran, das Stück zu boomen. Sitzt nachts auf, wenn er schlafen oder seine Rolle studieren sollte, und überlegt sich neue Pläne für die Werbung für die Show. Und der Komiker. Seine Spezialität besteht darin, mich beiseite zu ziehen und mich zu bitten, neue Szenen für ihn zu schreiben. Ich konnte es nicht länger ertragen. Ich bin einfach weggegangen und habe sie allein gelassen, damit sie es untereinander ausfechten können.‘

„Ich bin sicher, dass Sie sich keine Sorgen machen müssen. „Ein Stück mit einer so guten Geschichte wird mit Sicherheit ein Erfolg sein."

George war zuvor mit einer kurzen Beschreibung der Handlung von *„The Footpills" der Bitte gefolgt* .

'Hat dir die Geschichte gefallen?' sagte er zärtlich.

„Ich dachte, es wäre in Ordnung."

„Wie sympathisch du bist!" gurrte George klebrig und rückte ein wenig näher. 'Wissen Sie-'

„Sollen wir zurück zum Hotel gehen?" sagte das Mädchen.

Diese abscheulichen Kreaturen, die angeheuerten Mörder von *Fate's Footpills* , landeten am frühen nächsten Nachmittag in Marvis Bay, und George, der sie am Bahnhof traf, widerstrebend einem Arthur Mifflin gegebenen Versprechen nachkommend, hatte das schlechte Gefühl, dass sie, wenn sie doch nur ihre Rolle spielen könnten, es schaffen würden Da das Stück nur halb so farbenfroh war wie ihre Kleidung, wurde es zu einem der größten Erfolge der Neuzeit. Im Vordergrund glänzte wie die weißen Federn

Navarras der leichte Flanellanzug von Arthur Mifflin, dem hölzernsten Jugendlichen in Gefangenschaft.

Seine Hölzernheit beschränkte sich jedoch auf Bühnenproben. Es sei erwähnt, dass er, sobald die Laufzeit eines Stücks begonnen hatte, hinreichend sprunghaft war, und im Privatleben war er fast übermäßig sprunghaft – eine Tatsache, die den scharfsichtigen Autoritäten seiner Universität schon früh aufgefallen war . Diese Entdeckung führte dazu, dass er sich auf Bitten hin plötzlich von Alma Mater losriss. Er war ein langer, schlanker Jugendlicher mit grünen Augen, pechschwarzem Haar und einer leidenschaftlichen Vorliebe für den Klang seiner eigenen Stimme.

„Nun, hier sind wir", sagte er und trat mit seinem Stock locker nach Georges Bein.

„Ich habe dich gesehen", sagte George kalt und machte einen Schritt zur Seite.

„Das ganze Team", fuhr Herr Mifflin fort; „Alle hell, hübsch und auf die Minute trainiert."

„Was ist passiert, nachdem ich gegangen bin?" fragte George. „Hat schon jemand angefangen zu handeln? Oder warten sie bis zur Generalprobe?'

„Die Proben", gab Mr. Mifflin gutmütig zu, „waren nicht perfekt; aber du wartest. Am Abend wird alles gut.'

George dachte, er hätte noch nie eine so sinnlose, leere Bemerkung gehört.

„Außerdem", sagte Mr. Mifflin, „habe ich eine Idee, die in die Show einfließen wird." Leih mir dein Ohr – beide Ohren. Du sollst sie zurückbekommen. Sagen Sie mir: Was zieht Menschen ins Theater? Ein gutes Stück? Manchmal. Aber wenn das nicht gelingt, wie im vorliegenden Fall, was? Gute Schauspielerei des Hauptdarstellers? Wir haben das, aber es reicht nicht aus. Nein, mein Junge; Werbung ist das Ding. Schauen Sie sich all diese Männer am Strand an. Werden sie aus freien Stücken vorbeikommen, um ein Stück wie „ *The Footpills*" *zu sehen* ? Nicht in deinem Leben. Ungefähr wenn sich der Vorhang hebt, wird jeder von ihnen in seiner privaten Ecke am Strand sitzen …"

„Wie viele Ecken hat der Strand Ihrer Meinung nach?"

„Einem Mädchen in die Augen blicken, „Shine on, thou Harvest Moon" singen und ihr erzählen, dass sein Chef praktisch auf seinen Rat angewiesen ist. Du weisst.'

„Das tue ich nicht", sagte George kalt.

„Es sei denn", fuhr Herr Mifflin fort, „wir machen Werbung." Und mit Werbung meine ich Werbung auf die richtige Art und Weise. Wir haben einen Pressevertreter, aber trotz allem, was er Gutes tut, könnte er wieder auf der alten Farm sein und das Heu einsammeln. Zu unserem Glück bin ich unter den Anwesenden. Ich habe Verstand, ich habe Ressourcen. Was ist das?'

'Ich habe nichts gesagt.'

„Das dachte ich. Nun, ich habe eine Idee, die diese Leute wie ein Magnet anziehen wird. Ich dachte, es wäre so, als würde ich im Zug herunterkommen.'

'Was ist es?'

'Ich erzähle es dir später. Zunächst müssen einige Details bearbeitet werden. Lassen Sie uns in der Zwischenzeit ans Meer schlendern und in einem dieser Boote segeln. Auf einem Boot bin ich am besten. Ich glaube eher, dass die Natur mich als Wikinger vorgesehen hat.'

Nachdem die Angelegenheit mit dem Finanzier, dem das Boot gehörte, geklärt war, machten sie sich auf den Weg. Herr Mifflin bemerkte: „ Yo -ho!" Mit meditativer Stimme setzte er sich ans Steuer, etwas traurig darüber, dass er es versäumt hatte, sich vom Besitzer der *Ocean Beauty ein Pfund Tabak zu leihen* . Denn wo warst du, wie er zu Recht bemerkte, ohne Besitztümer und Make-up? George, der sich mit Booten auskennt, war für die Schot verantwortlich. Der Sommertag hatte seine drückende Hitze verloren. Die Sonne brennt nicht mehr auf das Wasser. Eine frische Brise war aufgekommen. George, der das Blatt automatisch manipulierte, verfiel in Träumereien. Es kommt ein Moment im Leben eines jeden Menschen, in dem ihm eine innere Stimme zuflüstert: „Das ist der Eine!" In Georges Fall hatte die Stimme nicht geflüstert; es hatte geschrien. Von nun an konnte es für ihn nur noch eine Frau auf der Welt geben. Von nun an stürzte die *Ocean Beauty plötzlich ab*. Georg wachte auf.

„Was zum Teufel machst du mit dieser Pinne?" er erkundigte sich.

„Mein sanfter Schlafwandler", sagte Mr. Mifflin betrübt, „ich habe mit dieser Pinne nichts gemacht." Wir werden nun eine Kommission bilden, die untersuchen soll, was Sie mit diesem Blatt gemacht haben. Hast du geschlafen?'

„Meine Schuld", sagte George; 'Ich dachte.'

„Wenn Sie die Gewohnheit Ihres Lebens aufgeben müssen", sagte Mr. Mifflin beschwerend, „dann wünschte ich, Sie würden warten, bis wir an Land sind." Du hast uns fast verärgert.'

„Das wird nicht noch einmal passieren." Sie sind knifflig, diese Segelboote – sie drehen sich in einer Sekunde um. Was auch immer Sie tun, machen Sie ihr nicht die Breitseite zu. „Hier draußen weht mehr Wind, als ich dachte."

Mr. Mifflin stieß einen erschrockenen Ausruf aus.

'Was ist los?' fragte George.

„Einfach wie ein Blitz", sagte Mr. Mifflin selbstgefällig. „Bei mir ist es immer so." Geben Sie mir Zeit und die künstlerische Idee kommt bestimmt. Nur ein kleiner Gedanke, eine kleine, scheinbar offensichtliche Idee, die den Mann als Genie auszeichnet. Es ist mir ein Rätsel, warum ich vorher nicht daran gedacht habe. Warum natürlich ein Kostümteil mit einem männlichen Star hundertmal wirkungsvoller ist.'

'Worüber redest du?'

„Jetzt sehe ich", fuhr Herr Mifflin fort, „dass mein ursprünglicher Plan einen Fehler aufwies." Meine Idee war diese. Wir sprachen im Zug über das Baden hier unten, und Jane sagte zufällig, sie könne schwimmen, und plötzlich kam es mir in den Sinn.'

Jane war die Hauptdarstellerin, die es versäumte, Hinweise zu geben.

„Ich sagte mir: „George ist ein Sportler. Er wird sich über so eine Kleinigkeit freuen."

„Möchtest du was tun?"

„Warum, rette Jane."

'Was!'

„Sie und Sie", sagte Mr. Mifflin, „sollten zusammen schwimmen gehen, während ich im Sand wartete und unseren knochigen Presseagenten an der Leine hielt. Ungefähr hundert Meter vom Ufer entfernt reichen ihre Arme. Schriller Schrei. Aufgeregte Menschenmenge am Strand. Was ist los? Was ist passiert? Ein Hauch von Krampf. Wird sie ertrinken? NEIN! G. Barnert Callender , Autor von *Fate's Footballs* , das am nächsten Montagabend um Punkt Viertel nach acht im Beach Theatre Premiere hat, wird sie retten. Sehen! Er hat sie. Er bringt sie herein. Sie ist in Sicherheit. Wie erfreut wird ihre Mutter sein! Und die Öffentlichkeit, was für ein Glück für sie! Sie werden sie schließlich am Montag um Punkt Viertel nach acht sehen können. Zurück kommst du zum Ufer. Jubelnde Massen. Weinende Frauen. Starke Situation. Ich lasse den Presseagenten los, und er schießt los, rechtzeitig, um die Geschichte in die Abendzeitung zu bringen. „Es war eine großartige Idee, aber ich sehe jetzt, dass es ein oder zwei Mängel gab."

„Das tust du, oder?" sagte George.

„Wenn ich darüber nachdenke, fällt mir ein, dass Sie dem doch nicht zugestimmt hätten. Etwas, ich weiß nicht was, das Ihrer Natur fehlt, hätte Sie dazu gebracht, den Plan abzulehnen.'

„Ich bin froh, dass dir das eingefallen ist."

„Und ein weitaus größerer Fehler war, dass es zu altruistisch war. Es hat dich geboomt und es hat Jane geboomt, aber ich habe nichts davon mitbekommen. „Mein überarbeitetes Schema ist in jeder Hinsicht tausendmal besser."

„Sagen Sie nicht, dass Sie noch einen haben."

'Ich habe. Und", fügte Herr Mifflin mit bescheidenem Stolz hinzu, „es ist ein Gewinner." Dieses Mal behaupte ich ohne zu zögern, dass ich die Ware habe. In etwa einer Minute werden Sie mich mit klarer, musikalischer Stimme das einzige Wort rufen hören: „Spring!" Das ist Ihr Zeichen, so schnell Sie können über die Bordwand zu springen, denn genau in diesem Moment wird dieses verdammte Schiff kentern.'

George wirbelte auf seinem Sitz herum. Mr. Mifflins Gesicht strahlte vor freundlicher Begeisterung. Das Ufer war mindestens zweihundert Meter entfernt, und an diesem Morgen hatte er seine erste Schwimmstunde gehabt.

„Eine Bewegung der Pinne reicht aus." Diese Unfälle sind häufige Ereignisse an der Küste. Ich möchte vielleicht erwähnen, dass ich gerade genug schwimmen kann, um mich über Wasser zu halten; Es liegt also an Ihnen. Ich würde das nicht für jeden tun, aber wenn man bedenkt, dass wir zusammen Jungs waren: Bist du bereit?'

'Stoppen!' rief Georg. „Tu es nicht! Hören!'

'Sind Sie bereit?'

Die *Ocean Beauty* wagte einen Sprung.

„Du Wahnsinniger! Hört mir zu. Es-'

'Springen!' sagte Herr Mifflin.

Mr. Mifflin umsah , entdeckte er, dass dieser große Denker ein paar Meter entfernt auf dem Wasser trat.

„Mach dich an die Arbeit, George", bemerkte er.

Es ist nicht leicht, einem Mann im tiefen Wasser die Faust zu zeigen, aber George hat es geschafft.

„Für zwei Pence ", rief er, „würde ich dich auf dich selbst aufpassen lassen."

„Sie können es besser machen", sagte Herr Mifflin. „Ich gebe Ihnen drei Pence , damit Sie mich abschleppen. Beeilen Sie sich." Es ist kalt.'

In düsterem Schweigen packte George ihn an den Ellbogen. Mr. Mifflin blickte über seine Schulter.

„Wir werden ein gutes Haus haben", sagte er. „Die Stände sind bereits voll, und der Kleiderkreis füllt sich. Arbeite, George, es geht dir gut. „Dieser Akt wird von Anfang bis Ende ein Schrei sein."

Mit angenehmen Gesprächen versuchte er , die Eintönigkeit der Reise zu vertreiben; aber George antwortete nicht. Er dachte schnell nach. Mit etwas Glück, dachte er bitter, wäre alles gut gegangen. Unter der Aufsicht seines Lehrers hätte er eine Woche lang energisch planschen und sich nach und nach verbessern können, bis er zu einem einigermaßen geübten Schwimmer geworden wäre. Aber jetzt! In einem Zeitalter der Wunder hätte er seine gegenwärtige Leistung vielleicht wegerklären können; aber wie sollte er – Und dann kam ihm eine Idee – einfach, wie alle großen Ideen sind, aber großartig.

Er blieb stehen und trat aufs Wasser.

'Müde?' sagte Herr Mifflin. „Nun, ruhen Sie sich aus", fügte er freundlich hinzu, „ruhen Sie sich aus." Kein Grund zur Eile.'

„Sehen Sie", sagte George, „dieses Stück wird neu gefasst." Wir werden Teile austauschen. Du rettest mich. Sehen? Egal warum. Ich habe jetzt keine Zeit, es dir zu erklären. Verstehst du?'

„Nein", sagte Mr. Mifflin.

„Ich werde hinter dich treten und dich stoßen; Aber vergessen Sie nicht, dass Sie die Rettung erledigt haben, wenn wir am Ufer ankommen.'

Herr Mifflin überlegte.

„Ist das klug?" er sagte. „Es ist ein starker Teil, der Retter, aber ich bin mir nicht sicher, ob der andere nicht besser zu meinem Stil passen würde." Der stille Handgriff, der Halt in der Stimme. Dafür braucht man einen erfahrenen Schauspieler. Ich glaube nicht, dass du dazu in der Lage wärst, George."

„Kümmere dich nicht um mich." So wird es sein.'

Herr Mifflin überlegte noch einmal.

„Nein", sagte er schließlich, „das würde nicht gehen." Du meinst es gut, George, aber es würde die Show ruinieren. Wir machen weiter wie bisher.'

'Werden wir?' sagte George unangenehm. „Möchtest du dann wissen, was ich mit dir machen werde?" Ich werde dir einen harten Schlag unter den Kiefer geben, deinen Hals packen und ihn drücken, bis du das Bewusstsein verlierst, und dann werde ich dich an den Strand schleifen und den Leuten sagen, dass ich es tun muss Ich habe dich geschlagen, weil du den Kopf verloren hast und gekämpft hast.'

Mr. Mifflin dachte zum dritten Mal nach.

'Du bist?' er sagte.

„Das bin ich", sagte George.

„Dann", sagte Mr. Mifflin herzlich, „sagen Sie nichts mehr." Ich nehme deinen Punkt. Meine Einwände werden entfernt. Aber", schloss er, „das ist das letzte Mal, dass ich mit dir bade, George."

Mr. Mifflins künstlerische Bedenken hinsichtlich der Fähigkeit seines Kollegen, mit einer so subtilen Rolle wie der des Geretteten umzugehen , waren bei ihrer Ankunft mehr als berechtigt. Als sie das Ufer erreichten, hatte sich ein großes und interessiertes Publikum versammelt, ein Publikum, vor dem jeder Künstler gerne hätte spielen dürfen; aber George drängte sich hindurch und eilte zum Hotel, ohne zu versuchen, sie zufrieden zu stellen. Er schenkte seinem Retter keinen einzigen stummen Händedruck. Seine Stimme war nicht verkrampft, als er die einzige Bemerkung machte, die er tatsächlich machte – gegenüber einem Mann mit Schnurrbart, der ihn fragte, ob das Boot gekentert sei. Als Beweis seiner schnellen Beinarbeit war seine Leistung gut. Ansonsten war es schlecht.

Er hatte gerade seine nassen Klamotten gewechselt – es schien ihm, als hätte er seit seiner Ankunft in Marvis Bay nichts anderes getan, als seine nassen Klamotten zu wechseln –, als Mr. Mifflin im Bademantel eintrat.

„Das haben sie mir unten geliehen", erklärte er, „während sie meine Kleidung trockneten." Sie würden alles für mich tun. Ich bin der beliebte Held. Mein Junge, du hast den Fehler deines Lebens gemacht, als du die Rolle des Retters aufgegeben hast. Es hat das ganze Fett. Das sehe ich jetzt. Der Retter spielt jedes Mal den anderen Mann von der Bühne. Ich wurde gerade von dem Kollegen in der Lokalzeitung interviewt. Er ist Korrespondent einiger Londoner Zeitungen. Das Land wird mit diesem Ding klingeln. Ich habe ihnen alle Rollen erzählt, die ich jemals gespielt habe, und mein Lieblingsfrühstücksessen . Morgen kommt ein Mann, um mich zu fotografieren. *Die Footpills*- Aktie ist rasant gestiegen. Warten Sie bis Montag und sehen Sie, was für ein Haus wir zeichnen werden. Übrigens hat der Reporter eine lustige Sache gesagt. Er fragte, ob Sie nicht derselbe Mann wären, der gestern von einem Mädchen gerettet wurde. Ich sagte natürlich nicht – dass du erst gestern heruntergekommen bist. Aber er blieb dabei, dass du es warst.'

„Er hatte völlig recht."

'Was!'

'Ich war.'

Mr. Mifflin setzte sich auf das Bett.

„Dieser Kerl ist vom Pier gefallen und ein Mädchen hat ihn hereingebracht."

George nickte.

„Und das warst du?"

George nickte.

Mr. Mifflins Augen weiteten sich.

„Es liegt an der Hitze", erklärte er schließlich. „Das und die Sorge um die Proben." Ich gehe davon aus, dass ein Arzt den technischen Namen dafür nennen könnte. Es ist eine, wie nennt man es, eine Obsession. Von Fällen hört man oft. Leute, die wirklich völlig vernünftig sind, aber bei einem bestimmten Thema einen Fehler gemacht haben. Einige von ihnen denken, es seien Teekannen und so. Sie verspüren den Wunsch, vor dem Ertrinken gerettet zu werden. Was passiert, alter Mann? Haben Sie plötzlich die Vorstellung, dass Sie nicht schwimmen können? Nein, das kann nicht sein, weil du gerade für uns beide geschwommen bist. Ich weiß es allerdings nicht. Vielleicht hast du nicht gemerkt, dass du schwimmst?

George schnürte seinen Schuh zu und blickte auf.

„Hör zu", sagte er; „Ich werde langsam reden, damit du es verstehen kannst." Angenommen, Sie sind von einem Pier gefallen und ein Mädchen hat sich große Mühe gegeben, Sie ans Ufer zu bringen. Würden Sie dann sagen: „Vielen Dank, aber Sie hätten nicht so aufdringlich sein müssen. Ich kann perfekt schwimmen?"

Herr Mifflin hat diesen Punkt erörtert. In seinem Gesicht begann Intelligenz zu dämmern. „Da steckt mehr drin, als man auf den ersten Blick sieht", sagte er. 'Erzähl mir alles.'

„Heute Morgen“ – Georges Stimme wurde verträumt – „hat sie mir Schwimmunterricht gegeben.“ Sie dachte, es wäre mein erstes. Lach nicht so. Es gibt nichts zu lachen.'

Herr Mifflin widersprach dieser Behauptung.

„Da bist du“, sagte er schlicht. „Das sollte dir eine Lektion sein, George.“ Vermeiden Sie Betrug. Seien Sie in Zukunft einfach und unkompliziert. Nehmen Sie mich als Ihr Modell. Du hast es geschafft, diese Zeit zu überstehen. Riskieren Sie es nicht noch einmal. Du bist jung. Es ist noch Zeit für einen Neuanfang. Es braucht nur Willenskraft. Leihen Sie mir in der Zwischenzeit etwas zum Anziehen. „Sie werden eine Woche brauchen, um meine Kleidung zu trocknen.“

An diesem Abend fand eine Probe im Beach Theatre statt. George nahm resigniert daran teil und verließ es in Hochstimmung. Drei Tage waren vergangen, seit er das Unternehmen zum letzten Mal bei der Arbeit gesehen hatte, und in diesen drei Tagen war offenbar das Unmögliche erreicht worden. Es war ein Kinderspiel, mit dem Stück zu beginnen. Die Hauptdarstellerin hatte dieses Zeichen schließlich gemeistert und gab es mit glockenklarer Klarheit. Arthur Mifflin, als wäre er durch sein Salzwasserbad erfrischt und gestärkt worden, verlieh seiner Rolle eine willkommene Energie . Und selbst der Komiker, George musste zugeben, zeigte Anzeichen dafür, dass er kurz davor stand, lustig zu werden. Mit leichtem Herzen und leichten Schritten machte er sich auf den Weg zurück zum Hotel.

Auf der Veranda standen mehrere Korbstühle. Nur einer war besetzt. Er erkannte den Insassen.

„Ich bin gerade von einer Probe zurückgekommen“, sagte er und setzte sich neben sie.

'Wirklich?'

„Die ganze Sache ist anders“, fuhr er fröhlich fort. „Sie kennen ihren Text. Sie tun so, als ob sie es ernst meinten. Arthur Mifflin geht es gut. Der Komiker hat sich so verbessert, dass man ihn kaum noch kennt. Ich freue mich wahnsinnig darüber.'

'Wirklich?'

George fühlte sich gedämpft.

„Ich dachte, du würdest dich vielleicht auch freuen“, sagte er lahm.

„ Natürlich bin ich froh, dass es gut läuft." Ihr Unfall heute Nachmittag war doch in gewisser Weise auch ein Glücksfall, nicht wahr? Es wird die Leute für das Stück interessieren.'

„Hast du davon gehört?"

„Ich habe von nichts anderem gehört."

„Merkwürdig, dass es so bald danach passiert …"

„Und das schon kurz vor der Inszenierung Ihres Stücks." Äußerst neugierig.'

Es herrschte Stille. George begann sich unwohl zu fühlen. Bei Frauen konnte man das natürlich nie sagen. Es könnte nichts sein; aber es sah ungewöhnlich aus, als ob –

Er wechselte das Thema.

„Wie geht es Ihrer Tante heute Abend, Miss Vaughan?"

„Ganz gut, danke. Sie ging hinein. Sie fand es ein wenig kühl.'

George lobte herzlich ihren gesunden Menschenverstand. Ein wenig Frösteln drückte es nicht ansatzweise aus. Wenn das Mädchen den ganzen Abend so gewesen war, wunderte er sich, dass ihre Tante sich keine Lungenentzündung zugezogen hatte. Er versuchte es noch einmal.

„Haben Sie morgen Zeit, mir noch eine Lektion zu erteilen?" er sagte.

Sie wandte sich gegen ihn.

' Herr Callender , glauben Sie nicht, dass diese Farce lange genug gedauert hat?

Einmal, in den lieben, toten Tagen, an die man sich nicht mehr erinnern kann, war George, als er noch ein glückliches Kind war, unerwartet von einem sportlichen Spielkameraden verliebt worden, der kaum einen halben Zoll unter seinem dritten Westenknopf lag. Die daraus resultierenden Emotionen waren noch immer grün in seiner Erinnerung. So wie er sich damals gefühlt hatte, fühlte er sich auch jetzt.

„Miss Vaughan! Ich verstehe nicht.'

'Wirklich?'

'Was habe ich gemacht?'

„Du hast vergessen, wie man schwimmt."

Ein warmes und prickelndes Gefühl begann sich im Bereich von Georges Stirn zu manifestieren.

'Vergessene!'

'Vergessene. Und zwar in ein paar Monaten. Ich dachte, ich hätte dich schon einmal gesehen, und heute fiel es mir wieder ein. Ungefähr um diese Zeit letztes Jahr sah ich Sie auf Hayling Island wunderbar schwimmen, und heute nehmen Sie Unterricht. Kannst du es erklären?'

Ein froschartiges Krächzen war das Beste, was George in dieser Zeile tun konnte.

Sie machte weiter.

„Geschäft ist Geschäft, nehme ich an, und ein Stück muss irgendwie beworben werden." Aber-'

„Du denkst nicht –", krächzte George.

„Ich hätte es für eher unter der Würde eines Autors halten sollen; Aber natürlich kennen Sie Ihr eigenes Geschäft am besten. Nur habe ich etwas dagegen, ein Verschwörer zu sein. Es tut mir für Sie leid, dass die gestrige Folge so wenig Aufmerksamkeit erregt hat. Heute war es viel zufriedenstellender, nicht wahr? Ich bin so froh.'

Es herrschte etwa hundert Jahre lang eine gewaltige Stille.

„Ich glaube, ich mache einen kurzen Spaziergang", sagte George.

Kaum war er verschwunden, als die lange Gestalt von Mr. Mifflin aus dem Schatten hinter der Veranda auftauchte.

„Könnten Sie mir einen Moment Zeit nehmen?"

Das Mädchen blickte auf. Der Mann war ein Fremder. Sie neigte kalt den Kopf.

„Mein Name ist Mifflin", sagte der andere und ließ sich bequem auf den Stuhl fallen, auf dem die sterblichen Überreste von George gelegen hatten.

Das Mädchen neigte wieder kälter den Kopf; aber es brauchte mehr als das, um Mr. Mifflin in Verlegenheit zu bringen. Dynamit hätte es vielleicht geschafft, aber nicht Kälte.

„ *Der* Mifflin", erklärte er und schlug die Beine übereinander. „Ich habe gerade Ihr Gespräch belauscht."

„Du hast zugehört?" sagte das Mädchen verächtlich.

„Für alles, was ich wert war", sagte Mr. Mifflin. „Diese Dinge sind eine Frage der Gewohnheit." Seit Jahren spiele ich Stücke, bei denen ich im

Verborgenen auf der Bühne stehen und an den privaten Gesprächen anderer Leute teilnehmen muss, und das ist mir zur zweiten Natur geworden. Abgesehen von diesem Punkt möchte ich jedoch sagen, dass ich gehört habe, wie Sie – natürlich unwissentlich – einem guten Mann schweres Unrecht angetan haben.'

' Herr Callender hätte sich verteidigen können, wenn er gewollt hätte.'

„Ich meinte nicht George. Die Ungerechtigkeit galt mir selbst.'

'Zu dir?'

„Ich war der alleinige Autor des kleinen Dramas dieses Nachmittags.“ Ich mag George, aber ich kann nicht zulassen, dass er sich in irgendeiner Weise als mein Mitarbeiter ausgibt. George hat altmodische Ideen. Er geht nicht mit der Zeit. Er kann Theaterstücke schreiben, aber er braucht einen Mann mit einem großen Gehirn, der sie für ihn auf die Bühne bringt. Er hatte also keineswegs Anspruch auf irgendeine Anerkennung für die Arbeit dieses Nachmittags, sondern war vielmehr dagegen.“

„Warum hat er dann so getan, als hätten Sie ihn gerettet?“ sie verlangte.

„George“, sagte Mr. Mifflin, „ist im Wesentlichen ein ritterlicher Charakter.“ In jeder Krise, die es erfordert, die feineren Gefühle zur Schau zu stellen, ist er mit der Ware zur Stelle, bevor Sie sich umdrehen können. Seine Freunde streiten oft heftig darüber, ob er Bayard, Lancelot oder Happy Hooligan am ähnlichsten sei. Manche sagen das eine, manche das andere. Es scheint, dass Sie ihn gestern aus einem nassen Grab gerettet haben, ohne ihm Zeit zu geben, zu erklären, dass er sich selbst retten könnte. Was könnte er tun? Er sagte sich: „Sie darf es nie erfahren!“ und entsprechend gehandelt. Aber lasst uns George verlassen und zurückkehren –“

„Danke, Herr Mifflin.“ Ihr Lachen brach ab. „Ich glaube nicht, dass es eine Notwendigkeit gibt.“ Ich glaube, ich verstehe es jetzt. „Das war sehr klug von dir.“

„Es war mehr als nur Klugheit“, sagte Mr. Mifflin und erhob sich. „Es war genial.“

Eine weiße Gestalt kam George entgegen, als er die Veranda wieder betrat.

' Herr Anrufer !'

Er hörte auf.

„Es tut mir sehr leid, dass ich dir gerade so schreckliche Dinge gesagt habe." Ich habe mit Herrn Mifflin gesprochen und möchte sagen, dass es sehr nett und aufmerksam von Ihnen war. Ich verstehe alles.'

George tat es bei weitem nicht; aber er verstand genug für seine Bedürfnisse. Er schoss vorwärts, als wäre eine starke Hand mit einer Nadel hinter ihm.

„Miss Vaughan – Mary – ich –"

„Ich glaube, ich höre Tante rufen", sagte sie.

Aber eine gütige Vorsehung hat angeordnet, dass Tanten nicht für immer anrufen können; und es ist aktenkundig, dass George, als er am zweihundertsten Abend des großen Londoner Erfolgs „ *Fate's Footballs* " *seine Loge betrat* , nicht allein war.

Wenn Ärzte anderer Meinung sind

Es ist möglich, dass Sie ungefähr zu der Zeit, zu der diese Geschichte beginnt, ins Hotel Belvoir gegangen sind, um sich die Haare schneiden zu lassen. Viele Leute taten es; denn der junge Mann hinter der Schere war, obwohl er ein besonders düsteres Gesicht hatte, zweifellos ein Künstler seines Fachs. Er schnitt mit Bedacht ab. Er hinterließ keine Grate. Er sprach nie über das Wetter. Und er erlaubte einem, unbelastet von einer Flasche Haarnahrung nach Hause zu gehen.

Es ist auch möglich, dass Sie sich vor Ort entschieden haben, dass Sie genauso gut aufs Ganze gehen und sich gleichzeitig maniküren lassen könnten.

Es ist außerdem nicht unwahrscheinlich, dass Sie, nachdem Sie den ersten Schock überwunden hatten, als Sie Ihre Hände so unerwartet groß und rot vorfanden, Lust verspürten, mit der jungen Dame zu plaudern, die sich um diesen Geschäftszweig kümmerte. Auf Ihre freundliche Art haben Sie vielleicht zugelassen, dass sich am Ende des Dialogs ein Anflug von schwuler (aber gentlemanhafter) Schimpferei einschleicht.

Verhalten des jungen Mannes beobachtet, der sich um Ihren Scheitelpunkt kümmert. Er nahm von der Angelegenheit keine offizielle Kenntnis. Ein kurzes Stirnrunzeln. Eine Straffung der Lippen. Nichts mehr. So eifersüchtig Arthur Welsh auch auf alle war, die Maud Peters, wenn auch noch so vornehm, schwule Schikanen zufügten, vergaß er nie, dass er ein Künstler war. Niemals, nicht einmal in seinen dunkelsten Momenten, hatte er der Versuchung nachgegeben, die Spitze der Schere auch nur den Bruchteil eines Zolls in den Schädel eines Klienten zu bohren.

Aber Maud, die es sah, würde es verstehen. Und wenn der Kunde ein aufmerksamer Mann wäre, würde er bemerken, dass ihre Antworten zu diesem Zeitpunkt etwas abwesend und ihr Lächeln etwas mechanisch waren.

Eifersucht ist laut einer bedeutenden Autorität die „Hydra des Unglücks, der siebenfache Tod". Arthur Welsh's war das alles und noch ein bisschen vorbei. Es war ein ständiger Schatten auf Mauds Glück. Kein faires Mädchen hat etwas gegen einen gewissen Anflug von Eifersucht. Wenn man sich in die richtigen Grenzen hält, ist es ein Kompliment; es sorgt für Pikantheit; Es ist der Gin im Ingwerbier der Hingabe. Aber es sollte ein Gewürz sein, keine Flüssigkeit.

Es war die Ungerechtigkeit der Sache, die Maud verletzte. Ihr Gewissen war rein. Sie kannte Mädchen – mehrere Mädchen –, die den jungen

Männern, mit denen sie ausgingen, reichlich Vorwand dafür lieferten, perfekte Othellos zu sein . Wenn sie jemals wie Jane Oddy am offenen Strand mit dem Bariton der Pierrot -Truppe geflirtet hätte , hätte sie Arthurs Verhalten entschuldigen können. Wenn sie wie Pauline Dicey eine Stunde lang mit einem schwarzen Schnurrbart Rollschuh gelaufen wäre Während ihr Verlobter in Mug's Alley herumstolperte, hätte sie sein missbilligendes Stirnrunzeln verstehen können. Aber sie war nicht wie Pauline. Sie verachtete Janes Koketterie. Arthur war der Mittelpunkt ihrer Welt, und er wusste es. Seit dem regnerischen Abend, als er sie unter seinem Regenschirm zu ihrer U-Bahn-Station gebracht hatte, wusste er genau, wie es um sie stand. Und doch musste er, nur weil sie auf streng sachliche Weise höflich zu ihren Kunden war, die Stirn runzeln, sich auf die Lippe beißen und sich im Allgemeinen so verhalten, als hätte man ihm mitgeteilt, dass er eine Schlange in seinem Busen hütete. Es war schlimmer als böse – es war unprofessionell.

Sie protestierte bei ihm.

„Das ist nicht fair", sagte sie eines Morgens, als der Kundenansturm nachgelassen hatte und sie den Laden für sich allein hatten.

An diesem Morgen war alles schlimmer als sonst gewesen. Nach tagelangem Regen und Grau hatte das Wetter ein neues Kapitel aufgeschlagen. Die Sonne glitzerte zwischen den Flaschen der Unfailing Lotion im Fenster, und alles auf der Welt schien sich entspannt und fröhlich geworden zu sein. Leider hatte alles die Kunden eingeschlossen. Während der letzten paar Tage hatten sie in feuchter Düsternis ihre Plätze eingenommen und, während sie über die Aussicht auf bevorstehende Erkältungen im Kopf grübelten, der Gottheit, die ihre Ziele plante, kaum etwas Angenehmes zu sagen. Aber heute war es anders gewesen. Warm und glücklich waren sie von fröhlichem Smalltalk übersprudelt.

„Das ist nicht fair", wiederholte sie.

Arthur, der gerade ein Rasiermesser abzog und unmelodisch pfiff, hob die Augenbrauen. Sein Verhalten war frostig.

„Ich verstehe nicht, was Sie meinen", sagte er.

'Sie wissen, was ich meine. Glaubst du, ich habe dich nicht stirnrunzeln sehen, als ich diesem Herrn die Nägel gemacht habe?'

Die Anspielung bezog sich auf den Kunden, der gerade gegangen war – eine fröhliche Person mit rotem Gesicht, die Maud sicherlich viel zum Kichern gebracht hatte. Und warum nicht? Wenn ein Herr wirklich lustige Geschichten erzählt, was schadet es dann, zu kichern? Man musste freundlich zu den Menschen sein. Was ist passiert, wenn Sie Kunden brüskiert haben? Warum kam es früher oder später zum Chef, und wo waren Sie dann?

Außerdem war es nicht so, als wäre der rotgesichtige Kunde unhöflich gewesen. Schreiben Sie auf Papier, was er zu ihr gesagt hatte, und niemand konnte etwas dagegen haben. Schreiben Sie auf Papier, was sie zu ihm gesagt hat, und auch dagegen haben Sie nichts einzuwenden. Es war nur Arthurs Albernheit.

Sie warf den Kopf zurück.

„Ich bin zufrieden", sagte Arthur schwerfällig – in glücklicheren Momenten hatte Maud seine Sprachbegabung bewundert; er las viel: Enzyklopädien und Aufsätze und so – „Ich freue mich, dass Sie Zeit hatten, einen Blick auf mich zu werfen." Sie wirkten vertieft.'

Maud schniefte unglücklich. Sie hatte vorgehabt, während des gesamten Gesprächs kühl und würdevoll zu sein, aber das Gefühl, dass sie Unrecht getan hatte, begann sie zu überfordern. Eine große Träne spritzte auf ihr Tablett mit Orangenstangen. Sie wischte es mit dem Fensterleder weg.

„Das ist nicht fair", schluchzte sie. „Das ist es nicht. Du weißt, ich kann nichts dagegen tun, wenn Herren mit mir reden und scherzen. Sie wissen, dass alles Teil der täglichen Arbeit ist. Von mir wird erwartet, dass ich höflich zu den Herren bin, die zum Händewaschen hereinkommen. Blöd, wenn ich so dasitze, als hätte ich einen Schürhaken verschluckt. Ich *denke*, du verstehst es vielleicht, Arthur, dass du selbst in diesem Beruf tätig bist."

Er hustete.

„Es liegt nicht so sehr daran, dass du mit ihnen sprichst, sondern dass es dir anscheinend gefällt –"

Er hörte auf. Mauds Würde war völlig dahingeschmolzen. Ihr Gesicht war in ihren Armen vergraben. Es war ihr egal, ob eine Million Kunden gleichzeitig hereinkamen.

„Maud!"

Sie hörte, wie er auf sie zukam, blickte jedoch nicht auf. Im nächsten Moment umarmte er sie und plapperte.

Und ein Kunde, der zwei Minuten später unbemerkt die Tür aufstieß, zog sich eilig zurück, um sich woanders rasieren zu lassen, da er bezweifelte, ob Arthur bei der Sache war.

Eine Zeitlang klärte dieses kleine Gewitter zweifellos die Luft. Ein oder zwei Tage lang war Maud glücklicher als jemals zuvor. Arthurs Verhalten war nichts Außergewöhnliches. Er kaufte ihr eine Armbanduhr – hellbraunes Leder, sehr schick. Er gab ihr in der U-Bahn ein paar Pralinen zum Essen. Er unterhielt sie mit erstaunlichen Statistiken, die er der Wochenzeitung entnahm, die er dienstags kaufte. Kurz gesagt, er war der perfekte Liebhaber.

Am zweiten Tag kam der rotgesichtige Mann erneut herein. Arthur lachte bei seinen Geschichten mit. Alles schien ideal.

Es konnte nicht von Dauer sein. Allmählich kehrte die alte Routine zurück. Als Maud von ihrer Arbeit aufblickte, sah sie das Stirnrunzeln und die aufgebissene Lippe. Während der Arbeit fühlte sie sich wieder unwohl und unsicher. Manchmal war ihr Gespräch auf dem Weg zur U-Bahn fast förmlich.

Es war sinnlos, etwas zu sagen. Sie hatte einen heilsamen Schrecken davor, eine dieser Frauen zu sein, die nörgelten; und sie hatte das Gefühl, dass es einer Nörgelei gleichkäme, sich noch einmal zu beschweren. Sie versuchte, das Ding aus ihrem Kopf zu verbannen, aber es bestand darauf, dort zu bleiben. In gewisser Weise verstand sie seine Gefühle. Er liebte sie so sehr, vermutete sie, dass er die Vorstellung hasste, dass sie auch nur ein einziges Wort mit einem anderen Mann wechselte. Das war im Großen und Ganzen erfreulich; aber in der Praxis machte es ihr Kummer. Sie wünschte, sie wäre eine Art Ausländerin, damit niemand mit ihr reden könnte. Aber dann würden sie sie ansehen, und das würde wahrscheinlich zu den gleichen Ergebnissen führen. Es war eine harte Welt für ein Mädchen.

Und dann passierte das Seltsame. Arthur reformierte sich. Man könnte fast sagen, dass er sich mit einem Ruck reformiert hat. Es war ein Parallelfall zu diesen plötzlichen Bekehrungen bei walisischen Erweckungstreffen. Am Montagabend war es ihm am schlimmsten ergangen. Am nächsten Morgen war er ein veränderter Mann. Nicht einmal nach dem ursprünglichen Gewitter war er fügsamer gewesen. Maud konnte das zunächst nicht glauben. Sobald die Lippe gebissen wurde, streckte sie sich zu einem Lächeln. Sie suchte nach einem Stirnrunzeln. Es war nicht da.

Am nächsten Tag war es dasselbe; und am Tag danach. Als eine Woche vergangen war und die Verbesserung immer noch anhielt, hatte Maud das Gefühl, dass sie sie nun als dauerhaft betrachten könnte. Eine große Last schien von ihrem Kopf genommen worden zu sein. Sie überarbeitete ihre Ansichten über die Welt. Es war eine sehr gute Welt, eine der besten, auf der Arthur wie eine Sonne strahlte.

Eine Reihe bedeutender Dichter und Essayisten haben im Laufe der letzten Jahrhunderte auf unterschiedliche Weise ihre Meinung zum Ausdruck gebracht, dass man vom Guten zu viel haben kann. Die Wahrheit gilt sogar für eine so gute Sache wie die Abwesenheit von Eifersucht. Nach und nach wurde Maud unruhig. Allmählich wurde ihr klar, dass sie den alten Arthur mit dem finsteren Blick und der abgenagten Lippe vorzog. Ihm war sie zumindest sicher gewesen. Welches Unbehagen sie auch unter seinen temperamentvollen Nachahmungen von Othello empfunden haben mochte, auf jeden Fall hatten sie bewiesen, dass er sie liebte. Für die gleiche

Gewissheit hätte sie jetzt gerne das gleiche Maß an Unbehagen in Kauf genommen. Sie konnte diesen neuen Arthur nicht lesen. Seine Gedanken waren ein geschlossenes Buch. Oberflächlich betrachtet war er alles, was sie sich hätte wünschen können. Er begleitete sie immer noch zur U-Bahn, um ihr gelegentlich Geschenke zu kaufen und bei Gesprächen die angenehm sentimentale Ader anzusprechen. Aber jetzt reichten diese Dinge nicht mehr aus. Ihr Herz war beunruhigt. Ihre Gedanken machten ihr Angst. Der kleine schwarze Kobold in ihrem Hinterkopf flüsterte und flüsterte weiter, bis sie schließlich gezwungen war, zuzuhören. „Er hat dich satt.“ Er liebt dich nicht mehr . Er hat dich satt.'

Nicht jeder kann in Zeiten psychischer Belastung in seinem persönlichen Umfeld einen fachkundigen Berater finden, der jederzeit bereit ist, mitfühlend zuzuhören und mit Fingerspitzengefühl und Geschick zu beraten. Die Welt eines jeden ist voll von Freunden, Verwandten und anderen, die zu jedem Thema, das ihnen vorgelegt wird, Ratschläge geben; Aber es gibt Krisen im Leben , die kann man nicht dem Laien überlassen. Es ist das Ziel einer bestimmten weithin gelesenen Klasse von Aufsätzen, diese Lücke zu schließen.

Fireside Chat war einer der bekanntesten Vertreter dieser Klasse . Für einen Penny erhielten seine fünfhunderttausend Leser jede Woche eine Fortsetzungsgeschichte über das Leben in den höchsten Kreisen, eine Kurzgeschichte voller Herzlichkeit, Artikel über die Entfernung von Flecken und die beste Methode, mit dem kalten Hammelfleisch klarzukommen, Anekdoten von Königshäuser, Fotos von Adligen, Tipps zur Kleidung, Plaudereien über Babys, kurze, aber pointierte Dialoge zwischen Blogson und Snogson , Gedichte, Große Gedanken von den Toten und Brainy, halbe Stunden im gemütlichen Refugium des Herausgebers, ein Stück braunes Papier und – das Hauptthema der Zeitschrift – Ratschläge zu Herzensangelegenheiten. Der wöchentliche Beitrag des Beratungsspezialisten von *Fireside Chat* mit dem Titel „In the Consulting Room, by Dr Cupid“ bestand hauptsächlich aus Antworten an Korrespondenten. Er benahm sich wie der freundliche, lebhafte alte Arzt am Krankenbett; und gab wahrscheinlich viel Trost. Jedenfalls schien er immer eine Menge Fälle zu haben.

Um diesen Experten kümmerte sich Maud. Sie war seit mehreren Jahren eine regelmäßige Leserin der Zeitung; und hatte den großen Mann tatsächlich schon einmal konsultiert, als er positiv auf ihre Frage geantwortet hatte, ob es für sie richtig wäre, Karamellbonbons von Arthur anzunehmen, der damals fast ein Fremder war. Es war nur natürlich, dass sie jetzt in einem noch größeren Dilemma zu ihm ging. Der Brief war nicht leicht zu schreiben, aber sie beendete ihn schließlich; und nach einer bangen Pause wurde das Urteil wie folgt gefällt:

'Gut gut gut! Gott segne meine Seele, was ist das alles? MP schreibt mir:

„Ich bin eine junge Dame und war bis vor kurzem sehr, sehr glücklich, außer dass mein Verlobter , obwohl er mich wirklich liebte, sehr eifersüchtig war, obwohl ich ihm sicher keinen Grund gegeben habe. Er runzelte die Stirn, wenn ich mit einem anderen Mann sprach, und das machte mich immer unglücklich. Aber seit einiger Zeit hat er sich völlig verändert und es scheint ihm überhaupt nichts auszumachen, und obwohl ich mich zuerst darüber gefreut habe, dass er seine Eifersucht überwunden hat, fühle ich mich jetzt unglücklich, weil ich anfange, Angst zu haben dass er sich nicht mehr um mich kümmert. Glaubst du, dass das so ist, und was soll ich tun?'

„Meine liebe junge Dame, ich möchte Sie gerne beruhigen; Aber manchmal ist es am freundlichsten, offen zu sein, auch wenn es wehtun mag. Ich habe die Erfahrung gemacht, dass Gleichgültigkeit an der Tür hereinbricht, wenn die Eifersucht aus dem Fenster fliegt. In früheren Zeiten kämpfte ein Ritter um die Liebe einer Dame und riskierte körperliche Verletzungen, anstatt zuzulassen, dass andere ihm in ihren Zuneigungen Konkurrenz machten. Ich denke, MP, dass Sie sich bemühen sollten, den wahren Zustand der Gefühle Ihres Verlobten herauszufinden . Ich befürworte natürlich kein unweibliches Verhalten , wozu Sie, meine liebe junge Dame, sicher nicht in der Lage sind. Aber ich denke, dass Sie auf jeden Fall versuchen sollten, Ihren Verlobten zu ärgern und ihn auf die Probe zu stellen. Verweigern Sie ihm zum Beispiel bei Ihrem nächsten Ball eine bestimmte Anzahl von Tänzen mit der Begründung, Ihr Programm sei voll. Zeigen Sie bei Gartenpartys, zu Hause usw. Freude an der Gesellschaft und Unterhaltung anderer Herren und achten Sie dabei auf sein Verhalten . Diese kleinen Tests sollen entweder dazu dienen, Ihre Befürchtungen zu zerstreuen, sofern sie unbegründet sind, oder Ihnen die Wahrheit zu zeigen. Und wenn es die Wahrheit ist, muss man sich ihr schließlich stellen, nicht wahr, Abgeordneter?“

Bevor der Tag zu Ende war, kannte Maud die ganze Passage auswendig. Je länger sie darüber nachdachte, desto klarer schien es auszudrücken, was sie gefühlt hatte, aber nicht in Worte fassen konnte. Der Punkt mit dem Ritterturnier fand sie besonders gut aufgegriffen. Sie hatte im Wörterbuch nach „Tjost" gesucht, und es schien ihr, dass in diesen wenigen Wörtern der Kern ihres Problems lag. Wenn früher irgendein Mann versucht hätte, ihm in ihren Zuneigungen (außerhalb der Geschäftszeiten) Konkurrenz zu machen, hätte Arthur zweifellos gekämpft – und zwar mit der Kraft eines Mannes, der seine Anwesenheit sichtbar machen will. Unter ähnlichen

Umständen würde er wahrscheinlich höflich beiseite treten, denn wer sollte schon sagen: „Nach dir, mein lieber Alphonse.“

Es gab keine Zeit zu verlieren. Eine Stunde, nachdem sie Dr. Amors Rat zum ersten Mal gelesen hatte, begann Maud, ihn in die Tat umzusetzen. Als die erste Ruhepause in der morgendlichen Arbeit einsetzte und sich Gelegenheit für ein privates Gespräch bot, hatte sie sich einen imaginären jungen Mann ausgedacht, einen zwielichtigen Lothario, der, als ihr Bruder Horace sie am Sonntag zuvor in ihr Haus eingeführt hatte, hatte sich auf eine Weise verhalten, die man nicht glauben würde, und alle möglichen Komplimente gemacht.

„Er sagte, ich hätte so weiße Hände“, sagte Maud.

Arthur nickte und streifte dabei ein Rasiermesser ab. Er schien die Enthüllungen mit voller Standhaftigkeit zu ertragen. Doch nur wenige Wochen zuvor hatte ihn der Kommentar eines Kunden zu eben diesem Weiß zutiefst bewegt.

„Und heute Morgen – was denkst du? Er begegnet mir so dreist, wie du willst, und gibt mir ein Stück Toilettenseife. Wie seine Unverschämtheit!'

Sie hielt inne, hoffentlich.

„Immer nützlich, Seife“, sagte Arthur höflich sentimental.

„Es war schön“, fuhr Maud fort, sich des Scheiterns dumpf bewusst, aber wie ein Künstler die kleinen Details hineintupft, die einer Geschichte Atmosphäre und Wahrhaftigkeit verleihen. „Alles duftend. Horace wird mich damit aufziehen, das kann ich dir sagen.'

Sie hielt inne. Sicherlich muss er … Eine Seeanemone würde angesichts einer solchen Geschichte vor Eifersucht zerrissen sein.

Arthur zuckte nicht einmal zusammen. Er war dabei charmant. Ich fand es sehr nett von dem jungen Kerl. Ich machte es ihm nicht übel, dass ihm das Weiß ihrer Hände auffiel. Er ging auf die Geschichte der Seife ein, die er zufällig in der Enzyklopädie der kostenlosen Bibliothek nachgelesen hatte. Und benahm sich insgesamt so durch und durch Gentleman, dass Maud die halbe Nacht wach blieb und weinte.

Wenn Maud weitere vierundzwanzig Stunden gewartet hätte, hätte sie ihre Erfindungsgabe nicht auf die Probe stellen müssen, denn am nächsten Tag betrat ein junger Mann den Laden und ihr Leben, der nicht eingebildet war – ein Lothario aus Fleisch und Blut Blut. Er trat bei seinem Auftritt mit der Miene auf, als hätte er den größten Teil des benachbarten Grundstücks gekauft, das ausschließlich kleineren Schauspielern, bedeutenden Männern an der Börse und amerikanischen Profi-Faustkämpfern gehört.

Herr „Skipper" Shute gehörte der letztgenannten der drei Klassen an. Er war zwei Monate zuvor in England angekommen, um mit einem gewissen Joseph Edwardes eine Konferenz über 8-Stein-4 abzuhalten, um eine Frage der Überlegenheit bei diesem Gewicht zu klären, die die Sportöffentlichkeit zweier Länder seit über einem Jahr beschäftigt hatte. Nachdem er Mr. Edwardes vor allem durch anstrengende Arbeit in den Clinchs erfolgreich übertrumpft hatte , stand er nun kurz davor, mit seinem gefeierten unhörbaren Monolog eine lukrative Varietétournee zu beginnen. Aufgrund dieser Dinge war er sehr, sehr zufrieden mit der Welt im Allgemeinen und mit Herrn Skipper Shute im Besonderen. Und wenn Herr Shute mit sich selbst zufrieden war, war sein Benehmen meist äußerst locker.

Er stürmte in den Laden, nahm Platz, warf einen erfahrenen Blick auf Maud und fand sie sympathisch, streckte beide Hände aus und sagte: „Geh bis ans Limit, Junge."

Zu jeder anderen Zeit hätte es Maud vielleicht übel genommen, von einem Kunden mit „Kind" angesprochen zu werden, aber jetzt war sie damit einverstanden. Abgesehen von einer leichten Verdickung des Ohrläppchens wies Mr. Shute keine äußerlichen Anzeichen seines Berufes auf. Und da er, wie er es selbst ausdrückte, ein „guter Dresseur" war, war er wirklich ein äußerst vorzeigbarer junger Mann. Genau das, was Maud brauchte. Sie sah in ihm ihre letzte Hoffnung. Wenn noch ein schwacher Funke seines alten Feuers in Arthur verweilte, musste er durch Mr. Shute entfacht werden.

Herrn Shute an . Sie bearbeitete seine kräftigen Finger, als wäre es ein Kunstgenuss, mit ihnen umgehen zu dürfen. Sie arbeitete so sorgfältig, dass sie immer noch beschäftigt war, als Arthur seine Schürze abnahm und seinen Hut aufsetzte, um sein zwanzigminütiges Mittagessen einzunehmen und sie allein allein ließ.

Die Tür hatte sich kaum geschlossen, als sich Herr Shute nach vorne beugte.

'Sagen!'

Er senkte seine Stimme zu einem gewinnenden Flüstern.

„Du siehst für mich gut aus ", sagte er galant.

'Die Idee!' sagte Maud und warf den Kopf zurück.

„Auf Augenhöhe", versicherte ihr Mr. Shute.

Maud legte ihre Orangenstangen nieder.

„Sei nicht albern“, sagte sie. „So – ich bin fertig.“

„Das habe ich nicht“, sagte Herr Shute. „Bei Weitem nicht. Sagen!'

'Also?'

„Was machst du mit deinen Abenden?“

'Ich gehe nach Hause.'

'Sicher. Aber wenn nicht? Es ist ein armes Herz, das sich nie freut. Machst du es nie fertig?'

„Ups?“

„Der verrückte Wirbel“, erklärte Herr Shute. „Eiscreme und Buchweizenkuchen und ein schöner Abend im schönen Luna Park.“

„Ich weiß nicht, wo Luna Park ist.“

„Was haben sie dir in der Schule beigebracht? „Es geht in diese Richtung“, sagte Herr Shute und zeigte über seine Schulter. „Sie fahren etwa dreitausend Meilen geradeaus, bis Sie das kleine alte New York erreichen; dann biegt man nach rechts ab. Sag mal, bekommst du nie eine kleine Belohnung? Warum kommen Sie nicht eines Abends in die Weiße Stadt? Diesen Abend?'

„ Herr Welsh bringt mich heute Abend in die Weiße Stadt.“

„Und wer ist Mr. Welsh?“

„Der Herr, der gerade ausgegangen ist.“

'Ist das so? Nun ja, er scheint nicht gerade lebendig zu sein, aber vielleicht liegt es nur daran, dass er heute schlechte Nachrichten bekommen hat. Man kann nie wissen.' Er stand auf. „Leb wohl, Evelina, Schönste deines Geschlechts. Wir werden uns wiedersehen; Also behaltet ein starkes Herz.'

Mr. Shute nahm seinen Stock, seinen Strohhut und seine gelben Handschuhe, ging und überließ Maud ihren Gedanken.

Sie war enttäuscht. Sie hatte bessere Ergebnisse erwartet. Mr. Shute hatte mit Leichtigkeit den Rekord für schwule Badinage gesenkt, den bisher der rotgesichtige Kunde innehatte; doch allem Anschein nach hatte sich an Arthurs Verhalten nichts geändert. Aber vielleicht hatte er ein finsteres Gesicht gemacht (oder sich auf die Lippe gebissen), und sie hatte es nicht bemerkt. Anscheinend hatte er Herrn Shute, einen unvoreingenommenen Beobachter, düster getroffen . Vielleicht irgendwann, als ihr Blick auf ihre Arbeit gerichtet war – sie hoffte das Beste.

Was auch immer seine Gefühle während des Nachmittags gewesen sein mögen, Arthur war an diesem Abend unbestreitbar fröhlich. Er war in bester Stimmung. Seine unbeschwerte Hingabe beim Wiggle-Woggle wurde von mehreren Zuschauern zur Kenntnis genommen und kommentiert. Als er mit dem Haarigen Ainus konfrontiert wurde , hatte er ein hohes Maß an Scherzhaftigkeit an den Tag gelegt. Und jetzt, als er bei ihr saß und der Musik der Musikkapelle zuhörte, sang er fröhlich vor sich hin und begleitete die Musik, ohne dass es ihm schien, als hätte er sich überhaupt darum gekümmert.

Maud war verletzt und besorgt. Bei bloßer Bekanntschaft wäre diese unbekümmerte Haltung willkommen gewesen. Es hätte ihr geholfen, ihren Abend zu genießen. Aber von Arthur erwartete sie in diesem besonderen Moment etwas anderes. Warum war er fröhlich? Noch vor ein paar Stunden hatte sie – ja, vor seinen Augen mit einem anderen Mann geflirtet. Welches Recht hatte er, fröhlich zu sein? Er sollte hitzig sein, voller leidenschaftlicher Forderungen nach einer Erklärung – ein gerötetes, kehlig wirkendes Wesen, das man wieder in gute Laune bringen und ihm dann verzeihen kann – und das alles in großer Ausführlichkeit –, dass man in einer schlechten Stimmung gewesen ist. Ja, sagte sie sich, sie hatte sich auf die eine oder andere Weise Gewissheit gewünscht, und hier war sie. Jetzt wusste sie es. Er kümmerte sich nicht mehr um sie.

Sie zitterte.

'Kalt?' sagte Arthur. 'Lass uns gehen. Die Abende beginnen jetzt hereinzubrechen. Lum-da-diddley-ah. Das nenne ich eine gute Melodie. Gib mir etwas Lebendiges und Helles. Dumty -umpty- iddley -ah. Dum tum –'

„Komische Sache –“, sagte Maud mit Bedacht.

„Was ist daran lustig?“

„Der Herr im braunen Anzug, dessen Hände ich heute Nachmittag gemacht habe –“

„Das war er“, stimmte Arthur strahlend zu. „Eine sehr lustige Sache.“

Maud runzelte die Stirn. Witz auf Kosten von Hairy Ainus war eine Sache – auf ihre eigene Weise eine andere.

„Ich wollte gerade sagen“, fuhr sie präzise fort, „dass es eine komische Sache, ein Zufall war, wenn man bedenkt, dass ich bereits verlobt war, dass der Herr im braunen Anzug, den ich heute Nachmittag betreut habe, mich hätte einladen sollen, mitzukommen.“ hierher, in die Weiße Stadt, mit ihm heute Abend.'

Einen Moment lang gingen sie schweigend weiter. Für Maud schien es eine hoffnungsvolle Stille zu sein. Sicherlich muss es der Auftakt zu einem Ausbruch sein.

'Oh!' sagte er und blieb stehen.

Mauds Herz machte einen Satz. Das war doch sicher der alte Ton?

Ein paar Schritte, und er sprach erneut.

„Ich habe ihn nicht fragen hören."

Seine Stimme war enttäuschend ruhig.

„Er hat mich gefragt, nachdem du zum Mittagessen ausgegangen warst."

„Es ist lästig", sagte Arthur fröhlich, „wenn die Dinge so aufeinanderprallen." Aber vielleicht wird er dich noch einmal fragen. Nichts hindert Sie daran, zweimal hierher zu kommen. Ein zweiter Besuch lohnt sich, sage ich immer. Ich finde-'

„Das solltest du nicht", sagte eine Stimme hinter ihm. „Es tut dem Kopf weh." Na, Junge, hast du Spaß daran gehabt?'

Herrn Shute zu treffen, war Maud nicht in den Sinn gekommen. Sie war davon ausgegangen, dass er weggeblieben wäre, da sie wusste, dass sie mit einem anderen zusammen sein würde. Es kann jedoch angemerkt werden, dass sie Herrn Shute nicht kannte . Er gehörte nicht zu Ihren sensiblen Pflanzen. Er lächelte sie freundlich an und sah in seinem Abendkleid und einem Seidenhut, der zwar zu klein für ihn war, aber wie ein Spiegel glänzte, sehr elegant aus.

Maud wusste kaum, ob sie froh oder traurig war, ihn zu sehen. So oder so schien es jetzt keine große Rolle mehr zu spielen. Eigentlich schien nichts viel zu bedeuten. Arthurs freudig aufgenommene Nachricht, dass sie Einladungen von anderen erhalten hatte, war wie ein Schlag gewesen und hatte sie taub und lustlos zurückgelassen.

Sie machte die Vorstellungen. Die beiden Männer beäugten einander.

„Freut mich, Sie kennenzulernen", sagte Herr Shute.

„Das Wetter hält mit", sagte Arthur.

Und von diesem Zeitpunkt an übernahm Herr Shute das Kommando.

Es ist anzunehmen, dass dies nicht das erste Mal war, dass Mr. Shute unter diesen Umständen ein Trio bildete, denn die schnelle Geschicklichkeit, mit der er Arthur verlor, war sicherlich nicht die eines Neulings. Es ging so reibungslos vonstatten, dass Maud erst erkannte, dass Arthur verschwunden war, als sie, geführt vom schlanken, aber beeindruckenden rechten Arm des Faustkämpfers, aus den Hexenwellen auftauchte.

Sie stieß einen kleinen, bestürzten Schrei aus. Insgeheim begann sie etwas Angst vor Mr. Shute zu haben. Er zeigte Anzeichen dafür, dass er im Begriff war, aus der Rolle, die sie ihm zugewiesen hatte, auszusteigen und etwas Größeres zu versuchen. Seine Art hatte die besondere Wärme, die den Unterschied ausmacht.

'Oh! Er ist weg!' Sie weinte.

„Sicher“, sagte Herr Shute. „Er hat einen eiligen Anruf aus dem Uji-Dorf erhalten. „Der Cousin des Häuptlings möchte einen Haarschnitt.“

„Wir müssen ihn finden.“ Wir müssen.'

„Das ist das Sicherste, was Sie wissen“, sagte Mr. Shute. 'Jede Menge Zeit.'

„Wir müssen ihn finden.“

Mr. Shute betrachtete sie mit einigem Missfallen.

„Scheint bei dir ein Volltreffer zu sein, dieser Dub“, sagte er.

'Ich verstehe Sie nicht.'

„Meine Beobachtung war“, erklärte Mr. Shute kalt, „dass diese teiggesichtige Zitrone, dem Aussehen nach zu urteilen, Willie-Boy war, die erste und einzige Liebe.“

Maud drehte sich mit flammenden Wangen zu ihm um.

„ Herr Welsh bedeutet mir nichts!“ Nichts! Nichts!' Sie weinte.

Sie ging schnell weiter.

„Dann, wenn es eine freie Stelle gibt, Sternenaugen“, sagte der Faustkämpfer an ihrer Seite und hielt einen Hut fest, der die Tendenz zeigte, zu wackeln, „zählen Sie mich ein. Gleich habe ich Sie gesehen – sehen Sie hier, was die Idee dieser Straße ist.“ -arbeiten? Wir fahren keine Rennen …“

Maud wurde langsamer.

'Das ist besser. Wie gesagt, als ich dich sah, sagte ich mir sofort: „Das ist das, was du brauchst. Das Original-Süßigkeitskind . Das …“

Sein Hut zuckte betrunken, als er auf die Beschleunigung des Mädchens reagierte. Er verfluchte es kurz beiseite.

'Das ist, was ich gesagt habe. „Das ursprüngliche Süßigkeitenkind . “ Also-'

Er streckte eine zurückhaltende Hand aus. „Arthur!" rief Maud. „Arthur!"

„Das ist nicht mein Name", hauchte Herr Shute zärtlich. „Nenn mich Clarence."

Als Umarmung betrachtet war es unvollkommen. In solchen Momenten behindert ein zu kleiner Seidenhut einen Mann. Die Notwendigkeit, beim Nickerchen vorsichtig sein zu müssen, hinderte Herrn Shute daran, sich selbst vollkommen gerecht zu werden. Aber er tat genug, um Arthur Welsh, der die Vermissten aus der Ferne gesichtet hatte und sich ihnen im Schritttempo genähert hatte, dazu zu bewegen, den Spaziergang durch Laufen zu ersetzen, und kam gerade an, als Maud sich losriss.

Herr Shute nahm seinen Hut ab, strich ihn glatt, setzte ihn mit äußerster Sorgfalt wieder auf und richtete seine Aufmerksamkeit auf den Neuankömmling.

„Arthur!" sagte Maud.

Ihr Herz machte einen großen Sprung. Es war unverkennbar, was ihr Blick bedeutete. Er kümmerte sich! Er kümmerte sich!

„Arthur!"

Er nahm keine Notiz davon. Sein Gesicht war blass und arbeitend. Er ging auf Herrn Shute zu.

'Also?' sagte er zwischen seinen Zähnen.

Ein Acht-Stein-Vier-Weltmeister hat in seinem Leben viele ungewöhnliche Erfahrungen gemacht, aber er trifft selten auf Männer, die „Na?" sagen. zu ihm zwischen ihren Zähnen. Mr. Shute betrachtete diesen Freak mit großer Verwunderung.

„Ich werde dir beibringen, junge Damen zu küssen!"

Herr Shute nahm seinen Hut wieder ab und bürstete ihn noch einmal. Dies verschaffte ihm die nötige Zeit zum Nachdenken.

„Ich brauche es nicht", sagte er. „Ich habe meinen Abschluss gemacht."

'Richte sie auf!' zischte Arthur.

Fast ein schockierter Ausdruck breitete sich auf dem Gesicht des Faustkämpfers aus. So hätte Raffael wohl ausgesehen, wenn man ihn gebeten hätte, ein Straßenbild zu zeichnen.

„Du sprichst nicht mit MIR?" sagte er ungläubig.

'Richte sie auf!'

Maud, die von Kopf bis Fuß zitterte, war sich eines überwältigenden Gefühls bewusst. Sie hatte schreckliche Angst – ja. Aber stärker als der Schrecken war die große Welle der Hochstimmung, die sie erfasste. Alle ihre Zweifel waren verschwunden. Endlich, nach ermüdenden Wochen der Ungewissheit, war Arthur im Begriff, den besten Beweis zu erbringen. Er wollte für sie antreten.

Ein paar Passanten blieben interessiert stehen und beobachteten die Entwicklung. Das konnte man natürlich nie sagen. So mancher scheinbar vielversprechende Streit kam nie über Worte hinaus. Aber als sie Arthurs Gesicht betrachteten, fühlten sie sich durchaus berechtigt, innezuhalten. Es spricht Herr Shute.

„Wenn es nicht so wäre“, sagte er vorsichtig, „dass ich keinen Ärger mit der Gesellschaft zur Verhütung von Tierquälerei haben möchte, würde ich –“

Er brach ab, denn Arthur hatte, begleitet von einem anerkennenden Schrei der beiden Zuschauer, seine rechte Faust geschwungen und sie dabei geschickt an der Seite des Kopfes getroffen.

Verglichen mit den Schlägen, die Mr. Shute bei der Ausübung seines Berufes einstecken musste, war Arthurs Schlag ein sanfter Schlag. Aber es gab einen Umstand , der ihm eine ganz eigene Tödlichkeit verlieh. Achilles hatte seine Ferse. Der verwundbare Punkt von Herrn Shute lag am anderen Ende. Anstatt zu kontern, stieß er einen Schmerzensschrei aus und klammerte sich wild mit beiden Händen an seinen Hut.

Er war zu spät. Es fiel zu Boden und sprang davon, während sein Besitzer leidenschaftlich auf der Verfolgungsjagd war. Arthur schnaubte und rieb sich sanft die Knöchel.

Herr Shute verhielt sich ruhig, als er, nachdem er seinem Schatz den letzten Schliff gegeben und ihn sorgfältig abgelegt hatte, begann, auf seinen Gegner loszugehen, was mehr als bedrohlich war. Seine Lippen waren eine dünne Linie aus Stahl. Die Muskeln ragten über seine Kieferknochen hinaus. Er duckte sich auf seine professionelle Art und Weise und bewegte sich sanft wie eine Katze vorwärts.

Und genau in diesem Moment, gerade als die beiden Zuschauer, verstärkt durch elf andere Männer mit sportlichem Geschmack, sich zu ihrem Scharfsinn beglückwünschten, weil sie stehen geblieben waren, um zuzusehen, wie der Polizist Robert Bryce vierzehn Steine aus Knochen und Muskeln in den Körper eindrang zwischen den Kämpfern richtete er an

Herrn Shute die denkwürdigen Worte: „Ullo, ' ullo ! " „Ullo, „ ullo" , „ ul –
lo !"

Herr Shute appellierte an seinen Gerechtigkeitssinn.

„Der Köter hat mich umgehauen."

„Und ich würde es wieder tun", sagte Arthur widerspenstig.

„Das würdest du nicht tun, solange ich hier bin, junger Mann", sagte
Mr. Bryce entschieden. „Ich bin überrascht über dich", fuhr er gequält fort.
„Und du siehst auch wie ein respektabler junger Kerl aus. Du springst ab.'

Zu diesem Zeitpunkt bot eine schrille Stimme aus der Menge dem
Polizisten alle Filmrechte an, wenn er den Wettbewerb zulassen würde.

„Und Sie kommen auch alle vorbei", fuhr Mr. Bryce fort. „Es wäre
schön, wenn ich wüsste, wozu Kinder heutzutage kommen." Und was Sie
betrifft", sagte er zu Herrn Shute, „alles, was Sie tun müssen, ist, Ihr Gesicht
geschlossen zu halten." Das ist es, was Sie tun müssen. Ich habe ein Auge auf
dich geworfen, und wenn ich dich dabei erwische, wie du ihm folgst " – er
deutete mit dem Daumen über die Schulter auf Arthurs Gestalt, die sich
entfernte – „werde ich dich kneifen." Sicher , wie du lebst.' Er stoppte. „Ich
hätte es schon getan", fügte er nachdenklich hinzu, „wenn ich nicht
Geburtstag hätte."

Arthur Welsh drehte sich scharf um. Schon seit einiger Zeit war ihm
vage bewusst, dass jemand seinen Namen rief.

„Oh, Arthur!"

Sie atmete schnell. Er konnte die Tränen in ihren Augen sehen.

„Ich bin gelaufen. Du bist so schnell gegangen.'

Er starrte düster auf sie herab.

„Geh weg", sagte er. „Ich bin fertig mit dir."

Sie umklammerte seinen Mantel.

„Arthur, hör zu – hör zu! Es ist alles ein Fehler. Ich dachte, du – du
hast dich nicht mehr um mich gekümmert , und mir ging es elend, und ich
schrieb an die Zeitung und fragte, was ich tun sollte, und sie sagten, ich solle
dich auf die Probe stellen und versuchen, dich eifersüchtig zu machen, und
das so würde meine Befürchtungen lindern. Und ich habe es gehasst, aber
ich habe es getan, und es schien dir bis jetzt egal zu sein. Und du weißt, dass
es niemanden außer dir gibt.'

„Du – die Zeitung? Was?' er stammelte.

'Ja ja ja. Ich schrieb an *Fireside Chat* , und Dr. Amor sagte, dass Gleichgültigkeit an der Tür hereinkäme, wenn die Eifersucht aus dem Fenster flog, und dass ich Freude an der Gesellschaft anderer Herren zeigen und Ihr Verhalten zur Kenntnis nehmen müsse . Also ich – Oh!'

Arthur hatte mehr Glück als Mr. Shute und wurde nicht durch einen zu kleinen Seidenhut behindert.

Wenige Augenblicke später, als sie sich langsam auf den Flip-Flap zubewegten – was ihnen beiden als passender Höhepunkt für die Emotionen des Abends vorgekommen war – holte Arthur, der in seiner Westentasche kramte, einen kleinen Zettel hervor.

'Was ist das?' Fragte Maud.

„Lesen Sie es", sagte Arthur. „Es ist von *Home Moments* , als Antwort auf einen Brief, den ich ihnen geschickt habe." Und", fügte er hitzig hinzu, „ich hätte gerne fünf Minuten allein mit dem Kerl, der es geschrieben hat."

Und unter dem elektrischen Licht las Maud

ANTWORTEN AN KORRESPONDENTEN

Vom Herzspezialisten

Arthur W. – Eifersucht, Arthur W., ist nicht nur die böseste, sondern auch die dümmste aller Leidenschaften. Shakespeare sagt:

> *Es ist das grünäugige Monster, das sich*
> *über das Fleisch lustig macht, von dem es sich ernährt.*

Sie geben zu, dass Sie der jungen Dame, die Sie liebten, durch die Zurschaustellung dieser Schwäche oft großen Kummer bereitet haben. Genau. Es gibt nichts, was ein Mädchen mehr hasst oder verachtet als Eifersucht. Sei ein Mann, Arthur W. Kämpfe dagegen. Am Anfang fällt es Ihnen vielleicht schwer, aber bleiben Sie beharrlich. Behalten Sie ein lächelndes Gesicht. Wenn es ihr offenbar Spaß macht, mit anderen Männern zu reden, zeigen Sie keinen Groll. Sei fröhlich und strahlend. Glauben Sie mir, es ist der einzige Weg.

AUF RAT DES RECHTSANWALTS

Der Reisende kaute nachdenklich an seinem Steak. Er achtete nicht auf die Auseinandersetzung, die zwischen dem Kellner und dem Mann am anderen Ende des schäbigen Zimmers stattfand. Die Geräusche des Streits verstummten. Der Kellner kam zum Tisch des Reisenden und stellte sich hinter seinen Stuhl. Er war zerzaust.

„Wenn er Lamm meinte", sagte er mürrisch, „warum hat er dann nicht „Lamm" gesagt, damit ihn ein Kerl hören konnte? Ich dachte, er hätte „Schinken" gesagt, also habe ich Schinken mitgebracht. Jetzt wird Lord Percy ganz mürrisch.'

Er lachte bitter. Der Reisende gab keine Antwort.

„Wenn die Leute deutlich sprechen würden", sagte der Kellner, „gäbe es nicht halb so viel Ärger, wie es auf der Welt gibt." Nicht halb so viel Ärger gäbe es nicht. Erstens sollte ich nicht hier sein. In dieser Neuordnung , meine ich.' Ein Seufzer entfuhr ihm.

„Das sollte ich nicht", sagte er, „und das ist die Wahrheit." Ich sollte aufstehen, wann ich wollte, essen und trinken, so viel ich wollte, und so weitermachen wie in den guten alten Zeiten. Wenn Sie mich ansehen würden Sie doch nicht denken, dass ich einst wie die Lilie auf dem Feld war?

Der Kellner war ein großer, sehniger Mann, der den Eindruck machte, als hätte er kein Rückgrat. Dadurch, dass er herabhing, hätte man sagen können, dass er einer Blume ähnelte, aber in keiner anderen Hinsicht. Er hatte sandfarbenes Haar, schwache, eng beieinander stehende Augen und tagelang rote Stoppeln am Kinn. In der Lilienklasse konnte man ihn nicht sehen.

„Was ich damit sagen will, ist, dass ich weder gearbeitet noch gesponnen habe. Ah, das waren glückliche Tage! Auf dem Rücken liegend, jede Menge Tabak, etwas Kühles in einem Krug …"

Er seufzte noch einmal.

„Haben Sie jemals einen Mann namens Moore gekannt? Jerry Moore?'

Schweigend widmete sich der Reisende seinem Steak .

„Netter Kerl. Einfacher Kerl. Groß. Ruhig. Auf einem Ohr etwas taub. Strohfarbenes Haar . Blaue Augen. „ Andsome , eher." Hatte ein Haus etwas außerhalb von Reigate . Hat es noch. Eigenes Geld. Hat ihn bei seinem Vater gelassen. Einfacher Kerl. Über ihn selbst gibt es nicht viel zu sagen. Ich kannte ihn damals gut. Lebte früher bei ihm. Er war ein netter Kerl. Groß. Etwas schwerhörig. Habe so ein schläfriges Grinsen – so etwas.'

Der Reisende nippte in nachdenklichem Schweigen an seinem Bier.

„Ich schätze, Sie haben ihn nie getroffen", sagte der Kellner. „Vielleicht haben Sie Gentleman Bailey auch nie gekannt? Wir haben ihn immer so genannt. Er war einer dieser heruntergekommenen Eton- oder Arrer - Typen, sagten die Leute. Wir gingen eine lockere Partnerschaft ein, indem wir beide zusammen unterwegs waren, und nach einer Weile schienen wir in der Nähe von Reigate zu sein. Und das erste Haus, zu dem wir kamen, war das von Jerry Moore. Er kam herauf, gerade als wir zur Hintertür rutschten, und grinste dieses schläfrige Grinsen . So etwas – so etwas. „Ullo!' er sagt. Der Gentleman jubelt und brüllt: „Wenn das nicht mein alter Kumpel Jerry Moore ist! Jack", sagt er zu mir, „das ist mein alter Kumpel, Mr. Jerry Moore, den ich vor ein paar Tagen kennengelernt habe." eines Sommers in Ramsgate
.

„Sie schütteln sich die Hände und Jerry Moore sagt: „Ist das ein Freund von dir, Bailey?" Schau mich an. Der Herr stellt mich vor. „Wir sind Partner", sagt er, „Partner im Unglück. Das ist mein Freund, Mr. Roach."

„Komm rein", sagt Jerry.

„ Also gingen wir hinein und er sorgte dafür, dass wir uns wie zu Hause fühlten." Er ist Junggeselle und lebt ganz allein in diesem begehrenswerten Haus .

„Nun, ich habe ziemlich schnell gesehen, dass Jerry für Gentleman steht." Den ganzen Abend tut er so, als sei er genauso erfreut wie Punch, ihn dort zu haben. Konnte nicht genug für ihn tun. *Es* war ein bisschen *in Ordnung* , sagte ich mir . Es war zu.

„Am nächsten Tag stehen wir spät auf, frühstücken gut und setzen uns auf den Rasen und rauchen." Die Sonne schien, die kleinen Vögel sangen, und weder im Osten noch im Westen, noch im Norden oder Süden gab es etwas, das nach Arbeit aussah. Hätte man mich in diesem Moment unter Eid nach meiner Adresse gefragt, hätte ich keine Sekunde gezögert. Ich hätte antworten sollen: „Nr. 1, Easy Street." Wissen Sie, Jerry Moore war einer dieser langsamen, einfachen Kerle, und man merkte sofort, wie viel er von Gentleman hielt. Der Gentleman hatte, wie Sie sehen, ein gutes Gespür für ihn. Er war nicht hochmütig. Umgänglicher würde ich es nennen. Er vermittelte einem gewissermaßen das Gefühl, dass alle Menschen gleich geboren seien, dass es aber furchtbar gut von ihm sei, mit einem zu reden, und dass er es nicht für jeden tun würde. Bei Jerry Moore lief es richtig gut. Jerry saß da und hörte ihm zu, wie er stundenweise seine Ansichten zu den Dingen darlegte. Am Ende des ersten Tages hatte ich Visionen, wie ein weißgebackener alter Mann in diesem Garten saß und zu gegebener Zeit in Jerrys Wohnzimmer aufgebahrt wurde.

Er hielt inne, seine Gedanken waren offensichtlich in der Vergangenheit, zwischen den Zigarren und dem großen Frühstück. Dann begann er mit seiner Erzählung.

„Dieser Jerry Moore hier war ein einfacher Kerl. Gehörlose sind so. Schon mal aufgefallen? Nicht, dass Jerry wirklich taub gewesen wäre . Sein Gehör war etwas beeinträchtigt, aber er konnte dir folgen , wenn du nett und deutlich mit ihm sprichst. Nun, ich sagte, er war irgendwie einfach. Er verbrachte seine Tage gerne damit, in dem kleinen Garten herumzuwerkeln , den er für sich angelegt hatte, kümmerte sich um seine Blumen und sein Geflügel und saß abends da und hörte Gentleman zu, wie er über das Leben redete. Er war ein Philosoph, Gentleman war es. Und Jerry nahm alles, was er sagte, als Evangelium. Er wollte keine Beweise. 'E und der König von Dänemark wären tolle Freunde gewesen. Er saß einfach daneben, seine großen blauen Augen wurden von Minute zu Minute größer, und leckte es.

„Man sollte doch meinen, dass man auf so einen Mann zählen kann, nicht wahr? Wollte er noch mehr? Er nicht, würde man sagen. Du liegst falsch. Glauben Sie mir, es gibt keinen Mann auf der Welt, der zielstrebig und zufrieden ist, aber was für eine Frau schafft es nicht, sein altes Paradies mit einem Schlag in Schutt und Asche zu legen.

„Es dauerte nicht lange, bis ich eine Veränderung bei Jerry bemerkte. Er war nie das, was man einen Meister im Reden nach dem anderen nennen würde, aber jetzt war er stiller als je zuvor. Und er hatte die Angewohnheit, Gentleman von seinen Theorien über das Leben im Allgemeinen auf die Frau im Besonderen abzulenken. Das passte Gentleman genau richtig. Was er über die Frau nicht wusste, war kein Wissen.

„Der Herr war zu sehr mit Reden beschäftigt, als dass er Zeit gehabt hätte, misstrauisch zu werden, ich aber nicht; und eines Tages ziehe ich Gentleman beiseite und stelle es ihm klar. „Gentleman", sage ich , „Jerry Moore ist verliebt!"

„Nun, das war natürlich ein harter Schlag für Gentleman. Er wusste genauso gut wie ich, was es bedeuten würde, wenn Jerry eine errötende Braut durch diese Haustür nach Hause führen würde. Für die Junggesellenfreunde wäre es draußen in der kalten, harten Welt. Der Gentleman sieht das schnell und ihm fällt die Kinnlade herunter. Ich mache weiter. „Die ganze Zeit", sage ich, „während du von einem Abend redest, hat Jerry Visionen von einer kleinen Frau, die auf deinem Stuhl sitzt. Und du kannst darauf wetten, dass wir uns nicht auf diese Visionen einlassen. Er träumt vielleicht von wenig." „Füße tapsen im Haus umher", sage ich , „aber sie gehören nicht uns; und Sie können in beide Richtungen etwas davon haben . Sehen Sie lebendig aus, Herr", sage ich , „und denken Sie sich einen Plan aus, oder wir könnten es auch tun." Klopfe jetzt mit den Hufen.

„Nun, Gentleman hat getan, was er konnte." In seinen Abendvorträgen begann er, der Frau alles zu erzählen, was er wusste. Begann über Delilahs und Isebels und Narren zu reden – das gab es – und den Rest davon, und was für ein Trottel es für einen Kerl war, eine Frau in sein gemütliches Zuhause zu lassen, die ihn nur dazu bringen würde, seine Tage damit zu verbringen, sie zu verkuppeln, und Er fragte sich nachts, wie er die Decken zurückbekommen könnte, ohne sie zu wecken. Meine Güte, er war frisch! Genug, um Romeo die Sprünge zu ermöglichen, hätte man meinen können. Aber, Herr! Es nützt nichts, mit ihnen zu reden, wenn es ihnen schlecht geht.

„Ein paar Tage später erwischten wir ihn mit der Ware, als er sich auf der Straße mit einem Mädchen in einem rosa Kleid unterhielt.

„Ich musste zugeben, dass Jerry sich einen ganz oben aus dem Korb ausgesucht hatte. Das war keiner von denen, die schmachten und in gemütlichen Ecken herumsitzen und Märchenbücher lesen und denen es egal ist, was zu Hause passiert, solange sie nur herausfinden, was aus dem Helden in seinem Duell mit dem Großherzog geworden ist. Sie war ein braunes, schlankes, drahtiges kleines Ding. *Du* weisst. Sie hielt ihr Kinn hoch und musterte dich von oben bis unten mit Augen in der Farbe von schottischem Whisky, als wollte sie sagen: „Na, was *ist damit* ?" Ohne sie anzusehen, allein am Gefühl der Atmosphäre, wenn sie in ihrer Nähe war, konnte man erkennen, dass sie ebenso viel Energie in sich hatte wie Jerry Moore, was ein gutes Stück war. Ich wusste genauso sicher, wie ich dort auf einem Bein stand, dass dies die Art von Mädchen war, die mich und Gentleman etwa drei Sekunden, nachdem der Geistliche den Bund fürs Leben geschlossen hatte, aus dem Haus schicken würde.

„Jerry sagt: „Das sind meine Freunde, Miss Tuxton – Mr. Bailey und Mr. Roach. Sie sind zu Besuch bei mir. Das ist Miss Jane Tuxton ", sagt er zu uns. „Ich wollte Miss Tuxton gerade zu Hause besuchen", sagt er irgendwie wehmütig. „Ausgezeichnet", sagt Gentleman. „Wir kommen auch." Und wir machen alle mit. Es gab nicht viel Gesprächsstoff. Jerry war nie der Typ, der die Worte herausdrängte; Ich war es auch nicht, als ich mich in der Gegenwart der Sekte befand; und Miss Jane hatte ihr Kinn in die Luft gereckt, als ob sie dachte, ich und Gentleman würden überhaupt nicht gebraucht. Das einzige Gespräch, bevor wir sie am Gartentor ablieferten, führte Gentleman, der eine ziemlich lange Geschichte über einen Freund von ihm in Upper Sydenham erzählte, der dumm genug gewesen war zu heiraten und seitdem Schwierigkeiten hatte.

„An diesem Abend, nachdem wir zu Bett gegangen waren, sagte ich zu Gentleman: „Gentleman", sage ich, „was wird dagegen getan? Wir haben ungefähr die gleiche Chance, wenn Jerry dieses Mädchen heiratet", sage ich , „wie ein paar hilflose Schokoladencremes bei einem Schulmädchen-

Picknick." „Wenn", sagt Gentleman. „Er hat sie noch nicht geheiratet. Das ist ein Mädchen mit Charakter, Jack. Vertrau mir. Kam sie dir nicht wie ein Mädchen vor, das einen Mann mit etwas Teufelei in sich haben möchte, einen Mann mit etwas Schwung in sich ?" , ein verdammter Mann? Erfüllt Jerry die Rechnung? Er ähnelt eher einer Fußmatte mit der Aufschrift „Willkommen" als alles andere."

„Nun, wir haben in der nächsten Woche oder so viel von Miss Jane gesehen. Wir halten Jerry unter Kontrolle – was sagt die Heldin im Melodram? „Oh, grausam, grausam, SP irgendwas." Spionage, das ist es. Wir halten Jerry unter Spionage, und wann immer er hinter dem Mädchen her ist, sind wir auch hinter ihm her.

„Die Dinge laufen nach unseren Wünschen", sagt Gentleman nach einem dieser Treffen zu mir. „Dieses Mädchen wird sauer auf Jerry. Sie will den rücksichtslosen Rudolf, keinen Mann, der dasteht und grinst, wenn andere Männer sich ihm und seinem Mädchen an den Hals drängen. Merk dir meine Worte, Jack. Sie wird Jerry satt haben und abhauen Heirate einen Soldaten und wir werden für immer glücklich leben. "Denke schon?" Ich sage . „ Sicher ", sagte Gentleman.

„Es war der Sonntag danach, als Jerry Moore uns zappelnd verkündete, dass er eine Verabredung hatte, mit Jane und ihren Eltern zu Abend zu essen. Er wäre gerne geheim geblieben, aber dafür haben wir ihn unter Spionage gehalten, das war zu scharfsinnig, also muss er es uns sagen. „Ausgezeichnet", sagte Gentleman. „Es wird für Jack und mich eine große Freude sein, die Familie kennenzulernen. Wir werden Sie begleiten." Also machen wir uns alle auf den Weg und schieben gesellig unsere Stiefel unter den Tuxton- Tisch. Ich sah Miss Jane aus dem Augenwinkel an; Und ehrlich gesagt, ihr Kinn ragte einen halben Meter heraus, und Jerry wagte nicht, sie anzusehen. Der junge Traum der Liebe, denke ich, wie schnell er verblasst, wenn ein Mann das Wesen und die Veranlagung eines Hasen mit Hängeohren hat!

„Die Tuxtons waren vier, den Papagei nicht mitgerechnet, und alle waren männlich." Da war Pa Tuxton , ein alter Kerl mit Bart und Brille; ein dicker Onkel; ein großer Bruder, der in einer Bank arbeitete und in seiner ganzen Pracht wie Moses gekleidet war; und ein kleiner Bruder mit einer Stupsnase, so frech, dass man überrascht gewesen wäre. Und der Papagei in seinem Käfig und ein dicker gelber Hund. Und sie machen sich alle nett zu Jerry, dem wohlhabenden zukünftigen Schwiegersohn, etwas Schreckliches. Es lautet: „Wie geht es den Hühnern, Mr. Moore?" und „Ein bisschen von diesem Kuchen, Mr. Moore; Jane hat ihn gemacht", und Jerry sitzt mit einem schwachen Grinsen da und sagt „Ja" und „Nein" und nicht viel mehr, während Miss Janes Augen wie ein Feuerwerk zum 5. November blitzen . Ich spürte, wie Jerrys Chancen mit jeder Minute zurückgingen. Ich fühlte mich an diesem Abend so glücklich wie ein kleines Kind. Ich habe gesungen, als ich nach Hause ging.

„Der Herr ist auch zufrieden." „Jack", sagt er zu mir, als wir im Bett liegen, „das ist zu einfach. In meinen blutigsten Träumen habe ich kaum darauf gehofft. Kein Mädchen mit Geist wird einen Mann lieben, der sich ihren Eltern gegenüber so verhält. Der „Der Weg, das Herz einer bestimmten Art von Mädchen zu gewinnen", sagt er und beginnt mit seinen Theorien, „die Art, zu der Jane Tuxton gehört, besteht darin, ihrer Familie gegenüber unhöflich zu sein. Ich habe Jane Tuxton begutachten und beschriften lassen. Sie." Art möchte, dass ihre Leute ihren jungen Mann nicht mögen. Sie möchte das Gefühl haben, dass sie die Einzige in der Familie ist, die den Verstand hat, das verborgene Gute in Willie zu erkennen. Sie möchte nicht zu der Menge gehören, die brüllt, was für ein netter Mann Er ist ein junger Mann. Es braucht etwas Mut von einem Mann, sich gegen die Familie eines Mädchens zu behaupten, und das ist es, was Jane Tuxton bei Jerry sucht. Nehmen Sie es von jemandem, der die Sekte studiert hat", sagt Gentleman, „von John o' Von Groat nach Land's End und wieder zurück.

„Am nächsten Tag sieht Jerry Moore aus, als hätte er nur Sixpence der Welt und hätte ihn geschluckt." „Was ist los, Jerry?" sagt Herr. Jerry seufzt. „Bailey", sagt er, „und Sie, Mr. Roach, ich gehe davon aus, dass Sie beide gesehen haben, wie es mir geht. Ich liebe Miss Jane Tuxton , und Sie haben selbst gesehen , was passiert. Sie schätzt mich nicht , nicht Tuppence ." „Sag es nicht", sagt Gentleman mitfühlend. „Du machst das gut. Wenn du die Sekte so gut kennen würdest wie ich , würdest du dich nicht auf bloßes oberflächliches Schweigen und Kinnkippen verlassen . Ich kann das Herz eines Mädchens lesen, Jerry", sagt er und klopft ihm auf die Schulter, „und Ich sage Ihnen, es geht Ihnen gut. Jetzt brauchen Sie nur noch ein wenig schnelle Arbeit, und Sie gewinnen leicht. „Um das Ding zu einem Zertifikat zu machen", sagt er und steht auf, „müssen Sie nur einen toten Satz machen." bei ihren Leuten. Er zwinkert mir zu. „Sitzen Sie nicht einfach nur da wie letzte Nacht. Zeigen Sie es ihnen ." Du hast etwas in dir. Sie wissen, was Menschen sind: Sie halten sich selbst für die wichtigsten Dinge auf der Landkarte. Nun, geh zur Arbeit. Konsultieren Sie alles, was Sie wissen. Jede Gelegenheit, die Sie bekommen. Es gibt nichts Schöneres, als die Leute eines Mädchens zu konsultieren, um sich bei ihr wohlzufühlen." Und er klopft Jerry erneut auf die Schulter und geht ins Haus, um seine Pfeife zu holen.

„Jerry dreht sich zu mir um. „Glaubst du, dass das wirklich so ist?" er sagt. Ich sage: „Das tue ich." „Er weiß alles über Mädchen, denke ich", sagt Jerry. „Du kannst jederzeit an ihm vorbeigehen", sage ich . „Na ja", sagt Jerry irgendwie nachdenklich.

Der Kellner hielt inne. Sein Blick war traurig und verträumt. Dann nahm er die Bürde seiner Geschichte auf.

„Das erste, was passiert, ist, dass Gentleman am nächsten Sonntag einen schmerzenden Zahn hat, also haben Sie keine Lust, mitzukommen." Er sitzt zu Hause und schenkt Whisky ein, und Jerry und ich machen uns alleine auf den Weg.

„ Also machen Jerry und ich uns auf den Weg und bereiten uns noch einmal darauf vor, uns am Brett niederzulassen. Ich hatte Jerry nicht besonders bemerkt, aber gerade jetzt erblicke ich sein Gesicht im Licht der Lampe. Haben Sie jemals einen dieser Kämpfer gesehen, der vor einem Kampf in seiner Ecke sitzt und darauf wartet, dass der Gong fällt? Nun, Jerry sieht so aus; und es überrascht mich.

„Ich habe dir von dem dicken gelben Hund erzählt, der in das Haus der Tuxtons eingedrungen ist , nicht wahr? Die Familie hielt viel von diesem Hund, obwohl er von allen hässlichen Tieren, die ich je traf, der Schlimmste war. Ständig herumschnüffeln und knurren. Nun, heute Abend kommt er auf Jerry zu, gerade als er sich setzen will, und fängt an zu knurren. Der alte Papa Tuxton blickt über seine Brille und leckt sich die Zunge. „Rover! Rover!" Er sagt, irgendwie mild. „Naughty Rover; er mag keine Fremden, fürchte ich." Jerry sieht Pa Tuxton an , und er schaut den Hund an, und ich erwarte nur, dass er „Nein" oder „Ja" sagt, genau wie neulich Abend, als er ein böses Lachen ausstößt – eines davon bitteres Lachen. „Ho!" er sagt. „Ho! Nicht wahr? Dann sollte er sich vielleicht besser weiter von ihnen entfernen." Und er richtet seinen Stiefel auf und – nun ja, der Hund prallt gegen die gegenüberliegende Wand.

„Jerry setzt sich und zieht seinen Stuhl hoch. „Ich bin nicht damit einverstanden", sagt er grimmig, „dass Leute große, dicke, hässliche, schlecht gelaunte gelbe Hunde halten, die für alle ein Ärgernis sind. Das gefällt mir nicht."

„Es herrschte eine Stille, die man mit einem Löffel hätte herauslöffeln können." Haben Sie schon einmal erlebt, dass sich ein Kaninchen zu Ihnen umdreht und knurrt? So haben wir uns alle gefühlt, als Jerry mit ihren knackigen Worten loslegte. Sie haben uns den Atem geraubt.

„Während wir es zurückholten, kreischte der Papagei, der sich in seinem Käfig befand. Ehrlich gesagt, ich bin einen Fuß von meinem Stuhl gesprungen.

„Jerry steht ganz bedächtig auf und geht zu dem Papagei. „Ist das eine Menagerie?" er sagt. „Kann ein Mann nicht in Ruhe zu Abend essen, ohne dass ein Bild wie Sie anfängt zu schreien? Schlafen Sie."

„Wir starrten ihn alle überrascht an, besonders Onkel Dick Tuxton , dessen besonderes Haustier der Papagei war.“ Er hatte ihn den ganzen Weg aus dem Ausland mit nach Hause gebracht.

„Hallo, Billy!“ sagt der Vogel, zuckt mit den Schultern und bläht sich auf. „Rrrr! Rrrr! , Lo , Billy!‘ Lo , ,Lo, ,Lo! Rr WAH!“

„Jerry gibt seinem Käfig einen Knall.“

„Reag nicht zurück“, sagt er, „sonst schlage ich dir den Kopf ab. Du denkst, dass du jemand bist, weil du einen grünen Schwanz hast .“ Und er stolziert zurück zu seinem Stuhl und starrt Onkel Dick böse an.

„Nun, das alles war nicht das, was man als Förderung eines lockeren Gesprächsflusses bezeichnen könnte. Alle schauen Jerry an, besonders mich, fragen sich, was als nächstes kommt, und versuchen, zu Atem zu kommen, und Jerry runzelt die Stirn über das kalte Rindfleisch, und es entsteht eine Art unangenehme Pause. Miss Jane ist die Erste, die sich an die Arbeit macht. Sie läuft geschäftig umher, lässt sich das Essen servieren und wir beginnen zu essen. Aber es gibt immer noch nicht so viel Unterhaltung, dass man es bemerken würde. Das geht so weiter, bis wir die Schlussphase erreichen , und dann kommt Onkel Dick auf die Probe.

„Wie geht es den Hühnern, Mr. Moore?“ er sagt.

„Gib mir noch etwas Kuchen“, sagt Jerry. "Was?"

„Onkel Dick wiederholt seine Bemerkung.“

„„Geflügel?“ sagt Jerry. „Was wissen Sie über Geflügel? Ihre Vorstellung von einem Geflügel ist ein hässlicher Vogel mit einem grünen Schwanz, einer Wellington-Nase und – gib mir ein bisschen Käse.“

„Onkel Dick liebt den Papagei, also setzt er sich für ihn ein.“ „Polly galt schon immer als hübscher Vogel“, sagt er.

„Er will Füllung“, sagt Jerry.

„Und Onkel Dick bricht das Gespräch ab.“

„Herauf kommt der große Bruder, sein Name war Ralph.“ Er ist der Bankangestellte und ein Typ. Er schnippt mit den Handschellen und fängt an, alles fröhlich zu machen, indem er eine Geschichte über einen Mann namens Wotherspoon erzählt, den er kennt . Jerry fixiert ihn mit seinem Blick und unterbricht ihn mittendrin.

„Ihre Weste ist wild“, sagt er.

"'Begnadigung?" sagt Ralph.

„Ihre Weste", sagt Jerry. „Es tut mir in den Augen weh. Es ist wie ein elektrisches Zeichen."

„Na ja, Jerry", sage ich, aber er blickt mich nur finster an und ich halte inne.

„Ralph ist stolz auf seine Kleidung und das wird er nicht ertragen." Er starrt Jerry an und Jerry starrt ihn an.

'"Was glaubst du wer du bist?" sagt Ralph und atmet schwer.

„Mach deinen Mantel zu", sagt Jerry.

„Schau her!" sagt Ralph.

„Vertuschen Sie es, das sage ich Ihnen ", sagt Jerry. „Willst du mich blenden?" Pa Tuxton unterbricht.

„„Warum, Mr. Moore", beginnt er irgendwie beruhigend; Als sich der kleine Bruder, der Jerry angestarrt hat, einmischt. Ich habe dir schon gesagt, dass er frech war.

„Er sagt: „Pa, was für eine komische Nase Mr. Moore hat!"

„Und das hat es geschafft. Jerry erhebt sich ganz langsam, beugt sich über den Tisch und schneidet dem kleinen Bruder eine Seite am Ohrläppchen. Und dann gibt es ein allgemeines Durcheinander, alle stehen auf, das Kind brüllt und der Hund bellt.

„Wenn du ihn besser erzogen hättest", sagt Jerry streng zu Pa Tuxton , „wäre das nie passiert."

Pa Tuxton heult.

„ Herr Moore", schreit er, „was bedeutet dieses außergewöhnliche Verhalten ? Sie kommen hierher und schlagen mich, Kind –"

„Jerry schlägt auf den Tisch.

„Ja", sagt er, „und ich würde ihn wieder schlagen. Hören Sie mir zu", sagt er. „Du denkst, nur weil ich ruhig bin, habe ich keinen Geist. Du denkst, ich kann nur sitzen und lächeln. Du denkst – Bah! Du bist nicht auf der Suche nach den verborgenen Tiefen meines Charakters. Das tue ich eines dieser stillen Gewässer, das tief reicht. Ich bin – hier, da kommt ihr raus! Ja, ihr alle! Außer Jane. Jane und ich möchten, dass wir in diesem Raum ein privates Gespräch führen. Ich habe eine Menge davon Dinge, die ich Jane sagen soll. Gehst du?"

„Ich wende mich an die Menge." Ich war furchtbar verstört. „Du darfst es nicht bemerken", sage ich . „Es geht ihm nicht gut. Er ist nicht er selbst."

Als gerade der Papagei mit einem anderen von ihnen schneidet, kreischt es. Jerry springt darauf.

„Du zuerst", sagt er und wirft den Käfig aus dem Fenster. „Jetzt du", sagt er zu dem gelben Hund und schickt ihn durch die Tür hinaus. Und dann verschränkt er die Arme und blickt uns finster an, und wir alle bemerken plötzlich, dass er sehr groß ist. Wir schauen uns an und beginnen , uns auf die Tür zuzubewegen. Alle außer Jane, die Jerry anstarrt, als wäre er ein Geist.

„ Herr Moore", sagt Pa Tuxton würdevoll, „wir verlassen Sie. Sie sind betrunken."

„Ich bin nicht betrunken", sagt Jerry. "Ich bin verliebt."

„Jane", sagt Pa Tuxton , „komm mit mir und überlasse diesen Schurken sich selbst."

„Jane", sagt Jerry, „bleiben Sie hier und kommen Sie und legen Sie Ihren Kopf auf meine Schulter."

„Jane", sagt Pa Tuxton , „hörst du mich?"

„Jane", sagt Jerry, „ich warte."

„Sie blickt einen Moment lang von einem zum anderen und geht dann dorthin, wo Jerry steht."

„Ich höre auf", sagt sie, irgendwie leise.

„Und wir driften ab."

Der Kellner schnaubte.

„Ich kam so schnell ich konnte nach Hause", sagte er, „und berichtete Gentleman über den Vorfall." Gentleman's gerasselt. „Ich glaube es nicht", sagt er. „Steh nicht da und erzähl mir, dass Jerry Moore diese Dinge getan hat. Das liegt nicht an dem Mann. „Besonders nachdem ich ihm gesagt habe, wie er sich verhalten sollte. Wie konnte er das tun?" In diesem Moment kommt Jerry herein und strahlt über alles. „Jungs", ruft er, „gratuliert mir. Es ist alles in Ordnung. Wir haben es in Ordnung gebracht. Sie sagt, sie hätte mich vorher nicht richtig gekannt. Sie sagt, sie hätte mich immer für ein Schaf gehalten, während ich es die ganze Zeit war." einer dieser starken, stillen Männer." Er wendet sich an Gentleman –'

Der Mann am anderen Ende des Raumes forderte seine Rechnung.

„In Ordnung, in Ordnung", sagte der Kellner. 'Kommen! „Er wendet sich an Gentleman", fuhr er schnell fort, „und er sagt: „Bailey, ich verdanke Ihnen alles, denn wenn Sie mir nicht gesagt hätten, ich solle ihre Leute beleidigen …"

Er lehnte sich an den Tisch des Reisenden und fixierte ihn mit einem Blick, der um Mitgefühl flehte.

„Wie wäre es damit?" er sagte. „Ist das nicht knackig? „Beleidige ihre Leute!" Es waren seine Worte. „Beleidige ihre Leute."

Der Reisende sah ihn fragend an.

„Kannst du es schlagen?" sagte der Kellner.

„Ich weiß nicht, was Sie sagen", sagte der Reisende . „Wenn es wichtig ist, schreiben Sie es auf einen Zettel. Ich bin stocktaub.'

SCHLAGEN SIE SIE, WIE WIR WOLLEN

PAUL BOIELLE war Kellner. Das Wort „Kellner" deutet auf ein Wesen mit sanfter Stimme und geschickten Händen hin, das sich schnell und geräuschlos in einer Atmosphäre aus Luxus und schattigen Lampen bewegt. In Bredins Pariser Café und Restaurant in Soho, wo Paul arbeitete, gab es nichts davon; und Paulus selbst war keineswegs geräuschlos, obwohl er sich sicherlich schnell bewegte. Sein Gang durch den Raum ähnelte fast zu gleichen Teilen dem Ziel eines Marathonlaufs, dem Starauftritt eines professionellen Jongleurs und einem Monolog eines Nebendarstellers aus Earl's Court. Ständige Bekanntschaft machte regelmäßige Gewohnheiten für das Wunder gefühllos, aber für einen Fremden war der Anblick von Paul, der mit zwei riesigen Schüsselpyramiden in den Händen über den schwierigen Gang zwischen den Tischen raste und schrie, während er das mystische Wort sprach: „In wenigen Augenblicken kommt es, Steaks, es kommt !" war bis zu einem gewissen Grad beeindruckend. Für weitaus weniger anspruchsvolle Leistungen auf der Bühne erhielten Varietékünstler fünfzig Pfund pro Woche. Paul bekam achtzehn Schilling.

Welch ein Segen ist Armut, wenn man sie richtig betrachtet. Hätte Paul mehr als achtzehn Schilling pro Woche bekommen, hätte er nicht auf dem Dachboden gelebt. Er hätte es in einem Wohn-Schlafzimmer im zweiten Stock genossen; und hätte folglich etwas verpasst, was praktisch ein echtes Nordlicht war. Das Oberlicht, das zum Dachboden gehörte, war so angeordnet, dass der Raum ein Miniaturatelier war, und da Paul in seiner Freizeit damit beschäftigt war, ein großartiges Bild zu malen, hätte nichts glücklicher sein können; denn Paulus lebte, wie so viele unserer öffentlichen Männer, zwei Leben. Außerhalb des Dienstes wurde der sprintende, bellende Jongleur von Bredins Pariser Café zum stillen Anhänger der Kunst. Seit seiner Kindheit hatte er eine Leidenschaft für das Zeichnen und Malen. Er bedauerte, dass das Schicksal ihm für diese Arbeit so wenig Zeit gelassen hatte; Aber schließlich, überlegte er, hatten alle großen Künstler ihre Probleme – warum also nicht auch er? Außerdem waren sie nun fast zu Ende. Eine Stunde hier, eine Stunde dort und jeden Donnerstag einen ganzen Nachmittag, und schon war das große Bild in greifbarer Nähe zur Vollendung. Er hatte sich durchgesetzt. Ohne Models, ohne Muße, hungrig, müde, hatte er dennoch gesiegt. Noch ein paar Handgriffe und schon wäre das Meisterwerk zum Kauf bereit. Und danach würde alles wie von selbst verlaufen. Paul konnte die Szene so genau vorhersagen. Das Bild würde beim Händler liegen, möglicherweise – man darf nicht zu optimistisch sein – in irgendeiner seltsamen Ecke weggeworfen werden. Der wohlhabende Kenner würde hereinkommen. Zuerst würde er das Meisterwerk nicht sehen; andere, prominenter ausgestellte Werke würden seine Aufmerksamkeit erregen. Er würde sich mit müder Verachtung von ihnen abwenden, und dann! ... Paul fragte sich, wie hoch der Scheck sein würde.

Es gab Gründe, warum er das Geld wollte. Wenn man ihn ansah, wie er über das Linoleum bei Bredin galoppierte, hätte man meinen können, er sei mit seinen Gedanken bei der Arbeit. Aber es war nicht so. Er nahm Befehle so automatisch entgegen und führte sie aus, wie die Penny-in-the-Slot-Spieluhr in der Ecke Pennys nahm und Melodien produzierte. Seine Gedanken galten Jeanne Le Brocq, seiner Kollegin bei Bredin's, und einem kleinen Zigarrenladen weiter unten in Brixton, von dem er wusste, dass er zu einem vernünftigen Preis auf dem Markt war. Ersteres zu heiraten und Letzteres zu besitzen, war Paulus' Vorstellung vom irdischen Paradies, und es war der wohlhabende Kenner und er allein, der die Tore öffnen konnte.

Jeanne war ein großes, sich langsam bewegendes normannisches Mädchen von unauffälliger Schönheit. Man könnte sie sich auf einem Bauernhof von de Maupassant vorstellen. Im Geklapper und Trubel von Bredins Pariser Café wirkte sie fehl am Platz wie eine Kuh in einer Kesselfabrik. Für Paul, der sie mit der ganzen Inbrunst eines kleinen Mannes für eine große Frau verehrte, schienen ihre wohlüberlegten Methoden das Einzige, was schön und würdevoll war. Seiner Meinung nach verlieh sie dem vulgären Strudel der sich verschlingenden Menschheit einen Ton, als wäre sie eine Göttin gewesen, die sich in einen homerischen Kampf verwickelt hätte. Der Strudel hatte andere Ansichten – und brachte sie zum Ausdruck. Ein grobhaariges Tier ging tatsächlich einmal so weit, die schrecklichen Worte an sie zu richten: „ Beeil dich, Tottie ! " Schau schlüpfrig aus .' Es war natürlich falsch, dass Paul ausrutschte und eine Portion Rührei in den Mantelärmel des Unmenschen verschüttete, aber wer kann es ihm verübeln?

Zu denen, die Pauls Ansichten über das Benehmen von Kellnerinnen nicht teilten, gehörte M. Bredin selbst, der Besitzer des Pariser Cafés; Und es war dieser Umstand, der Paul zum ersten Mal die Gelegenheit gab, die Leidenschaft zum Ausdruck zu bringen, die an ihm nagte, mit der wilden Wut eines Bredin-Kunden, der während der Hauptverkehrszeit an einem zähen Steak gegen die Zeit nagt. Er hatte sie schon lange aus der Ferne angebetet, aber nichts Intimeres als ein „Guten Morgen, Miss Jeanne" war ihm entgangen, bis er sie eines Tages während einer Flaute in dem kleinen Gang, der zur Küche führte, traf, ihr Gesicht darin verborgen ihre Schürze, ihr Rücken zuckte vor Schluchzen.

Geschäft ist Geschäft. Paul hatte dem Koch eine Nachricht zu überbringen, in der es um „zwei Frittierte, Kaffee und einen abgestandenen" ging. Er lieferte es ab und kehrte zurück. Jeanne schluchzte immer noch.

„Ah, Miss Jeanne", rief Paul erschüttert, „was ist los?" Was ist es? Warum weinst du?'

„Der *Patron*", schluchzte Jeanne. 'Er-'

„Mein Engel", sagte Paul, „er ist ein Schwein."

Das stimmte vollkommen. Kein gewissenhafter Charakterkenner hätte leugnen können, dass Paulus ins Schwarze getroffen hatte. Bredin war ein Schwein. Er sah aus wie ein Schwein; er aß wie ein Schwein; er grunzte wie ein Schwein. Er hatte den üppigen Embonpoint eines Schweins. Auch eine Schweinseele. Wenn man ihm ein blaues Band um den Hals gebunden hätte, hätte man mit ihm auf einer Show Preise gewinnen können.

Pauls Augen blitzten vor Wut. „Ich werde ihm eine Ohrfeige geben", brüllte er.

„Er nannte mich eine Schildkröte."

„Und ihm in den Bauch treten", fügte Paul hinzu.

Jeannes Schluchzen lief jetzt auf Hochtouren. Die Angst ließ nach. Paul nutzte die verbesserten Bedingungen, um einen Arm teilweise um ihre Taille zu legen. In zwei Minuten hatte er so viel gesagt, wie ein normaler Mann in zehn Minuten hätte verarbeiten können. Auch alles gute Sachen. Keine Polsterung.

Jeannes Gesicht erhob sich wie ein Vollmond aus ihrer Schürze. Sie war zu erstaunt, um wütend zu sein.

Paul plapperte weiter. Jeanne sah ihn mit wachsendem Zorn an. Dass sie, die täglich von Herren mit Melonen und karierten Anzügen liebevoll beschimpft wurde und einst von einem Anwaltsgehilfen in die Weiße Stadt eingeladen worden war, von einem Kellner auf diese Weise angesprochen werden sollte! Es war zu viel. Sie warf seine Hand ab.

„Elender kleiner Mann!" sie weinte und stampfte wütend auf.

'Mein Engel!' protestierte Paul.

Jeanne stieß ein verächtliches Lachen aus.

'Du!' Sie sagte.

Es gibt kaum eine vernichtendere Bemerkung als „Du!" auf eine bestimmte Weise gesprochen. Jeanne hat es genau so ausgedrückt.

Paul verwelkte.

„Mit achtzehn Schilling pro Woche", fuhr Jeanne satirisch fort, „würden Sie eine Frau ernähren, nicht wahr? Warum-'

Paul erholte sich. Er hatte jetzt eine Öffnung und begann, sie zu nutzen.

„Hör zu", sagte er. „Derzeit verdiene ich zwar nur achtzehn Schilling pro Woche, aber das wird nicht immer so sein, nein. Ich bin nicht nur Kellner. Ich bin auch Künstler. Ich habe ein tolles Bild gemalt. Ein ganzes Jahr habe ich gearbeitet, und jetzt ist es fertig. Ich werde es verkaufen, und dann, mein Engel –?'

Jeannes Gesicht hatte etwas von seiner Verachtung verloren. Sie hörte mit einigem Respekt zu. 'Ein Bild?' sagte sie nachdenklich. „In Bildern steckt Geld."

Zum ersten Mal war Paul froh, dass sein Arm nicht mehr um ihre Taille lag. Um dem großen Werk gerecht zu werden, brauchte er beide Hände zum Gestikulieren.

„In diesem Bild steckt Geld", sagte er. „Oh, es ist wunderschön. Ich nenne es „Das Erwachen". Es ist eine Waldszene. Ich komme von meiner Arbeit hier zurück, heiß und müde, und ein bloßer Blick auf diesen Wald erfrischt mich. Es ist so cool, so grün. Die Sonne dringt in goldenen Spritzern durch das Laub. Auf einem moosbedeckten Ufer, zwischen zwei Bäumen, liegt ein schönes Mädchen und schläft. Über ihr steht ein junger Mann im Hirtenkleid, der sich zärtlich über sie beugt und gerade dabei ist, das blumenähnliche Gesicht zu küssen. Im letzten Moment hat er über die Schulter geschaut, um sicherzustellen, dass niemand in der Nähe ist. Er macht einen Gesichtsausdruck, der so glücklich und stolz ist, dass man ihm mitfühlen kann."

„Ja, da könnte Geld drin sein", rief Jeanne.

„Das gibt es, das gibt es!" rief Paul. „Ich werde es für viele Francs an einen wohlhabenden Kenner verkaufen." Und dann, mein Engel –'

„Du bist ein guter kleiner Mann", sagte der Engel gönnerhaft. 'Vielleicht. Wir werden sehen.'

Paul ergriff ihre Hand und küsste sie. Sie lächelte nachsichtig. „Ja", sagte sie. „Vielleicht ist Geld da." „Diese Engländer zahlen viel Geld für Bilder."

Es wird ziemlich allgemein zugegeben, dass Geoffrey Chaucer, der bedeutende Dichter des 14. Jahrhunderts, obwohl er von einer fast Rooseveltschen Leidenschaft für die neue Schreibweise besessen war, in puncto Tiefgründigkeit des Denkens auf der richtigen Seite war. Es war Chaucer, der die Zeilen schrieb:

Die Zeit ist so kurz, das Handwerk so lang zu erlernen ,
die Prüfung so hart, die Eroberung so scharf .

Das bedeutet im Großen und Ganzen, dass es schwierig ist, ein Bild zu malen, aber noch viel schwieriger, es zu verkaufen.

Im Laufe der Jahrhunderte schüttelte Paul Boielle Geoffrey Chaucer die Hand. „So Sharpe the Conquering" brachte seinen Fall auf den Punkt.

Die ganze Geschichte seiner Wanderungen mit dem Meisterwerk würde sich wie eine Odyssee lesen und ungefähr genauso lang sein. Es soll verdichtet werden.

Es gab einen Künstler, der von Zeit zu Zeit in Bredins Pariser Café speiste, und da das künstlerische Temperament zu ungeduldig war, um Jeannes gemächlichen Methoden gerecht zu werden, war es Paul zugefallen, ihn zu bedienen. An diesen Experten wandte sich Paul, ermutigt durch die Genialität des Künstlers, um Informationen einzuholen. Wie hat Monsieur seine Bilder verkauft? Monsieur sagte, er hätte es nicht getan, außer einmal in einem blauen Mond. Aber wann tat er es? Oh, er hat das Ding zum Händler gebracht. Paul dankte ihm. Ein Freund von ihm, erklärte er, habe ein Bild gemalt und wolle es verkaufen.

'Armer Teufel!' war der Kommentar des Künstlers.

Am nächsten Tag, es war ein Donnerstag, begann Paul seine Reise. Er startete beschwingt, aber am Abend war er wie ein geplatzter Ballon. Jeder Händler hatte die gleiche Bemerkung zu machen – nämlich: kein Platz.

„Haben Sie das Bild schon verkauft?" fragte Jeanne, als sie sich trafen. „Noch nicht", sagte Paul. „Aber es sind heikle Angelegenheiten, diese Verhandlungen." Ich verwende Finesse. Ich gehe mit Vorsicht vor.'

Er wandte sich erneut an den Künstler.

„Mit den Händlern", sagte er, „hatte mein Freund ein wenig Pech." Sie sagen, sie hätten keinen Platz.'

„*Ich* weiß", sagte der Künstler und nickte.

„Gibt es vielleicht einen anderen Weg?"

„Was ist das für ein Bild?" fragte den Künstler.

Paul war begeistert.

'Ah! Monsieur, es ist wunderschön. Es ist eine Waldszene. Ein schönes Mädchen-'

'Oh! Dann sollte er es besser mit den Zeitschriften versuchen. Sie könnten es als Tarnung verwenden.'

Paul dankte ihm überschwänglich. Am darauffolgenden Donnerstag besuchte er verschiedene Kunstredakteure. Den Kunstverlegern schien es genauso schlecht zu gehen wie den Kunsthändlern. 'Überfüllt!' war ihr Schrei.

'Das Bild?' sagte Jeanne am Freitagmorgen. „Ist es verkauft?"

„Noch nicht", sagte Paul, „aber –"

„Immer aber!"

'Mein Engel!'

„Bah!" sagte Jeanne und warf ihren großen, aber wohlgeformten Kopf zurück.

Am Ende des Monats kämpfte Paulus im letzten Graben und irrte trostlos unter denen umher, die in der äußersten Dunkelheit leben und schmutzige Daumen haben. Sieben davon besuchte er an jenem schwarzen Donnerstag, und jeder von ihnen rieb mit dem schmutzigen Daumen über die Oberfläche des Gemäldes, schnaubte und entließ ihn. Krank und geschlagen brachte Paul das Meisterwerk zurück in sein Oberlichtzimmer.

Die ganze Nacht lag er wach und dachte nach. Es war ein müdes Nervenbündel, das am nächsten Morgen ins Pariser Café kam. Er kam zu spät, was gut war, weil dadurch die unvermeidliche Frage nach dem Schicksal des Bildes verzögert wurde, aber schlecht in jeder anderen Hinsicht. Herr Bredin, der hinter der Kasse hockte, grunzte ihn heftig an; Und was noch schlimmer war: Jeanne, die wegen seiner Abwesenheit mehr zu tun hatte, als es ihrem Gemüt entsprach, war distanziert und hochmütig. Eine düstere Düsternis breitete sich über Paul aus.

Nun geschah es, dass Herr Bredin, wenn es ihm gut ging, von einer schwerfälligen Liebenswürdigkeit erfüllt war. Es kam nicht oft vor, dass dies eine praktische Form annahm, obwohl aktenkundig ist, dass er einmal in einem überschwänglichen Moment einem kleinen Jungen einen halben Penny schenkte. Häufiger führte es lediglich dazu, dass er die schweineartige Strenge seines Verhaltens abschwächte . Heute, da die Geschäfte ungewöhnlich gut liefen, war er mit der Welt zufrieden. Er hatte seine Kasse verlassen und stürmte eine Schüssel Suppe an einen der Beistelltische. Bis auf ein verspätetes Mittagessen am Ende des Raumes war der Raum leer. Es war eine der Stunden, in denen im Pariser Café Ruhe herrschte. Paul lehnte, in die Dunkelheit gehüllt, an der Wand. Jeanne wartete auf den Besitzer.

M. Bredin beendete seine Mahlzeit und stand auf. Er fühlte sich zufrieden. Alles war in Ordnung mit der Welt. Als er zu seinem Schreibtisch schlenderte , kam er an Jeanne vorbei. Er hörte auf. Er machte ein Kompliment. Dann ein anderer. Paul schaute von seinem Platz an der Mauer mit eifersüchtiger Wut zu.

M. Bredin warf Jeanne einen Schlag unters Kinn.

Während er dies tat, rief der verspätete Mittagsgast „Kellner!" aber Paul war anderweitig verlobt. Sein gesamtes Nervensystem schien mit einer Stange aufgewühlt worden zu sein. Mit einem heiseren Schrei stürmte er vorwärts. Er würde dieses Schwein zerstören, das seine Jeanne unter das Kinn geworfen hat.

Die erste Ahnung, die M. Bredin von der Kriegserklärung bekam, war die Wirkung einer französischen Ohrfeige. Es war eine dieser edlen , klobigen Rollen mit scharfen Ecken, fast so tödlich wie ein Granatsplitter. M. Bredin war nicht in der Lage zu springen, aber er stieß ein Heulen aus und sein riesiger Körper bebte wie eine geschlagene Gallerte. Eine zweite Rolle sauste vorbei und schlug gegen die Wand. Einen Moment später zerplatzte ein Sahnebrötchen in klebriger Trümmerform am linken Auge des Wirts.

Der verspätete Mittagsgast wollte unbedingt seine Rechnung bezahlen und gehen, kam aber schnell zu dem Schluss, dass es sich lohnte, hier vorbeizuschauen. Er lehnte sich in seinem Stuhl zurück und sah zu. M. Bredin hatte sich hinter der Kasse verschanzt und starrte Paul nervös durch die Sahne an, während Paul, der in seiner Muttersprache Schimpfwörter ausstieß, ein Schokoladen-Eclair in der Hand hielt. Für den Zuschauer sah die Situation gut aus.

Es wurde von Jeanne verdorben, die Paul am Arm packte, ihn schüttelte und ihre eigene Stimme in das Babel einbrachte. Es war genug. Das Eclair fiel zu Boden. Pauls Stimme verstummte. Sein Gesicht nahm wieder den zerdrückten, gehetzten Ausdruck an. Die Stimme von M. Bredin, befreit von der Konkurrenz, erklang schrill und zornig.

„Der Schütze wird entlassen", sinnierte der Zuschauer und diagnostizierte die Situation.

Er hatte recht. Im nächsten Moment hatte sich Paul, schlaff und deprimiert, in den Küchengang zurückgezogen und entlassen. Hier fand Jeanne ihn nach ein paar Minuten.

'Narr! Idiot! Schwachsinnig!' sagte Jeanne.

Paul starrte sie wortlos an.

Gönner mit Brötchen zu bewerfen . Schwachsinnig!'

„Er –", begann Paul.

„Bah! Und was wäre, wenn er es täte? Muss man ihn dann wie einen tollwütigen Hund angreifen? Was heißt das für dich?'

Paul verspürte ein dumpfes Verlangen nach Mitgefühl, ein ungeheures Gefühl der Unterdrückung. Alles lief schief. Sicherlich muss Jeanne von seinem Heldentum berührt sein? Aber nein. Sie schimpfte wütend. Angenommen, Andromeda hätte sich umgedreht und Perseus ausgeschimpft, nachdem dieser das Seeungeheuer getötet hatte! Paul wischte sich mit der Serviette die Stirn ab. Der Grund war aus seiner Welt gefallen.

„Jeanne!"

„Bah! Sprich nicht mit mir, Idiot von einem kleinen Mann. Fast hättest du mir auch meinen Platz verloren. Der *Patron* war zwiespältig. Aber ich habe ihn überredet. Es wäre schön gewesen, durch deine Dummheit meinen guten Platz zu verlieren. Rollen werfen. Meine Güte!'

Sie stürmte wieder zurück ins Zimmer und ließ Paul immer noch an der Küchentür stehen. Etwas schien in ihm zerbrochen zu sein. Wie lange er dort stand, wusste er nicht, aber plötzlich erklangen aus dem Esszimmer Rufe: „Kellner!" und automatisch verfiel er wieder in seine Arbeit, wie ein Schauspieler seine Rolle übernimmt. Ein Fremder hätte an ihm nichts Bemerkenswertes bemerkt. Er eilte mit unverminderter Energie hin und her
.

Am Ende des Tages zahlte ihm M. Bredin grunzend seine achtzehn Schilling, und Paul verließ das Restaurant als herrenloser Mann.

Er ging auf seinen Dachboden und setzte sich auf das Bett. An der Wand lehnte das Bild. Er betrachtete es mit blicklosen Augen. Er starrte stumpf vor sich hin.

Dann kamen ihm plötzlich Gedanken, die in seinem Kopf hüpften und tanzten wie Kobolde im Hades. Er hatte ein merkwürdiges Gefühl der Distanziertheit. Er schien sich selbst aus großer Entfernung zu beobachten.

Das war das Ende. Die kleinen Kobolde tanzten und sprangen; und dann trennte sich einer von der Masse, um größer zu werden als die anderen, um energischer Pirouetten zu drehen. Er stand auf. Er hatte sich entschieden. Er würde sich umbringen.

Er ging die Treppe hinunter und hinaus auf die Straße. Während er ging, dachte er angestrengt nach. Er würde sich umbringen, aber wie?

Seine Beschäftigung war so groß, dass ein Auto, das um die Ecke bog, ihn beim Überqueren der Straße nur um Zentimeter verfehlte. Der Chauffeur schrie ihn wütend an, als er zurücksprang.

Paul schüttelte die Faust in Richtung der sich zurückziehenden Lichter.

'Schwein!' er schrie. 'Attentäter! Schurke! Schurke! Würdest du mich töten? Ich nehme deine Nummer, Schlingel. Ich werde die Polizei informieren. Schurke!'

Ein Polizist war auf ihn zugekommen und beäugte ihn neugierig. Paulus wandte sich voller Unrecht an ihn.

„Offizier", rief er, „ich habe eine Beschwerde." Diese Schweine von Chauffeuren! Sie sind rücksichtslos. Sie fahren so rücksichtslos. Daher die große Zahl von Unfällen."

'Schrecklich!' sagte der Polizist. „Gib weiter, Junge."

Paul ging wütend weiter. Es war abscheulich, dass diese Chauffeure – Und dann kam ihm eine Idee. Er hatte einen Weg gefunden.

Es war ruhig im Park . Er hatte sich für den Park entschieden, weil es dort dunkel war und es niemanden gab, den man sehen und stören könnte. Er wartete lange im Schatten am Straßenrand. Plötzlich erklang aus der Dunkelheit das ferne Dröhnen mächtiger Motoren. Lichter erschienen, wie die leuchtenden Augen eines Drachen, der herabstürzte, um seine Beute zu verschlingen.

Mit einem Schrei rannte er auf die Straße.

Es war ein Fehler, dieser Schrei. Er hatte es als unartikulierten Abschied von seinem Bild, von Jeanne, vom Leben gedacht. Für den Fahrer des Motors war es verzeihlich, dass er es falsch interpretierte. Es schien ihm ein Warnschrei zu sein. Es gab ein lautes Knattern der Bremsen, ein Rattern blockierter Räder auf der trockenen Straße, und das Auto kam einen ganzen Meter von seinem Standort entfernt zum Stillstand.

„Was zum Teufel –" sagte eine kühle Stimme hinter den Lichtern.

Paul schlug sich auf die Brust und verschränkte die Arme.

„Ich bin hier", rief er. 'Zerstöre mich!'

„Lass George es machen", sagte die Stimme mit deutlich amerikanischem Akzent. „Ich morde nie an einem Freitag; es ist Pech. Wenn es keine unhöfliche Frage ist, aus welcher Anstalt kommen Sie? Halloa !'

Der Ausruf war überraschend, denn Pauls Nerven hatten endlich nachgelassen und er lag jetzt zusammengekauert auf der Straße und schluchzte.

Der Mann kletterte hinunter und kam ins Licht. Er war ein großer junger Mann mit einem angenehmen, klar geschnittenen Gesicht. Er blieb stehen und schüttelte Paul.

„Hör auf damit", sagte er. „Vielleicht ist es nicht wahr." Und wenn ja, gibt es immer Hoffnung. Schneide es aus. Was ist los? Alles drin?'

Paul setzte sich auf und schluckte krampfhaft. Er war völlig erschöpft. Die kalte, verzweifelte Stimmung war verflogen. An seine Stelle trat das alte Gefühl der Trostlosigkeit. Er war ein Kind, das sich nach Mitgefühl sehnte. Er wollte seine Probleme erzählen. Er unterstrich seine Erzählung mit vielen Gesten und einem gelegentlichen Schluck und fuhr damit fort. Der Amerikaner hörte aufmerksam zu.

„ Du kannst also dein Bild nicht verkaufen, und du hast deinen Job verloren und deine Freundin hat dich erschüttert?" er sagte. „Ziemlich schlimm, aber du hast immer noch keine Lust, dich unter die Räder von Autos zu mischen. „Du kommst mit mir in mein Hotel, und morgen werden wir sehen, ob wir nicht etwas in Ordnung bringen können."

Am nächsten Morgen gab es im Hotel Frühstück, ein Frühstück, das einem Mann Mut macht. Während des Essens kam ein Bote, der mit einem Taxi zu Pauls Unterkunft geschickt wurde, mit der Leinwand zurück. Ein respektvoller Kellner teilte dem Amerikaner mit, dass es mit aller Sorgfalt in seine Suite gebracht worden sei.

„Gut", sagte der junge Mann. „Wenn Sie fertig sind, schauen wir es uns an."

Sie gingen nach oben. Da lag das Bild an einem Stuhl.

„Ja, das nenne ich gut", sagte der junge Mann. „Es ist ein Cracker Jack."

Pauls Herz machte einen plötzlichen Sprung. Konnte es sein, dass hier der wohlhabende Kenner war? Er war wohlhabend, denn er fuhr ein Auto und wohnte in einem teuren Hotel. Er war ein Kenner, denn er hatte gesagt, das Bild sei ein Knaller.

„Monsieur ist nett", murmelte Paul.

„Es ist eine Bärenkatze", sagte der junge Mann bewundernd.

„Monsieur ist schmeichelhaft", sagte Paul und nahm schwach ein Kompliment wahr.

„Solch ein Bild habe ich schon seit Monaten gesucht", sagte der junge Mann.

Pauls Augen rollten himmelwärts.

„Wenn Sie ein paar Änderungen vornehmen, kaufe ich es und verlange mehr."

„Änderungen, Monsieur?"

„Ein oder zwei kleine." Er zeigte auf die gebeugte Gestalt des Hirten. „Jetzt sehen Sie diesen prominenten Bürger. Was macht er!'

„Er beugt sich herab", sagte Paul inbrünstig, „um seiner Geliebten einen Kuss zu geben." Und sie, schlafend, ganz bewusstlos, träumte von ihm —"

„Kümmere dich nicht um sie. Konzentrieren Sie sich auf ihn. Willie ist der „Star" in dieser Show. Du hast ihn treffend zusammengefasst. Er beugt sich. Gutes Bücken. Wenn dieser Kerl also eine Zahnspange tragen würde und sich so bücken würde, würden Sie doch sagen, dass ihm die Zahnspange platzen würde, oder?'

Mit etwas benommener Miene sagte Paul, dass er damit rechnete. Bisher hatte er die Figur nicht nur aus diesem Blickwinkel betrachtet.

„Du würdest sagen, er würde sie kaputtmachen?"

„Ganz sicher, Monsieur."

'NEIN!' sagte der junge Mann feierlich und klopfte ihm energisch auf die Brust. „Da liegst du falsch. Nicht, wenn es sich um Galloways bewährte Lösungen handelte. Die Tried and Proven von Galloway halten jeder Belastung stand, die Sie ihnen auferlegen möchten. Siehe kleine Scheine. Tragen Sie Galloways Bewährtes und das Schicksal kann Ihnen nichts anhaben. Du kannst es mir nehmen. „Ich bin der Geschäftsführer des Unternehmens."

„In der Tat, Monsieur!"

„Und ich werde Ihnen einen Vorschlag machen. Schneiden Sie diese moosige Bank aus und machen Sie das Mädchen, das in einer Hängematte liegt. Stecken Sie Willie in Hemdsärmel statt in einen Bademantel und statten Sie ihn mit einem Paar der Bewährten aus, und ich gebe Ihnen dreitausend Dollar für dieses Bild und eine Selbstbeteiligung von viertausend Dollar pro Jahr, damit Sie für uns arbeiten können Niemand sonst in den Jahren, die Sie erwähnen möchten. Sie haben die Ware. Du hast genau das Richtige. Zum Beispiel dieser glückliche Ausdruck in Willies Gesicht. Sie können gleich sehen, warum er so glücklich ist. Das liegt daran, dass er das Altbewährte trägt und weiß, dass sie nicht kaputt gehen, egal wie weit er sich bückt. Ist das ein Deal?'

Pauls Antwort ließ keinen Zweifel offen. Er umfasste den jungen Mann fest um die Taille und küsste ihn mit äußerster Inbrunst auf beide Wangen.

„Hier, los!" rief der erstaunte Geschäftsführer. „Das ist keine Möglichkeit, einen Geschäftsvertrag zu unterzeichnen."

Ungefähr fünf Minuten nach eins an diesem Nachmittag bemerkte Constable Thomas Parsons, als er seine Runde patrouillierte, einen Mann, der ihm vom Eingang von Bredins Pariser Café und Restaurant aus ein Zeichen gab. Der Mann sah aus wie ein Schwein. Er grunzte wie ein Schwein. Er hatte den üppigen *Embonpoint* eines Schweins. Constable Parsons vermutete, dass er eine Schweinseele hatte. Tatsächlich schoss Constable Parsons der Gedanke durch den Kopf, dass er mit ihm auf einer Show Preise gewinnen könnte, wenn er sich ein Stück blaues Band um den Hals binden würde.

'Was ist das alles?' erkundigte er sich und blieb stehen.

Der beleibte Mann redete wortgewandt auf Französisch. Constable Parsons schüttelte den Kopf.

„Sprechen Sie vernünftig", riet er.

„ Hier ", rief der beleibte Mann und zeigte hinter sich ins Restaurant, „ein Mann, ein – wie sagt man? – ja, entlassener." Ein Mitarbeiter , den ich gestern entlassen habe, kehrt heute zurück. Ich sage zu ihm: „ Cochon , va !"

'Was ist das?'

„Ich sage: „ Peeg , geh!" Wie sagt man? Ja, „Pop up!" Ich sage: „ Peeg , hau ab!" Aber er – nein, nein; er sitzt und wird nicht gehen. Kommen Sie herein, Offizier, und verweisen Sie ihn.'

Mit großer Würde betrat der Polizist das Restaurant. An einem der Tische saß Paul ruhig und verwirrt. Von der anderen Seite des Raumes starrte Jeanne eiskalt.

'Was ist das alles?' fragte Constable Parsons. Paul blickte auf.

„Ich auch", gab er zu, „ich kann es nicht verstehen." Stellen Sie sich das vor, Monsieur. „Ich betrete dieses Café zum Mittagessen, und dieser Mann hier würde mich rausschmeißen."

„Er ist ein Angestellter , den ich – ich selbst – erst gestern entlassen habe", schrie Herr Bredin lautstark auf. „Er hat kein Geld, um in meinem Restaurant zu Mittag zu essen."

Der Polizist musterte Paul streng.

„Äh?" er sagte. 'Das ist so? Du kommst besser mit.'

Pauls Augenbrauen hoben sich.

Vor den runden Augen von Herrn Bredin begann er, Banknoten und Sovereigns aus seinen Taschen zu holen und auf den Tisch zu legen. Das Tuch war damit bedeckt.

Er nahm einen halben Souverän.

„Wenn Monsieur", sagte er zum Polizisten, „dies als kleinen Trost für die Unannehmlichkeiten akzeptieren würde, die dieser dumme Mensch hier ihm bereitet hat –"

„Nicht die Hälfte", sagte Mr. Parsons freundlich. „Sehen Sie mal", er wandte sich an den gaffenden Wirt, „wenn Sie so weitermachen, geraten Sie in Schwierigkeiten." Sehen? Passen Sie ein andermal auf sich auf.'

Paul forderte die Speisekarte.

Es war die minderwertige Person, die seinen Platz als Kellner eingenommen hatte und sich während des Essens um seine Bedürfnisse kümmerte; aber als er zu Mittag gegessen hatte, war es Jeanne, die ihm den Kaffee brachte.

Sie beugte sich über den Tisch.

„Du hast dein Bild verkauft, Paul – ja?" Sie flüsterte. „Für viel Geld? Wie froh bin ich, lieber Paul. Jetzt werden wir –"

Paul begegnete ihrem Blick kühl.

„Wirst du so freundlich sein", sagte er, „mir auch eine Zigarette mitzubringen, mein gutes Mädchen?"

Der Mann, der Katzen nicht mochte

Es war Harold, der uns zum ersten Mal kennenlernte, als ich eines Abends im Café Britannique in Soho speiste. Eine Besonderheit des Cafe Britannique ist , dass man dort auch im Winter immer Fliegen findet. Als ich an der Tür ankam, schneite es in dieser Nacht, aber als ich mich umsah, bemerkte ich einige der alten Gesichter. Mein alter Bekannter, Percy, der Schmeißfläschchen, der trotz seines Alters wunderbar fit aussah, machte Atemübungen auf einem Hammelkotelett und war zu beschäftigt, um mehr zu tun, als einen Moment innezuhalten und mir zuzunicken; Aber sein Cousin Harold, der immer aktiv war, sichtete mich und eilte herbei, um mir die Ehre zu erweisen .

Er hatte sein letztes Touch-Spiel mit meinem rechten Ohr beendet und kreiste langsam in der Luft, während er über andere Möglichkeiten nachdachte, mich zu unterhalten, als ein Luftstoß zu hören war, ein Serviettenrauschen und kein Harold mehr.

Ich drehte mich um, um meinem Bewahrer zu danken, dessen Tisch neben meinem stand. Er war ein Franzose, ein melancholisch aussehender Mann. Er sah aus wie jemand, der mit einer brennenden Kerze nach dem Leck in der Gasleitung des Lebens gesucht hat; von jemandem, den die geballte Faust des Schicksals unter dem temperamentvollen dritten Westenknopf geschlagen hat.

Er winkte meinen Dank ab. „Es war eine Bagatelle", sagte er. Wir wurden freundlich. Er ging zu meinem Tisch und wir verbrüderten uns bei unserem Kaffee.

Plötzlich wurde er aufgeregt. Er trat gegen etwas auf dem Boden. Seine Augen leuchteten wütend.

„Ps-s- st !" er zischte. „ Va-t'en !"

Ich schaute um die Ecke des Tisches und bemerkte die Restaurantkatze in würdevoller Zurückgezogenheit.

„Du magst keine Katzen?" Ich sagte .

„Ich habe alle Tiere gefressen, Monsieur." Vor allem Katzen.' Er runzelte die Stirn. Er schien zu zögern.

„Ich werde dir meine Geschichte erzählen", sagte er. „Sie werden mitfühlen. Du hast ein sympathisches Gesicht. Es ist die Geschichte der Tragödie eines Mannes. Es ist die Geschichte eines verdorbenen Lebens. Es ist die Geschichte einer Frau, die nicht vergeben wollte. Es ist die Geschichte —'

„Ich habe um elf einen Termin“, sagte ich.

Er nickte geistesabwesend, zog an seiner Zigarette und begann:

Mein Tieratre, Monsieur, habe ich mir vor vielen Jahren in Paris ausgedacht. Tiere sind für mich ein Symbol für die verlorenen Träume der Jugend, für vereitelte Ambitionen, für grausam unterdrückte künstlerische Impulse. Du bist erstaunt. Sie fragen, warum ich diese Dinge sage. Ich werde es dir sagen.

Ich bin in Paris, jung, leidenschaftlich, künstlerisch. Ich möchte Bilder malen. Ich habe das Genie, den Enthusiasmus . Ich möchte ein Schüler des großen Bouguereau sein. Aber nein. Ich bin auf die Unterstützung eines Onkels angewiesen. Er ist reich. Er ist Besitzer des großartigen Hotels Jules Priaulx . Mein Name ist auch Priaulx . Er ist nicht sympathisch. Ich sage: „Onkel, ich habe das Genie, die Begeisterung .“ Erlaube mir zu malen.‘ Er schüttelt den Kopf. Er sagt : „Ich werde dir eine Stelle in meinem Hotel geben, und du wirst deinen Lebensunterhalt verdienen.“ Welche Wahl? Ich weine, aber ich töte meine Träume und werde Kassiererin im Hotel meines Onkels mit einem Gehalt von fünfunddreißig Franken pro Woche. Ich, der Künstler, werde zur Geldwechselmaschine bei verdammt schlechtem Gehalt. Was würdest du? Welche Wahl? Ich bin abhängig. Ich gehe ins Hotel und lerne dort, alle Tiere zu essen. Vor allem Katzen.

Ich werde Ihnen den Grund nennen. Das Hotel meines Onkels ist ein modisches Hotel. Reiche Amerikaner, reiche Maharadschas, reiche Menschen aller Nationen kommen in das Hotel meines Onkels. Sie kommen und haben ihre Haustiere mitgebracht. Monsieur, es war die Existenz eines Albtraums. Wohin ich auch geschaut habe, es gibt Tiere. Hören. Es gibt einen indischen Prinzen. Er hat zwei Dromedare bei sich. Es gibt auch einen anderen indischen Prinzen. Bei ihm ist eine Giraffe. Die Giraffe trinkt jeden Tag ein Dutzend besten Champagners, um ihr Fell gut zu halten. Ich, der Künstler, habe meinen Bock und mein Mantel ist nicht gut. Da ist ein Gast mit einem jungen Löwen. Es gibt einen Gast mit einem Alligator. Aber vor allem gibt es eine Katze. Er ist fett. Sein Name ist Alexander. Er gehört einer Amerikanerin. Sie ist fett. Sie stellt ihn mir vor. Er ist wie ein Opernumhang in eine Kreation aus Seide und Pelz gehüllt. Jeden Tag stellt sie ihn aus. Es heißt „Alexander dieser“ und „Alexander jener“, bis ich „Alexander sehr gefressen“ habe. Ich habe alle Tiere gefressen, besonders aber Alexander.

Und so, Monsieur, geht es Tag für Tag in diesem Hotel, das ein Zoologischer Garten ist, weiter. Und jeden Tag aß ich mehr von den Tieren. Vor allem aber Alexander.

Wir Künstler, mein Herr, wir sind Märtyrer unserer Nerven. Es wurde unerträglich, dieses Ding. Mit jedem Tag wurde es unerträglicher. Nachts träume ich von allen Tieren, eines nach dem anderen – die Giraffe, die beiden Dromedare, den jungen Löwen, den Alligator und Alexander. Besonders Alexander. Sie haben von Männern gehört , die die Gesellschaft einer Katze nicht ertragen können – wie sie schreien und in die Luft springen, wenn eine Katze unter den Anwesenden ist. *Hein* ? Euer Lord Roberts? Genau, Monsieur. Ich habe so viel gelesen. Hören Sie dann zu. Ich bin nach und nach fast so geworden wie ich . Ich schreie nicht und springe nicht in die Luft, wenn ich die Katze Alexander sehe, sondern ich knirsche mit den Zähnen und „gefressen" sie .

Ja, ich bin der schlafende Vulkan, und eines Morgens, Monsieur, habe ich den Ausbruch erlebt. Es ist so. Ich werde es dir sagen.

Ich bin in dieser Zeit nicht nur der Märtyrer der Nerven, sondern auch der Zahnschmerzen. An diesem Morgen hatte ich sehr starke Zahnschmerzen. Ich hatte die schlimmsten Schmerzen. Ich stöhne, während ich die Zahlen in meinem Buch zusammenzähle.

Während ich stöhne, höre ich eine Stimme.

„Sagen Sie Herrn Priaulx einen guten Morgen , Alexander." Stellen Sie sich meine Gefühle vor, Monsieur, wenn diese dicke, tierische Katze vor mir auf meinen Schreibtisch gelegt wird!

Es legte die Abdeckung darauf. Nein, das ist nicht der richtige Ausdruck. Der Deckel. Es legte den Deckel darauf. All meine unterdrückte Angst vor dem Tier brach hervor. Ich konnte mein Atred nicht länger verbergen .

Ich stand auf. Ich war schrecklich. Ich packte ihn am Schwanz. Ich warf ihn – ich wusste nicht wohin. Es hat mich nicht gekümmert. Nicht dann. Danach ja, aber nicht dann.

Dein Longfellow hat ein Gedicht. „Ich habe einen Pfeil in die Luft geschossen. Es fiel auf die Erde, ich weiß nicht wo .' Und dann hat er es gefunden. Der Pfeil im ' Ohr eines Freundes. Habe ich recht? Das war auch die Tragödie mit mir. Ich habe die Katze Alexander geschleudert. Mein Onkel, von dem ich abhängig bin, stirbt derzeit. Er hat die Katze mitten ins Gesicht bekommen.

Mein Begleiter hielt mit dem Künstlerinstinkt für den „Vorhang" inne. Er sah sich im hell erleuchteten Restaurant um. Von allen Seiten erklang das Klappern von Messer und Gabel und der klare, scharfe Klang der Suppentrinker. In einer entfernten Ecke rief ein kleiner Kellner mit großer Stimme durch das Sprechrohr die Namen des Kochs. Es war eine fröhliche

Szene, aber sie brachte meinem Begleiter keine Freude. Er seufzte schwer und fuhr fort:

Ich beeile mich wegen dieser schmerzhaften Szene. Es gibt blühende Reihe. Mein Onkel ist ein jähzorniger Mann. Die Katze ist eine „ Eavy-Katze". Ich habe mich sehr hart geworfen , denn meine Nerven und meine Zahnschmerzen und mein Atred haben mir die Kraft des Riesen gegeben. Das allein reicht aus, um meinen gereizten Onkel zu verärgern. Ich bin dort in seinem Hotel, wie Sie verstehen werden, als Kassierer, nicht als Katzenwerfer. Und jetzt habe ich neben all dem auch einen wertvollen Gönner beleidigt. Sie hat an diesem Tag das Hotel verlassen.

Ich habe keine Zweifel am Ergebnis. Mit Sicherheit erwarte ich meinen *Conge* . Und nach einer schmerzhaften Szene verstehe ich es. Ich soll gehen. Auf einmal. Er versicherte der wütenden Amerikanerin, dass ich sofort gehe.

Er hat mich in sein Privatbüro gerufen. „Jean", hat er am Ende anderer Dinge zu mir gesagt, „du bist ein Narr, Dummkopf, ein nichtsnutziger Idiot." Ich gebe dir einen guten Platz in meinem Hotel und du verbringst deine Zeit damit, mit Katzen herumzuschleudern. Ich werde nichts mehr von dir haben . Aber auch jetzt kann ich nicht vergessen, dass du das Kind meines lieben Bruders bist. Ich werde dir jetzt tausend Franken geben und dich nie wieder sehen.'

Ich habe ihm gedankt, denn für mich ist es Reichtum. Ich hatte noch nie zuvor tausend Francs selbst gehabt.

Ich verlasse das Hotel. Ich gehe in ein *Café* und bestelle einen Bock. Ich rauche eine Zigarette. Es ist notwendig, dass ich mir Pläne ausdenke. Soll ich mit meinen tausend Franken ein Atelier im Viertel mieten und mein Leben als Künstler beginnen? Nein, ich habe immer noch das Genie, die Begeisterung , aber mir fehlt die Ausbildung. Um mir das Malen von Bildern beizubringen, muss ich lange lernen, und selbst tausend Franken reichen nicht ewig . Was soll ich dann tun? Ich weiß es nicht. Ich bestelle einen weiteren Block und rauche noch mehr Zigaretten, aber ich weiß es immer noch nicht.

Und dann sage ich mir: „Ich werde zu meinem Onkel zurückkehren und ihn anflehen." Ich werde die günstige Gelegenheit nutzen. Ich werde ihn nach dem Abendessen ansprechen, wenn er gute Laune hat. Aber dafür muss ich in der Nähe sein. Ich muss – wie sagen Sie das? – „Johnny-on-the-spot" sein.'

Ich habe mich entschlossen. Ich habe meinen Plan.

Ich bin zum Hotel meines Onkels zurückgekehrt und habe ein nicht allzu teures Zimmer gebucht. Mein Onkel weiß es nicht. Er ist immer noch in seinem Privatbüro. Ich sichere mein Zimmer.

Ich esse an diesem Abend billig, aber ich gehe ins Theater und auch zum Abendessen nach dem Theater, denn habe ich nicht meine tausend Franken? Es ist spät, als ich mein Schlafzimmer erreiche.

Ich gehe schlafen. Ich gehe schlafen.

Aber ich schlafe nicht lange. Ich werde von einer Stimme geweckt.

Es ist eine Stimme, die sagt: „Beweg dich und ich schieße!" Bewegen Sie sich und ich schieße!' Ich liege still. Ich bewege mich nicht. Ich bin mutig, aber ich bin unbewaffnet.

Und die Stimme sagt wieder: „Beweg dich und ich schieße!" Sind es Räuber? Ist es ein Plünderer, der in mein Zimmer eingedrungen ist, um mich auszuplündern?

Ich weiß es nicht. Vielleicht denke ich ja.

'Wer bist du?' Ich habe gefragt.

Es gibt keine Antwort.

Ich nehme meinen Mut in meine Hände. Ich springe aus meinem Bett. Ich renne zur Tür. Es wurde keine Pistole abgefeuert. Ich habe den Durchgang erreicht und habe um Hilfe gerufen.

Hotelbeamte rennen herbei. Türen öffnen sich. 'Was ist es?' Stimmen weinen.

„In meinem Zimmer ist ein bewaffneter Räuber", versichere ich ihnen.

Und dann habe ich herausgefunden – nein, ich irre mich. Meine Tür steht, wie Sie verstehen werden, offen. Und als ich diese Worte gesagt habe, kommt ein großer grüner Papagei herausgesprungen . Mein Attentäter ist nichts anderes als ein grüner Papagei.

„Beweg dich und ich schieße!" hieß es zu den im Korridor Versammelten. Es hat mich dann ins Gesicht gebissen und weitergegeben.

Ich bin betrübt, Monsieur. Aber nur für einen Moment. Dann vergesse ich meinen Kummer. Für eine Stimme aus einer Tür, die beim Öffnen voller Freude sagt: „Es ist meine Polly, die ich heute Abend verloren habe !"

Ich drehe. Ich schnappe nach Luft vor Bewunderung. Es ist eine schöne Dame in einem rosa Morgenmantel, die diese Worte gesprochen hat
.

Sie hat mich angeschaut. Ich habe sie angeschaut . Ich vergesse alles außer dass sie bezaubernd ist. Ich vergesse diejenigen, die daneben stehen. Ich vergesse, dass mich der Papagei ins Gesicht gebissen hat. Ich vergesse sogar, dass ich im Pyjama da stehe und nichts an meinen Füßen habe. Ich kann sie nur anschauen und anbeten.

Ich habe Worte gefunden.

„Mademoiselle", sagte ich, „ich freue mich, dass ich Ihnen Ihren Vogel zurückgeben konnte."

Sie hat mir mit ihren Augen und dann auch mit Worten gedankt. Ich bin verzaubert. Sie ist göttlich. Es ist mir egal, dass meine Füße kalt sind. Am liebsten würde ich die ganze Nacht dort stehen und reden.

Sie hat einen Schreckensschrei von sich gegeben.

'Dein' und! Es ist verwundet!'

Ich schaue auf mein „und". Ja, es blutet, wo der Vogel es gebissen hat.

„ Tchut , Mademoiselle", habe ich gesagt. „Es ist eine Bagatelle."

Aber nein. Sie ist verzweifelt. Sie ist das, was Ihr Dichter Scott gesagt hat : ein dienender Engel. Sie hat ihr Halstuch zerrissen und verbindet meine Wunde. Ich bin verzaubert. Solche Schönheit! Was für eine Freundlichkeit! „ Ich kann kaum widerstehen, vor ihm auf die Knie zu fallen und meine Leidenschaft zu verkünden."

Wir sind Zwillingsseelen. Sie hat sich noch einmal bei mir bedankt. Sie hat den Papagei ausgeschimpft. Sie lächelte mich an, als sie sich in ihr Zimmer zurückzog. Es reicht. Es wird nichts gesagt, aber ich bin ein Mann mit Sensibilität und Urteilsvermögen, und ich verstehe, dass sie nicht beleidigt sein wird, wenn ich versuche, unsere Freundschaft bei einer passenderen Gelegenheit zu erneuern.

Die Türen schlossen sich. Die Gäste sind ins Bett zurückgekehrt, die Hotelangestellten ihren Pflichten nachgegangen. Und ich gehe zurück in mein Zimmer. Aber nicht zum Schlafen. Es ist sehr spät, aber ich schlafe nicht. Ich liege wach und denke an ihn.

Sie werden sich vorstellen, Monsieur, mit welch gemischten Gefühlen ich am nächsten Morgen hinabsteige. Einerseits „und ich muss scharf nach meinem Onkel Ausschau halten, denn ich muss ihn meiden, bis er – was sagen Sie in Ihrer Ausdrucksweise?" Ja, ich habe es – eingekocht und in sein Hemd gesteckt. Andererseits muss ich auf meine Papageiendame aufpassen. Ich zähle die Minuten, bis wir uns wiedersehen.

Ich gehe meinem Onkel mit Erfolg aus dem Weg, und ich sehe, dass die Stunde des *Dejeuners gekommen ist* . Sie spricht mit einem alten Herrn. Ich habe mich verbeugt. Sie lächelte und bedeutete mir, näher zu kommen.

„Vater", sagte sie, „das ist der Herr, der Polly gefangen hat."

Wir haben uns die Hände geschüttelt. Er ist ein nachsichtiger Papa. Er hat gelächelt und sich auch bei mir bedankt. Wir haben einander unsere Namen anvertraut. Er ist englisch. Er besitzt viel Land in England. Er hat sich in Paris aufgehalten. Er ist reich. Sein Name ist „ Enderson" . Er spricht seine Tochter an und nennt sie Marion. In meinem Herzen nenne ich sie auch Marion. Sie werden feststellen, dass ich, wie Sie sagen, ziemlich weit weg bin.

Die Stunde des *Dejeuners* ist gekommen. Ich bitte sie, meine Gäste zu sein. Ich kann dorthin rennen, verstehst du, denn in meinen Taschen stecke noch jede Menge Franken meines Onkels. Sie stimmen zu. Ich bin im Himmel .

Alles ist gut. Unsere Freundschaft hat sich mit erstaunlicher Geschwindigkeit entwickelt. Der alte Herr und ich sind schnell die lieben alten Kumpel. Ich habe ihm anvertraut, dass ich von künstlerischem Ruhm träume, und er hat mir erzählt , wie sehr er Ihren Lloyd George nicht mag. Er hat erwähnt, dass er und Miss Marion an diesem Tag nach London aufbrechen. Ich bin desolat. Mein Gesicht verzieht sich. Er hat meine Verzweiflung beobachtet. Er hat mich eingeladen, sie in London zu besuchen.

Stellen Sie sich meinen Kummer vor. Sie in London zu besuchen ist das Einzige, was ich tun möchte. Aber wie? Ich nehme dankbar an, aber ich frage mich, wie das gehen soll? Ich bin ein armer Kerl ohne Beruf und neuntausend Franken . Er hielt es für selbstverständlich, dass ich reich bin.

Was soll ich tun? Ich verbringe den Nachmittag damit, einen Plan zu schmieden. Und dann bin ich entschlossen. Ich werde zu meinem Onkel gehen und sagen: „Onkel, ich habe die großartige Chance, die Tochter eines wohlhabenden englischen Landbesitzers zu heiraten." Schon jetzt bin ich ihr dankbar. Bald – denn ich bin jung und einigermaßen elegant – werde ich ihre Liebe erfahren . Gib mir noch eine Chance, Onkel. Seien Sie anständig, alter Bock, und stellen Sie das Geld für diese Angelegenheit bereit.'

Diese Worte habe ich beschlossen, meinem Onkel zu sagen.

Ich gehe zurück zum Hotel. Ich betrete sein Privatbüro. Ich verrate kein Geheimnis, wenn ich sage, dass er nicht herzlich ist.

„Zehntausend Teufel!" er hat geweint. 'Was machst du hier ?'

Ich bemühe mich , ihm alles zu erzählen und flehe ihn an, ein anständiger alter Bock zu sein. Er glaubt nicht.

Wer ist er? er fragt. Dieser englische Grundbesitzer? Wie habe ich ihn kennengelernt? Und wo?

Ich erzähle ihm. Er ist erstaunt.

„Du warst so unverschämt, in meinem Hotel ein Zimmer zu nehmen?" er hat geweint.

Ich bin schlau. Ich bin Diplomat.

„Wo sonst, lieber Onkel?" Ich sage . „In ganz Paris gibt es kein solches , Ome von' Ome ." Die Küche – wunderbar ! Die Beete – aus Rosenblättern! Die Anwesenheit – großartig! „Wenn auch nur für eine Nacht, habe ich mir gesagt, ausgerechnet in diesem Hotel muss ich übernachten."

Ich habe – was sagst du ? – die Stelle berührt.

„In dem, was Sie sagen", sagte er ruhiger, „ist sicherlich etwas dran." Es ist ein gutes Hotel, dieses von mir!'

Das einzige Hotel, habe ich ihm versichert. Die Meurice ? *Chut!* Ich schnippe mit den Fingern. Der Ritz? Bah! Wieder einmal schnippe ich mit den Fingern. „In ganz Paris gibt es kein solches Hotel."

Er köchelte. Sein Hemd ist in die Hose gesteckt. „Erzähl mir noch einmal deinen Plan, Jean."

Wenn ich gehe, sind wir zu einer Einigung gekommen. Wir sind uns einig, dass ich noch eine letzte Chance bekommen soll. Er wird dieses vielversprechende Schiff nicht für den Hafen von Teer verderben. Er wird mir Geld für meine Zwecke geben. Aber er hat gesagt, als wir uns trennten, wenn ich versage, werden seine Sünden von mir gewaschen werden. Er kann jetzt nicht vergessen, dass ich das Kind seines lieben Bruders bin; aber wenn es mir nicht gelingt, die göttliche Miss Marion zu erobern, glaubt er, dass er es schaffen wird.

Es ist gut. Eine Woche später folge ich den Endersons nach London.

In den nächsten Tagen, Monsieur, bin ich im Paradies. Mein Osten hat viele schöne Häuser am Eaton Square. Er ist reich, beliebt. Es gibt viel Gesellschaft. Und ich – ich habe den *Erfolg fou* . „Ich bin jung" und etwas eleganter. Ich spreche nicht besonders gut Englisch – nicht so gut wie jetzt – , aber ich schaffe es. Ich komme gut aus. Ich bin intelligent, liebenswürdig. Jeder liebt mich.

Nein, nicht jeder. Captain Bassett, er liebt mich nicht. Und warum? Weil er die charmante Miss Marion liebt und bemerkt, dass ich bei ihr bereits

Erfolg habe wie ein Haus in Flammen . Er ist *ami de famille* . Er ist Hauptmann Ihrer Garde Ecossais , und mein Vater hat mir erzählt , dass er sich als Soldat ziemlich hervorgetan hat. Es kann so sein. Vielleicht als Soldat . Aber im Gespräch ist er nicht so gut. Er ist ein ganz netter Kerl, verstehen Sie?“ Und einige , ja; ausgezeichnet, ja. Aber er funkelt nicht. Er hat nicht meinen *Schwung* , meinen *Elan* . Ich – wie sagt man? – Ich mache die Ringe um ihn.

Aber *Chut* ! In diesem Moment hätte ich die alte britische Armee in den Ringen gemacht. Ja, und auch das Corps Diplomatique. Denn ich bin inspiriert. Die Liebe hat mich inspiriert. Ich bin Eroberer.

Aber ich werde Sie nicht ermüden, Monsieur, mit den Einzelheiten meiner Werbung. Du bist mitfühlend, aber ich darf dich nicht ermüden. Nehmen wir an, ich habe in vier oder fünf Tagen die bemerkenswertesten Fortschritte gemacht und komme zum tragischen Ende.

Ich könnte es fast in vier Worten sagen. In ihnen würde man sagen, dass es dargelegt ist. Zu dieser Zeit gab es in London ein beliebtes Lied, ein komisches, vulgäres Lied der „ Alls “, „The Cat Came Back“. Du hast es gehört ? Ja? Ich habe es selbst gehört , und zwar ohne Emotionen. Es enthielt keine unheimliche Warnung für mich. Für mich kam es nicht wie ein Omen vor. Doch in diesen vier Worten, Monsieur, liegt meine Tragödie.

Wie? Ich werde es dir sagen. Jedes Wort ist ein in meinem Herzen gewundenes Schwert , aber ich werde es dir sagen.

Eines Nachmittags sind wir beim Tee. Alles ist gut. Ich bin lebhaft, fröhlich; Miss Marion, charmant, liebenswürdig. Es ist auch eine Tante anwesend, die Schwester von Herrn Enderson ; aber ich merke nicht viel davon. Zu Marion spreche ich – sowohl mit meinen Lippen als auch mit meinen Augen.

Während wir sitzen, wird Captain Bassett angekündigt.

Er ist eingetreten. Wir haben uns höflich, aber kühl begrüßt, denn wir sind Rivalen. In seiner Art liegt auch etwas, das mir nicht besonders gefällt – eine Art unterdrückter Triumph, Hochgefühl.

Ich bin unruhig – aber nur vage, das werden Sie verstehen. Ich habe keine Ahnung, dass er mein Todesurteil verkünden wird.

Er spricht Miss Marion an. In seiner Stimme liegt Freude. „Miss Enderson “, sagte er, „ich habe eine wirklich gute Nachricht für Sie.“ Sie erinnern sich doch an die Katze der Amerikanerin im Pariser Hotel, von der Sie mir erzählt haben? Gestern Abend beim Abendessen saß ich neben ihr. Zuerst bin ich mir nicht sicher , ob sie es ist. Dann sage ich, dass es in Europa nicht zwei Mrs. Balderstone Rockmettlers geben kann , also erwähne ich ihr gegenüber die Katze. Und um es kurz zu machen: Ich habe es gewagt, für Sie als kleines Geschenk die Katze Alexander zu kaufen.'

Ich habe einen Schreckensschrei ausgestoßen, aber er ist wegen Miss Marions Freudenschrei nicht zu hören .

„Oh, Captain Bassett", sagte sie, „wie großartig von Ihnen!" Seit ich ihn zum ersten Mal sah, habe ich Alexander geliebt. Ich kann Ihnen gar nicht sagen, wie dankbar ich bin. Aber es wundert mich, dass es Ihnen gelungen ist, sie dazu zu bewegen, sich von mir zu trennen . In Paris hat sie alle meine Angebote abgelehnt.'

Er hat verlegen innegehalten.

„Tatsache ist", sagte er, „zwischen ihr und Alexander herrscht eine gewisse Kühle." Er hat sie betrogen, und sie liebt ihn nicht mehr. Unmittelbar nach seiner Ankunft in London hatte er das Pech, sechs schöne Kätzchen zur Welt zu bringen. „ Aber aus dem Bösen kommt das Gute, und so konnte ich es für dich sichern. " „E liegt unten in einem Korb!"

Miss Marion klingelte und befahl, ihn sofort herzubringen.

Ich werde das Treffen nicht beschreiben, Monsieur. Sie sind sympathisch. Du wirst meine Gefühle verstehen. Beeilen wir uns .

Überlegen Sie selbst, Monsieur, wie sehr ich jetzt „ erregt" war . Ich bin Künstler. Ich bin ein Mann mit Nerven. Ich kann in der Gegenwart einer Katze nicht fröhlich, brillant und gutmütig sein. Doch immer ist die Katze da. Es ist schrecklich.

Ich habe das Gefühl, dass ich im Rennen zurückfalle. „Ihre Dankbarkeit hat sie Kapitän Bassett gegenüber noch gnädiger gemacht." Sie lächelt ihn an. Und wie Chanticleer beim Anblick der Sonne schlägt er mit den Flügeln und kräht. Er ist nicht länger der stille Zuhörer. Ich bin zum stillen Zuhörer geworden.

Ich habe mir gesagt, dass etwas getan werden muss.

Der Zufall hat mir den Weg gezeigt. Eines Nachmittags bin ich glücklicherweise allein im All. In seinem Käfig opponiert der Papagei Polly . Ich spreche ihn durch die Gitterstäbe an.

„Beweg dich und ich schieße", hat er gerufen.

Die Tränen haben meine Augen gefüllt. „Wie es mir die alte Szene wiedergebracht hat!"

Während ich weine, bemerke ich, wie sich die Katze Alexander nähert.

Ich habe einen Plan erstellt. Ich habe die Käfigtür geöffnet und den Papagei freigelassen. Ich denke, die Katze wird den Papagei angreifen, den Miss Enderson so liebt. Sie wird ihn nicht mehr lieben. Er wird ausgewiesen.

Er stoppte. Ich nehme an, dass mein Gesicht etwas von seinem angeblichen Mitgefühl verloren hat, als er diese teuflische Verschwörung darlegte. Sogar Percy, das Schmeißfläschchen, schien schockiert zu sein. Er hatte sich auf der Zuckerdose niedergelassen, aber bei diesen Worten erhob er sich energisch und verließ den Tisch.

„Sie sind damit nicht einverstanden?" er sagte.

Ich zuckte mit den Schultern.

„Das geht mich nichts an", sagte ich. „Aber glauben Sie nicht auch, dass es etwas zu leise gespielt wurde? Kam Ihnen nicht schattenhaft der Gedanke in den Sinn, dass es für den Vogel ziemlich hart war?'

„Ja, Monsieur. Aber was würden Sie? Um ein Omelett zuzubereiten, müssen die Eier zerschlagen werden . Alles ist gerecht, sagen Sie, in der Liebe und im Krieg, und das war beides. Außerdem müssen Sie verstehen, dass ich dem Papagei seine Bewegungen nicht vorschreibe. Er ist Free Agent. Ich öffne nur die Käfigtür. Sollte er aussteigen und sich auf den Boden begeben, wo die Katze ist, ist das seine Sache. Ich werde weitermachen, ja?'

Alors ! Ich öffne die Käfigtür und verschwinde diskret. Es ist unpolitisch, dass ich hier bleibe, um Zeuge zu werden, was geschehen wird. Es ist meine Aufgabe, ein Alibi zu finden. Ich gehe in den Salon, wo ich bleibe.

Beim Abendessen an diesem Abend hat Mr. Enderson gelacht.

„An diesem ganzen Nachmittag", sagte er, „habe ich zufällig die Einzelheiten einer komischen Begebenheit gesehen." Dein Papagei, Marion, war wieder einmal aus seinem Käfig entkommen und hatte einen Streit mit der Katze, die Captain Bassett dir gegeben hat.

'Oh! Ich hoffe, dass Alexander „die arme Polly, die ich sehr gern habe, nicht verletzt", sagte sie.

kam nicht zu Handgreiflichkeiten", sagte Herr Enderson . „Du kannst diesem Vogel vertrauen, dass er auf sich selbst aufpasst, meine Liebe." Als ich den Tatort betrat, hockte die Katze mit gesträubtem Fell und nach oben gerichtetem Rücken in einer Ecke, während Polly, die vor ihm stand , mir sagte, ich solle mich nicht bewegen, sonst würde er schießen. Er rührte sich auch nicht, bis ich den Papagei packte und in den Käfig zurücksetzte, als er wie ein Blitz die Treppe hinaufschoss. Durch pure Charakterstärke errang dieser hervorragende Vogel den unblutigen Sieg. Ich trinke auf „ ich !"

Sie können sich meine Gefühle vorstellen, wenn ich mir diese Geschichte anhöre. Ich bin wie die Mäuse und Männer des Dichters, deren beste Kinderpläne verschwunden sind. Ich bin ratlos. Ich bin entmutigt. Ich weiß nicht, was ich tun soll. Ich muss einen anderen Plan finden, aber ich weiß nicht welchen.

Wie soll ich die Katze entfernen? Soll ich mich töten ? Nein, denn ich könnte verdächtig sein.

Soll ich jemanden dazu verleiten , mich zu stehlen ? Nein, denn mein Komplize könnte mich verraten.

es selbst stehlen ? Ah! das ist besser. Das ist ein sehr guter Plan.

Bald habe ich ihn perfektioniert, diesen Plan. Hören Sie, Monsieur; es ist wie folgt. Es ist einfach, aber es ist gut. Ich werde auf meine Gelegenheit warten. Ich werde die Katze heimlich aus dem Haus entfernen . Ich werde ihn in ein Büro der District Messenger Boys bringen. Ich werde einem Boten befehlen, ihn sofort zum Katzenhaus zu bringen und Herrn le Directeur aufzufordern, ihn sofort zu vernichten. Es ist ein einfacher Plan, aber er ist gut.

Ich halte es ohne Jucken durch . Es ist nicht so schwierig, die Katze zu sichern. 'E schläft im Wohnzimmer. Es ist niemand zur Hand. Ich habe in meinem Schlafzimmer eine Box, die ich aus Paris mitgebracht habe. Ich habe es mit ins Wohnzimmer genommen. Ich habe die Katze hineingelegt. Ich bin aus dem Haus geflohen . Die Katze hat einen Schrei von sich gegeben, aber keiner hat es gehört . Ich habe das Büro der District Messenger Boys erreicht. Ich habe die Katze in ihrer Kiste umgehauen . Der Manager ist höflich, sympathisch. Ein Bote ist in einem Taxi zum Katzenhaus aufgebrochen. Ich habe erleichtert aufgeatmet. Ich bin gerettet.

Das sage ich mir, als ich zurückkomme. Meine Sorgen sind vorbei, und ich kann wieder fröhlich, fröhlich und lebhaft mit Miss Marion sein, denn die Katze Alexander wird mich nicht mehr belästigen .

Als ich zurückkomme, herrscht Aufregung im Haus . Auf der Treppe komme ich an Hausangestellten vorbei, die „Puss, Puss!" rufen. Der Butler zwitschert laut und stochert mit einem Regenschirm unter den Möbeln herum. Alles ist Verwirrung und Aufregung.

Im Salon ist Miss Marion. Sie ist verzweifelt.

„Nirgendwo", sagte sie, „kann man die Katze Alexander finden, die ich so gern habe." Nirgendwo im Haus ist er. Wo kann er sein? Er ist verloren.'

Ich bin sanft, mitfühlend. Ich versuche, sie zu trösten. Ich denke ihr, dass ich nicht genug Ersatz für eine tierische Katze bin? Sie ist jedoch untröstlich. Ich muss geduldig sein. Ich muss meine Zeit abwarten.

Kapitän Bassett wird angekündigt. Er wird darüber informiert, was geschehen ist. Er ist verzweifelt. Er wirkt so, als würde auch er sich bemühen, sanft und mitfühlend zu sein. Aber ich bin der Johnny auf der Stelle. Ich bleibe, bis er weg ist.

Am nächsten Tag heißt es wieder „Puss, Puss!" Wieder hat der Butler mit dem Regenschirm unter den Möbeln gesucht. Wieder ist Miss Marion verzweifelt. Wieder einmal habe ich versucht, ihn zu trösten.

Diesmal glaube ich, dass ich nicht so erfolglos bin. Ich bin, verstehen Sie, jung und einigermaßen sympathisch. In weiteren zwei Ticks bin ich dabei, ihn zu ergreifen und meine Leidenschaft zu erklären.

Aber bevor ich das tun kann, wird Captain Bassett angekündigt.

Ich betrachte ihn wie einen erfolglosen Rivalen. Ich bin selbstbewusst. Ich bin Eroberer. Ah, ich weiß es kaum! Es sind die Momente unserer höchsten Operation , Monsieur, in denen wir zerstört werden.

Kapitän Bassett, auch er, „wie die Miene des Eroberers."

Er hat begonnen zu sprechen.

„Miss Enderson ", sagte er, „ich habe wieder einmal eine überaus gute Nachricht." Ich glaube eher, dass ich den verschwundenen Alexander aufgespürt habe , weißt du das nicht?

Miss Marion schrie vor Freude. Aber ich bin ruhig, denn ist Alexander nicht schon gestern zerstört?

„Es ist so", hat er wieder aufgenommen. „Ich habe mir gefragt, wo die verlorene Katze am wahrscheinlichsten sein wird?" Und ich habe geantwortet: „Im Katzenhaus." Ich gehe heute Morgen zum Katzenhaus und sehe dort eine Katze, die entweder Alexander oder sein lebendes Abbild verloren hat. Er ist allem Anschein nach derselbe wie der verlorene Alexander. Aber wenn ich versuche, sie zu kaufen , verspüre ich einen merkwürdigen Juckreiz, den sie nicht erklären können. Sie müssen sich Zeit zum Nachdenken nehmen , sagen sie. Sie können nicht sofort entscheiden.'

„Warum, was für ein Unsinn!" Miss Marion hat geweint. „Wenn die Katze meine Katze ist, dann müssen sie doch sicher zu mir zurückkehren ! " Kommen Sie", sagte sie, „lassen Sie uns alle drei gleichzeitig mit dem Taxi zum Katzenhaus fahren." Wenn wir alle drei den verlorenen Alexander identifizieren, müssen sie „ im " zurückgeben.

Monsieur, ich bin unruhig. Ich habe Vorahnungen. Aber ich gehe. Welche Wahl? Wir fahren mit dem Taxi zum Katzenhaus.

Der *Regisseur* ist höflich und sympathisch. Er hat uns die Katze vorgestellt, und mein „ Erd " hat sich in Wasser verwandelt, denn es ist Alexander. Warum wurde er nicht zerstört?

Der *Regisseur* spricht. Ich höre ihn im Traum.

„Wenn Sie mich als Ihre Katze identifizieren, Miss", hat er gesagt, „ist die Sache erledigt." Als Sie, Sir, heute Morgen in dieser Angelegenheit auf mich zukamen , war ich so beunruhigt, weil ein Bote mit der Anweisung geschickt wurde , ihn sofort zu vernichten.

„Eher hart, nicht wahr, auf dem Boten, ja", hat Kapitän Bassett gesagt. Er ist scherzhaft, verstehen Sie, denn er ist ein Eroberer.

Ich schweige. Ich bin nicht scherzhaft. Denn schon spüre ich – wie sagt man? – mein Geflügel ist gar.

„Nicht der Bote, Sir", sagte der *Direktor* . „Du hast mich missverstanden." „Es war die Katze, die gemäß den Anweisungen des anonymen Absenders vernichtet werden sollte."

„Wer könnte so einen bösen Streich gespielt haben?" fragte Miss Marion empört.

Der *Direktor hat sich gebückt und hinter einem Tisch* eine Box hervorgeholt .

„Darin", sagte er, „wurde das oben genannte Tier vermittelt." Es lag aber kein Begleitschreiben bei. Der Absender war anonym.'

„ Vielleicht ", hat Kapitän Bassett gesagt – und noch mehr in einem Traum „höre ich ihn" – „ Vielleicht steht auf dem Briefkasten der eine oder andere verrückte Name, wissen Sie nicht – was?"

Ich klammere mich an den Tisch. Der Raum dreht sich immer weiter. Ich habe keinen Magen – nur Leere.

„Gott sei Dank", sagte der *Direktor* , „*Sie haben völlig recht, Sir.*" Also da ist. Komisch, dass ich es nicht vorher beobachtet habe. Es gibt einen Namen und auch eine Adresse. Der Name lautet Jean Priaulx und die Adresse lautet Hotel Jules Priaulx in Paris.

Mein Begleiter blieb abrupt stehen. Er hielt sich ein Taschentuch über die Stirn. Mit einer schnellen Bewegung griff er nach seinem Glas Likörbrand und trank es in einem Zug aus.

„Monsieur", sagte er, „wollen Sie nicht, dass ich die Szene beschreibe?" Es gibt keinen Bedarf für mich – *hein ?* – Zolaesk sein . Du kannst dir vorstellen?'

„Sie hat dich rausgeschmissen?" In emotionalen Momenten ist es die einfachste Sprache, die über die Lippen kommt.

Er nickte.

„Und verheiratet mit Captain Bassett?"

Er nickte erneut.

„Und dein Onkel?" Ich sagte . „Wie hat er es aufgenommen?"

Er seufzte.

„Es gab wieder einmal", sagte er, „blühenden Streit, Monsieur."

„Er hat seine Hände von dir gewaschen?"

„Nicht ganz. Er war wütend, aber er gab mir noch eine Chance. Ich bin immer noch das Kind des lieben Bruders, und er kann es nicht vergessen. Ein Bekannter von ihm, ein Literat, ein M. Paul Sartines , brauchte eine Sekretärin. Die Stelle war nicht gut bezahlt, aber unbefristet. Mein Onkel besteht darauf, dass ich es nehme. Welche Wahl? Ich nahm es. Es ist der Beitrag, den ich noch „alt" finde.

Er bestellte einen weiteren Likörbrand und stürzte ihn hinunter.

„Kommen Sie mit dem Namen vertraut, Monsieur? Haben Sie etwas von Herrn Sartines gehört ?

„Ich glaube nicht, dass ich das getan habe. Wer ist er?'

„Er ist ein Literat, ein *Gelehrter* . Fünf Jahre lang war er mit einem großen Werk beschäftigt. Dabei unterstütze ich ihn, indem ich Fakten für seinen Gebrauch sammle. Ich habe diesen Nachmittag im British Museum damit verbracht, Fakten zu sammeln. Morgen gehe ich wieder hin. Und am nächsten Tag. Und noch einmal danach. Bis zur Fertigstellung wird das Buch noch zehn Jahre in Anspruch nehmen. Es ist sein großartiges Werk.'

„Es hört sich so an", sagte ich. „Worum geht es?"

Er gab dem Kellner ein Zeichen .

„ *Garçon* , ein weiterer Likörbrand." Das Buch, Monsieur, ist eine „ *Geschichte der Katze im alten Ägypten*". '

RUTH IM EXIL

Die Uhr schlug fünf – schnell, als wäre Zeit Geld. Ruth Warden stand von ihrem Schreibtisch auf, setzte ihren Hut auf und betrat das Vorbüro, wo M. Gandinot Besucher empfing. M. Gandinot , der hässlichste Mann in Roville -sur-Mer, stand dem örtlichen *Mont -de- Piete vor* , und Ruth diente ihm von zehn bis fünf Uhr als eine Art Sekretärin. Ihre Aufgaben waren zwar eintönig, aber einfach. Sie bestanden darin, unauffällig und unsichtbar hinter einer Mattscheibe zu sitzen und die Einzelheiten der Kredite in ein dickes Buch einzutragen. Sie hatte in der Regel viel zu tun, denn Roville verfügt über zwei Casinos, von denen jedes die Attraktion „ *Petits Chevaux* " bietet , und gleich um die Ecke liegt Monte Carlo. Sehr zügig ging das Geschäft des Pfandleihers M. Gandinot voran , und das mitleidige Kopfschütteln und Zungenschnalzen des Pfandleihers M. Gandinot war sehr häufig ; Denn in seiner inoffiziellen Funktion hatte Ruths Arbeitgeber eine sanfte Seele und zuckte zusammen, als er die Anzeichen einer Tragödie sah, die sich vor seinen offiziellen Augen präsentierten.

Er blinzelte zu Ruth auf, als sie auftauchte, und als Ruth ihn ansah, spürte sie wie üblich, wie ihre Depression nachließ, die sich heutzutage scheinbar dauerhaft in ihr niedergeschlagen hatte. Das Besondere an Herrn Gandinots außergewöhnlichem Gesichtsausdruck war, dass er Heiterkeit hervorrief – kein spöttisches Gelächter, sondern eine Art lächelndes Glück. Es besaß jene undefinierbare Qualität, die den Billiken auszeichnet, vielleicht aufgrund des unauslöschlichen Optimismus, der durch die unregelmäßigen Gesichtszüge hindurchschimmerte; denn Herr Gandinot glaubte trotz seiner Berufung an seine Mitmenschen.

„Gehen Sie, Mademoiselle?"

Da Ruth ihren Hut trug und zur Tür ging und immer um diese Zeit ging, hätte ein Purist die Frage vielleicht für überflüssig gehalten; aber Herr Gandinot war ein Mann, der jede Gelegenheit nutzte, sein Englisch zu verbessern .

„Du willst nicht auf den guten Papa warten, der so regelmäßig nach dir ruft?"

„Ich glaube, das werde ich heute nicht tun, M. Gandinot ." Ich möchte raus in die Luft. Ich habe eher Kopfschmerzen. Kannst du meinem Vater sagen, dass ich zur Promenade gegangen bin?'

M. Gandinot seufzte, als sich die Tür hinter ihr schloss. Ruths Depression war ihm nicht entgangen. Sie tat ihm leid. Und das nicht ohne Grund, denn das Schicksal war nicht allzu freundlich mit Ruth umgegangen.

Es hätte Herrn Eugene Warden, diesen freundlichen alten Herrn, in Erstaunen versetzt, wenn bei einer dieser Gelegenheiten männlicher Gefühle, bei denen er zu sagen pflegte, dass er niemandes Feind außer sich selbst gewesen sei, jemand angedeutet hätte, dass er die seiner Tochter verwöhnt hätte Leben. Ein solcher Gedanke war ihm nie in den Sinn gekommen. Er war einer dieser entzückenden, verantwortungslosen, unberechenbaren Menschen, in deren Köpfe Gedanken dieser Art nicht eindringen und die für diejenigen, deren Leben mit ihrem verbunden sind, ungefähr so tödlich sind wie ein Upas-Baum.

In der Erinnerung an seinen ältesten Bekannten hatte Ruths Vater nie etwas anderes getan, als freundlich durchs Leben zu treiben. Es hatte eine Zeit gegeben, in der er sein Leben in London verbracht hatte und sich fröhlich von der Hand seines leidgeprüften Schwagers ernährt hatte. Aber obwohl Blut, wie er bei der Aushandlung seiner regelmäßigen Kredite zu bemerken pflegte, dicker als Wasser ist, hat die Zuneigung eines Schwagers ihre Grenzen. Eines Tages stellte Mr. Warden mit Schmerz fest, dass sein Verwandter weniger flexibel auf die Berührung reagierte. Und wenig später stellte der andere sein Ultimatum. Herr Warden sollte England verlassen und sich von England fernhalten, sich so verhalten, als ob England nicht mehr auf der Landkarte existierte, und ihm eine kleine, aber ausreichende Entschädigung gewährt werden. Wenn er sich weigerte, dies zu tun, würde er keinen weiteren Cent des Geldes des Redners erhalten. Er konnte wählen.

Er wählte. Er verließ England, Ruth mit ihm. Sie ließen sich in Roville nieder , dem Zufluchtsort der Verbannten, die von Überweisungen leben.

Ruths Verbindung mit dem *Mont -de- Piete* war fast automatisch entstanden. Sehr bald nach ihrer Ankunft wurde klar, dass für einen Mann wie Mr. Warden, der nur einen Steinwurf von zwei Kasinos entfernt wohnte, die kleine Zulage wahrscheinlich nicht sehr weit reichen würde. Selbst wenn Ruth nicht arbeiten wollte, hätten die Umstände sie dazu zwingen können. So sehnte sie sich nach etwas, das sie beschäftigte, und als die Stelle am *Mont - Depiete* frei wurde, hatte sie danach geschnappt. Es lag eine gewisse Fitness darin, dort zu arbeiten. Geschäftstransaktionen mit dieser nützlichen Institution wurden schon immer von ihr abgewickelt. Mr. Wardens Theorie besagt, dass Frauen in diesen Krisen genau den einen oder anderen Franc extra herausholen können, der dem bloßen Mann verwehrt bleibt. Indem sie ständig herumlief, hinüberlief, hinüberstieg und zum *Mont -de- piete hinabsprang,* hatte sie sich fast einen Rechtsanspruch auf jeden Posten gesichert, der dort vielleicht vakant war.

Und seitdem diente sie unter Monsieur Gandinots Banner.

Fünf Minuten zu Fuß führten sie zur Promenade des Anglais , dieser scheinbar endlosen Durchgangsstraße, die Rovilles Stolz ist. Der Abend war schön und warm. Die Sonne schien fröhlich auf die weißgemauerten Häuser, die hellen Gärten und die beiden glänzenden Kasinos. Aber Ruth ging lustlos umher, blind für den Glanz des Ganzen.

Roville reisen , neigen bei ihrer Rückkehr dazu, über den Ort auf eine Weise zu sprechen, die den Eindruck erweckt, es sei ein Paradies auf Erden mit Glücksspieleinrichtungen sind Besucher. Ihr Aufenthalt geht zu Ende. Ruth's nicht.

Eine Stimme sagte ihren Namen. Sie drehte sich um und sah ihren Vater, adrett wie immer, neben ihr stehen.

„Was für ein Abend, meine Liebe!" sagte Herr Warden. „Was für ein Abend! Rieche das Meer!'

Herr Warden schien in Hochstimmung zu sein. Er summte eine Melodie und drehte seinen Stock. Er zwitscherte häufig Bill zu, dem Begleiter seiner Spaziergänge im Ausland, einem drahtigen Foxterrier mit einem Verhalten , das dem seines Herrn ähnelte, sowohl forsch als auch leicht anrüchig war. Ein Hauch von Fröhlichkeit durchdrang seine Haltung.

Mont -de- Piete vorbeigeschaut, aber du warst weg. Gandinot hat mir erzählt, dass du hierher gekommen bist. Was für ein hässlicher Kerl dieser Gandinot ist! Aber eine gute Sorte. Ich mag ihn. Ich habe mich mit ihm unterhalten.'

Die Hochstimmung wurde erklärt. Ruth kannte ihren Vater. Sie vermutete richtig, dass M. Gandinot , der freundlichste aller Pfandleiher, in seiner inoffiziellen Eigenschaft mit einem unbedeutenden Darlehen nachgekommen war.

„ Gandinot sollte auf die Bühne gehen", fuhr Mr. Warden fort und setzte sein Thema fort. „Mit diesem Gesicht würde er sein Vermögen machen." Man muss lachen, wenn man es sieht. Einer dieser Tage-'

Er brach ab. In der Nähe seiner Knöchel begannen sich bewegende Dinge zu ereignen , wo Bill, der Foxterrier, einem Bekannten begegnet war und, begleitet von einem lauten, gurgelnden Geräusch, versuchte, ihm den Kopf abzubeißen. Der Bekannte, ein Gentleman unsicherer Herkunft, der ebenso bereitwillig war, kaute Bills Pfote mit der Begeisterung eines Feinschmeckers. Ein irischer Terrier, der keine persönliche Vorliebe für eine der beiden Seiten hatte, tanzte umher und griff nacheinander jeden an, der an die Spitze kam. Und zwei Pudel sprangen wie verrückt ins Getümmel und bellten aufmunternd.

Es braucht einen besseren Mann als Mr. Warden, um eine Versammlung dieser Art aufzulösen. Der alte Herr war verwirrt. Er fügte seine Stimme dem Babel hinzu und schlug Bill zweimal heftig mit seinem Stock mit Schlägen, die für den Bekannten bestimmt waren, aber darüber hinaus bewirkte er nichts. Es schien wahrscheinlich, dass die Verlobung so lange andauern würde, bis die Kämpfer sich nach Art der Kilkenny-Katzen gegenseitig verzehrt hatten, als plötzlich aus dem Nichts ein junger Mann in Grau auftauchte.

Die Welt ist gespalten in diejenigen, die Luftkämpfe stoppen können, und diejenigen, die es nicht können. Der junge Mann in Grau gehörte zur früheren Klasse. Eine Minute nach seinem Eintreffen am Tatort waren die Pudel und der Irish Terrier verschwunden; Der Hund zweifelhafter Rasse bewegte sich den Hügel hinauf und jaulte im Ton eines Menschen, der sich an eine wichtige Verabredung erinnert, und Bill saß auf wundersame Weise beruhigt in der Mitte der Promenade und leckte ehrenhafte Wunden.

Herr Warden war geneigt, vor Dankbarkeit zu sprudeln. Die Szene hatte ihn erschüttert, und es gab Momente, in denen er seine Knöchel verloren hatte.

„Erwähnen Sie es nicht", sagte der junge Mann. „Es macht mir Spaß, bei diesen kleinen Streitigkeiten zu schlichten." Hunde scheinen mich zu mögen und meinem Urteil zu vertrauen. Ich betrachte mich als eine Art Ehrenhund.'

„Nun, das muss ich sagen, Herr –?"

„Vince – George Vince."

„Mein Name ist Warden. Meine Tochter.'

Ruth neigte den Kopf und war sich bewusst, dass ein Paar sehr durchdringender brauner Augen eifrig in die ihren blickte, und zwar auf eine Art und Weise, die ihr zutiefst missfiel. Sie war es nicht gewohnt, dass das andere Geschlecht ihren Blick erwiderte und ihm entgegensah, als wäre sie sich einer freundlichen Begrüßung sicher. In diesem Moment kam sie zu dem Schluss, dass dies ein junger Mann war, der unterdrückt werden musste.

„Seit meiner Ankunft habe ich Sie hier draußen mehrmals gesehen, Miss Warden", sagte Mr. Vince. „Insgesamt vier", fügte er präzise hinzu.

'Wirklich?' sagte Ruth.

Sie schaute weg. Ihre Haltung schien darauf hinzudeuten, dass sie mit ihm fertig war und dankbar wäre, wenn jemand käme und ihn zusammenfegte.

Als sie sich dem Casino näherten, machte sich in Herrn Wardens Verhalten Unruhe breit. An der Tür blieb er stehen und sah Ruth an.

„Ich glaube, meine Liebe –", sagte er.

Petits Chevaux machen ?"' erkundigte sich Herr Vince. „Ich war gerade dort. „Ich habe ein unfehlbares System."

Mr. Warden wie ein Schlachtross zusammen.

„Nur in der falschen Richtung ist es unfehlbar", fuhr der junge Mann fort. „Nun, ich wünsche dir Glück. Ich begleite Miss Warden nach Hause.'

„Bitte machen Sie sich keine Sorgen", sagte Ruth in der hochmütigen Art, die unglückliche Mitexilanten häufig in ihren Bann gezogen hatte.

Herrn Vince hatte es keine derartigen Auswirkungen .

„Es wird mir gefallen", sagte er.

Ruth biss die Zähne zusammen. Sie würde sehen, ob es ihm gefallen würde.

Sie ließen Mr. Warden zurück, der wie ein Kaninchen auf der Suche nach der Kasinotür hereinstürmte, und gingen schweigend weiter, was so lange anhielt, bis Ruth plötzlich merkte, dass die Augen ihrer Begleiterin auf ihr Gesicht gerichtet waren, und den Kopf drehte, um einem Blick von Ruth zu begegnen vollkommene, um nicht zu sagen liebevolle Bewunderung. Sie errötete. Sie war es gewohnt, bewundernd angeschaut zu werden, aber dieser besondere Blick hatte eine subtile Qualität, die ihn vom Gewöhnlichen unterschied – etwas Besitzvolles.

Herr Vince schien ein junger Mann zu sein, der keine Zeit mit konventionellen Gesprächseröffnungen verschwendete.

„Glauben Sie an Affinitäten, Miss Warden?" er sagte,

„Nein", sagte Ruth.

„Das werden Sie, bevor wir fertig sind", sagte Mr. Vince selbstbewusst. „Warum hast du gerade jetzt versucht, mich zu brüskieren?"

'Habe ich?'

„Das darfst du nicht noch einmal. Es tut mir weh. Ich bin ein sensibler Mann. Zurückhaltend. Schüchtern. Miss Warden, wollen Sie mich heiraten?'

Ruth hatte beschlossen, dass nichts sie von ihrer eisigen Distanz abbringen sollte, aber das tat es. Sie hielt mit einem Keuchen inne und starrte ihn an.

Herr Vince beruhigte sie.

„Ich erwarte nicht, dass Sie „Ja" sagen. Das war erst der Anfang – der Schuss wurde als Warnung vor den Bug abgefeuert. In Ihnen, Miss Warden, habe ich meine Affinität gefunden. Haben Sie jemals über die Frage der Affinitäten nachgedacht? Affinitäten sind das-das-Warten Sie einen Moment.'

Er hielt inne und dachte nach.

„Ich …", begann Ruth.

" Sch !' sagte der junge Mann und hob die Hand.

Ruths Augen blitzten. Sie war es nicht gewohnt, „ Sch !" zu haben. sagten junge Männer zu ihr, und sie ärgerte sich darüber.

„Ich habe es", erklärte er erleichtert. „Ich wusste, dass ich es tun sollte, aber diese guten Dinge brauchen Zeit." Affinitäten sind die Null auf dem Roulettebrett des Lebens. So wie wir eine Nummer auswählen, auf die wir unser Geld setzen, wählen wir auch eine Art Mädchen aus, von dem wir glauben, dass wir es gerne heiraten würden. Und so wie die Null anstelle der Zahl auftaucht, kommt auch unsere Affinität und wirft alle unsere vorgefassten Vorstellungen über die Art von Mädchen, die wir heiraten möchten, durcheinander.

„Ich …", begann Ruth erneut.

„Die Analogie ist derzeit noch unklar. Ich hatte keine Zeit, es zu verdichten und zu polieren. Aber Sie sehen die Idee. Nehmen Sie zum Beispiel meinen Fall. Als ich dich vor ein paar Tagen sah, wusste ich sofort, dass du meine Affinität bist. Aber schon seit Jahren war ich auf der Suche nach einer Frau, die fast das genaue Gegenteil war. Du bist dunkel. Vor drei Tagen hätte ich mir nicht vorstellen können, jemanden zu heiraten, der unfair ist. Deine Augen sind grau. Vor drei Tagen war meine Vorliebe für blaue Augen ein Selbstläufer. Du hast ein schockierendes Temperament. Vor drei Tagen-'

„ Herr Vince!"

'Dort!' sagte dieser Philosoph selbstgefällig. „Du hast gestempelt. Die sanfte, blauäugige Blondine, nach der ich vor drei Tagen gesucht hatte, wäre schüchtern herabgesunken. Vor drei Tagen glich meine Leidenschaft für schüchterne Troopers einer Obsession aus.'

Ruth antwortete nicht. Es war sinnlos, mit jemandem zu reden, der so eindeutig bewies, dass er etwas war, das nicht zum gewöhnlichen Wortschatz gehörte . Kein verbaler Angriff konnte diesen außergewöhnlichen jungen Mann zerstören. Sie ging weiter, ganz schweigend und mit versteinertem Profil, und war sich unbehaglich darüber im Klaren, dass ihre Begleiterin sich durch Ersteres in keiner Weise schämte und Letzteres mit der offenen Bewunderung betrachtete, die ihr zuvor so widerwärtig geworden war, bis sie ihr Ziel erreichten. Währenddessen plauderte Herr Vince fröhlich und zeigte auf interessante Sehenswürdigkeiten am Wegesrand.

An der Tür erlaubte sich Ruth ein Abschiedswort.

„Auf Wiedersehen", sagte sie.

„Bis morgen Abend", sagte Mr. Vince. „Ich werde zum Abendessen kommen."

Herr Warden schlenderte zwei Stunden später sehr glücklich und zufrieden nach Hause, mit einem halben Franken in der Tasche. Dieser verhältnismäßige Reichtum ist darauf zurückzuführen, dass der im Roville-Casino zulässige Mindesteinsatz nur das Doppelte dieser Summe beträgt. Es tat ihm leid, nicht gewonnen zu haben, aber sein Geist war zu voller rosiger Träume, um Reue zuzulassen. Es war der sehnlichste Wunsch des geschätzten alten Herrn, dass seine Tochter einen reichen, großzügigen Mann heiraten sollte, der ihn für den Rest seiner Tage im Wohlstand halten würde, und zu diesem Zweck pflegte er, ihr jeden solchen Mann bekannt zu machen kam seinen Weg. Es kam nicht in Frage, Ruth zu zwingen. Dafür war er zu zartherzig. Außerdem konnte er es nicht. Ruth gehörte nicht zu der Art Mädchen, die sich leicht unter Druck setzen lässt. Er begnügte sich damit, ihr die Gelegenheit zu geben, seine Ausstellungsstücke zu besichtigen. Roville ist ein geselliger Ort, und es war nicht ungewöhnlich, dass er im Casino Freunde fand und sie, wenn er sie gefunden hatte, auf eine Zigarre mit nach Hause nahm. Bislang, das musste er zugeben, waren seine Bemühungen nicht besonders erfolgreich gewesen. Ruth, dachte er traurig, war ein neugieriges Mädchen. Sie zeigte sich diesen Besuchern nicht von ihrer besten Seite. Ihr Verhalten war nicht ermutigend. Sie neigte dazu, die unglücklichen Ausstellungsstücke zu erschrecken. Aber von diesem jungen Mann, Vince, hatte er größere Hoffnungen. Er war reich. Das wurde durch die sehr nette Art bewiesen, mit der er sich in der Angelegenheit eines Kleinkredits benommen hatte, als er, als er nach der Trennung von Ruth ins Kasino schaute, Mr. Warden in einer schwierigen Lage vorfand, weil ihm ein wenig Kapital fehlte, um eine Marke zu finanzieren -neues System, das er sich durch genaue Beobachtung des Spielverlaufs ausgedacht hatte. Offensichtlich fühlte er sich auch von Ruth angezogen. Und da er bemerkenswert vorzeigbar war – in der Tat ein recht ungewöhnlich gutaussehender junger Mann –, schien es keinen Grund zu geben, warum Ruth nicht gleichermaßen von ihm angezogen sein sollte. Die Welt sah für Herrn Warden gut aus, als er in dieser Nacht einschlief.

Ruth schlief nicht so leicht ein. Die Episode hatte sie verstört. Ein neues Element war in ihr Leben getreten, und eines, das seltsame Nebenprodukte zu produzieren versprach.

Als Ruth am folgenden Abend von dem Spaziergang auf der Promenade, den sie immer nach dem Verlassen des *Mont -de- Piete unternahm* , mit einem Gefühl der Verärgerung über die Dinge im Allgemeinen zurückkam, wurde dieses Gefühl durch den Anblick von Mr. Vince nicht gemindert. Er fühlte sich sehr wohl und stand am Kaminsims des winzigen Salons .

'Wie geht es dir?' er sagte. „Durch einen außergewöhnlichen Zufall hielt ich mich gerade vor diesem Haus auf, als dein Vater vorbeikam und mich zum Abendessen einlud. Haben Sie jemals viel über Zufälle nachgedacht, Miss Warden? Meiner Meinung nach kann man sie als die Null auf dem Roulettebrett des Lebens bezeichnen.“

Er betrachtete sie liebevoll.

„Für einen schüchternen Mann, der sich bewusst ist, dass das Mädchen, das er liebt, ihn genau beobachtet und sich eine Meinung über ihn bildet“, fuhr er fort, „sind diese unerwarteten Begegnungen sehr anstrengend. Sie dürfen sich Ihr Urteil über mich nicht zu voreilig bilden. Du siehst mich jetzt, nervös, verlegen, sprachlos. Aber ich bin nicht immer so. Unter dieser Kruste der Zurückhaltung steckt echtes Zeug, Miss Warden. Leute, die mich kennen, haben von mir als einem kleinen Sonnenstrahl gesprochen – aber hier ist dein Vater.'

Mr. Warden war während des Abendessens mehr als sonst von Ruth enttäuscht. Es war die gleiche alte Geschichte. Anstatt sich diesem attraktiven Fremden gegenüber angenehm zu zeigen, schien sie ihn im Gegenteil nicht zu mögen. Sie war kaum höflich zu ihm. Mit einem Seufzer sagte sich Mr. Warden, dass er Ruth nicht verstand, und die rosigen Träume, die er sich ausgedacht hatte, begannen zu verblassen.

Ruths Gedanken zum Thema Mr. Vince waren im Laufe der Tage chaotisch. Obwohl sie sich selbst sagte, dass sie völlige Einwände gegen ihn hatte, begann er dennoch, eine unbestreitbare Anziehungskraft auf sie auszuüben. Worin diese Anziehung bestand, konnte sie nicht sagen. Als sie versuchte, es zu analysieren , kam sie zu dem Schluss, dass es daran lag, dass er das einzige Element in ihrem Leben war, das für Aufregung sorgte. Seit seiner Ankunft waren die Tage für sie sicherlich schneller vergangen. Die tote Ebene der Monotonie war durchbrochen. Es lag eine gewisse Faszination in der Anstrengung, ihn zu unterdrücken, die mit jedem fehlgeschlagenen Versuch von Tag zu Tag zunahm.

Herr Vince drückte dieses Gefühl für sie aus. Er hatte die verrückte Angewohnheit, den Fortschritt seiner Werbung wie ein unparteiischer Dozent zu besprechen.

„Ich komme voran", stellte er fest. „Die Tatsache, dass wir uns nicht treffen können, ohne dass Sie sich bemühen, meinem spirituellen Solarplexus einen temperamentvollen linken Stoß zu versetzen, ermutigt mich zu der Annahme, dass Sie endlich anfangen zu verstehen, dass wir verwandt sind. Für spirituelle Menschen wie uns ist die einzige glückliche Ehe die, die auf einem festen Fundament fast unaufhörlichen Streits beruht. Die schönste Zeile in der englischen Poesie ist meiner Meinung nach: „Wir haben uns gestritten, meine Frau und ich." Du wärst unglücklich mit einem Ehemann, der nicht möchte, dass du mit ihm streitest. Der Stand der Dinge ist nun, dass ich für Sie notwendig geworden bin. Wenn ich jetzt aus deinem Leben verschwinden würde, würde ich eine schmerzliche Lücke hinterlassen. Du hättest immer noch deinen schönen Schlag, und es gäbe niemanden, an dem du ihn üben könntest. Du würdest verhungern. Von jetzt an sollte es meiner Meinung nach rasch vorangehen. Im Laufe der nächsten Woche werde ich versuchen , Sie mit Geschenken zu versöhnen. Hier ist der erste von ihnen.'

Er nahm ein Blatt Papier aus seiner Tasche und reichte es ihr. Es war eine Bleistiftskizze, grob und unvollendet, aber wunderbar clever. Sogar Ruth konnte das zu schätzen wissen – und sie war eine voreingenommene Beobachterin, denn die Skizze war eine Karikatur ihrer selbst. Es stellte sie in voller Größe dar, mit riesigen, verächtlichen Augen und geschwungenen Lippen, und der Künstlerin war es gelungen, ein hervorragendes Abbild zu vereinen und gleichzeitig alles hervorzuheben, was sich in dem Ausdruck abzeichnete, von dem sie wusste, dass er zu ihrem normalen Ausdruck von Verachtung und Verachtung geworden war Unzufriedenheit.

„Ich wusste nicht, dass Sie ein Künstler sind, Mr. Vince", sagte sie und gab es zurück.

„Ein armer Amateur. Nichts mehr. Du darfst es behalten.'

„Ich habe nicht den geringsten Wunsch, es zu behalten."

„Hast du nicht?"

„Es ist nicht im Geringsten klug, und es ist sehr unverschämt von Ihnen, es mir zu zeigen." Die Zeichnung ist nicht lustig. Es ist einfach unhöflich.'

„Noch ein bisschen", sagte Mr. Vince, „und ich werde langsam denken, dass es Ihnen nicht gefällt." Magst du Schokolade?'

Ruth antwortete nicht.

„Ich schicke dir morgen welche.“

„Ich werde sie zurückgeben.“

„Dann schicke ich noch mehr und etwas Obst.“ Geschenke!' sprach Herr Vince im Selbstgespräch. 'Geschenke! Das ist das Geheimnis. Versenden Sie weiterhin Geschenke. Wenn Männer sich nur auf Geschenke und Streitereien beschränken würden, gäbe es weniger Junggesellen.“

Am nächsten Morgen kamen, wie versprochen, die Pralinen an, viele Pfund davon in einer stattlichen Schachtel. Das Schicksal hatte Ruths menschliche Schwäche für Süßigkeiten nicht gänzlich unterdrücken können, und mit großer Anstrengung wickelte sie die Schachtel wieder ein und schickte sie an den Absender zurück. Sie ging zu ihrer Arbeit am *Mont -de- Piete* mit einem Glanz der Befriedigung, der jenen zu eigen ist, die unter schwierigen Umständen einen eisernen Willen an den Tag legen.

Und am *Mont -de- Piete* ereignete sich ein überraschender Vorfall.

Überraschende Vorfälle sind, wie Herr Vince gesagt hätte, die Null auf dem Roulettebrett des Lebens. Sie tauchen beunruhigend auf, wenn man es am wenigsten erwartet, verwirren den Geist und verändern vorgefasste Meinungen. Und das war in der Tat ein sehr überraschender Vorfall.

Ruth saß, wie bereits erwähnt, während ihrer Arbeitszeit hinter einer Mattscheibe, unsichtbar und unsichtbar. Für sie waren die Gönner des Establishments bloß körperlose Stimmen – schmeichelnde Stimmen, erbärmliche Stimmen, Stimmen, die protestierten, Stimmen, die hetzten, Stimmen, die jammerten, stöhnten, brachen, an die Heiligen appellierten und auf verschiedene andere Arten versuchten , M. Gandinot hatte großzügigere und fürstlichere Ansichten zum Thema des Vorschusses von Geld auf verpfändetes Eigentum. Sie saß heute Morgen hinter ihrem Bildschirm und kritzelte müßig auf dem Löschblock, denn das Geschäft hatte gerade eine Pause eingelegt, als sich die Tür öffnete und das höfliche „Bonjour, Monsieur“ von Herrn Gandinot die Ankunft von Herrn Gandinot ankündigte ein weiteres Unglück.

Und dann erschütterte sie wie ein elektrischer Schlag eine Stimme, die sie kannte – die angenehme Stimme von Mr. Vince.

Die Dialoge, die auf der anderen Seite des Bildschirms stattfanden, waren oft langwierig und immer schmutzig, aber keiner kam Ruth so endlos, so abscheulich schmutzig vor wie dieser.

Um sein elendes Zentrum – ein silbernes Zigarettenetui – kreiste der trostlose Streit. Der junge Mann flehte; Herr Gandinot , der seiner offiziellen Rolle treu blieb, blieb unerschütterlich.

Ruth konnte es nicht länger ertragen. Sie presste ihre Hände auf ihre brennenden Ohren, und die Stimmen hörten auf, sie zu beunruhigen.

Und mit der Stille kamen Gedanken und ein Aufflammen des Verständnisses, das in ihr aufblitzte und ihr alles klar machte. Sie verstand jetzt, warum sie ihre Ohren verschlossen hatte.

Armut ist eine Säure, die auf unterschiedliche Naturen unterschiedlich reagiert. Es hatte die Selbstachtung von Herrn Eugene Warden auf ein Minimum reduziert. Bei Ruth war es zu einem ungewöhnlichen Wachstum gekommen. Ihr Stolz war zu einem Unkraut geworden, das in ihrer Seele wütete, sie verdunkelte und feinere Gefühle erstickte. Vielleicht waren es die naiven List ihres Vaters, einen wohlhabenden Ehemann in die Enge zu treiben, die in ihr schließlich eine krankhafte Abneigung gegen die Idee hervorgerufen hatte, vor dem König Cophetua eines Mannes Bettlermagd zu spielen . Der Geisteszustand ist verständlich. Die Cophetua- Legende wurde nie aus der Sicht des Bettlermädchens erzählt, und es muss Momente gegeben haben, in denen sie, wenn sie eine Frau von Geist war, sich über die etwas herablassende Haltung des Monarchen ärgerte und das Gefühl hatte, dass er, sicher in seinem Reichtum und seiner Pracht hatte ihre dankbare Zustimmung als selbstverständlich angesehen.

Das war, wie sie jetzt erkannte, der Grund, warum sie George Vince gegenüber voreingenommen war. Sie hatte angenommen, dass er reich war. Er hatte den Eindruck vermittelt, reich zu sein. Und dementsprechend war sie ihm gegenüber in der Defensive gewesen. Jetzt schien sie ihn zum ersten Mal zu kennen. Eine Barriere war niedergerissen. Die königlichen Gewänder hatten sich als Lametta erwiesen und verbargen den Mann, den sie liebte, nicht länger.

Eine Berührung ihres Arms erregte sie. Monsieur Gandinot stand an ihrer Seite. Anscheinend waren die Bedingungen vereinbart und das Interview beendet, denn in seiner Hand hielt er ein silbernes Zigarettenetui.

„Träumen Sie, Mademoiselle? Ich konnte dich nicht dazu bringen, es zu hören. Je öfter ich dich anrufe, desto mehr hast du nicht geantwortet. Es ist notwendig, dieses Darlehen einzutragen.'

Er trug die Einzelheiten vor und Ruth trug sie in ihr Tagebuch ein. Als dies erledigt war, legte Herr Gandinot sein offizielles Gesicht ab und seufzte.

„Es ist ein Ort großer Trauer, Mademoiselle, dieses Büro." Wie er ein Nein nicht als Antwort akzeptieren würde, dieser junge Mann, der kürzlich von uns gegangen ist. Ein Landsmann von Ihnen, Mademoiselle. Sie würden sagen: „Was macht dieser junge Mann, so gut gekleidet, in einem *Mont -de-piete* ?" Aber ich weiß es besser, ich, Gandinot . Sie haben einen Ausdruck, Sie Engländer – ich habe ihn in Paris in einem Café gehört und mich nach seiner Bedeutung erkundigt –, wenn Sie von einem Mann sagen, er sei protzig. Wie viele junge Männer habe ich hier gesehen, bewundernswert gekleidet – reich, würde man sagen. Nein, nein. Der *Mont -de- Piete* duldet keine Geheimnisse. Angeberei, Mademoiselle, was ist das? Um die Welt zu täuschen, ja. Aber nicht der *Mont -de- piete* . Auch gestern, als du gegangen bist, war er hier, dieser junge Mann. Und doch ist er heute wieder hier. Leider gibt er sein Geld schnell aus! dieser arme junge Protz.'

Als Ruth am Abend nach Hause kam , fand sie ihren Vater im Wohnzimmer, eine Zigarette rauchend. Er begrüßte sie überschwänglich, aber auch mit einem gewissen Unbehagen – denn der alte Herr hatte sich auf eine heikle Aufgabe eingelassen. Er hatte beschlossen, heute Abend ernsthaft mit Ruth über ihr unbefriedigendes Verhalten gegenüber Mr. Vince zu sprechen. Je mehr er von diesem jungen Mann sah, desto sicherer wurde ihm, dass dies die menschliche Goldmine war, nach der er all diese ermüdenden Jahre gesucht hatte. Daraufhin warf er seine Zigarette weg, küsste Ruth auf die Stirn und begann zu sprechen.

Herr Warden war schon lange der Meinung, dass, wenn seine Tochter einen Fehler hatte, es eine Tendenz zu völlig unnötiger und höchst unbequemer Offenheit war. Sie besaß nicht das Taktgefühl, das er sich von einer seiner Töchter gewünscht hätte. Sie würde nicht ausweichen, es ignorieren, nicht zustimmen, es nicht zu sehen. Sie war manchmal schmerzhaft stumpf.

Das ist jetzt passiert. Er war gerade dabei, sich auf sein Thema einzulassen, als sie ihn mit einer Frage unterbrach.

„Warum glauben Sie, dass Mr. Vince reich ist, Vater?" Sie fragte.

Mr. Warden war verlegen. Das Thema der Opulenz von Herrn Vince war in seinem Diskurs nicht berücksichtigt worden. Er hatte es sorgfältig vermieden. Die Tatsache, dass er darüber nachdachte und dass Ruth wusste, dass er darüber nachdachte und dass er wusste, dass Ruth es wusste, hatte nichts mit dem Fall zu tun. Die Frage war nicht angebracht und brachte ihn in Verlegenheit.

„Ich – warum – ich weiß nicht – ich habe nie gesagt, dass er reich ist, meine Liebe. Ich habe keinen Zweifel daran, dass er reichlich …"

„Er ist ziemlich arm."

Mr. Wardens Kinnlade klappte leicht herunter.

'Arm? Aber, meine Liebe, das ist absurd!' er weinte. „Na ja, erst heute Abend –"

Er brach abrupt ab, aber es war zu spät.

„Vater, du hast dir Geld von ihm geliehen!"

Herr Warden holte tief Luft und bereitete sich auf eine empörte Ablehnung vor, überlegte es sich dann aber anders und schwieg. Als Geldleiher hatte er alle Eigenschaften bis auf eine. Er hatte ihre Scharfsinnigkeit in dieser Angelegenheit als eine Art zweites Gesicht betrachtet. Es hatte ihm oft den Triumph des Erfolgs verdorben.

„Und er muss Dinge verpfänden, um zu leben!" Ihre Stimme zitterte. „Er war heute am *Mont -de- Piete*." Und gestern auch. Ich habe ihn gehört. Er hat mit Monsieur Gandinot gestritten und gefeilscht .

Ihre Stimme brach. Sie schluchzte hilflos. Die Erinnerung daran war zu unverfälscht und lebendig.

Herr Warden stand regungslos da. Viele Gefühle gingen ihm durch den Kopf, vor allem aber der Gedanke, dass diese Offenbarung zu einem sehr glücklichen Zeitpunkt gekommen war. Eine überaus glückliche Flucht, empfand er. Er war sich auch einer gewissen Empörung über diesen betrügerischen jungen Mann bewusst, der auf betrügerische Weise eine Goldmine nachgeahmt hatte, mit möglicherweise katastrophalen Folgen.

Die Tür öffnete sich und Jeanne, die Dienstmagd, kündigte Herrn Vince an.

Er betrat zügig den Raum.

'Guten Abend!' er sagte. „Ich habe Ihnen noch ein paar Pralinen mitgebracht, Miss Warden, und etwas Obst." Großartiger Scott! Was ist los?'

Er blieb stehen, aber nur für einen Moment. Im nächsten Moment war er durch den Raum gehuscht und hielt Ruth vor den entsetzten Augen von Mr. Warden in seinen Armen. Sie klammerte sich an ihn.

Bill, der Foxterrier, über den Mr. Vince zufällig gestolpert war, war der erste, der das Wort ergriff. Fast gleichzeitig stimmte Mr. Warden ein, und es bestand eine verblüffende Ähnlichkeit zwischen den beiden Stimmen, denn Mr. Warden, der nach Worten suchte, stieß als Einleitung eine Art leidenschaftlichen Schrei aus.

Mr. Vince entfernte die Hand, die Ruths Schulter klopfte, und winkte ihm beruhigend zu.

„Es ist alles in Ordnung", sagte er.

'In Ordnung! In *Ordnung* !'

„Affinitäten", erklärte Mr. Vince über seine Schulter. „Zwei Herzen, die wie eins schlagen." Wir werden heiraten. Was ist das Problem Liebling? Machen Sie sich keine Sorgen; Dir geht's gut.'

'Ich lehne ab!' schrie Herr Warden. „Das lehne ich absolut ab.“

Mr. Vince setzte Ruth sanft auf einen Stuhl, hielt ihre Hand und musterte den gärenden alten Herrn ernst.

'Du verweigerst?' er sagte. „Warum, ich dachte, du magst mich.“

Mr. Wardens Raserei hatte nachgelassen. Es war etwas gewesen, das seiner Natur fremd war. Er bereute es. Diese Dinge mussten mit Zurückhaltung gehandhabt werden.

„Meine persönlichen Vorlieben und Abneigungen“, sagte er, „haben nichts mit der Angelegenheit zu tun, Mr. Vince.“ Sie sind nebensächlich. Ich muss an meine Tochter denken. Ich kann nicht zulassen, dass sie einen Mann ohne einen Penny heiratet.'

„Ganz richtig“, sagte Mr. Vince anerkennend. „Haben Sie nichts mit dem Kerl zu tun.“ Wenn er versucht, sich einzumischen, rufen Sie die Polizei.'

Herr Warden zögerte. Er hatte sich immer ein wenig für Ruths Beruf geschämt. Aber die Notwendigkeit war zwingend.

„ Herr Vince, meine Tochter ist im *Mont -de- Piete beschäftigt und* war Zeugin von allem, was heute Nachmittag passiert ist.“

Herr Vince war wirklich aufgeregt. Er sah Ruth an, sein Gesicht war voller Sorge.

„Du willst doch nicht sagen, dass du in diesem stickigen Mist gearbeitet hast – toller Scott! Ich werde dich schnell da rausholen. Da darfst du nicht noch einmal hingehen.'

Er bückte sich und küsste sie.

„Vielleicht lassen Sie es mich besser erklären“, sagte er. „Ich denke immer, dass Erklärungen die Null auf dem Roulettebrett des Lebens sind.“ Sie sind immer irgendwo in der Nähe und warten darauf, aufzutauchen. Haben Sie schon einmal von Vince's Stores gehört, Herr Warden? Vielleicht sind sie es seit deiner Zeit. Nun, mein Vater ist der Besitzer. Eine unserer Spezialitäten ist Kinderspielzeug, aber wir haben seit Jahren keinen wirklichen Gewinner ausgewählt, und als ich ihn das letzte Mal sah, schien mein Vater darüber so beunruhigt zu sein, dass ich sagte, ich würde mal nachsehen, ob ich nicht eine Idee dafür hätte etwas. Etwas in der Art des Billiken, nur besser, war seiner Meinung nach das, was er brauchte. Ich bin Gehirnarbeit nicht gewohnt und nach einer Weile hatte ich das Gefühl, dass ich eine Pause brauchte. Ich kam hierher, um mich zu erholen, und gleich am ersten Morgen bekam ich eine Inspiration. Sie haben vielleicht bemerkt, dass der Manager des *Mont -de- piete* hier keinen Wert auf konventionelles gutes

Aussehen legt. Ich habe ihn im Casino gesehen und das Ding ist mir sofort ins Auge gefallen. Er glaubt, sein Name sei Gandinot , aber das ist nicht der Fall. Es ist Onkel Zip, der Buckelheiler, der Mann, der dich zum Lächeln bringt.'

Er drückte liebevoll Ruths Hand.

„Ich habe ihn aus den Augen verloren und erst vorgestern herausgefunden, wer er war und wo er zu finden war." Nun, Sie können nicht zu einem Mann gehen und ihn bitten, als Modell für Onkel Zip, den Buckelkurierer, zu posieren. Die einzige Möglichkeit, eine Sitzung zu bekommen, bestand darin, ihn geschäftlich anzusprechen. Also sammelte ich alles ein, was ich hatte, und watete hinein. Das ist die ganze Geschichte. Habe ich bestanden?'

Mr. Wardens frostiges Verhalten war während dieses Vortrags allmählich aufgetaut, und jetzt strahlte die Sonne seines Lächelns warm heraus. Er ergriff Mr. Vinces Hand mit jedem Beweis seiner Wertschätzung und tat danach das, was sicherlich das Beste war, indem er sanft den Raum verließ. Während er ging, zeigte sein Gesicht einen Ausdruck, wie ihn Moses auf dem Gipfel des Pisga getragen haben könnte.

Etwa zwanzig Minuten später machte Ruth eine Bemerkung.

„Ich möchte, dass du mir etwas versprichst", sagte sie. „Versprich mir, dass du mit der Onkel-Zip-Zeichnung nicht weitermachst." Ich weiß, dass es sehr viel Geld bedeutet, aber es könnte die Gefühle des armen Herrn Gandinot verletzen , und er war sehr freundlich zu mir.'

„Damit ist die Sache erledigt", sagte Mr. Vince. „Es ist hart für die Kinder Großbritanniens, aber sagen Sie nichts mehr." Kein Onkel Zip für sie.'

Ruth sah ihn fast ehrfürchtig an.

„Du willst wirklich nicht weitermachen?" Trotz all dem Geld, das Sie verdienen würden? Wirst du immer genau das tun, worum ich dich bitte, egal, was es dich kostet?'

Er nickte traurig.

„Sie haben in wenigen Worten die gesamte Politik meines Ehelebens skizziert. Ich fühle mich schrecklich betrogen. Und ich hatte Sie ermutigt, sich auf Jahre unaufhörlichen Streits zu freuen. Glaubst du, dass du ohne auskommen kannst? „Ich fürchte, es wird furchtbar langweilig für Sie", sagte Mr. Vince bedauernd.

Archibalds Nutzen

ARCHIBALD MEALING gehörte zu den Golfspielern, bei denen das Verlangen die Leistung übertrifft. Niemand hätte bereitwilliger sein können als Archibald. Er hat es versucht, und zwar mit aller Kraft. Jeden Morgen stand er vor dem Bad vor dem Spiegel und übte Schwünge. Jeden Abend, bevor er zu Bett ging, las er die goldenen Worte eines Meisters zum Thema Putten, Fahren oder Annähern. Doch auf den Links verbrachte er die meiste Zeit damit, verlorene Bälle wiederzugewinnen oder America zu ersetzen. Ob Archibald zu viel oder zu wenig drückte, ob sein Schläger von der gepunkteten Linie abwich, die die beiden Punkte A und B auf der Abbildung des Mannes verband, der im Buch „Hints on Golf" den messingfarbenen Schlag *ausführte* , oder ob ihn ein böses Schicksal verfolgte, weiß ich nicht. Archibald favorisierte eher die letzte Theorie.

Der wichtige Punkt ist, dass Archibald in seinem einunddreißigsten Jahr, nach sechs Saisons unermüdlichen Einsatzes, eine Meisterschaft gewann und gewann.

Merken Sie sich Archibald, dessen Golf eine Art Mischung aus Hockey, schwedischem Drill und Buck-and-Wing-Tanz war.

Ich kenne die Tortur, der ich mich stellen muss, wenn ich eine solche Aussage mache. Ich sehe deutlich die starke Phalanx von Männern aus Missouri vor mir. Einige drängen mich, es dem König von Dänemark zu sagen, andere bestehen darauf, dass ich meine Eskimos herstelle. Dennoch schrecke ich nicht zurück. Ich stelle noch einmal fest, dass Archibald Mealing in seinem einunddreißigsten Lebensjahr an einer Golfmeisterschaft teilnahm und diese gewann.

Archibald gehörte einem ausgewählten kleinen Golfclub an, dessen Mitglieder in New York lebten und arbeiteten, aber auf Jersey spielten. Sie waren sowohl finanziell als auch körperlich vermögende Männer, die ihr überschüssiges Geld gebündelt und damit einen Streifen Land in der Nähe des Meeres erworben hatten. Dieses Land war trockengelegt worden – zum großen Leidwesen einer Mückenkolonie, die das Gelände inzwischen als ihr Privateigentum betrachtete – und in Golfplätze umgewandelt worden, die zu einer Art Zufluchtsort für inkompetente Golfer geworden waren. Die Mitglieder des Cape Pleasant Clubs waren unbeschwerte Flüchtlinge aus anderen und anspruchsvolleren Clubs, Männer, die auf den Plätzen herumtüftelten, anstatt herumzurennen; Kurz gesagt, Männer, die es satt hatten, ihr Spiel unterbrechen und beiseite treten zu müssen, damit schwitzende Experten an ihnen vorbeisausen konnten. Die Golfer von Cape

Pleasant machten sich nicht zu Sklaven des Spiels. Wenn sie trödelten, klang ihre Sprache eher sanft bedauernd als schwefelig . Der Moment des Tages, der ihnen am meisten Spaß machte, war, als sie sagten: „Na, hier ist Glück!" im Clubhaus.

Es ist daher leicht verständlich, dass Archibalds Unfähigkeit, ein einzelnes Loch zu schlagen, ihn in Cape Pleasant nicht so behinderte, wie es in St. Andrews der Fall gewesen sein könnte. Seine freundlichen Vereinskameraden nahmen ihn als Mann an ihre Brust und betrachteten ihn als Bruder. Archibald war eines dieser bewundernswerten Wesen, die ihren Besitzer häufig zu der Bemerkung veranlassen: „Das geht auf mich!" und seine Golfkollegen erkannten die Tatsache schnell. Sie alle liebten Archibald.

Archibald lag eines Nachmittags auf dem Boden seines Schlafzimmers und sammelte die Fragmente seines Spiegels auf – ein Freund hatte ihm geraten, den Loft-Schuss von Walter J. Travis zu üben –, als das Telefon klingelte. Er nahm den Hörer ab und wurde von der angenehmen Stimme von McCay , dem Clubsekretär, begrüßt.

„Ist das Mahlzeit ?" fragte McCay . „Sagen Sie, Archie, ich trage Ihren Namen für unseren Meisterschaftswettbewerb ein. Das stimmt, nicht wahr?'

„Sicher", sagte Archibald. 'Wann geht es los?'

'Nächsten Samstag.'

'Das bin ich.'

'Schön für dich. „Oh, Archie."

'Hallo?'

„Ein Mann, den ich heute getroffen habe, hat mir erzählt, dass Sie verlobt sind." Ist das ein Fakt?'

„Sicher", murmelte Archibald errötend .

Das Kabel summte von McCays Glückwünschen.

„Danke", sagte Archibald. „Danke, alter Mann. Was? Oh ja. Milsom ist ihr Name. Übrigens hat ihre Familie für den Sommer ein Cottage in Cape Pleasant gemietet. In einiger Entfernung von den Links. Ja, sehr praktisch, nicht wahr? Auf Wiedersehen.'

Er legte den Hörer auf und nahm seine Aufgabe wieder auf, die Fragmente einzusammeln. Nun war McCay von romantischer und sentimentaler Natur. Von Beruf war er Wirtschaftsprüfer und neigte dazu, beleibt zu sein; und alle eher beleibten Wirtschaftsprüfer sind sentimental. McCay war der Typ Mann, der alte Ballprogramme und Briefbündel mit lila Bändern umwickelt aufbewahrt. In Landhäusern, wo sie nach dem

Abendessen auf der Veranda verweilten und beobachteten, wie das Mondlicht den ruhigen Garten durchflutete, waren es McCay und sein Kollege, die am längsten verweilten. McCay kannte Ella Wheeler Wilcox auswendig und konnte Browning ohne Betäubung ertragen . Es ist daher nicht verwunderlich, dass Archibalds Bemerkung darüber, dass seine Verlobte nach Cape Pleasant gezogen sei, ihn zum Nachdenken anregen sollte. Es gefiel ihm.

Tagsüber dachte er viel darüber nach, und als er nach dem Abendessen im Sybarites' Club auf Sigsbee traf, einen Landsmann aus Cape Pleasant, sprach er mit ihm über die Angelegenheit. So kam es, dass beide vorzüglich gespeist hatten und die Welt mit einer Art wohligem Wohlwollen betrachteten . Sie waren in der Stimmung, wenn Männer kleinen Jungen auf den Kopf klopfen und sie fragen, ob sie Präsident werden wollen, wenn sie groß sind.

Mealing angerufen ", sagte McCay . „Wussten Sie, dass er verlobt war?"

„Ich habe etwas darüber gehört. Mädchen mit Namen Wilson, oder –'

„Milsom. „Sie wird den Sommer in Cape Pleasant verbringen, erzählt mir Archie."

„Dann hat sie die Chance, ihn im Meisterschaftswettbewerb spielen zu sehen."

McCay saugte eine Weile schweigend an seiner Zigarre und beobachtete mit verträumten Augen den blauen Rauch, der sich zur Decke hin rollte. Als er sprach, war seine Stimme einzigartig sanft.

„Weißt du, Sigsbee", sagte er und nippte mit sanfter Melancholie an seinem Maraschino – „weißt du, dass dieses Geschäft für mich etwas wunderbar Mitleiderregendes ist." Ich sehe das Ganze so klar. Die Stimme des armen alten Kerls zitterte, als er sagte: „Sie kommt nach Cape Pleasant", was mir mehr verriet, als Worte es hätten tun können. Es ist auf seine Art eine Tragödie, Sigsbee. Wir mögen darüber lächeln, es für trivial halten; aber es ist trotzdem eine Tragödie. Dieses warmherzige, enthusiastische Mädchen, voller Eifer, um zu sehen, dass es dem Mann, den sie liebt, gut geht – Archie, der arme alte Archie, ganz in Flammen, um ihr zu beweisen, dass ihr Vertrauen in ihn nicht fehl am Platz ist, und das Ende – Ernüchterung – Enttäuschung – Unglück .'

„Er sollte den Ball im Auge behalten", sagte der praktischere Sigsbee.

„Gut möglich", fuhr McCay fort , „er hat ihr gesagt, dass er diese Meisterschaft gewinnen wird."

„Wenn Archie so dämlich ist, ihr das gesagt zu haben", sagte Sigsbee entschieden, „verdient er alles, was er bekommt." „Kellner, zwei schottische Highballs."

McCay war nicht in der Stimmung, sich dieser eiskalten Ansicht anzuschließen.

„Ich sage dir " , sagte er, „Es tut mir *leid* für Archie!" Es tut mir *leid* für den armen alten Kerl. Und das Mädchen tut mir mehr als leid.'

„Nun, ich sehe nicht, was wir tun können", sagte Sigsbee. „Von uns kann kaum erwartet werden, dass wir absichtlich albern, nur damit Archie vor seiner Freundin angibt."

McCay hielt beim Anzünden seiner Zigarre inne, als wäre er von einem großen Gedanken erfüllt.

'Warum nicht?' er sagte. „Warum nicht, Sigsbee? Sigsbee, du hast es geschafft.'

„Äh?"

'Du hast! Ich sage dir, Sigsbee, du hast die ganze Sache gelöst. Archie ist so ein toller Tyrann, warum gibst du ihm nicht einen Vorteil? Warum lässt man ihn diese Meisterschaft nicht gewinnen? Willst du mir nicht sagen, dass es dich interessiert, ob du eine Zinnmedaille gewinnst oder nicht?'

Sigsbees Wohlwollen wuchs unter dem Einfluss des schottischen Highballs und seiner Zigarre. Kleine Freundlichkeiten von Archie, hier eine Zigarre, dort ein Mittagessen, ein anderes Mal Sitzplätze fürs Theater, begannen wie regenbogenfarbene Blasen an die Oberfläche seiner Erinnerung zu steigen . Er schwankte.

„Ja, aber was ist mit dem Rest der Männer?" er sagte. „Es werden ein Dutzend oder mehr um die Medaille kämpfen."

„Wir können sie in den Griff bekommen", sagte McCay zuversichtlich. „Wir werden ihnen das Thema bei einer Reihe von Abendessen ansprechen, bei denen wir gemeinsam Gastgeber sein werden. Es sind weiße Männer, die entzückt sein werden, so etwas für einen Sport wie Archie zu tun."

„Wie wäre es mit Gossett?" sagte Sigsbee.

McCays Gesicht verfinsterte sich. Gossett war bei Mitgliedern des Cape Pleasant Golf Clubs ein unbeliebtes Thema. Er war die Schlange in ihrem Eden. Niemand schien genau zu wissen, wie er hineingekommen war, aber leider war er dort. Gossett hatte im Golfsport von Cape Pleasant eine freudlose Atmosphäre der Strenge des Spiels geschaffen. Um Golfern wie Gossett aus dem Weg zu gehen, hatten die Cape Pleasanters ihren Club gegründet. Bis zu seiner Ankunft waren freundliche Höflichkeit und nicht strikte Beachtung der Regeln die Hauptmerkmale ihres Spiels gewesen. Bis zu diesem Zeitpunkt galt es als eher schlechte Form, einen Elfmeter zu fordern. Es herrschte ein fröhliches Geben und Nehmen-System. Dann war Gossett gekommen, voller seltsamer Regeln, und hatte in der Gemeinde ungefähr die gleiche Aufregung hervorgerufen, die ein Falke in einer Ansammlung von Tauben mittleren Alters hervorrufen würde.

„Man kann Gossett nicht rechtfertigen", sagte Sigsbee.

McCay sah unglücklich aus.

„Ich habe ihn vergessen", sagte er. „Natürlich wird ihn nichts davon abhalten, zu gewinnen." Ich wünschte, uns könnte etwas einfallen. Ich würde ihn fast genauso schnell verlieren wie Archie gewinnen sehen. Aber schließlich hat er manchmal auch freie Tage.'

„Um so schlecht wie Archie zu sein, muss man schon einen sehr freien Tag haben."

Sie saßen schweigend da und rauchten.

„Ich habe es", sagte Sigsbee plötzlich. „Gossett ist ein guter Golfer, aber nervös. Wenn wir seine Nerven ausreichend aus der Fassung bringen, wird er sofort loslegen. Könnten wir uns nicht irgendeinen Weg vorstellen?'

McCay griff nach seinem Glas.

„Du hast ein edles Wesen, Sigsbee", sagte er.

„Oh nein", sagte der Vorbild bescheiden. „Noch eine Zigarre?"

Damit der Leser den mentalen Halb-Nelson auf die Handlung dieser Erzählung aufmerksam machen kann, die so wichtig ist, wenn eine Kurzgeschichte bezaubern, erheben und belehren soll, ist es jetzt notwendig, für den Augenblick (aber nur für den Augenblick). , um Archibalds früheres Leben zu untersuchen.

McCay gegenüber erklärt hatte , mit einer Miss Milsom verlobt – Miss Margaret Milsom. Wie wenige Männer, lieber Leser, sind mit Mädchen mit *schlanken* Figuren, braunem Haar und großen blauen Augen verlobt, die mal funkelnd und lebhaft, mal verträumt und gefühlvoll, aber immer groß und blau sind! Wie wenige, sage ich. Das sind Sie, lieber Leser, und ich auch, aber wer sonst? Archibald war einer der wenigen, die es zufällig waren.

Er war glücklich. Es stimmt, dass Margarets Mutter sozusagen nicht in ihn versunken war. Sie zeigte nichts von der überschäumenden Freude über sein Erscheinen, die wir gerne bei unseren gewählten Schwiegermüttern sehen. Im Gegenteil, sie weinte im Allgemeinen bitterlich, wenn sie ihn sah, und nach zehn Minuten neigte sie dazu, sich schluchzend in ihr Zimmer zurückzuziehen, wo sie bis in die fortgeschrittene Stunde im Halbkoma blieb. Sie befand sich im Begriff, eine bestätigte Invalide zu sein, und etwas an Archibald schien direkt in ihre Nervenzentren einzudringen und sie vorerst zu einem komplizierten Rätsel zu machen. Sie mochte Archibald nicht. Sie sagte, sie stehe auf große, männliche Männer. Hinter seinem Rücken bezeichnete sie ihn nicht selten als „ Gaby "; manchmal sogar als dieser „ Guffin ".

Sie tat dies Margaret nicht an, denn Margaret war nicht nur blauäugig, sondern auch ein wenig aufbrausend. Wann immer sie über Archibald sprach, war es mit ihrem Sohn Stuyvesant. Stuyvesant Milsom, der Archibald für einen ziemlichen Idioten hielt, war immer bereit, sich hinzusetzen und seiner Mutter zuzuhören, wenn es um das Thema ging; es war jedoch selbstverständlich, dass sie am Ende der Séance ein oder zwei safranfarbene Geldscheine hervorbrachte zu seinen Rennschulden. Denn Stuyvesant, der sich angewöhnt hatte, auf Pferde zu setzen, die entweder gar nicht starteten oder sich mitten im Rennen hinsetzten und nachdachten, konnte mit etwa zehn Dollar immer auskommen. Seine Preise für diese Interviews lagen in der Regel bei etwa drei Cent pro Wort.

Unter diesen Umständen war es vielleicht nur natürlich, dass Archibald und Margaret es vorzogen, sich, wenn sie sich trafen, an einem anderen Ort als dem Milsom-Haus zu treffen. Es passte besser zu ihnen beiden, dass sie bei diesen Gelegenheiten ein heimliches Rendezvous arrangierten. Archibald bevorzugte es, weil er sich immer wie ein Mörder mit besonders großen Füßen vorkam, wenn er mit Mrs. Milsom im selben Raum war ; und Margaret bevorzugte es, weil, wie sie Archibald erzählte, diese geheimen Treffen einer sonst vielleicht alltäglichen Verabredung einen Hauch von Poesie verliehen.

Archibald fand das bezaubernd; aber gleichzeitig konnte er sich nicht verheimlichen, dass Margarets Leidenschaft für das Poetische sozusagen beide Seiten berührte. Er bewunderte und liebte die Erhabenheit ihrer Seele, aber andererseits war es eine harte Aufgabe, ihr gerecht zu werden. Denn Archibald war ein ganz gewöhnlicher junger Mann. In der Schule hatte man versucht, ihm die Liebe zur Poesie beizubringen, aber es hatte nicht geklappt. Bis zu seinem dreißigsten Lebensjahr hatte er sich damit begnügt, alle Gedichte (mit Ausnahme der von George Cohan) unter der allgemeinen Überschrift Punk zu klassifizieren . Dann traf er Margaret und der Ärger begann. An dem Tag, als er sie zum ersten Mal traf, bei einem Picknick, hatte sie so gefühlvoll gewirkt, so distanziert von dieser Welt, dass er instinktiv gespürt hatte, dass es sich hier um ein Mädchen handelte, das von einem Mann mehr erwartete als die bloße Aussage, dass das Wetter großartig sei. Zufällig kannte er nur ein einziges Zitat aus den Klassikern, nämlich

Tennysons Kritik am Island-Valley of Avilion . Er wusste das, weil er in der Schule einhundertfünfzig Mal die Gelegenheit gehabt hatte, etwas aufzuschreiben, als er von einem Lehrer, der zufällig ein leidenschaftlicher Bewunderer der „Idyllen des Königs" war, beim Rauchen erwischt wurde.

Eine Bemerkung von Margaret, dass es ein herrlicher Tag für ein Picknick sei und dass das Land schön aussehe, gab ihm die Gelegenheit.

„Es erinnert mich", sagte er, „es erinnert mich stark an das Inseltal von Avilion , wo kein Hagel fällt, kein Regen, kein Schnee, noch jemals ein lauter Wind weht; aber es liegt tief wiesig , glücklich, schön, mit Obstgartenrasen ...'

Er machte hier eine Pause, um eine Hornisse zu zerquetschen; aber Margaret hatte genug gehört. „Linden Sie die Dichter, Herr? Essen ?' sagte sie mit einem in die Ferne blickenden Blick.

'Mich?' sagte Archibald inbrünstig. 'Mich? Ich esse sie bei lebendigem Leibe!

Und so hatte der ganze Ärger begonnen. Es hatte für Archibald unablässige Mühe bedeutet. Er hatte das Gefühl, dass er sich einen Maßstab gesetzt hatte, von dem er nicht abweichen durfte. Er kaufte jeden neuen Gedichtband, der in der Presse gelobt wurde, und lernte die Rezensionen auswendig. Jeden Abend las er mühsam einen Teil der Klassiker. Er stapfte durch die Gedichtabschnitte von Bartletts *Familiar Quotations* . Margarets Hingabe an die verschiedenen Barden war so enthusiastisch und ihre Lektüre war so umfassend, dass Archibald sich manchmal fragte, ob er dieser Belastung standhalten würde. Aber er hielt heldenhaft durch und es fehlte ihm bisher nichts. Aber die Belastung war furchtbar.

Die frühen Phasen des Cape Pleasant Golfturniers bedürfen keiner detaillierten Beschreibung. Für die Wettkämpfe galten die Spielregeln, und Archibald besiegte seine ersten drei Gegner vor dem zwölften Loch. Er war zurückhaltend gewesen, als er in der ersten Runde gegen McCay antrat , aber als er feststellte, dass er den Sekretär mit Leichtigkeit besiegte, traf er in der zweiten Runde mit mehr Selbstvertrauen auf einen Butler. Auch Butler schlug er in die Flucht; mit dem Ergebnis, dass er, als er in Runde drei gegen Sigsbee antrat, praktisch der siegreiche Held war. Das Glück schien mit fast fader Süße auf ihn zu strahlen. Als er am siebten Loch im Bunker gefangen war, wurde auch Sigsbee gefangen. Als er am sechsten Abschlag einen Slice machte, zog Sigsbee. Und Archibald schlug eine brillante Ader und schlug die nächsten drei Löcher in elf, neun und zwölf; und qualifizierte sich nach Hause und qualifizierte sich für das Finale.

Gossett, diese Schlange, hatte inzwischen jeden seiner drei Gegner ohne große Schwierigkeiten geschlagen.

Das Finale wurde für den darauffolgenden Donnerstagmorgen angesetzt. Gossett, der als Makler tätig war, hatte einen leichtfertigen Einwand gegen die Schwierigkeit erhoben, sich von der Wall Street fernzuhalten, wurde jedoch zurückgewiesen. Als Sigsbee darauf hinwies, dass er Archibald leicht besiegen und bis zur Mittagszeit in der Stadt sein könnte, wenn er wollte, und dass sein Partner sich auf jeden Fall um die Dinge kümmern würde, ließ er sich, wenn auch widerstrebend, überreden. Es war eine wohlbekannte Tatsache, dass Gossett zu dieser Zeit mit einigen ziemlich großen Deals beschäftigt war.

Der Donnerstagmorgen passte Archibald bewundernswert. Ihm war der Gedanke gekommen, dass er ein Doppelereignis herbeiführen könnte. Margaret war am Abend zuvor in Cape Pleasant angekommen, und er hatte telefonisch vereinbart, sie um ein Uhr am Ende der Promenade, etwa eine Meile von den Anlegestellen entfernt, mit ihr zu treffen, sie mit Mittagessen zu versorgen und verbringe den Nachmittag mit ihr auf dem Wasser. Wenn er sein Spiel mit Gossett um halb elf beginnen würde, hätte er genügend Zeit, sein Spiel zu spielen und zur verabredeten Zeit am Ende des Holzstegs zu sein. Er machte sich keine Illusionen über die jeweiligen Verdienste von Gossett und sich selbst als Golfer. Er wusste, dass Gossett die nötigen zehn Löcher von der Walze gewinnen würde. Es war traurig, aber es war eine wissenschaftliche Tatsache. Daran ließ sich nicht vermeiden. Man musste sich einfach damit auseinandersetzen.

Nachdem er diese Pläne geschmiedet hatte, stieg er am Donnerstagmorgen in den Zug mit dem tröstlichen Gefühl, dass der Morgen, so traurig er auch beginnen mochte, bestimmt gut enden würde.

Der Tag war schön, die Sonne warm, aber durch eine leichte Brise gemildert. Ein oder zwei Mitglieder des Vereins waren gekommen, um sich das Spiel anzusehen, darunter auch Sigsbee.

Sigsbee zog Gossett beiseite.

„Du musst mich als Caddie übernehmen lassen, alter Mann", sagte er. „Ich kenne dein Temperament so genau. Ich weiß, wie wenig es braucht, um Sie von Ihrem Schlaganfall abzubringen. Ich weiß, in einem gewöhnlichen Spiel könnte man einen dieser Jungs nehmen, aber bei einem wichtigen Anlass wie diesem darf man es nicht riskieren. Ein schmuddeliger Junge, wahrscheinlich mit schielendem Blick, würde Ihnen mit ziemlicher Sicherheit auf die Nerven gehen. Er könnte sogar Kommentare zum Spiel abgeben oder pfeifen. Aber ich verstehe dich. Du musst mich deine Keulen tragen lassen.'

„Das ist sehr nett von dir", sagte Gossett.

„Überhaupt nicht", sagte Sigsbee.

Archibald bereitete sich nun darauf vor, vom ersten Abschlag loszufahren. Er tat dies mit großer Sorgfalt. Jeder, der Archibald Mealing beim Golfspielen gesehen hat, weiß, dass sein Abschlag einer der eindrucksvollsten Anblicke ist, die man auf dem Golfplatz je gesehen hat. Er zog seine Mütze über seine Augen, wedelte ein wenig mit seinem Schläger, bewegte seine Füße, wedelte noch mehr mit seinem Schlager, starrte einen Moment lang scharf zum Horizont, wedelte erneut mit seinem Schläger und hob schließlich mit der Miene eines starken Mannes einen Er hob eine Eisenstange und hob sie langsam über seinen Kopf. Dann brachte er den Ball mit einem Schwung nach unten und trieb den Ball mit einem hohen Slice etwa fünfzig Meter weit. Es kam selten vor, dass es ihm nicht gelang, den Ball zu schneiden oder zu ziehen. Sein Fortschritt von Loch zu Loch war im Allgemeinen ein majestätischer Zickzack.

Gossetts Drive brachte ihn gut auf den Weg zum Grün. Er lochte in fünf Löchern ein. Archibald machte sich traurig, aber nicht überrascht auf den Weg zum zweiten Abschlag.

Das zweite Loch war kürzer. Gossett gewann es in drei Runden. Den dritten nahm er in sechs, den vierten in vier auf. Archibald begann das Gefühl zu haben, dass er genauso gut nicht dort sein könnte. Er war praktisch ein Zuschauer.

An diesem Punkt griff er in seiner Tasche nach seinem Tabakbeutel, um sich mit Rauch zu trösten. Zu seiner Bestürzung stellte er fest, dass es nicht da war. Er hatte es im Zug gehabt, aber jetzt war es verschwunden. Das verstärkte seine Trübsinnigkeit, denn Margaret hatte ihm den Beutel geschenkt, und er hatte es immer für einen weiteren Beweis dafür gehalten, wie sehr ihre Natur die Natur anderer Mädchen überragte, dass sie nicht vergessen hatte, ein Monogramm darauf zu weben. Ich-nicht. Diese Plattentasche fehlte und Archibald trauerte um den Verlust.

Seine Sorgen wurden nicht durch die Tatsache gemildert, dass Gossett das fünfte und sechste Loch gewann.

Es war jetzt Viertel nach zwölf, und Archibald dachte mit düsterer Befriedigung darüber nach, dass das Massaker bald vorbei sein musste und dass er es dann in der Gesellschaft von Margaret vergessen würde.

Als Gossett gerade vom siebten Abschlag losfahren wollte, näherte sich ein Telegraphenjunge der kleinen Gruppe.

„ Herr Gossett", sagte er.

Gossett senkte seinen Fahrer und drehte sich um, aber Sigsbee hatte dem Jungen den Umschlag aus der Hand gerissen.

„Es ist alles in Ordnung, alter Mann", sagte er. 'Gehe gerade weiter. Ich werde es sicher für dich aufbewahren.'

„Gib es mir", sagte Gossett besorgt. „Vielleicht kommt es aus dem Büro." Möglicherweise ist etwas mit dem Markt passiert. Vielleicht werde ich gebraucht.'

„Nein, nein", sagte Sigsbee beruhigend. „Mach dir keine Sorgen. Öffnen Sie es besser nicht. Es könnte etwas enthalten sein, das Sie von Ihrem Schlaganfall abhalten würde. Warte bis zum Ende des Spiels.'

'Gib es mir. Ich will es sehen.'

Sigsbee blieb standhaft.

„Nein", sagte er. „Ich bin hier, um zu sehen, wie du diese Meisterschaft gewinnst, und ich werde nicht zulassen, dass du irgendwelche Risiken eingibst." Und selbst wenn es wichtig wäre, würden ein paar Minuten keinen Unterschied machen.'

„Nun, auf jeden Fall öffnen Sie es und lesen Sie es."

„Es ist wahrscheinlich verschlüsselt", sagte Sigsbee. „Ich würde es nicht verstehen." Spiel weiter, alter Mann. Du hast nur noch ein paar Löcher zu gewinnen.'

Gossett drehte sich um und sprach seinen Ball erneut an. Dann schwang er. Der Schläger kippte den Ball um und er rollte ein paar Meter träge. Archibald näherte sich dem Abschlag. Nun gab es Momente, in denen Archibald ganz anständig fahren konnte. Bei seinen Bemühungen wandte er stets eine beträchtliche Menge Muskelkraft auf. In dieser Richtung irrte er sich in der Regel. Bei dieser Gelegenheit traf er, ob inspiriert durch das Scheitern seines Rivalen oder nur durch Zufall , genau im richtigen Moment mit dem Ball. Es flog vom Abschlag gerade, hart und tief, schlug in der Nähe des Grüns auf dem Boden auf, sprang weiter und schwankte schließlich bis auf einen Fuß an das Loch heran. Seit ihrer Gründung wurde auf den Cape Pleasant Links kein so langer Ball geschlagen.

Dass er drei Schläge brauchte, um aus dieser vielversprechenden Position herauszukommen, war bedauerlich, aber nicht fatal, denn Gossett, der plötzlich aus dem Spiel geraten zu sein schien, erreichte das Grün erst nach sieben. Einen Moment später verkündete ein zustimmendes Murmeln, dass Archibald sein erstes Loch gewonnen hatte.

„ Herr Gossett", sagte eine Stimme.

Die zustimmenden Murmelnden bemerkten, dass der Telegraphenjunge wieder in ihrer Mitte war. Diesmal überbrachte er zwei Briefe. Sigsbee beschlagnahmte beide geschickt.

„Nein", sagte er entschieden. „Ich lehne es absolut ab, dass du sie dir ansiehst, bis das Spiel vorbei ist." Ich kenne dein Temperament.'

Gossett gestikulierte.

„Aber sie müssen wichtig sein." Sie müssen aus meinem Büro kommen. Wo sonst würde ich einen Strom von Telegrammen bekommen? Etwas ist schief gelaufen. Ich werde dringend gebraucht.'

Sigsbee nickte ernst.

„Das ist es, was ich fürchte", sagte er. „Deshalb kann ich nicht riskieren, dass du verärgert wirst." Zeit genug, Gossett, für schlechte Nachrichten nach dem Spiel. Spielen Sie weiter, Mann, und verdrängen Sie es aus Ihrem Kopf. Außerdem konnte man sowieso noch nicht nach New York zurückkehren. Es gibt keine Züge. Verwerfen Sie das Ganze aus Ihrem Kopf und spielen Sie einfach wie gewohnt, und Sie werden mit Sicherheit gewinnen.'

Archibald war während dieses Gesprächs davongefahren, jedoch ohne seinen vorherigen Erfolg. Diesmal hatte er seinen Ball in ein hohes Gras gezogen. Gossetts Fahrt war jedoch schlimmer; und die anschließende Bewegung des Paares zum Loch ähnelte mehr als alles andere den Manövern zweier Männer, die als Ergebnis einer Wahlwette Erdnüsse mit Zahnstochern rollten. Archibald schaffte es schließlich, das zwölfte Loch zu schlagen, nachdem Gossett sein vierzehntes Loch gespielt hatte.

Als Archibald den nächsten Sieg in elf Spielen und den zehnten in neun Spielen gewann, begann die Hoffnung in seiner Brust schwach zu flackern. Aber als er zwei weitere Löcher gewann und damit den Punktestand auf Augenhöhe erreichte, flammte es in ihm auf wie ein Leuchtfeuer.

Der gewöhnliche Golfspieler, dessen Punktzahl pro Loch selten die von Colonel Bogey übersteigt, versteht nicht den Wirbel gemischter Gefühle, den der wirklich inkompetente Spieler in den seltenen Fällen erlebt, in denen er tatsächlich eine Gewinnader trifft. Als Schlag auf Schlag folgt und er seinen Gegner weiterhin festhält, durchströmt ihn ein wildes Hochgefühl, gefolgt von einer Art Ehrfurcht, als würde er etwas Falsches tun, sogar Unreligiöses. Dann lassen all diese hefigen Gefühle nach und verschmelzen zu einem herrlichen Gefühl der Größe und Majestät, wie bei einem Riesen unter den Pygmäen.

Als Archibald mit der Sorgfalt, mit der er Fliegen von einer schlafenden Venus wischt, sich ausgestreckt und den dreizehnten Platz gewonnen hatte,

hatte er dieses Gefühl völlig im Griff. Und als er zum fünfzehnten Abschlag ging, nachdem er den vierzehnten gewonnen hatte, hatte er das Gefühl, dass dies das Leben war, dass er bis jetzt nur ein Weichtier gewesen war .

In diesem Moment schaute er zufällig auf die Uhr und der Anblick war wie eine Dusche mit kaltem Wasser. Die Zeiger standen auf fünf Minuten vor eins.

Lassen Sie uns eine Weile innehalten und über diesen Punkt nachdenken. Wir sollten es nicht so abtun, als handele es sich um eine bloß triviale, alltägliche Schwierigkeit. Sie, lieber Leser, spielen ein genaues, wissenschaftliches Spiel und schlagen Ihren Gegner jedes Mal mit Leichtigkeit, wenn Sie die Links betätigen, und ich auch; aber Archibald war nicht wie wir. Dies war das erste Mal, dass er das Gefühl hatte, gut genug zu spielen, um eine Chance zu haben, einen wirklich guten Mann zu besiegen. Zwar hatte er McCay , Sigsbee und Butler in den früheren Runden geschlagen; aber im Vergleich zu Gossett waren sie unwürdige Rivalen. Gossett zu besiegen bedeutete jedoch die Meisterschaft. Andererseits widmete er sich leidenschaftlich Margaret Milsom, die er um Punkt eins am Ende der Promenade treffen sollte. Es war jetzt fünf Minuten vor eins, und das Ende der Promenade war noch eine Meile entfernt.

Der mentale Kampf war kurz, aber heftig. Ein scharfer Stich, und er hatte sich entschieden. Er muss, koste es, was es wolle, auf den Links bleiben. Wenn Margaret die Verlobung auflöste – nun, es könnte sein, dass die Zeit die Wunde heilen würde und dass er nach vielen Jahren ein anderes Mädchen finden würde, um das er sich auf eine zerstörte, gebrochene Art und Weise kümmern würde. Aber eine solche Chance könnte nie wieder kommen. Was ist Liebe im Vergleich dazu, sich vor dem Gegner auszutoben?

Die Aufregung war nun so groß, dass ein kleiner Junge, der der Menge folgte, seinen Kaugummi schluckte; denn in Gossetts Spiel war eine leichte Verbesserung erkennbar, und eine leichte Verbesserung im Spiel fast aller führte dazu, dass es dem von Archibald weit überlegen war. Am nächsten Loch war die Verbesserung nicht deutlich genug, um ihre volle Wirkung zu entfalten, und Archibald gelang es, sie zu halbieren. Damit hatte er zwei Punkte Vorsprung und drei Punkte waren noch übrig. Was der durchschnittliche Golfer als souveränen Vorsprung bezeichnen würde. Aber Archibald war kein durchschnittlicher Golfer. Ein souveräner Vorsprung für ihn wäre zwei Vorsprung und eins zu spielen gewesen.

Um dem Publikum sein Bestes zu geben, sollte Ihr Golfer einen kühlen Kopf und konzentriert auf das Spiel haben. Da Gossett sich über die Telegramme Sorgen machte, während Archibald, so sehr er sich auch bemühte, sie abzutun, von der Vision heimgesucht wurde, wie Margaret allein und verlassen auf der Promenade stand, geriet das Spiel sozusagen ins Stocken. Dank des guten Puttens schaffte Gossett das sechzehnte von zwölf Löchern, und als er mit dem Gewinn des siebzehnten von neun Löchern seinen Punktestand mit Archibalds erreichte, schien das Spiel vorbei zu sein. Aber gerade dann –

„ Herr Gossett!" sagte eine vertraute Stimme.

Wieder einmal war der ausdauernde Telegraphenjunge unter den Anwesenden.

„ Drei Zeit!" er beobachtete.

Gossett sprang, aber wieder war der wachsame Sigsbee zu schnell.

„Sei mutig, Gossett – sei mutig", sagte er. „Das ist eine Krise im Spiel." Behalten Sie die Nerven. Spielen Sie so, als gäbe es außerhalb der Links nichts. Diese Telegramme jetzt anzusehen wäre fatal.'

Augenzeugen dieser großartigen Begegnung werden bis zu ihrem Tod die Geschichte des letzten Lochs erzählen. Es war einer dieser Titanic-Kämpfe, die die Zeit nicht aus der Erinnerung verbannen kann. Archibald hatte das Glück, einen guten Start zu erwischen. Er verfehlte nur zweimal, bevor er seinen Ball auf dem Abschlag traf. Gossett hatte vier Schläge, bevor ihm das Kunststück gelang. Auch Archibalds Glück ließ ihn auf dem Weg zum Grün nicht im Stich. Er war nach elf Uhr aus dem Bunker.

Gossett tauchte erst nach sechzehn auf. Als Archibald schließlich mit seinem einundzwanzigsten Schlag den Ball ins Loch fallen ließ, hatte Gossett seinen dreißigsten gespielt.

Der Ball hatte kaum auf dem Boden des Lochs geruht, als Gossett begann, die Telegramme aus ihren Umschlägen zu reißen. Während er las, traten ihm die Augenhöhlen hervor.

„Keine schlechten Nachrichten, hoffe ich", sagte ein mitfühlender Zuschauer.

Sigsbee nahm den Stapel Telegramme entgegen.

Der erste lautete: „Viel Glück." Hoffe du gewinnst. McCay .' Auch auf dem zweiten stand: „Viel Glück." Hoffe du gewinnst. McCay .' Dasselbe geschah auf einzigartige Weise auch beim dritten, vierten, fünften, sechsten und siebten.

'Großartiger Scott!' sagte Sigsbee. „Er scheint sehr darauf bedacht gewesen zu sein, kein Risiko einzugehen, dich zu vermissen, Gossett."

Während er sprach, blickte Archibald, der dicht neben ihm stand, auf seine Uhr. Die Zeiger standen auf Viertel vor zwei.

Margaret und ihre Mutter saßen im Salon , als Archibald eintraf. Mrs. Milsom, die darauf hingewiesen hatte, dass Archibald seinen Termin nicht eingehalten hatte, hatte schon seit einiger Zeit „Ich habe es Ihnen gesagt" gesagt, und das hatte Margarets Laune nicht verbessert. Als daher Archibald, feucht und zerzaust , hereingeführt wurde, hätte ihm die Kälte in der Luft beinahe Erfrierungen zugefügt. Mrs. Milsom machte ihre berühmte Nachahmung der Gorgone, während Margaret, leicht summend, eine Wochenzeitung nahm und sich darin vertiefte.

„Margaret, lass es mich erklären", keuchte Archibald. Es wurde verstanden, dass Frau Milsom bemerkte, was sie zu sagen wagte. Margarets Aufmerksamkeit wurde von einem Modeschild gefesselt.

„Als ich heute Morgen mit dem Taxameter zur Fähre fuhr", fuhr Archibald fort, „hatte ich einen Unfall."

Dies war das Ergebnis ziemlich fieberhafter Gehirnarbeit auf dem Weg von den Verbindungen zur Hütte.

Die Zeitschrift fiel zu Boden.

„Oh, Archie, bist du verletzt?"

„Ein paar Kratzer, mehr nicht; aber dadurch habe ich meinen Zug verpasst.'

„Welchen Zug hast du genommen?" fragte Frau Milsom im Grab .

„Die ein Uhr. „Ich bin direkt vom Bahnhof hierher gekommen."

„Warum", sagte Margaret, „Stuyvesant kam mit dem Ein-Uhr-Zug nach Hause. Hast du ihn gesehen?'

Archibalds Kinnlade klappte leicht herunter.

„Ähm – nein", sagte er.

„Wie seltsam", sagte Margaret.

„Sehr neugierig", sagte Archibald.

„Sehr merkwürdig", sagte Frau Milsom.

Sie dachten immer noch über die Einzigartigkeit dieser Tatsache nach, als sich die Tür öffnete und der Sohn des Hauses persönlich eintrat.

„Ich dachte, ich würde dich hier finden, Mealing ", sagte er. „Das haben sie mir am Bahnhof gegeben, damit ich es dir geben kann; Du hast es heute Morgen fallen lassen, als du aus dem Zug gestiegen bist.'

Er reichte Archibald den fehlenden Beutel.

„Danke“, sagte dieser heiser. „Wenn Sie heute Morgen sagen, meinen Sie natürlich heute Nachmittag, aber trotzdem danke – danke – danke.“

„Nein, Archibald Mealing , er meint *nicht* heute Nachmittag“, sagte Frau Milsom. „Stuyvesant, sprich! Von welchem Zug aus hat dieser Mist gemacht – hat Mr Ist das Essen angezündet , als er den Tabakbeutel fallen ließ?'

„Um zehn Uhr“, sagte mir der Kerl. Er sagte, er hätte es ihm dann zurückgegeben, aber er sprintete in aller Eile davon.'

Sechs Augen richteten sich auf Archibald.

„Margaret“, sagte er, „ich werde nicht versuchen, dich zu täuschen –“

„Sie können es versuchen“, bemerkte Frau Milsom, „aber es wird Ihnen nicht gelingen.“

„Na, Archibald?“

Archibald befingerte seinen Kragen.

„Es gab keinen Taxameter-Unfall.“

'Ah!' sagte Frau Milsom.

„Tatsache ist, dass ich an einem Golfturnier teilgenommen habe.“

Margaret stieß einen überraschten Ausruf aus.

'Golf spielen!'

Archibald senkte mit männlicher Resignation den Kopf.

„Warum hast du es mir nicht gesagt? Warum haben Sie nicht über die Links ein Treffen mit uns vereinbart? Ich hätte es lieben sollen.'

Archibald war erstaunt.

„Interessieren Sie sich für Golf, Margaret? Du! Ich dachte, Sie verachten es und halten es für ein unintellektuelles Spiel. Ich dachte, du hältst alle Spiele für unintellektuell.'

„Na ja, ich spiele selbst Golf. Nicht sehr gut.'

„Margaret! Warum hast du es mir nicht gesagt?'

„Ich dachte, es würde dir vielleicht nicht gefallen.“ Du warst so spirituell, so poetisch. Ich fürchtete, du würdest mich verachten.'

Archibald trat einen Schritt vor. Seine Stimme war angespannt und zitternd.

„Margaret", sagte er, „dies ist keine Zeit für Missverständnisse." Wir müssen offen miteinander sein. Unser Glück steht auf dem Spiel. Sag mal ehrlich: Magst du Poesie wirklich?

Margaret zögerte, dann antwortete sie mutig:

„Nein, Archibald", sagte sie, „es ist so, wie Sie vermuten." Ich bin deiner nicht würdig. Ich mag *keine* Poesie. Ah, du Schauder! Du wendest dich ab! Dein Gesicht wird hart und verächtlich!'

'Ich tu nicht!' schrie Archibald. „Das tut es nicht! Es macht nichts dergleichen! Du hast mich zu einem anderen Mann gemacht!'

Sie starrte mit wilden Augen und erstaunt.

'Was! Meinst du etwa, dass auch du …"

„Ich sollte einfach sagen, dass ich es tue." Ich sage dir, ich hasse das scheußliche Zeug. Ich habe nur so getan, als würde es dir gefallen, weil ich dachte, dass es dir gefällt. Die Stunden, die ich damit verbracht habe, es zu lernen! Ich frage mich, ob ich kein Gehirnfieber habe.'

„Archie! Haben Sie es auch gelesen? Oh, wenn ich es nur gewusst hätte!'

„Und du verzeihst mir – heute Morgen, meine ich?"

'Natürlich. Man konnte ein Golfturnier nicht verlassen. Übrigens, wie ist es dir ergangen?'

Archibald hustete.

„Ganz gut", sagte er bescheiden. „Ganz anständig." Tatsächlich nicht schlecht. Tatsächlich habe ich die Meisterschaft gewonnen."

'Die Meisterschaft!' flüsterte Margaret. 'Von Amerika?'

„Nun, nicht *unbedingt* aus Amerika", sagte Archibald. „Aber trotzdem eine Meisterschaft."

'Mein Held.'

„Du wirst mich vermutlich eine Weile nicht wollen?" sagte Stuyvesant lässig. „Ich glaube, ich werde auf der Veranda eine Zigarette rauchen."

Und Schluchzen von der Treppe verrieten, dass Mrs. Milsom bereits auf dem Weg zu ihrem Zimmer war.

DER MANN, DIE MAGD UND DAS MIASMA

Obwohl es in dieser Geschichte hauptsächlich um den Mann und die Magd geht, ist sie von Miasmen so stark durchdrungen, dass ich mich berechtigt fühle, seinen Namen auf die Rechnungen zu setzen. Webster's Dictionary gibt die Bedeutung des Wortes „Miasma" als „eine in der Luft schwebende Infektion; ein tödliches Ausatmen'; und nach Meinung von Herrn Robert Ferguson, seinem verstorbenen Arbeitgeber, fasste diese Beschreibung, wenn auch vielleicht etwas zu schmeichelhaft, im Großen und Ganzen Meister Roland Bean ziemlich zufriedenstellend zusammen. Bis zum Vortag hatte er Herrn Ferguson als Beamter gedient; Aber Master Bean hatte etwas an sich, das es praktisch unmöglich machte, ihn für längere Zeit zu beschäftigen. Ein Syndikat aus Galahad, Parsifal und Marcus Aurelius hätte es vielleicht tun, aber für einen gewöhnlichen irrenden Mann, der sich bewusst war, dass Dinge getan wurden, die nicht hätten getan werden dürfen, und anderen ebenso zahlreichen Dingen, die nicht getan wurden, war er zu bedrückend. Ein Gewissen reicht für jeden Mann. Der Arbeitgeber von Master Bean musste vor zwei Uhr zusammenzucken. Niemand kann lange gegen einen Bürojungen bestehen, dessen Augen durch die goldgeränderte Brille mit stillem, respektvollem Tadel strahlen, dessen Verhalten das eines Heiligen mittleren Alters ist und der offensichtlich alle Bücher über „Plod" und „Pünktlichkeit" auswendig kennt und sein Leben ordnet nach ihren Geboten. Master Bean war eine wandelnde Ausgabe von *Stepping-Stones to Success*, *Millionaires who Have Never Smoked* und *Young Man, Get up Early* . Galahad, Parsifal und Marcus Aurelius wären, wie gesagt, in seiner Gegenwart vielleicht ruhig geblieben, aber Robert Ferguson fand den Vertrag zu groß. Nach einem Monat hatte er sich zusammengerafft und den Punctual Plodder entlassen.

Doch jetzt saß er in seinem Büro, lange nachdem der letzte Angestellte gegangen war, lange nach der Stunde, zu der er selbst zu gehen pflegte, und seine Gedanken waren voll von seinem verstorbenen Angestellten.

War das Reue? Sehnte er sich nach der Berührung der verschwundenen Hand, dem Glanz der verstorbenen Brille? Er war nicht. Seine Gedanken waren voll von Master Bean, denn Master Bean wartete im Vorzimmer auf ihn; und aus dem gleichen Grund blieb er auch nach getaner Arbeit an seinem Schreibtisch sitzen. Am Abend hatte man ihm mitgeteilt, dass Master Roland Bean ihn gerne sehen würde. Die Antwort darauf war einfach: „Sagen Sie ihm, dass ich beschäftigt bin." Master Beans bewundernswert würdevolle Antwort war, dass er verstehe, wie groß der Druck von Mr. Fergusons Arbeit sei, und dass er warten würde, bis er auf freiem Fuß sei. Freiheit! Sprechen Sie von der Freiheit des Baumopossums, aber verwenden Sie das Wort nicht im Zusammenhang mit einem Mann, der in einem Büro eingesperrt ist und Roland Bean den einzigen Ausgang bewacht.

Herr Ferguson trat heftig gegen den Papierkorb. Die Ungerechtigkeit der Sache tat ihm weh. Ein entlassener Büroangestellter sollte entlassen bleiben. Er hatte nichts damit zu tun, noch einmal wie Banquos Geist aufzutauchen. Es ging nicht darum, das Spiel zu spielen.

Der Leser fragt sich vielleicht, was das Problem war – warum Mr. Ferguson nicht davonlaufen und seinen Feind brüsk erledigen konnte; aber dann hat der Leser Master Bean einen Monat lang nicht beschäftigt. Mr. Ferguson hatte es getan, und seine Nerven waren gebrochen.

Ein leichtes Husten drang durch die Tür zwischen den beiden Büros. Mr. Ferguson stand auf und schnappte sich seinen Hut. Vielleicht ein plötzlicher Ansturm – er schoss mit der angespannten Konzentration eines Menschen los, der sich auf den Erfrischungsraum an einem Bahnhof zubewegt, an dem der Zug drei Minuten hält.

'Guten Abend, mein Herr!' war das Blick-Hallo des Beobachters.

„Ah, Bean", sagte Mr. Ferguson und huschte schnell, „sind Sie immer noch hier? Ich dachte, du wärst gegangen. Ich fürchte, ich kann jetzt nicht aufhören. Ein anderes Mal-'

Er war fast fertig.

„Ich fürchte, Sir, dass Sie nicht herauskommen können", sagte Master Bean mitfühlend. „Das Gebäude ist verschlossen."

Männer, die von Kugeln getroffen wurden, sagen, das erste Gefühl sei lediglich eine Art dumpfer Schock. So war es auch bei Herrn Ferguson. Er blieb stehen und starrte.

„Der Portier schließt pünktlich um sieben Uhr die Tür, Sir." Es ist jetzt fast zwanzig Minuten nach der vollen Stunde.'

Mr. Fergusons Gehirn befand sich immer noch im betäubten Stadium.

„Schließt die Tür?" er sagte.

'Jawohl.'

„Wie kommen wir dann raus?"

„Ich fürchte, wir können nicht raus, Sir."

Herr Ferguson hat das verdaut.

„Ich bin nicht länger in Ihrer Anstellung, Sir“, sagte Master Bean respektvoll, „aber ich hoffe, dass Sie mir unter den gegebenen Umständen erlauben, über Nacht hier zu bleiben.“

'Während der Nacht!'

„Dadurch könnte ich bequemer schlafen als auf der Treppe.“

„Aber wir können nicht die ganze Nacht hier bleiben“, sagte Mr. Ferguson schwach.

Er hatte mit unangenehmen fünf Minuten in Master Beans Gesellschaft gerechnet. Bei dem Gedanken an unangenehme dreizehn Stunden schwankte meine Fantasie.

Er ließ sich auf einen Stuhl fallen.

„Ich habe angerufen“, sagte Master Bean und schob das triviale Thema der bevorstehenden Mahnwache zurück, „in der Hoffnung, dass ich Sie, Sir, überreden könnte, Ihre Entscheidung bezüglich meiner Entlassung noch einmal zu überdenken.“ Ich kann Ihnen versichern, Sir, dass ich äußerst darauf bedacht bin, Ihnen Zufriedenheit zu verschaffen. Wenn Sie mich zurücknehmen und mir mitteilen würden, dass ich zu kurz gekommen bin, würde ich versuchen, mich zu verbessern, ich —“

„Wir können nicht die ganze Nacht hier bleiben“, unterbrach Mr. Ferguson, sprang von seinem Stuhl auf und begann auf und ab zu gehen.

„Ohne Anmaßung, Sir, ich glaube, wenn Sie mir noch eine Chance geben würden, würde ich zu Ihrer Zufriedenheit arbeiten. Ich sollte mich bemühen —“

Mr. Ferguson starrte ihn voller Entsetzen an. Er hatte für einen Moment die Vision einer schlaflosen Nacht, die er damit verbracht hatte, einer schön ausgefeilten Rede der Verteidigung zu lauschen . Ihn überkam ein wahnsinniges Fluchtbedürfnis. Er konnte das Gebäude nicht verlassen, aber er musste irgendwohin gehen und nachdenken.

Er rannte aus dem Zimmer und rannte die dunkle Treppe hinauf. Und als er im nächsten Stockwerk ankam, fiel sein Blick auf einen dünnen Lichtstrahl, der von einer Tür auf der linken Seite ausging.

Kein Schiffbrüchiger auf einer einsamen Insel hätte das Erscheinen eines Segels mit größerer Begeisterung begrüßen können. Er sprang zur Tür. Er wusste, wem das Zimmer gehörte. Es war das Büro eines gewissen Blaythwayt ; und Blaythwayt war nicht nur ein Bekannter, sondern auch ein Sportler. Möglicherweise hat Blaythwayt ein Kartenspiel bei sich, das ihm dabei helfen könnte, die langen Stunden zu überbrücken. Und wenn nicht, wäre er zumindest Gesellschaft und sein Büro ein Zufluchtsort. Er öffnete die Tür, ohne anzuklopfen. Etikette ist nichts für Gestrandete.

„Ich sage, Blaythwayt –", begann er und brach abrupt ab.

Die einzige Bewohnerin des Zimmers war ein Mädchen.

„Ich bitte um Verzeihung", sagte er, „ich dachte –"

Er blieb wieder stehen. Seine vom Licht geblendeten Augen hatten nicht klar gesehen. Das haben sie jetzt getan.

'Du!' er weinte.

Das Mädchen sah ihn erst überrascht, dann kühl feindselig an. Es entstand eine lange Pause. Achtzehn Monate waren vergangen, seit sie sich getrennt hatten, und nach achtzehn Monaten des Schweigens kommt das Gespräch nicht mehr so gut voran, besonders wenn der Abschied bitter und stürmisch war.

Er war der Erste, der sprach.

'Was machst du hier?' er sagte.

„Ich dachte, meine Taten hätten aufgehört, dich zu interessieren", sagte sie. „Ich bin Mr Blaythwayts Sekretärin, ich bin seit zwei Wochen hier. Ich habe mich gefragt, ob wir uns treffen sollten. „Ich habe dich manchmal auf der Straße gesehen."

'Ich habe dich noch nie gesehen.'

'NEIN?' sagte sie gleichgültig.

Benommen fuhr er sich mit der Hand durchs Haar.

„Wissen Sie, dass wir eingesperrt sind?" er sagte.

Er hatte große Überraschung und Bestürzung erwartet. Sie schnalzte lediglich genervt mit der Zunge.

'Wieder!' Sie sagte. 'Was für ein Ärgernis! Ich wurde erst vor einer Woche eingesperrt.'

Er blickte sie mit unfreiwilligem Respekt an, dem Respekt eines Neulings vor einem Veteranen. Sie bedeutete ihm jetzt natürlich nichts mehr. Sie war aus seinem Leben verschwunden. Aber er konnte nicht umhin, sich daran zu erinnern, dass das, was er vor langer Zeit – vor achtzehn Monaten – am meisten an ihr bewundert hatte, derselbe Geist war, diese spielerische Weigerung, sich von den Schlägen des Schicksals stören zu lassen. Es hat ihn gestärkt.

Er setzte sich und sah sie neugierig an.

„ Du hast also die Bühne verlassen?" er sagte.

„Ich dachte, wir hätten uns beim Abschied darauf geeinigt, nicht miteinander zu sprechen", sagte sie kalt.

'Haben wir? Ich dachte, es ginge nur darum, sich als Fremde zu treffen.'

'Das ist gleich.'

'Ist es? „Ich rede oft mit Fremden."

„Was für eine Langeweile müssen sie von dir halten!" sagte sie und verbarg ein Achtel eines Gähnens mit den Spitzen zweier Finger. „Ich nehme an", fuhr sie mit leichtem Interesse fort, „reden Sie mit ihnen in Zügen, wenn sie versuchen, ihre Zeitung zu lesen?"

„Ich zwinge niemandem mein Gespräch auf."

„Nicht wahr?" sagte sie und zog in süßer Überraschung die Augenbrauen hoch. „Nur Ihr Unternehmen – ist es das?"

„Spielen Sie auf den gegenwärtigen Anlass an?"

„Nun, ich glaube, Sie haben in diesem Gebäude ein eigenes Büro."

'Ich habe.'

'Warum dann-'

„Es steht mir völlig frei", sagte er würdevoll, „wenn ich möchte, im Büro meines Freundes Blaythwayt zu sitzen ." Ich möchte Herrn sehen Blaythwayt .'

'Im Geschäft?'

Er bewies, dass sie mit hochgezogenen Augenbrauen keinen Winkel eingelegt hatte.

„Ich fürchte", sagte er, „dass ich meine Angelegenheiten nicht mit Herrn besprechen kann." Blaythwayts Mitarbeiter. Ich muss ihn persönlich sehen.'

' Herr Blaythwayt ist nicht hier.'

'Ich werde warten.'

„Er wird erst in dreizehn Stunden hier sein."

Ich werde warten.'

„Sehr gut", platzte sie heraus; „Du hast es dir selbst zuzuschreiben." Du bist selbst schuld. „Wenn Sie brav gewesen wären und in Ihr Büro zurückgekehrt wären, hätte ich Ihnen etwas Kuchen und Kakao mitgebracht."

„Kuchen und Kakao!" sagte er hochnäsig.

„Ja, Kuchen und Kakao", blaffte sie. „Es ist ja schön und gut, wenn du jetzt die Nase rümpfst, aber warte. Sie haben davon dreizehn Stunden vor sich. Ich weiß was es ist. Als ich das letzte Mal hier übernachten musste, konnte ich stundenlang nicht einschlafen, und als ich endlich einschlafen konnte, träumte ich, dass ich Schokoladen- *Eclairs* rund um den Trafalgar Square jagte . Und ich habe sie auch nie gefangen. Lange bevor die Nacht zu Ende war, hätte ich auch nur für einen trockenen Keks *alles gegeben*. Ich habe beschlossen, immer etwas hier aufzubewahren, für den Fall, dass ich jemals wieder eingesperrt werde – ja, lächle. Das solltest du besser tun, solange du kannst.'

Er lächelte, aber matt. Niemand außer einem professionellen Fastenden hätte ungerührt in das Inferno blicken können, das sie sich vorgestellt hatte. Dann sammelte er sich.

'Kuchen!' sagte er verächtlich.

Sie nickte grimmig.

'Kakao!'

Wieder dieses Nicken, unbeschreiblich unheimlich.

„Ich fürchte, das interessiert mich auch nicht", sagte er.

„Wenn Sie mich entschuldigen würden", sagte sie gleichgültig, „ich habe eine kleine Arbeit, die ich erledigen muss."

Sie wandte sich ihrem Schreibtisch zu und überließ ihn seinen Gedanken. Sie waren nicht berauschend. Er hatte eine mutige Fassade bewahrt, aber innerlich zitterte er. Auf dem Land aufgewachsen, hatte er schon in jungen Jahren einen guten, gesunden Appetit entwickelt. Einmal, kurz nach seiner Ankunft in London, hatte er sich von einem gefährlichen Fanatiker einreden lassen, dass das Geheimnis der Gesundheit darin bestehe, auf Frühstück zu verzichten.

Sein Mittagessen an diesem Tag hatte ihn acht Schilling gekostet, und nur eine angemessene Schande hatte die Summe so niedrig halten können. Er wusste genau, dass seine ganze Seele noch vor Tagesanbruch nach Kuchen schreien und hektisch nach Kakao schreien würde. Wäre es nicht besser – nein, tausendmal nein! Tod, aber keine Kapitulation. Seine Selbstachtung stand auf dem Spiel. Rückblickend erkannte er, dass seine gesamte Beziehung zu diesem Mädchen eine Reihe von Willenskämpfen gewesen war. Obwohl er bisher sicherlich nicht gewonnen hatte, war er noch nicht besiegt worden. Er darf jetzt nicht besiegt werden.

Er schlug die Beine übereinander und sang eine fröhliche Melodie vor sich hin.

„Wenn es Ihnen nichts ausmacht", sagte das Mädchen und blickte auf.

'Wie bitte?'

„Dein Stöhnen unterbricht meine Arbeit."

„Ich habe nicht gestöhnt. Ich habe gesungen.'

'Oh es tut mir leid!'

'Gar nicht.'

Acht Takte ruhen.

Mr. Ferguson, dem der Trost des Liedes fehlte, füllte die Zeit aus, indem er auf die Hinterhaare des Arbeiters blickte. Es setzte einen Gedankengang in Gang – einen Expresszug in Richtung des Landes von gestern. Es erinnerte an Tage im Wald, Abende auf dem Rasen. Es erinnerte an Sonnenschein – Sturm. Viel Sturm. Kleinere Stürme, die scheinbar ohne Grund aus heiterem Himmel hervorbrachen, und der große Schlusstornado. Dafür gab es genug Anlass. Warum, sinnierte Mr. Ferguson, war es so, dass jedes Mädchen in jeder Landstadt in jeder Grafschaft Englands, das jemals gut genug rezitiert hatte: „Die Ausgangssperre soll heute Nacht nicht läuten", um dem Lynchmord durch ein ländliches Publikum zu entgehen, von dem Wunsch erfasst wurde, zu kommen nach London und auf die Bühne gehen?

Er seufzte.

„Bitte schnauben Sie nicht", sagte eine kalte Stimme hinter dem Hinterhaar.

Im Land von gestern kam es zu einem Zugunglück. Mr. Ferguson, der einzige Überlebende, humpelte zurück in die Gegenwart.

Die Gegenwart hatte wenig Charme, war aber immerhin besser als die kuchenlose Zukunft. Er richtete seine Gedanken darauf. Er fragte sich, wie Master Bean sich die Zeit vertrieb. Wahrscheinlich mache ich Atemübungen oder lese einen Taschenaristoteles. Das Mädchen schob ihren Stuhl zurück und stand auf.

Sie ging zu einem kleinen Schrank in der Ecke des Zimmers und holte daraus in Raten alles heraus, was man für die Herstellung von Kuchen und Kakao brauchte. Sie sprach nicht. Plötzlich entstand ein Geruch , der den Raum erfüllte ; und als es ihn erreichte, versteifte sich Mr. Ferguson in seinem

Stuhl und bereitete sich auf einen Kampf auf Leben und Tod vor. Es war mehr als ein Geruch . Es war die Seele des Kakaos, die zu ihm sang. Seine Finger umklammerten die Armlehnen des Stuhls. Das war der Test.

Das Mädchen trennte ein Stück Kuchen vom Mutterkörper. Sie erregte seinen Blick.

„Du solltest besser gehen", sagte sie. „Wenn du jetzt gehst , ist es durchaus möglich, dass ich es tue – aber ich habe es vergessen, du magst keinen Kakao."

„Nein", sagte er entschieden, „das tue ich nicht."

Sie schien jetzt in Gesprächslaune zu sein.

„Ich frage mich, warum du überhaupt hierher gekommen bist", sagte sie.

„Es gibt keinen Grund, warum Sie es nicht wissen sollten. Ich bin hierher gekommen, weil mein verstorbener Bürojunge unten ist.'

„Warum sollte dich das hochschicken?"

„Du hast ihn noch nie getroffen, sonst hättest du nicht gefragt. Mussten Sie schon einmal jemandem gegenüberstehen, der einfach die Inkarnation von Heiligkeit und Missbilligung verkörpert, der … "

„Vergessen Sie, dass ich mehrere Wochen mit Ihnen verlobt war?"

Er war zu erschrocken, um verletzt zu sein. Die Vorstellung von sich selbst als Roland Bean war zu neu, um sie sofort zu verinnerlichen. Es rief nach Meditation.

„War ich so?" sagte er schließlich fast bescheiden.

„Du weißt, dass du es warst. Oh, ich denke nicht nur an deine Ansichten auf der Bühne! Es war alles. Was auch immer ich getan habe, du warst da, um es zu missbilligen, wie eine – wie eine – wie eine Tante", schloss sie triumphierend. „Du warst zu gut für alles." Wenn du nur einmal etwas falsch gemacht hättest. Ich glaube, ich hätte – Aber du konntest nicht. Du bist einfach perfekt.'

Ein Mann wird unter vielen Anschuldigungen kühl und gelassen bleiben. Wenn Sie andeuten, dass sein Geschmack kriminell ist, wird er mit den Schultern zucken. Aber beschuldige ihn der Güte, und du weckt den Löwen.

Mr. Fergusons Stirn verdunkelte sich.

„Tatsächlich", sagte er hochmütig, „hätte ich heute Abend mit einer Sängerin zu Abend essen sollen."

„Wie entsetzlich!" sagte sie träge.

Sie nippte an ihrem Kakao.

„Ich nehme an, dass Sie das für sehr schrecklich halten?" Sie sagte.

„Für einen Anfänger."

Sie zerbröckelte ihren Kuchen. Plötzlich blickte sie auf.

'Wer ist sie?' sie forderte heftig.

'Wie bitte?' sagte er und erwachte aus einer angenehmen Träumerei.

'Wer ist dieses Mädchen?'

„Sie – äh – ihr Name – ihr Name ist Marie – Marie Templeton."

Sie schien einen Moment nachzudenken.

„Diese liebe alte Dame?" Sie sagte.' Ich kenne sie ganz gut.'

'Was!'

„Mutter" nannten wir sie früher. Kennen Sie ihren Sohn?'

'Ihr Sohn?'

„Ein ziemlich gutaussehender Mann. Er spielt schwere Rollen auf Tour. Er ist verheiratet und hat zwei der süßesten Kinder. Ihre Großmutter ist ihnen ergeben. Hat sie Ihnen gegenüber nie etwas davon erwähnt?'

Sie schenkte sich eine weitere Tasse Kakao ein. Das Gespräch versiegte erneut.

„Ich nehme an, du magst sie sehr?" sagte sie schließlich.

„Ich bin ihr ergeben." Er stoppte. „Liebes kleines Ding!" er fügte hinzu.

Sie stand auf und ging zur Tür. In ihren Augen lag ein böser Glanz.

„Du gehst nicht?" er sagte.

„Ich bin gleich zurück. Ich bringe einfach deinen armen kleinen Bürojungen hierher. Er muss dich vermissen.'

Er sprang auf, aber sie war gegangen. Als er sich über das Geländer beugte, hörte er, wie sich unten eine Tür öffnete, dann ein kurzes Gespräch und schließlich Schritte, die die Treppe hinaufstiegen.

Auf dem Treppenabsatz war es stockfinster. Er trat beiseite und sie gingen vorbei, ohne ihn zu sehen. Master Bean sprach locker über Kakao, die Verfahren, mit denen er hergestellt wurde, und die bemerkenswerten

Entfernungen, die die Eingeborenen Mexikos damit als einzige Nahrung zurückgelegt hatten. Die Tür öffnete sich und durchflutete den Flur mit Licht, und Mr. Ferguson, der aus dem Hinterhalt trat, begann die Treppe hinunterzusteigen.

Das Mädchen kam zum Geländer.

„ Herr Ferguson!"

Er hörte auf.

„Wolltest du mich?" er hat gefragt.

„Gehst du zurück in dein Büro?"

'Ich bin. Ich hoffe, Sie werden Beans Gesellschaft genießen. „Er verfügt über einen Fundus an nützlichen Informationen zu allen Themen."

Er ging weiter. Nach einer Weile kehrte sie ins Zimmer zurück und schloss die Tür.

Herr Ferguson ging in sein Büro und setzte sich.

Es war einmal ein Mensch namens Simeon Stylites, der sich auf die Spitze einer Säule stellte und dort dreißig Jahre lang blieb, ohne weitere Verpflichtungen zu haben. Herr Ferguson, der Tennysons Gedicht zu diesem Thema gelesen hatte, hatte dies bis heute Abend für eine ziemlich gute Sache gehalten. Lesen Sie die Zeilen:

... dreimal zehn Jahre,
dreimal vervielfacht durch übermenschliche Schmerzen,
in Hunger und Durst, Fieber und Erkältungen,
in Husten, Schmerzen, Stichen, Magengeschwüren und Krämpfen, ...
Geduldig auf dieser hohen Säule habe ich getragen.
Regen, Wind, Frost, Hitze, Hagel, Feuchtigkeit und Graupel und Schnee,

Er hatte sozusagen ungefähr geglaubt, dass Simeon sich nicht wohl gefühlt hatte. Er hatte Mitleid mit ihm. Aber jetzt, als er in seinem Bürostuhl saß, begann er sich zu fragen, warum der Mann so viel Aufhebens gemacht hatte. Er vermutete, dass er eine Berührung der weißen Feder in sich gehabt hatte. Es war nicht so, als hätte er nichts gegessen. Er sprach von „Hunger und Durst", aber er musste etwas gegessen haben, sonst hätte er nicht durchhalten können. Wenn die Wahrheit bekannt wäre, gab es höchstwahrscheinlich jemanden von unten, der ihm regelmäßige Vorräte an Kuchen und Kakao reichte.

Er begann, Simeon als einen überbewerteten Amateur zu betrachten.

Der Schlaf weigerte sich, zu ihm zu kommen. Es reichte bis zu seinen Füßen, aber nicht weiter. Er stand auf und stampfte, um den Kreislauf wiederherzustellen.

An diesem Punkt verurteilte er Simeon Stylites definitiv als sybaritischen Betrüger.

Wenn dies eine dieser realistischen zolaesken Geschichten wäre, würde ich den Riss im Hintergrund so beschreiben – aber beeilen wir uns.

Ungefähr sechs Stunden später – er hatte keine Uhr, aber die Anzahl der Schmerzen, Stiche und Krämpfe, die er erlebt hatte, ließen sich unmöglich auf einen kürzeren Zeitraum zusammenfassen – brach sein männlicher Geist zusammen. Verurteilen wir ihn nicht zu hart. Das Mädchen oben hatte ihm das Herz gebrochen, sein Leben ruiniert und ihn praktisch mit Roland Bean verglichen, und sein Stolz hätte eine unüberwindliche Mauer zwischen ihnen errichten sollen, aber – sie hatte Kuchen und Kakao. Unter ähnlichen Umständen wäre König Artus vor Guinevere gekrochen .

Er stürzte zur Tür und riss sie auf. Aus der Dunkelheit draußen ertönte ein erschrockener Ausruf.

„Ich hoffe, ich habe dich nicht gestört", sagte eine sanfte Stimme.

Herr Ferguson antwortete nicht. Seine zuckenden Nasenlöcher saugten einen vertrauten Duft ein.

'Hast du geschlafen? Darf ich rein kommen? „Ich habe dir etwas Kuchen und Kakao mitgebracht."

Schweigend nahm er die reichen Geschenke von ihr entgegen. Es gibt Momente im Leben eines Mannes, die zu heilig sind, um sie in Worte zu fassen. Das Wunder dieser Sache hatte ihn verblüfft. Einen Augenblick zuvor hatte er nur die verzweifelte Hoffnung gehabt, ihr diese unschätzbaren Dinge auf Kosten all seiner Würde und Selbstachtung zu entreißen. Er war darauf vorbereitet, sie durch einen Schauer bissiger Sticheleien und einen Schneesturm messerscharfer „Ich habe es dir doch gesagt" zu sichern. Und doch war er hier, trank den Becher leer und war immer noch in der Lage, seinen Kopf hochzuhalten, der Welt ins Gesicht zu sehen und sich selbst einen Mann zu nennen.

Sein scharfes Auge entdeckte einen Krümel auf seinem Mantelärmel. Nachdem er dies abgerufen und verzehrt hatte, wandte er sich ihr zu und suchte nach einer Erklärung.

Sie wurde verändert. Der Kampfglanz war aus ihren Augen verschwunden. Sie schien verängstigt und niedergeschlagen zu sein. Ihr

Verhalten war von einer Sehnsucht nach Trost und Schutz geprägt. „Dieser schreckliche Junge!" sie atmete.

'Bohne?' sagte Herr Ferguson und nahm einen Krümel vom Teppich.

„Er ist schrecklich."

„Ich dachte, du wirst vielleicht ein bisschen müde von ihm!" Was hat er gemacht?'

„Reden. Ich fühle mich angeschlagen. Er ist wie eine dieser schrecklichen Enzyklopädien, die beim Öffnen sofort ein dumpfes, bleiernes Gefühl im Kopf auslösen. Wissen Sie, wie viele Tonnen Wasser jedes Jahr über die Niagarafälle fließen?

'NEIN.'

'Er tut.'

„Ich habe Ihnen gesagt, dass er über einen Fundus an nützlichen Informationen verfügt. Die Bücher „Purpose" und „Tenacity" bestehen darauf. So erregen Sie die Aufmerksamkeit Ihres Arbeitgebers. Eines Morgens möchte der Chef plötzlich wissen, wie viele Rosshaarsofas es in Brixton gibt, wie viele Nadeln von der London Bridge bis nach Waterloo reichen würden. Du sagst es ihm und er nimmt dich in eine Partnerschaft auf. Später wirst du Millionär. Aber ich habe dir nicht für den Kakao gedankt. Es war gut.'

Er wartete auf die Erwiderung, aber sie kam nicht. Eine freudige Verwunderung erfüllte ihn. Konnten diese Dinge wirklich so sein?

„Und es ist nicht nur das, was er sagt", fuhr sie fort. „Ich weiß jetzt, was du über ihn meinst. Es ist seine anklagende Art."

„Ich habe versucht, es auf diese Weise zu analysieren . Ich glaube, es liegt an der Brille.'

„Es ist schrecklich, wenn er dich ansieht; Du denkst an all die falschen Dinge, die du jemals getan hast oder jemals tun wolltest.'

„Hat er diese Wirkung auf dich?" sagte er aufgeregt. „Na ja, das beschreibt genau, was ich fühle."

Die Verwandtschaft blickte einander an.

Sie war die Erste, die sprach.

„Wir dachten doch in den meisten Dingen immer gleich, nicht wahr?" Sie sagte.

„ Natürlich haben wir das gemacht."

Er schob seinen Stuhl nach vorne.

„Es war alles meine Schuld“, sagte er. „Ich meine, was ist passiert.“

„Das war es nicht. Es-'

'Ja, war es. Ich möchte dir etwas sagen. Ich weiß nicht, ob es jetzt einen Unterschied machen wird, aber ich möchte, dass Sie es wissen. Es ist das. Ich habe mich seit meiner Ankunft in London stark verändert. Zum Besseren, denke ich. Ich bin immer noch ein ziemlich dürftiges Exemplar, aber zumindest kann ich mir nicht vorstellen, dass ich das Leben mit einem Zollstock messen kann. Ich beurteile die Welt nicht mehr nach den Maßstäben einer Landstadt. London hat mich um einiges gebracht. Ich glaube nicht, dass Sie mich mehr als Bohnentyp finden würden. Ich missbillige andere Menschen mittlerweile nicht mehr so sehr. Nicht als Gewohnheit. Ich finde, dass ich genug zu tun habe, um auf dem Laufenden zu bleiben.'

„Ich möchte dir auch etwas sagen“, sagte sie. „Ich gehe davon aus, dass es zu spät ist, aber egal. Ich möchte, dass du es hörst. Auch ich habe mich verändert, seit ich nach London gekommen bin. Früher dachte ich, das Universum sei nur erfunden worden, um zuzusehen und seinen Hut zu schwenken, während ich großartige Dinge tat. London hat ein großes Stück kaltes Eis auf meinen Kopf gelegt und die Schwellung ist zurückgegangen. Ich bin nicht mehr das Mädchen mit Ambitionen. Ich möchte einfach weiter beschäftigt bleiben und keine allzu schlechte Zeit haben, wenn die Arbeit des Tages vorbei ist.“

Er kam zu ihr herüber.

„ Wir sagten, wir würden uns als Fremde treffen, und das tun wir auch.“ Wir haben uns nie gekannt. Meinen Sie nicht, wir sollten uns besser kennenlernen?' er sagte.

Es ertönte ein respektvolles Klopfen an der Tür.

'Komm herein?' schnappte Mr. Ferguson. 'Also?' Hinter der goldgeränderten Brille von Master Bean leuchtete ein sanfterer Blick als sonst, ein eher selbstgefälliger als missbilligender Blick.

„Ich muss mich entschuldigen, Sir, dass ich Sie gestört habe. Ich bin nicht mehr in Ihrer Anstellung, aber ich hoffe, dass Sie mir unter den gegebenen Umständen verzeihen, dass ich Ihr Privatbüro betrete. Als ich gerade über unsere Situation nachdachte, kam mir eine Idee, die uns, glaube ich, das Verlassen des Gebäudes ermöglichen könnte.'

'Was!'

„Mir kam der Gedanke, Sir, dass ich durch einen Anruf bei der nächsten Polizeistation ...“

'Du lieber Himmel!' rief Herr Ferguson.

Zwei Minuten später legte er den Hörer wieder auf.

„Es ist alles in Ordnung“, sagte er. „Ich habe ihnen das Problem klar gemacht. Sie bringen eine Leiter mit. Ich frage mich, wie spät es ist? Es muss ungefähr vier Uhr morgens sein.'

Master Bean stellte eine Waterbury-Uhr her.

„Es ist fast genau halb zehn, Sir.“

'Halb elf! Wir müssen länger als drei Stunden hier gewesen sein. „Deine Uhr ist falsch.“

„Nein, Sir, ich achte sehr darauf, dass es genau richtig bleibt.“ Ich möchte nicht das Risiko eingehen, unpünktlich zu sein.'

'Halb elf!' rief Herr Ferguson. „Na ja, wir haben jede Menge Zeit, um im Savoy zum Abendessen vorbeizuschauen. Das ist toll. Ich rufe sie an, um einen Tisch zu reservieren.'

'Abendessen! Ich dachte-'

Sie stoppte.

'Was ist das? Dachte was?'

„Hatten Sie nicht eine Verabredung zum Abendessen?“

Er starrte sie an.

„Was hat dich auf diese Idee gebracht? Natürlich nicht.'

„Ich dachte, Sie sagten, Sie würden Miss Templeton mitnehmen ...“

„Miss Temp – Oh!“ Sein Gesicht klärte sich. „Oh, so einen Menschen gibt es nicht.“ Ich habe sie erfunden. Das musste ich tun, als du mich beschuldigt hast, wie unser Freund, das Miasma, zu sein. Legitime Selbstverteidigung .'

„Ich möchte Sie nicht unterbrechen, Sir, wenn Sie beschäftigt sind“, sagte Master Bean, „aber –“

„Kommen Sie morgen früh zu mir“, sagte Mr. Ferguson.

„Bob", sagte das Mädchen, als die ersten drohenden Gemurmel des Orchesters einen bevorstehenden Melodiensturm ankündigten, „was werden wir tun, wenn dieser Junge morgen kommt?"

„Rufen Sie die Polizei."

„Nein, aber du musst etwas tun. „Ohne ihn hätten wir nicht hier sein sollen."

'Das ist richtig!' Er überlegte. 'Ich habe es; Ich werde ihm einen Job bei Raikes und Courtenay besorgen.'

„Warum Raikes und Courtenay?"

„Weil ich eine Anziehungskraft auf sie habe." Aber hauptsächlich", sagte Mr. Ferguson mit einem teuflischen Grinsen, „weil sie in Edinburgh leben, das, wie Sie zweifellos wissen, sehr, sehr weit von London entfernt ist."

Er beugte sich über den Tisch.

„Ist das nicht wie in alten Zeiten?" er sagte. „Erinnerst du dich an das erste Mal, dass ich …"

In diesem Moment brach das Orchester aus.

DER GUTE ENGEL

JEDER Mann unter dreißig Jahren, der Ihnen sagt, dass er keine Angst vor einem englischen Butler hat, lügt. Er darf seine Angst nicht zeigen. Äußerlich mag er mutig sein – sogar aggressiv, vielleicht so sehr, dass er den großen Mann „Hier!" ruft. oder „Hallo!" Aber in seinem Herzen zittert er, als er diesem kalten, blauen, nach innen gerichteten Auge begegnet.

Die Wirkung, die Keggs , der Butler bei den Keiths , auf Martin Rossiter hatte, bestand darin, ihm das Gefühl zu geben, als wäre er beim Lachen in einer Kathedrale erwischt worden. Er kämpfte gegen das Gefühl. Er fragte sich überhaupt, wer Keggs war; und antwortete trotzig, dass Keggs ein Knecht sei – und zwar ein überfütterter Knecht. Aber er wusste die ganze Zeit, dass Logik nutzlos war.

Als die Keiths ihn in ihr Landhaus eingeladen hatten, war er begeistert gewesen. Sie gehörten zu seinen ältesten Freunden. Er mochte Mr. Keith. Er mochte Mrs. Keith. Er liebte Elsa Keith, und das schon seit seiner Kindheit.

Aber es war schiefgegangen. Als er sich am Ende der ersten Woche aus seinem Schlafzimmerfenster lehnte und sich darauf vorbereitete, sich für das Abendessen umzuziehen, war er mehr als halb geneigt, sich irgendeine Ausrede auszudenken und am nächsten Tag gleich das Haus zu verlassen. Die milde Würde von Keggs hatte ihm das ganze Herz geraubt.

Es war auch nicht Keggs allein, der seine Gedanken in die Flucht getrieben hatte. Keggs war lediglich ein passives Übel, wie Zahnschmerzen oder ein regnerischer Tag. Was aktiv begonnen hatte, den Ort unmöglich zu machen, war ein vollkommen pestilenzialer junger Mann namens Barstowe .

Die Hausparty bei den Keiths war ursprünglich aus Martins Sicht nahezu ideal gewesen. Der Rest der Männer gehörte zu der Sorte sprachloser, schnurrbartzerrender Männer. Sie waren gekommen, um zu schießen, und sie haben geschossen. Wenn sie nicht gerade schossen, versammelten sie sich im Billardzimmer und widmeten ihren starken Verstand ausschließlich dem Snooker-Billard, sodass Martin ungestört mit Elsa reden konnte. Er hatte dies fünf Tage lang mit großer Zufriedenheit getan, als Aubrey Barstowe ankam. Frau Keith hatte in letzter Zeit eine Neigung zur Kultur entwickelt. In ihrem Stadthaus hätte eine Ladung Kleingeschosse, die an einem Donnerstagnachmittag in jede Richtung abgefeuert wurde, zwangsläufig einen Dichter, einen Romanautor oder einen Maler zur Strecke gebracht. Aubrey Barstowe , Autor von „*The Soul's Eclipse*"und anderen Gedichten, war ein fester Bestandteil der Menge. Als Jugendlicher mit einschmeichelnden Manieren hatte er Mrs. Keith von Anfang an angesprochen ; und leider hatte sich der Virus auf Elsa ausgeweitet. So mancher angenehmer, sonniger

Donnerstagnachmittag war für Martin vergiftet worden, als er Aubrey und Elsa mit gleichem Temperament zusammen auf einem entfernten Sofa sah. Der Rest ist zu schmerzhaft. Es war eine Flucht. Der Dichter schoss nicht, so dass sein Rivale, als Martin eines Abends zurückkam, etwa fünf Stunden Seelengespräch und nur zwei Stunden Spielzeit hatte. Und diese beiden Stunden nach dem Abendessen, die einst die Stunden gewesen waren, für die Martin gelebt hatte, waren reine Folter.

Er war so in seine Gedanken vertieft, dass das erste Anzeichen, das er spürte, dass er nicht allein im Raum war, ein vornehmes Husten war. Hinter ihm stand Keggs , eine kleine Dose in der Hand .

„Ihr habt kein Wasser, Sir", sagte der Butler streng, aber nicht unfreundlich.

Keggs war ein Mann – man muss dieses Wort verwenden, obwohl es völlig unangemessen erscheint – von mittlerer Größe, am Ansatz taubenzehig, auf halber Höhe rundlich und am Scheitel kahl. Sein Verhalten war zurückhaltend und würdevoll, seine Stimme sanft und ernst.

Aber es war sein Auge, das Martin zum Schweigen brachte. Dieses kalte, blaue Auge, in dem die Herzöge mich wie einen älteren Bruder behandelt haben.

Er befestigte es nun an sich, wie er hinzufügte, und stellte die Dose auf den Boden. „Es ist Fredericks Pflicht, aber heute Abend habe ich es hundertmal erledigt ."

Martin hatte keine Antwort. Er war benommen. Keggs hatte mit der stolzen Demut eines Kaisers gesprochen, der durch ein Unglück gezwungen wurde, seine Schuhe zu putzen.

„Könnte ich kurz mit Ihnen sprechen, Sir?"

„Ye-e-ss, ja", stammelte Martin. „Willst du nicht ein – ich meine, ja, auf jeden Fall."

„Es ist vielleicht eine Freiheit", begann Keggs . Er hielt inne und musterte Martin mit dem Blick, der auf den speisenden Herzögen geruht hatte.

„Überhaupt nicht", sagte Martin hastig.

„Ich würde gerne", fuhr Keggs fort und verneigte sich, „mit Ihnen über ein etwas intimes Thema sprechen – Miss Elsa."

Martins Augen und Mund öffneten sich langsam.

„Sie gehen den falschen Weg zur Arbeit, wenn Sie mir das sagen dürfen, Sir."

Martins Kinnlade klappte noch einen Zentimeter nach unten.

„Was –“

„Frauen, Sir“, fuhr Keggs fort , „junge Damen – sind eigenartig.“ Ich hatte, wenn ich das so sagen darf, gewisse Gelegenheiten , ihre Art zu beobachten. Miss Elsa erinnert mich in mancher Hinsicht an Lady Angelica Fendall , die ich kennen lernen durfte, als ich Butler ihres Vaters, Lord Stockleigh, war. Ihre gnädige Frau galt als romantisch. Sie liebte Poesie, genau wie Miss Elsa. Sie saß stundenlang da, Sir, und hörte dem jungen Mr. Knox zu, der Tennyson las, was nicht zu seinen Pflichten gehörte, da er von seiner Lordschaft angestellt war, Lord Bertie Latein und Griechisch und was auch immer zu unterrichten. Sie haben vielleicht bemerkt, Sir, dass junge Damen oft von Tennyson mitgenommen werden , besonders im Sommer. Herr Als ich gerade durchkam, las Barstowe Miss Elsa Tennyson vor. *„Die Prinzessin* , wenn ich mich nicht irre.“

„Ich weiß nicht, was das für ein Ding war“, stöhnte Martin. „Sie schien es zu genießen.“

„Lady Angelica war sehr süchtig nach *der Prinzessin* .“ Der junge Mr. Knox las ihr gerade Teile dieses Gedichts vor, als Seine Lordschaft darauf stieß. Am voreiligsten machte seine Lordschaft einen öffentlichen Fluch und schickte Mr. Knox am nächsten Tag weg. Es war nicht meine Aufgabe, freiwillig Ratschläge zu geben, aber ich hätte ihm sagen können, was passieren würde. Zwei Tage später reist Ihre Ladyschaft frühmorgens nach London, und sie trauen auf einem Standesamt. Deshalb sage ich, dass Sie den falschen Weg einschlagen, wenn Sie mit Miss Elsa zusammenarbeiten, Sir. Bei bestimmten Arten von übermütigen jungen Damen ist die Hoffnungshaltung nutzlos. Als Mr Barstowe las Miss Elsa bei dem Anlass vor, auf den ich anspielte , Sie saßen daneben und versuchten, ihre Aufmerksamkeit zu erregen. Das ist nicht die Art und Weise, Sir. Sie sollten sie zusammen in Ruhe lassen. Lass sie so viel von ihm und niemand anderem als ihm sehen, dass sie seiner überdrüssig wird. Die Vorliebe für Poesie, Sir, ist dem Whisky- Genuss sehr ähnlich . Man kann einen Mann, der das hat, nicht durch Hopposition heilen . Wenn Sie mir nun erlauben, einen Rat zu geben, Sir, sage ich: Lassen Sie Fräulein Elsa „ alle Gedichte haben , die sie will.“

Martin war sich am Ende dieser Ansprache eines kohärenten Gefühls bewusst, und das war eine erstaunte Dankbarkeit. Ein kleinerer Mann, der sein Zimmer betreten und begonnen hätte, seine privaten Angelegenheiten zu besprechen, hätte Grund gehabt, sich schnell zurückzuziehen; Aber dass Keggs von seinem Podest herabstieg und sich für so niedrige Dinge interessierte, war etwas ganz anderes.

„Ich bin sehr dankbar ...", stammelte er, als der Butler abfällig die Hand hob.

„Mein Interesse an der Sache", sagte er ruhig, „ist nicht ganz haltruistischer Natur . " Tatsächlich veranstalten wir seit dem Erscheinen von Miss Elsa vor einigen Jahren bei jeder Hausparty ein Ehe-Gewinnspiel im Dienstbotensaal. Die Namen der Herren der Gesellschaft werden in einen Hut gesteckt und zu gegebener Zeit eingezeichnet. Sollte sich Miss Elsa mit einem Mitglied der Gruppe verloben, wandert der Pool in die Schublade mit seinem Namen. Sollte es zu keiner Verpflichtung kommen, verbleibt das Geld in meiner Obhut, bis es im darauffolgenden Jahr dem neuen Pool hinzugefügt wird. Bisher hatte ich das Pech, nur verheiratete Herren anzulocken, aber bei dieser Gelegenheit habe ich Sie gesichert, Sir. Und ich kann Ihnen sagen, Sir", fügte er mit würdevoller Höflichkeit hinzu, „dass Ihre Chancen nach Meinung des Dienstbotensaals sehr gut sind." eingebildet, – sehr , höchst ' . Der Pool hat mittlerweile beträchtliche Ausmaße erreicht, und da ich in jüngster Zeit gewisse Verluste auf dem Turf erlitten habe, bin ich äußerst bestrebt, ihn zu gewinnen. Also dachte ich, wenn ich mir die Freiheit nehmen dürfte, würde ich Ihnen mein Wissen über das Geschlecht zur Verfügung stellen. Sie werden feststellen, dass es in jeder Hinsicht solide ist. Das ist alles. Danke mein Herr.'

Martins Gefühle hatten einen völligen Abscheu erfahren. In den letzten paar Minuten hatte der Butler seine Flügel abgeworfen und ihm Hörner, gespaltene Füße und einen gegabelten Schwanz gewachsen. Seine Wut raubte ihm die Worte. Er konnte nur gurgeln.

„Danken Sie mir nicht, Sir", sagte der Butler nachsichtig. „Ich bitte nein, danke." Wir arbeiten für ein gemeinsames Projekt zusammen und jede kleine Hilfe , die ich leisten kann, wird umsonst gegeben.

„ Du alter Schurke!" schrie Martin, sein Zorn überwältigte sogar dieses blaue Auge. „Du hast die Unverschämtheit, zu mir zu kommen und –"

Er hörte auf. Der Gedanke an diese Hunde, diese Dämonen, die unter der Treppe kühl über Elsa tratschten und spekulierten und sie zum Gegenstand kleiner, sportlicher Gesten machten, um die Monotonie des Landlebens zu lindern, erstickte ihn.

„Ich werde es Herrn Keith sagen", sagte er.

Der Butler schüttelte ernst seinen kahlen Kopf.

„Das sollte ich nicht, Sir. Es sei eine „ höchst fantastische Geschichte, und ich glaube nicht, dass er es glauben würde."

„Dann werde ich – Oh, raus!"

Keggs verneigte sich ehrerbietig.

„Wenn Sie es wünschen, Sir", sagte er, „werde ich mich zurückziehen." Wenn ich den Vorschlag machen darf, Sir, ich denke, Sie sollten anfangen, sich anzuziehen. Das Abendessen wird in wenigen Minuten serviert. Danke mein Herr.'

Er ging leise aus dem Zimmer.

Es war eher eine Demonstration des Trotzes gegenüber Keggs als weil er wirklich hoffte, dass daraus etwas werden würde, als Martin am nächsten Morgen nach dem Frühstück auf Elsa zuging. Elsa schlenderte mit dem Barden auf der Terrasse vor dem Haus, aber Martin unterbrach die Konferenz mit der verbissenen Entschlossenheit eines Dampfbohrers.

„Kommst du heute mit den Waffen raus, Elsa?" er sagte.

Sie hob den Blick. In ihnen lag ein abwesender Blick.

'Die Waffen?' Sie sagte. 'Ach nein; „Ich hasse es, Männern beim Schießen zuzusehen."

„Früher hat es dir gefallen."

„Früher mochte ich Puppen", sagte sie ungeduldig.

Herr Barstowe gab den Ton an. Er war ein schlanker, großer, unglaublich schöner junger Mann mit großen, dunklen Augen voller Ausdruck.

„Wir entwickeln uns", sagte er. „Die Jahre vergehen und wir entwickeln uns weiter." „Unsere Seelen dehnen sich aus – zunächst schüchtern, wie kleine, halbflügge Vögel, die sich aus dem …"

„Ich weiß nicht, ob ich heute so fest entschlossen bin, zu schießen", sagte Martin. „Werden Sie sich die Links ansehen?"

„Ich fahre mit Mr. im Auto raus." „Barstowe ", sagte Elsa.

'Der Motor!' rief Herr Barstowe . „Ah, Rossiter, das ist die eigentliche Poesie der Bewegung." Ich fahre nie in einem Auto, ohne dass die Worte Shakespeares in meinem Kopf nachklingen: „Ich werde in vierzig Minuten einen Gürtel um die Erde legen.'"

„An deiner Stelle würde ich so etwas nicht nachgeben", sagte Martin. „Die Polizei ist in diesen Gegenden ziemlich auf der Straße unterwegs."

' Herr „Barstowe hat nur im übertragenen Sinne gesprochen", sagte Elsa verächtlich.

'War er?' grunzte Martin, dessen Kummer ihn jeden Tag mehr wie einen schmollenden Schuljungen aussehen ließ. „Ich fürchte, ich habe keine poetische Seele."

„Ich fürchte, das hast du nicht", sagte Elsa.

Es herrschte kurzes Schweigen. Auf einem benachbarten Baum machte sich ein Vogel zu hören .

„Das Stöhnen der Tauben in uralten Ulmen", zitierte Mr Barstowe , leise.

„Es ist nur zufällig eine Krähe in einer Buche", sagte Martin, als der Vogel herausflog.

Elsas Kinn neigte sich verächtlich. Martin machte auf dem Absatz kehrt und ging weg.

„Es ist der falsche Weg, Sir; „Es ist der falsche Weg", sagte eine Stimme. „Ich habe Sie von einem Fenster aus beobachtet , Sir. Es ist wieder Lady Angelica. „Hopposition ist nutzlos, glauben Sie mir, Sir."

Martin drehte sich rot und zornig um. Der Butler fuhr ungerührt fort: „Miss Elsa macht heute eine Fahrt mit dem Auto, Sir."

'Ich weiß, dass.'

„Ungewöhnlich knifflige Dinge, diese Autos." Das sagte ich gerade zu Roberts, dem Chauffeur, als ich hörte, dass Miss Elsa mit Mr. ausgehen würde Barstowe . Ich sagte: „Roberts, diese Autos sind knifflig. Du hast eine Panne, wenn du zwanzig Meilen von irgendwohin entfernt bist, sobald du dich ansiehst. Roberts", sagte ich und steckte ihm einen Sovereign zu, „wie schrecklich wäre es, wenn das Auto das tun würde." Machen Sie heute zwanzig Meilen von irgendwoher eine Panne !

Martin starrte.

„Du hast Roberts bestochen, um —"

'Herr! Ich habe Roberts den Sovereign gegeben, weil er mir leid tut. „Er ist ein armer Mann und hat eine Frau und eine Familie, die er ernähren muss."

„Sehr gut", sagte Martin streng; „Ich werde gehen und Miss Keith warnen."

„Warnen Sie sie, Sir!"

„Ich werde ihr sagen, dass Sie Roberts bestochen haben, damit das Auto eine Panne hat, damit —"

Keggs schüttelte den Kopf.

„Ich fürchte, sie würde dieser Aussage kaum Glauben schenken, Sir. Vielleicht denkt sie sogar, dass du sie davon abhalten wolltest, deine eigenen Ziele zu verfolgen .‘

„Ich glaube, du bist der Teufel“, sagte Martin.

„Ich hoffe , Sie werden mich als Ihren guten Engel ansehen, Sir“, sagte Keggs salbungsvoll .

Martin schoss an diesem Tag abscheulich, und als er am Abend düster und wild nach Hause kam, ging er direkt in sein Zimmer und erschien erst zum Abendessen wieder. Elsa war von einem der Schnurrbartschlepper hereingelegt worden. Martin saß auf ihrer anderen Seite. Es war so angenehm, in ihrer Nähe zu sein und zu spüren, dass der Barde nicht am anderen Ende des Tisches saß, dass seine Stimmung für einen Moment wieder auflebte.

„Na, wie hat dir die Fahrt gefallen?“ fragte er mit einem Lächeln. „Hast du den Gürtel um die Welt getragen?“

Sie sah ihn an – einmal. Im nächsten Moment hatte er einen ungestörten Blick auf ihre Schulter und hörte den Klang ihrer Stimme, wie sie fröhlich mit dem Mann auf ihrer anderen Seite plapperte.

Sein Herz machte einen plötzlichen Satz. Er verstand es jetzt. Der Dämonenbutler hatte seinen bösen Willen durchgesetzt. Du lieber Himmel! Sie hatte gedacht, er würde sie verspotten! Er muss es sofort erklären. Er-

„Hock oder Sherry, Sir?“

Er blickte in Keggs ausdruckslose Augen. Der Butler trug seine Dienstmaske. In seinem Gesicht war kein Zeichen von Triumph zu erkennen.

„Oh, Sherry. Ich meine Sprunggelenk. Nein, Sherry. Weder.'

Das war schrecklich. Er muss das korrigieren.

„Elsa“, sagte er.

Nachbarin vertieft .

Von unten am Tisch erklang in einer plötzlichen Gesprächspause die Stimme von Mr Barstowe . Er schien mitten in einer Erzählung zu sein.

„Zum Glück“, sagte er, „hatte ich einen Band von Shelley bei mir und eine meiner eigenen kleinen Arbeiten.“ Ich hatte Miss Keith das gesamte Letztere und einen Großteil des Ersteren gelesen, bevor der Chauffeur verkündete, dass es wieder möglich sei –“

„Elsa“, sagte der elende Mann, „ich hatte keine Ahnung – du denkst nicht –“

Sie drehte sich zu ihm um.

'Wie bitte?' sagte sie sehr süß.

„Ich schwöre, ich wusste es nicht – ich meine, ich hatte es vergessen – ich meine –“

Sie runzelte die Stirn.

„Ich fürchte wirklich, ich verstehe es nicht.“

„Ich meine, wegen der Autopanne.“

'Das Auto? Oh ja. Ja, es ist kaputt gegangen. Wir hatten eine ziemliche Verspätung. Herr Barstowe las mir einige seiner Gedichte vor. Es war einfach herrlich. Es tat mir ziemlich leid, als Roberts uns sagte, wir könnten wieder weitermachen. Aber wollen Sie mir wirklich sagen, Herr Lambert, dass Sie …“

Und wieder einmal wurde die Welt nur noch Schulter.

Als die Männer zu der kurzen Séance, auf der die Etikette bestand, bevor sie den Ansturm ins Billardzimmer erlaubten, in die Gegenwart der Damen traten, war Elsa nicht zu sehen.

„Elsa?“ sagte Frau Keith als Antwort auf Martins Frage. „Sie ist zu Bett gegangen. Das arme Kind hat Kopfschmerzen. Ich fürchte, sie hatte einen anstrengenden Tag.'

Am nächsten Morgen gab es einen frühen Startschuss für die Waffen, und da Elsa nicht zum Frühstück erschien, musste Martin gehen, ohne sie zu sehen. Sein Schuss war noch schlimmer als am Vortag.

Erst am späten Abend kehrte die Party ins Haus zurück. Auf dem Weg zu seinem Zimmer traf Martin Frau Keith auf der Treppe. Sie wirkte etwas aufgeregt.

„Oh, Martin“, sagte sie. „Ich bin so froh, dass du zurück bist.“ Hast du etwas von Elsa gesehen?'

„Elsa?“

„War sie nicht bei den Waffen?“

„Mit den Waffen“, sagte Martin verwirrt. 'NEIN.'

„Ich habe den ganzen Tag nichts von ihr gesehen.“ Ich mache mir sorgen. Ich kann mir nicht vorstellen, was mit ihr passiert sein kann. Sind Sie sicher, dass sie nicht bei den Waffen war?'

'Absolut sicher. Ist sie nicht zum Mittagessen gekommen?'

'NEIN. „Tom", sagte sie, als Mr. Keith herankam, „ich mache mir solche Sorgen um Elsa." Ich habe sie den ganzen Tag nicht gesehen. Ich dachte, sie müsste mit den Waffen unterwegs sein.'

Herr Keith war ein Mann, der ein großes Vermögen vor allem dadurch aufgebaut hatte, dass er sich konsequent weigerte, sich von irgendetwas aufregen zu lassen. Er trug diese Politik ins Privatleben.

„War sie nicht beim Mittagessen da?" fragte er ruhig.

„Ich sage dir, ich habe sie den ganzen Tag nicht gesehen. Sie frühstückte in ihrem Zimmer –"

'Spät?'

'Ja. „Sie war müde, das arme Mädchen."

„Wenn sie spät frühstücken würde", sagte Mr. Keith, „bräuchte sie kein Mittagessen." Sie ist irgendwo spazieren gegangen.'

„Würden Sie das Abendessen zurückstellen, meinen Sie?" fragte Frau Keith besorgt.

„Ich bin nicht gut in Rätseln", sagte Mr. Keith entspannt, „aber ich kann diese Frage beantworten." Ich würde das Abendessen nicht zurückstellen. Ich würde das Abendessen für den König nicht zurückstellen.'

Elsa kam nicht zum Abendessen zurück. Es war auch nicht ihre einzige freie Stelle. Herr Auch Barstowe war verschwunden. Sogar Mr. Keiths Ruhe wurde durch diese Entdeckung für einen Moment gestört. Der Dichter gehörte nicht zu seinen Lieblingen – nur widerstrebend hatte er seiner Einladung überhaupt zugestimmt; und die Annahme, dass zwei Mitglieder einer Hausparty, wenn sie gleichzeitig verschwinden, wahrscheinlich ihre Zeit in der Gesellschaft des anderen verbringen würden, war er verärgert. Elsa war natürlich nicht das Mädchen, das sich lächerlich machte, aber … Er war beim Abendessen ungewöhnlich still.

Frau Keith zeigte sich anders. Sie war ehrlich gesagt besorgt und erwähnte es. Als wir den Fisch erreicht hatten, hatte sich die Unterhaltung am Tisch endgültig auf das eine Thema konzentriert.

„Diesmal ist es jedenfalls nicht das Auto", sagte Mr. Keith. „Es war heute noch nicht draußen."

„Ich kann es nicht verstehen", sagte Frau Keith zum zwanzigsten Mal. Und das war der am weitesten fortgeschrittene Punkt bei der Untersuchung des Geheimnisses.

Als das Abendessen vorüber war, herrschte Unruhe. Die Gesellschaft saß in unruhigen Gruppen umher. Snooker-Billard wurde, wenn auch nicht vergessen, jedenfalls auf Eis gelegt. Jemand schlug Suchtrupps vor, und ein oder zwei der Schnurrbartzerrer wanderten ziemlich ziellos in die Dunkelheit hinaus.

Martin stand mit Herrn Keith auf der Veranda, als Keggs näher kam. Als sein Blick auf ihn fiel, spürte Martin, wie sich der vage Verdacht, der sich in seinem Kopf gebildet hatte, plötzlich verfestigte. Und doch schien dieser Verdacht so wild. Wie konnte Keggs mit den schlimmsten Absichten etwas damit zu tun haben? Er konnte das vermisste Paar nicht gewaltsam entführt und unter Verschluss gehalten haben. Er hätte sie nicht betäuben und in einem Graben zurücklassen können. Dennoch war Martin, als er ihn in seiner Haltung respektvoller Würde dastehen sah und das Licht der offenen Tür auf seinen kahlen Kopf schien, vollkommen sicher, dass er die ganze Sache auf irgendeine geheimnisvolle Weise inszeniert hatte.

„Könnte ich mich kurz unterhalten, Sir, wenn Sie Zeit haben?“

„Na, Keggs?“

„Fräulein Elsa, Sir.“

'Ja?'

Keggs Stimme nahm eine mitfühlende Sanftheit an.

„Es stand mir nicht zu, Sir, im Speisezimmer eine Bemerkung zu machen, aber ich konnte nicht anders, als das Gespräch mitzuhören . Ich habe aus den abgegebenen Bemerkungen geschlossen, dass es für Sie ein großer Verlust war , Miss Elsas Nichterscheinen zu erklären, Sir.“

Herr Keith lachte kurz.

„Das hast du doch mitbekommen, was?“

Keggs verneigte sich.

„Ich denke, Sir, dass ich möglicherweise Licht in die Sache bringen kann. “

'Was!' rief Herr Keith. „Großartiger Scott, Mann! Warum hast du das dann nicht damals gesagt? Wo ist sie?'

„Es stand mir nicht zu, Sir, mich in die Unterhaltung am Esstisch einzumischen “, sagte der Butler mit einem Anflug von Tadel. „Dürfte ich jetzt sprechen, Sir?“

Mr. Keith fasste sich an die Stirn.

„Der Himmel oben! Möchten Sie eine unterschriebene Genehmigung, die mir sagt, wo meine Tochter ist? Steig ein, Mann, steig ein!'

„Ich halte es für sehr wahrscheinlich, Sir, dass Miss Elsa und Mr „Barstowe ist vielleicht auf dem Hisland im See, Sir." Ungefähr eine halbe Meile vom Haus entfernt befand sich ein malerischer Wasserstreifen, etwa fünfzehnhundert Meter breit und etwas kürzer, in dessen Mitte eine kleine, dicht bewaldete Insel lag. Es war ein beliebter Treffpunkt der Besucher des Hauses, wenn es nichts anderes gab, was ihre Aufmerksamkeit fesseln könnte, aber in der vergangenen Woche, da die Tage mit Schießereien ausgefüllt waren, war es vernachlässigt worden.

'Auf der Insel?' sagte Herr Keith. „Was hat Sie auf diese Idee gebracht?"

„Ich schien heute Morgen auf dem See zu rudern, Sir." Ich rudere oft morgens, Sir, wenn es keine Pflichten gibt, die mich im Haus festhalten . Ich finde die Übung hadmirable für die ' earth . Ich gehe zügig zum Bootshaus und – „

'Ja ja. Ich möchte keinen Zeitplan für Ihre täglichen Übungen. Schneiden Sie die sportlichen Erinnerungen aus und kommen Sie zur Sache."

„Als ich heute Morgen auf dem See ruderte, Sir, sah ich zufällig ein Boot, das an einem Baum auf dem Hisland entlangfuhr . " Ich denke, dass möglicherweise Miss Elsa und Mr Barstowe hätte da draußen vielleicht Streit gehabt . Herr Barstowe würde das Hisland gern „romantisch" sehen , Sir .

„Aber Sie sagen, Sie hätten das Boot heute Morgen dort gesehen?"

'Jawohl.'

„Nun, es dauert nicht den ganzen Tag, eine kleine Insel zu erkunden. Was hat sie die ganze Zeit aufgehalten?'

„Es ist möglich, Sir, dass das Seil nicht gewirkt hat. Herr Barstowe , wenn ich das so sagen darf, Sir, ist einer dieser eifrigsten literarischen Kerle , und möglicherweise hielt er nach, um sicherzustellen, dass der Knoten auch richtig geknüpft war. Oder" – sein ernster und unergründlicher Blick ruhte einen Moment lang auf Martins – „könnte eine Gruppe vorbeikommen und auf die Jagd gehen." Es ist ein Welpe .'

„Absichtlich losgebunden?" sagte Herr Keith. „Wozu zum Teufel?"

Keggs schüttelte abfällig den Kopf, da er sich seiner Grenzen bewusst ist und es ablehnt, den verborgenen Ursprung menschlichen Handelns zu erforschen.

„Ich hielt es für richtig, Sir, es Ihnen mitzuteilen", sagte er.

'Rechts? Ich sollte das sagen. Wenn Elsa von diesem Langhaarigen den ganzen Tag auf dieser Insel verhungern ließ – dann komm mit, Martin."

Er rannte aufgeregt in die Nacht davon. Martin blieb einen Moment stehen und blickte den Butler starr an.

„Ich hoffe , Sir", sagte Keggs herzlich, „dass sich meine Informationen als echte Unterstützung erweisen werden ."

„Weißt du, was ich mit dir machen möchte?" sagte Martin langsam.

„Ich glaube, ich höre, wie Mr. Keith Sie anruft, Sir."

„Ich würde dich gern am Genick packen und –"

„Da, Herr! Hast du mich dann nicht gehört ? Ganz deutlich war es.'

Martin gab den Kampf mit dem Gefühl völliger Sinnlosigkeit auf. Was könnte man mit so einem Mann machen? Es war wie ein Streit mit der Westminster Abbey.

„Ich sollte mich beeilen , Sir", schlug Keggs respektvoll vor. „Ich glaube, Mr. Keith muss einen Unfall gehabt haben ."

Seine Vermutung erwies sich als richtig. Als Martin heraufkam, fand er seinen Gastgeber vor, der offensichtlich Schmerzen auf dem Boden hatte.

„Ich habe mir den Knöchel in einem Loch verdreht", erklärte er kurz. „Geben Sie mir einen Arm zurück zum Haus, da ist ein guter Kerl, und dann rennen Sie zum See hinunter und sehen Sie, ob das, was Keggs gesagt hat, wahr ist."

Martin tat, was von ihm verlangt wurde – was die erste Hälfte der Kommission betraf. Was das zweite betrifft, so hat er es sich zur Aufgabe gemacht, bestimmte Änderungen vorzunehmen. Nachdem er Herrn Keith in sein Zimmer begleitet hatte, übergab er die Ausstattung des Hilfsschiffs in die guten Hände einer Gruppe seiner Mitgäste, die er auf der Veranda entdeckte. Elsas Gefühle gegenüber ihrem Retter könnten von uneingeschränkter Dankbarkeit geprägt sein; aber es könnte andererseits auch ein Ausdruck von Groll sein. Er wollte nicht, dass sie ihn in irgendeiner Weise mit der Episode in Verbindung brachte. Martin hatte einmal einen Hund aus einer Falle befreit und der Hund hatte ihn gebissen. Er hatte einen Auftrag der Barmherzigkeit ausgeführt, aber der Hund hatte ihn mit seinen Leiden in Verbindung gebracht und entsprechend gehandelt. Martin kam der Gedanke, dass Elsas Gemütsverfassung ungewöhnlich der dieses Hundes ähneln würde .

Der Rettungstrupp machte sich auf den Weg. Martin zündete sich eine Zigarette an und wartete auf der Veranda.

Es schien sehr lange zu dauern, bis etwas geschah, doch als er sich endlich seine fünfte Zigarette anzündete, erklangen aus der Dunkelheit Stimmen. Sie kamen näher. Jemand rief:

'Es ist alles in Ordnung. „Wir haben sie gefunden."

Martin warf seine Zigarette weg und ging ins Haus.

Elsa Keith setzte sich auf, als ihre Mutter das Zimmer betrat. Zwei Nächte und ein Tag waren vergangen, seit sie zu Bett gegangen war.

„Wie fühlst du dich heute, Liebes?"

„Ist er weg, Mutter?"

'WHO?'

' Herr Barstowe ?'

'Ja, Liebes. Er ist heute Morgen gegangen. Er sagte, er hätte Geschäfte mit seinem Verleger in London.'

„Dann kann ich aufstehen", sagte Elsa dankbar.

„Ich glaube, Sie sind ein bisschen streng zum armen Herrn ." Barstowe , Elsa. Es war nur ein Unfall, wissen Sie. „Es war nicht seine Schuld, dass das Boot weggerutscht ist."

„Es war, es war, es *war* !" rief Elsa und schlug bösartig auf das Kissen. „Ich glaube, er hat es mit Absicht getan, damit er mir seine schrecklichen Gedichte vorlesen konnte, ohne dass ich eine Chance hatte, zu entkommen." Ich glaube, nur so kann er die Leute dazu bringen, es sich anzuhören."

„Aber früher hat es dir gefallen, Liebling. Sie sagten, er hätte so eine musikalische Stimme.'

„Musikalische Stimme!" Das Kissen wurde zu einem formlosen Haufen. „Mutter, es war wie ein Albtraum!" Wenn ich ihn noch einmal gesehen hätte , wäre ich hysterisch geworden. Es war *furchtbar* ! Wenn er selbst auch nur ein bisschen verärgert gewesen wäre, hätte ich es meiner Meinung nach ertragen können. Aber es hat ihm *Spaß gemacht* ! Er hat es *genossen* ! Er sagte, es sei wie Omar Khayyam in der Wildnis und Shelleys *Epipsychidion* , was auch immer das ist; und er plapperte weiter und weiter und las und las, bis mir der Kopf zu platzen begann. „Mutter" – ihre Stimme sank zu einem Flüstern – „Ich habe ihn geschlagen!"

„Elsa!"

'Ich tat!' sie fuhr trotzig fort. „Ich habe ihn so fest geschlagen, wie ich konnte, und er – er" – sie brach in ein leises gurgelndes Gelächter aus – „er stolperte über einen Busch und fiel direkt zu Boden; und ich schämte mich kein bisschen. Ich fand es nicht undamenhaft oder so. Ich war genauso stolz, wie ich sein konnte. Und es hat ihn vom Reden abgehalten.'

„Aber, Elsa, *Liebling*! Warum?'

„Die Sonne war gerade untergegangen; und es war ein wunderschöner Sonnenuntergang, und der Himmel sah aus wie ein großes, wunderschönes Stück halbgares Rindfleisch; und ich sagte es ihm, und er sagte schnüffelnd, dass er Angst habe, die Ähnlichkeit nicht zu erkennen. Und ich fragte ihn, ob er nicht hungerte. Und er sagte nein, denn in der Regel brauchte er nur ein wenig reifes Obst. Und da habe ich ihn geschlagen.'

„Elsa!"

„Oh, ich weiß, es war furchtbar falsch, aber ich musste es einfach tun." Und jetzt stehe ich auf. Es sieht wunderschön aus.'

Martin war an diesem Tag nicht mit den Waffen rausgegangen. Frau Keith hatte ihm versichert, dass mit Elsa nichts falsch sei, dass sie nur müde sei, aber er sei besorgt und sei zu Hause geblieben, wo ihn die Nachrichten erreichen könnten. Als er von einem Spaziergang auf dem Gelände zurückkam , hörte er seinen Namen rufen und sah Elsa in der Hängematte unter den Bäumen nahe der Terrasse liegen.

„Warum, Martin, warum bist du nicht mit den Waffen unterwegs?" Sie sagte.

„Ich wollte vor Ort sein, um zu hören, wie es dir geht."

'Wie nett von dir! Warum setzt du dich nicht hin?'

'Darf ich?'

Elsa ließ die Seiten ihrer Zeitschrift flattern.

„Weißt du, du bist ein sehr erholsamer Mensch, Martin. Du bist so groß und draußen . Wie würde es Ihnen gefallen, mir eine Weile vorzulesen? Ich fühle mich so faul.'

Martin nahm die Zeitschrift.

„Was soll ich lesen? Hier ist ein Gedicht von –'

Elsa schauderte.

„Oh, bitte, nein", rief sie. „Ich konnte es nicht ertragen. Ich sage Ihnen, was ich lieben sollte – die Werbung. Da ist eines über Sardinen. Ich habe damit angefangen und es schien großartig. Es ist irgendwo hinten.'

„Ist es das – die Sardinen von Langley und Fielding?"

'Das ist es.'

Martin begann zu lesen.

„Sardinen von Langley und Fielding. Wenn Sie die köstlichsten und köstlichsten Sardinen wollen, gehen Sie zu Ihrem Lebensmittelhändler und sagen Sie: ‚Langley und Fielding, bitte!' Dann können Sie sicher sein, dass Sie feinste norwegische Räuchersardinen erhalten, verpackt in reinstem Olivenöl.

Elsa saß mit geschlossenen Augen da und ein sanftes Lächeln der Freude verzog sich um ihren Mund.

„Mach weiter", sagte sie verträumt.

„Nichts Schöneres", fuhr Martin mit einem Hauch von Beredsamkeit fort, als sich das Thema zu entwickeln begann, „zum Frühstück, Mittag- oder Abendessen. Wahrscheinlich hat Ihr Lebensmittelhändler sie auf Lager. Fragen Sie ihn. Wenn nicht, schreiben Sie uns." . Preis fünf Pence pro Dose . Die besten Sardinen und das beste Öl!"

„Ist es nicht *schön* ?" sie murmelte.

Während sie schwang, berührte ihre Hand seine. Er hielt es. Sie öffnete ihre Augen.

„Hören Sie nicht auf zu lesen", sagte sie. „Ich habe noch nie etwas so Beruhigendes gehört."

„Elsa!"

Er beugte sich zu ihr. Sie lächelte ihn an. Ihre Augen tanzten.

„Elsa, ich-"

„ Herr Keith", sagte eine ruhige Stimme, „hatte mich gebeten zu sagen —"

Martin machte sich auf den Weg. Er starrte wütend auf. Keggs blickte auf sie herab . Das Gesicht des Butlers strahlte vor sanfter Güte.

„ Mr. Keith bat mich, ihm zu sagen, dass er sich freuen würde, wenn Miss Elsa käme und eine Weile bei ihm sitzen würde."

„Ich komme sofort", sagte Elsa und stieg aus der Hängematte.

Der Butler verneigte sich respektvoll und wandte sich ab. Sie standen da und beobachteten ihn, während er über die Terrasse ging.

„Was für ein heiliger alter Mann Keggs aussieht“, sagte Elsa. „Meinst du nicht? Er sieht aus, als hätte er noch nie daran gedacht, etwas zu tun, was er nicht tun sollte. Ich frage mich, ob er das jemals getan hat?‘

'Ich wundere mich!' sagte Martin.

„Er sieht aus wie ein kräftiger Engel.“ Was hast du gesagt, Martin, als er heraufkam?‘

TÖPFE O'MONEY

OWEN BENTLEY war verlegen. Er sah Herrn an Sheppherd und konnte sich nur mit Mühe davon abhalten, auf einem Bein zu stehen und mit den Fingern zu drehen. In einer Phase seiner Karriere, bevor ihn der Einfluss seines Onkels Henry in die London and Suburban Bank gebracht hatte, war Owen Schauspieler gewesen. Basierend auf einem Schlagdurchschnitt von 33 Punkten nichts sieben für Middlesex, er war von dem klugen Musical- und Comedy-Impresario engagiert worden, dem zuerst die Idee kam, dass, wenn man junge Männer braucht, die singen: „Wir sind fröhlich und fröhlich, tra-la, denn das ist Böhmen, In der Künstlerball-Szene kann es genauso gut junge Männer geben, deren Namen der Öffentlichkeit bekannt sind. Er war noch nicht lange Schauspieler, denn sein Formverlust hatte ihn aus dem erstklassigen Cricket ausgeschlossen, und der Impresario hatte seinen Platz im nächsten Stück einem tollen Bowler überlassen, der im letzten Uni-Match gut abgeschnitten hatte; aber er war schon lange genug dabei, um das Gefühl des Niedergangs zu verspüren, das man als Lampenfieber bezeichnet. Und jetzt, als er begann, es Herrn zu erklären Als Sheppherd erfuhr, dass er seine Zustimmung zur Heirat mit seiner Tochter Audrey wünschte, litt er unter genau den gleichen Symptomen.

Von dem Moment an, als er verriet, dass sein Einkommen, Gehalt und private Mittel eingeschlossen, weniger als zweihundert Pfund betrugen, war ihm klar, dass dies einer seiner Misserfolge sein würde. Es war das grausame Frühviktorianische Flair , das ihm das Herz raubte. Herr Sheppherd hatte ihn immer an einen strengen Vater aus einem dreibändigen Roman erinnert, aber verglichen mit seinem Verhalten , als er jetzt zuhörte, war seine Haltung bisher locker und skurril gewesen. Bis zu diesem Moment hatte Owen nicht gedacht, dass so etwas heutzutage jemals außerhalb der Comic-Zeitungen passieren würde. Am Ende der zweiten Minute wäre er nicht überrascht gewesen, wenn er auf Drängen von Mr. durch die Luft gesegelt wäre Hirtenstiefel , sein Transit wird durch eine gepunktete Linie und ein paar Sterne angezeigt.

Herr Sheppherds Verhalten neigte zur Trostlosigkeit.

„Das ist äußerst bedauerlich", sagte er. „Äußerst bedauerlich." Ich muss an das Glück meiner Tochter denken. Es ist meine Pflicht als Vater.' Er stoppte. „ Du sagst, du hast keine Perspektive? Ich hätte annehmen sollen, dass dein Onkel –? Sicherlich, mit seinem Einfluss –?'

„Mein Onkel hat seinen Bolzen abgefeuert, als er mich in die Bank gebracht hat. Das hat ihn meiner Meinung nach erledigt. Ich bin nicht sein einziger Neffe, wissen Sie. Es gibt ungefähr hundert andere, die ihn alle wie Bluthunde verfolgen.'

Herr Shepperd hustete leicht missbilligend. Er fühlte sich mehr als nur ein wenig gekränkt.

Er hatte Owen zum ersten Mal beim Abendessen im Haus seines Onkels Henry getroffen, eines Mannes von unbestrittenem Vermögen, der es sich zur Gewohnheit machte, jeden seiner elf Neffen einmal im Jahr zum Abendessen einzuladen. Aber Mr Shepherd wusste das nicht. Soweit er wusste, hatte Owen die Angewohnheit, jeden Abend mit dem großen Mann herumzuhängen. Er konnte nicht genau sagen, dass es eine kluge Praxis von Owen war, seine Einladung zu einem Anruf anzunehmen und nach dem Anruf noch lange genug anzurufen, um die gegenwärtige beklagenswerte Situation möglich zu machen; aber er meinte, es wäre geschmackvoller gewesen, wenn der junge Mann sich zurückgehalten und sich mehr wie ein Bankangestellter und weniger wie ein Erbe verhalten hätte.

„Das tut mir außerordentlich leid, Mr. Bentley", sagte er, „aber Sie werden verstehen, dass ich das nicht kann – das kommt natürlich nicht in Frage." Unter den gegebenen Umständen wäre es meiner Meinung nach das Beste, wenn Sie meine Tochter nicht wiedersehen würden …"

„Sie wartet draußen im Flur", sagte Owen schlicht.

'-nach heute. Auf Wiedersehen.'

Owen verließ den Raum. Audrey schwebte in der Nähe der Tür. Sie kam schnell auf ihn zu und seine Stimmung besserte sich, wie immer, bei ihrem Anblick.

'Also?' Sie sagte.

Er schüttelte den Kopf.

„Nicht gut", sagte er.

Audrey dachte einen Moment über das Problem nach und wurde mit einer Idee belohnt.

„Soll ich reingehen und weinen?"

„Es hätte keinen Zweck."

'Erzähl mir was passiert ist.'

„Er sagte, ich dürfe dich nicht wiedersehen."

„Er hat es nicht so gemeint."

„Er glaubt, dass er es getan hat."

Audrey dachte nach.

„Dann müssen wir einfach weiterschreiben." Und wir können telefonieren. Das heißt, dass man sich nicht sieht. Hat Ihre Bank ein Telefon?'

'Ja. Aber-'

„Das ist dann in Ordnung. Ich rufe dich jeden Tag an.'

„Ich wünschte, ich könnte etwas Geld verdienen", sagte Owen nachdenklich. „Aber ich scheine einer von denen zu sein, die das nicht können. Nichts, was ich versuche, funktioniert. Ich habe nie etwas anderes als ein Leerzeichen in einem Sweep gezeichnet. Als der Limerick-Trend losging, habe ich etwa zwei Pfund für 6-Penny-Postanweisungen ausgegeben und nichts gewonnen. Einmal, als ich auf Tournee war , habe ich mich zu einem Schatten hingearbeitet und einen Roman dramatisiert. Daraus ist auch nichts geworden.'

„Welcher Roman?"

„Ein Ding namens *White Roses*, von einer Frau namens Edith Butler."

Audrey blickte schnell auf.

„Ich nehme an, du kanntest sie sehr gut? Waren Sie gute Freunde?'

„Ich kannte sie überhaupt nicht. Ich hatte sie nie getroffen. Ich habe das Ding zufällig an einem Bücherstand gekauft und dachte, es wäre ein gutes Theaterstück. Ich gehe davon aus, dass es ziemlich schlimme Fäulnis war. Jedenfalls hat sie sich nie die Mühe gemacht, es zurückzuschicken oder auch nur den Empfang zu bestätigen.'

„Vielleicht hat sie es nie verstanden?"

„Ich habe es registriert."

„Sie war eine Katze", sagte Audrey entschieden. „Aber ich bin froh darüber. „Wenn dir eine andere Frau geholfen hätte, viel Geld zu verdienen, wäre ich vor Eifersucht gestorben."

Routine ist der Tod des Heldentums. In den ersten Tagen nach seiner Trennung von Mr Sheppherd , Owen war in heroischer Stimmung, voller vage gewagter Pläne, betrachtete die Welt als seine Auster und brannte darauf, mit dem Schwert in der Hand an sie heranzukommen. Aber die Routine mit ihren Geschäftsbüchern, ihrer Kopiertinte und ihren Kunden senkte sich wie eine graue Wolke über seinen Horizont und verdrängte die Regenbogenvisionen von plötzlichem Reichtum, der auf dramatische Weise gewonnen wurde. Von Tag zu Tag verblasste der Glanz und die Hoffnungslosigkeit wuchs.

Dass der Glanz nicht völlig verblasste, lag an Audrey, die ihr Versprechen, ihn anzurufen, mehr als erfüllte. Sie rief ihn jeden Tag mindestens einmal, oft sogar mehrmals an, eine Tatsache, die vom Leiter seiner Abteilung, einem Mann ohne Seele und starken Einwänden gegen die Arbeit seiner Untergebenen, zur Kenntnis genommen und mit scharfer Kritik kommentiert wurde für Sie.

Im Allgemeinen war ihre Unterhaltung zwar angenehm, aber diskursiv und ohne zentrales Motiv, aber eines Morgens hatte sie echte Neuigkeiten zu überbringen.

„Owen", ihre Stimme klang aufgeregt, „hast du heute die Zeitung gesehen?" Dann hör zu. Ich werde es vorlesen. Hörst du? Darin heißt es: „Das Piccadilly Theatre wird in Kürze mit einer dramatisierten Version von Miss Edith Butlers populärem Roman „ *White Roses*" *wiedereröffnet* , die von der Autorin selbst vorbereitet wurde. Eine starke Besetzung wird engagiert, darunter …" Und dann jede Menge Namen. Was wirst du dagegen tun, Owen?'

'Was soll ich tun?'

„Sehen Sie nicht, was passiert ist? Diese schreckliche Frau hat Ihr Stück gestohlen. Sie hat all die Jahre gewartet und gehofft, dass du es vergisst. Worüber lachst du?'

„Ich habe nicht gelacht."

'Ja du warst. Es kitzelte mein Ohr. Ich melde mich, wenn du es noch einmal tust. Du glaubst mir nicht. Nun, warten Sie mal ab, ob ich nicht …"

„Edith Butler ist dazu nicht in der Lage."

Am anderen Ende der Leitung entstand eine kurze Pause.

„Ich dachte, du hättest gesagt, du kennst sie nicht", sagte Audrey eifersüchtig.

„Das tue ich nicht – das tue ich nicht", sagte Owen hastig. „Aber ich habe ihre Bücher gelesen. Es sind einfach Brocken überfetteter Gefühle. Sie ist eine Art literarische Zwiebel. Sie zwingt zu Tränen. Eine solche Frau könnte kein Stück stehlen, selbst wenn sie es versuchen würde.'

„Man kann Autoren nicht anhand ihrer Bücher beurteilen." Sie müssen unbedingt hingehen und sich das Stück ansehen, wenn es beginnt. Dann wirst du sehen, dass ich Recht habe. Ich bin absolut sicher, dass diese Frau versucht, Sie zu betrügen. Lache nicht auf diese schreckliche Art. Nun gut, ich habe dir gesagt, ich solle auflegen, und jetzt werde ich es tun.'

Zu Beginn des nächsten Monats standen Owens jährliche Feiertage an. Die Behörden der London and Suburban Bank waren keine Geizhals. Sie erkannten, dass der Mensch keine Maschine ist. Sie gaben ihren Mitarbeitern zehn Tage im Jahr Zeit, um ihre Systeme für die Arbeit von weiteren zwölf Monaten fit zu machen.

Owen verbrachte seine Kindheit in dem Dorf Shropshire, dessen Pfarrer sein Vater gewesen war, und dorthin ging er, als seine Ferien vor der Tür standen, auf die Farm eines gewissen Dorman. Er war froh über die Chance, nach Shropshire zu kommen. Das dortige Land mit seinen grünen Feldern und Miniaturflüssen hat etwas an sich, das den verletzten Geist besänftigt und einen angenehmen Hintergrund für sentimentale Grübeleien bildet.

Auf dem Bauernhof war es gemütlich. Der Haushalt bestand aus Herrn Dorman, einem alten Bekannten, seinem zehnjährigen Sohn George und Herrn Dormans Mutter, einer alten Dame mit einem beachtlichen Ruf als weise Frau vor Ort. Gerüchten zufolge hielt die Zukunft für sie keine Geheimnisse bereit, und es war bekannt, dass sie Warzen, verletzte Finger und sogar Po mit Zaubersprüchen heilen konnte.

Abgesehen davon hatte Owen geglaubt, allein im Haus zu sein. Es schien jedoch nicht der Fall zu sein. In seinem Wohnzimmer stand ein urzeitliches Klavier, und am zweiten Morgen passte es zu seiner Stimmung, sich daran zu setzen und „ Asthore “ zu singen, dessen fruchtiges Pathos ihn zu dieser Zeit sehr ansprach, begleitet von einem genialen Klavier Arrangement in drei Akkorden. Er hatte jedoch kaum begonnen, als Mr. Dorman etwas aufgeregt erschien.

„Wenn es Ihnen nichts ausmacht, Mr. Owen“, sagte er. 'Ich habe vergessen, es dir zu erzählen. Im Zimmer oben wohnt ein kleiner Herr, der mit mir einsteigt, und er kann es nicht ertragen, gestört zu werden.'

Ein gedämpftes Stampfen von der Decke bestätigte seine Worte.

„ Er schreibt ein Buch “, fuhr Herr Dorman fort. „Er hat dem jungen George gestern eine Ohrfeige verpasst, weil er auf der Treppe seine Trompete geblasen hat.“ Hat ihm danach Sixpence gegeben und gesagt, er würde ihn häuten, wenn er es jemals wieder tun würde. Also, wenn es Ihnen nichts ausmacht …“

„Oh, alles klar“, sagte Owen. 'Wer ist er?'

„Herr mit dem Namen Prosser.“

Owen konnte sich nicht erinnern, jemals ein Werk dieses Namens gesehen zu haben; aber er war kein großer Leser; und ob der Mann oben eine Berühmtheit war oder nicht, er hatte ein Recht auf Ruhe.

„Ich habe noch nie von ihm gehört", sagte er, „aber das ist kein Grund, ihn zu stören." Lass ihn krachen. Ich werde die musikalischen Effekte in Zukunft weglassen.'

Die Tage vergingen wie im Flug. Der literarische Mann blieb unsichtbar, wenn auch gelegentlich hörbar, und trampelte in der Hektik des Komponierens auf dem Boden herum. Bis zum letzten Tag seines Besuchs sah Owen auch nicht die alte Frau Dorman.

Dass sie sich seiner Anwesenheit im Haus jedoch durchaus bewusst war, zeigte sich am letzten Morgen. Er rauchte gerade am offenen Fenster eine Pfeife nach dem Frühstück und wartete auf den Hundekarren, der ihn zum Bahnhof bringen sollte, als George, der Sohn des Hauses, eintrat.

George stand grinsend in der Tür und sagte:

' Farsezjerligranmatellyerforchbythecards ?'

„Äh?" sagte Owen.

Der Jugendliche wiederholte das Wort.

'Noch einmal.'

Bei der zweiten Wiederholung begann sich Licht einzuschleichen. Die dort verbrachte Kindheit und dieser zehntägige Aufenthalt hatten Owen zu einer Art Linguisten gemacht.

„Vater sagt: Möchte ich, dass Oma was macht?"

„Sag es dir Forch'n durch ihre Karten.'

'Wo ist sie?'

' Backyardnder .'

Owen folgte ihm in die Küche, wo er Mr. Dorman, den Bauern, und eine alte Frau, an die er sich gut erinnerte, am Tisch saß und mit einem Kartenspiel herumfummelte.

„Mutter möchte dir die Zukunft erzählen ", sagte sie Herr Dorman, heiser beiseite. „Sie wird den Besuchern immer die Zukunft erzählen ." Sie erzählte es Herrn Prosser, und es gefiel ihm überhaupt nicht, denn sie sagte, er würde sich in zwei Monaten verloben und innerhalb des Jahres heiraten. Er sagte, wilde Pferde würden ihn nicht dazu zwingen.'

„Sie kann mir das sagen, wenn sie möchte." Ich werde nichts dagegen haben.'

„Mutter, hier ist Mr. Owen."

„Ich säe ihn schnell genug", sagte die alte Frau energisch. „Mischen, dreimal schneiden."

Anschließend führte sie mysteriöse Manöver mit den Karten durch.

„Ich sehe Töpfe voller Geld", verkündete die Sibylle.

„Wenn sie es sagt, ist es richtig", sagte ihr Sohn.

„Sie meint meinen Bonus", sagte Owen. „Aber das sind nur zehn Pfund." Und ich verliere die Fassung, wenn ich vor Weihnachten noch zweimal zu spät komme.'

„Es wird sicher kommen."

„Töpfe", sagte die alte Frau und murmelte immer noch das aufmunternde Wort, als Owen die Küche verließ und ins Wohnzimmer zurückkehrte.

Er lachte ziemlich reumütig. In diesem Moment hätte er eine Verwendung für die Geldtöpfe finden können.

Er ging zum Fenster und schaute hinaus. Es war ein herrlicher Morgen. Der Hitzenebel tanzte über die Wiese jenseits des Baches, und vom Hof kamen die flüssigen Kohlköpfe sorgloser Vögel. Es schien böse, an einem solchen Tag diese Orte des Friedens nach London zu verlassen.

Eine akute Melancholie erfasste ihn. Geistesabwesend setzte er sich ans Klavier. Die Vorurteile des literarischen Herrn Prosser waren aus seinem Gedächtnis verschwunden. Zuerst leise , dann immer lauter, als ihn der Geist des Liedes packte, begann er „ Asthore " zu singen. Er wurde vertieft.

Iyam -ah waiting for-er theeee-yass-thorre " durchgesetzt und bereitete gerade einige komplizierte Dreiakkordübungen vor, um von vorne zu beginnen, als ein Laib Brot an ihm vorbeisauste Ohr. Es verfehlte ihn um Zentimeter und prallte gegen eine Gipsstatuette des Säuglings Samuel auf der Oberseite des Klaviers.

Es war ein normales Brot, das achtzig Prozent Grieß enthielt und den Säugling Samuel praktisch auslöschte. Im selben Moment ertönte in seinem Rücken ein lautes, zorniges Schnauben.

Er drehte sich um. Die Tür war offen und auf der anderen Seite des Tisches stand ein großer, schwarzbärtiger, hemdsärmeliger Mann in einer Haltung, die eher an Ajax erinnerte, der dem Blitz trotzte. Seine Hände zitterten. Sein Bart sträubte sich. Seine Augen leuchteten wild unter riesigen Augenbrauen. Als Owen sich umdrehte, klang seine Stimme wie der Abschuss einer Breitseite.

'Hör auf!'

Owens Geist, der allzu plötzlich von der verträumten Zukunft in die lebendige Gegenwart gerissen wurde, hatte ihn noch nicht vollständig unter Kontrolle. Er klaffte.

„Hör auf mit diesem höllischen Lärm!" brüllte der Mann.

Er schoss durch die Tür, schlug sie hinter sich her und stürmte die Treppe hinauf.

Owen war verärgert. Das künstlerische Temperament war schön und gut, aber es gab Grenzen. Es war absurd, dass unbekannte Autoren sich so verhalten sollten. Prosser! Wer zum Teufel war Prosser? Hatte jemals jemand von ihm gehört? NEIN! Doch hier zog er durch das Land, streifte kleinen Jungen das Ohrloch und bewarf Bankangestellte mit Brotlaiben, als wäre er Henry James oder Marie Corelli. Owen machte sich bittere Vorwürfe wegen seines vorübergehenden Verlusts der Geistesgegenwart. Wenn er nur seinen Kopf behalten hätte, hätte er einen fliegenden Schuss auf den Mann mit dem Marmeladentopf abgeben können. Es war leicht zu erreichen gewesen. Stattdessen hatte er nur dagestanden und den Mund aufgerissen. Von allen traurigen Worten der Zunge oder der Feder sind diese: „Es hätte sein können." die traurigsten.

Mr. Dorman hereinkam und ihm mitteilte, dass der Hundekarren vor der Tür stehe.

Als Owen in London ankam, war Audrey nicht in der Stadt, kehrte aber eine Woche später zurück. Der Klang ihrer Stimme durch das Telefon trug viel dazu bei, die Unruhe zu lindern, unter der er seit dem Ende seines Urlaubs gelitten hatte. Aber der Gedanke, dass sie so nah und doch so unzugänglich war, löste in ihm eine meditative Melancholie aus, die ihn wie eine Wolke umhüllte, die sich nicht lichten wollte. Sein Verhalten wurde verstört. Er verlor an Gewicht.

Wenn die Kunden sein trauriges, blasses Gesicht nicht ein wenig schmerzten, dann nur deshalb, weil die Hektik des modernen Geschäftslebens Ihrem Geschäftsmann kaum Zeit lässt, die Blässe von Bankangestellten zu beobachten. Was sie schmerzte, war die sanfte Verträumtheit, mit der er seine Pflichten erfüllte. Er war in der Abteilung für Inward Bills, zu deren Besonderheiten der plötzliche Ansturm von hutlosen, energischen jungen Männern gegen Ende jedes Nachmittags gehörte, die Ledertaschen um den linken Arm geschnallt hatten und nach geheimnisvollen, knisternden Dokumenten verlangten , die mit viel Verschluss versehen waren Stifte. Owen hatte nie ganz verstanden, was diese jungen Männer wirklich wollten, und jetzt weigerte sich sein distanzierter Geist noch entschiedener, sich mit dem Problem auseinanderzusetzen. Er verteilte die Dokumente nach dem Zufallsprinzip mit der Miene eines besorgten Monarchen, der Großzügigkeit an die Menge verteilt, und das anschließende Chaos musste von einem zornigen Abteilungsleiter persönlich bewältigt werden.

Die Ausdauerkraft des Menschen ist begrenzt. Am Ende der zweiten Woche bat der überreizte Chef leidenschaftlich um Erleichterung, und Owen wurde in die Postabteilung versetzt, wo er, wenn er Zeit hatte, Audreys Telefonanrufe zu beantworten, die Adressen der Briefe in ein großes Buch eintrug und sie dorthin brachte die Post. Er sollte sie auch stempeln, aber ein verliebter Mann kann nicht an alles denken, und er neigte manchmal dazu, diese Formalität zu übersehen.

Als er eines Morgens von einem der Bankboten die übliche Mitteilung erhielt, dass eine Dame ihn am Telefon sprechen möchte, ging er zur Telefonzelle und nahm den Hörer ab.

„Bist du das, Owen? Owen, ich war letzte Nacht im *White Roses*. Warst du schon dort?‘

'Noch nicht.'

„Dann musst du heute Abend gehen.“ Owen, ich bin *sicher*, dass du es geschrieben hast. Es ist absolut schön. Ich weinte mir die Augen aus. Wenn du heute Abend nicht gehst, werde ich nie wieder mit dir sprechen, nicht einmal am Telefon. Versprechen.'

'Muss ich?'

'Ja, du musst. Angenommen, es *gehört* Ihnen! Es kann ein Vermögen bedeuten. Die Stände waren einfach voll. Ich rufe jetzt im Theater an und reserviere einen Platz für Sie, den ich selbst bezahle.‘

„Nein – sage ich –“, protestierte Owen.

'Ja, ich werde. Ich kann dir nicht vertrauen, dass du gehst, wenn ich es nicht tue. Und ich werde morgen früh anrufen, um alles darüber zu erfahren. Auf Wiedersehen.'

Owen verließ die Loge etwas deprimiert. Das Leben war schon ziemlich düster genug, ohne dass man sich die Mühe machte, sich über sentimentale Theaterstücke die Augen auszuweinen.

Seine Depression verstärkte sich, als er nach seiner Rückkehr in seine Abteilung eine Nachricht des Managers erhielt, in der er mitteilte, dass er Mr. Bentley gerne für einen Moment in seinem Privatzimmer sehen würde. Owen hat diese kleinen Gespräche mit Authority nie genossen. Außerhalb der Bürozeiten, im Kreise seiner Freunde, hatte er keinen Zweifel daran, dass der

Manager ein entzückender und unterhaltsamer Begleiter war; aber in seinem Privatzimmer war seine Unterhaltung weniger angenehm.

Der Manager saß an seinem Tisch und betrachtete nachdenklich die Decke. Seine immer auffällige Ähnlichkeit mit einer gefüllten Forelle wurde auf subtile Weise betont, und Owen, ein Experte auf diesem Gebiet, war der Meinung, dass seine Befürchtungen berechtigt waren – es lag Ärger in der Luft. Jemand hatte sich über ihn beschwert, und nun drohte ihm, wie es hieß, „angefahren" zu werden.

Ein großer Mann, der mit dem Rücken zur Tür saß, drehte sich um, als er eintrat, und Owen erkannte die wohlerinnerten Gesichtszüge von Mr. Prosser, dem literarischen Brotverkäufer.

Owen betrachtete ihn ohne Groll. Seit seiner Rückkehr nach London hatte er sich die Mühe gemacht, seinen Namen im *Who's Who* nachzuschlagen und festgestellt, dass er nicht so unauffällig war, wie er angenommen hatte. Er war, wie es schien, ein Regius-Professor und der Autor von etwa einem halben Dutzend Werken zur Soziologie – ein Rekord, der, wie Owen meinte, in Momenten der Verärgerung fast rechtfertigte, Brote zu schleudern und Ohrlöcher zu stechen.

Der Manager begann zu sprechen, aber der Literat kam ihm zuvor.

„Ist das der Narr?" er brüllte. „Junger Mann, ich möchte nicht hart zu einem angeborenen Idioten sein, der für seine Taten nicht verantwortlich ist, aber ich muss auf einer Erklärung bestehen." Soweit ich weiß, sind Sie für die Korrespondenz in diesem Büro verantwortlich. Nun, in der letzten Woche haben Sie dreimal unfrankierte Briefe an meine Verlobte , Miss Vera Delane , Woodlands, Southbourne, Hants, geschickt. Was ist los mit dir? Glaubst du, sie zahlt gerne zwei Pence pro Mal, oder was ist das?

Owens Gedanken sprangen bei den Worten zurück. Sie erinnerten ihn an etwas. Dann erinnerte er sich.

Er war sich einer nicht unangenehmen Erregung bewusst. Er hatte nicht gewusst, dass er abergläubisch war, aber aus irgendeinem Grund waren ihm die absurden Worte von Mr. Dormans Mutter nicht aus dem Kopf gegangen. Und hier war eine weitere, ebenso unwahrscheinliche Vorhersage von ihr, die sich buchstabengetreu erfüllte.

'Großartiger Scott!' er weinte. „Wirst du heiraten?"

Herr Prosser und der Manager begannen gleichzeitig.

„ Frau Dorman hat gesagt, dass Sie das tun würden", sagte Owen. „Erinnerst du dich nicht?"

Mr. Prosser sah ihn scharf an.

„Warum, ich habe dich schon einmal gesehen“, sagte er. „Du bist der junge, rübenköpfige Lausbub auf dem Bauernhof.“

„Das stimmt“, sagte Owen.

„Ich wollte dich schon immer wiedersehen. „Ich dachte über die ganze Sache nach, und mir fiel auf“, sagte Mr. Prosser gutmütig, „dass ich bei unserem letzten Treffen vielleicht etwas schroff gewirkt habe.“

„Nein, nein.“

„Tatsache ist, ich war an diesem Morgen mitten in einer höllisch schwierigen Passage meines Buches, und als Sie anfingen –“

„Es war ganz und gar meine Schuld.“ Ich verstehe es durchaus.‘

Herr Prosser zog ein Kartenetui hervor.

„Wir müssen uns mehr sehen“, sagte er. „Kommen Sie eines Abends und essen Sie etwas zu Abend.“ Komm heute Nacht.'

'Es tut mir sehr leid. „Ich muss heute Abend ins Theater.“

„Dann kommen Sie und essen Sie anschließend etwas zu Abend. Exzellent. Treffen Sie mich um 11.15 Uhr im Savoy. Ich bin froh, dass ich dich nicht mit diesem Brot getroffen habe. Abruptheit war mein Versagen im Laufe des Lebens. Meinem Vater ging es genauso. Also um 11.15 Uhr im Savoy.'

Der Manager, der dem Gespräch mit einiger Unruhe zugehört hatte, schaltete sich nun ein. Er war ein Mann mit einem Gespür für die Fitness der Dinge, und er lehnte es ab, dass sein Privatzimmer zum Schauplatz einer scheinbaren Zusammenkunft alter College-Freunde gemacht wurde. Das hat er angedeutet.

'Ha! Prrumph !' bemerkte er missbilligend. „Ähm – Mr. Bentley, das ist alles.“ Sie können zu Ihrer Arbeit zurückkehren – ahmm ! Seien Sie bitte ein anderes Mal vorsichtiger beim Abstempeln der Briefe.'

„Ja, beim Himmel“, sagte Mr. Prosser, der plötzlich an sein Unrecht erinnert wurde, „das stimmt.“ Seien Sie ein wenig vorsichtig, Sie elfenbeinfarbener junger Revolverheld. Glauben Sie, dass Miss Delane aus *zwei* Pences besteht ? „Behalten Sie ihn im Auge“, forderte er den Manager auf. „Diese jungen Kerle wollen heutzutage, dass ständig jemand mit der Knute über ihnen steht.“ Seien Sie ein andermal vorsichtiger, junger Mann. Denken Sie daran, Viertel nach elf. Notieren Sie es sich, sonst vergessen Sie *es* .‘

Der Platz, den Audrey für ihn im Piccadilly Theatre gekauft hatte, befand sich in der Mitte der sechsten Parkettreihe – praktisch eine Todesfalle. Was auch immer seine Leiden sein mochten, eine Flucht war unmöglich. Er war sicher eingeklemmt.

Die günstigeren Teile des Hauses waren spärlich besetzt, aber die Stände waren voll. Owen, der die ganze Angelegenheit missbilligte, weigerte sich, ein Programm zu kaufen , und setzte sich auf seinen Platz, auf das Schlimmste vorbereitet. Er hatte eine lebhafte Erinnerung an den Roman „*Weiße Rosen*" und erwartete nicht, dass er ihm in seiner dramatisierten Form große Freude bereiten würde. Er gehörte schon lange nicht mehr zu dem großen Publikum, um das sich Miss Edith Butler kümmerte. Die sentimentalen Abenteuer der Gouvernanten in herzoglichen Häusern – die Heldin von *White Roses* war eine Gouvernante – befriedigten seine Seele nicht mehr.

Ein Theaterstück, das auf einem Buch basiert, hat immer eine merkwürdig traumhafte Atmosphäre. Man scheint alles schon einmal gesehen zu haben. Während des gesamten ersten Akts führte Owen darauf zurück, dass er das Gefühl hatte, mit dem Geschehen auf der Bühne vertraut zu sein. Zu Beginn des zweiten Akts merkte er, dass er die Ereignisse vorwegnahm. Aber erst im dritten Akt wurde mir die Wahrheit klar.

Der dritte Akt war der einzige Akt, in dem er sich in seiner Dramatisierung echte Freiheiten gegenüber dem Romantext genommen hatte. Aber in diesem Akt hatte er eine Figur eingeführt, die im Roman nicht vorkam – ein Geschöpf seiner eigenen Fantasie. Und nun beobachtete er mit großen Augen, wie dieses Geschöpf aus den Flügeln schlüpfte, und hörte, wie es Zeilen aussprach, an deren Niederschrift er sich nun deutlich erinnerte.

Audrey hatte recht gehabt! Die Schlange Edith Butler hatte sein Stück gestohlen.

Sein Geist war während des restlichen Stücks aktiv. Als der letzte Vorhang fiel und er bewusstlos ins Freie hinausging, hatte er einige der Schwierigkeiten des Falles erkannt. Es ist schwer, sich als Autor eines Originalstücks zu beweisen, aber nicht unmöglich. Als Zeugen können sich Freunde melden, denen man die Handlung angedeutet hat. Möglicherweise sind grobe Notizen erhalten geblieben. Aber eine Dramatisierung eines Romans ist eine andere Sache. Alle Dramatisierungen eines bestimmten Romans müssen notwendigerweise sehr ähnlich sein.

Mr. Prosser im Savoy Hotel zu Abend zu essen . Er rief ein Taxi.

„Du bist spät dran", dröhnte der Autor soziologischer Abhandlungen, als er erschien. „Du bist höllisch spät dran." Ich nehme an, auf deine dumme

Art hast du alles vergessen. Mitkommen. Wir haben gerade noch Zeit für eine Olive und ein Glas, bevor sie das Licht ausmachen.'

Owen dachte immer noch tief nach, als er mit dem Abendessen begann. Sicherlich gab es eine Möglichkeit, seine Behauptungen zu beweisen. Was hatte er mit dem Originalmanuskript gemacht? Er erinnerte sich jetzt. Er hatte es verbrannt. Damals schien es nur nutzloser Müll zu sein. Wahrscheinlich, so empfand er bitter, war es die Frau, auf die Butler gerechnet hatte.

Herr Prosser beendete ein angeregtes Gespräch mit einem Kellner über die Weine Frankreichs, beugte sich vor, nahm sich zügig Sardellen und begann zu reden. Er redete laut und schnell. Owen, mit seinen Gedanken weit weg, hörte kaum zu.

Plötzlich kam der Kellner mit der ausgewählten Marke zurück. Er füllte Owens Glas, und Owen trank und fühlte sich besser. Als er feststellte, dass sein Glas wieder magisch gefüllt war, leerte er es erneut. Und dann blickte er plötzlich über den Tisch hinweg zu seinem Gastgeber und verspürte ein Gefühl der absoluten Überzeugung, dass dies der einzige Mann von allen anderen war, den er als Vertrauten ausgewählt hätte. Wie freundlich, wenn auch etwas neblig, sein Gesicht war! Wie beruhigend, wenn auch etwas undeutlich, seine Stimme!

„Prosser", sagte er, „Sie sind ein Mann von Welt, und ich möchte Ihren Rat haben." Was würden Sie in einem solchen Fall tun? „Ich gehe ins Theater, um mir ein Theaterstück anzusehen, und was finde ich?"

Er hielt inne und beäugte seinen Gastgeber eindrucksvoll.

„Was ist das für ein Lied, das sie spielen?" sagte Herr Prosser. „Man hört es überall." Eines dieser Wiener Dinger, nehme ich an.'

Owen war verärgert. Er begann zu zweifeln, ob Mr. Prossers Tugenden als Vertrauter nicht eher scheinbar als real waren.

„Ich finde, beim Himmel", fuhr er fort, „dass ich das Ding selbst geschrieben habe."

„Es ist kein Patch für *The Merry Widow* ", sagte Herr Prosser.

Owen schlug auf den Tisch.

„Ich sage Ihnen, ich finde, dass ich das Ding selbst geschrieben habe."

'Welche Sache?'

„Dieses Stück, von dem ich dir erzähle." Diese Sache *mit den Weißen Rosen* .'

Er stellte fest, dass er endlich das Ohr seines Gastgebers gefunden hatte. Herr Prosser schien wirklich interessiert zu sein.

'Wie meinst du das?'

Owen fuhr mit seiner Geschichte fort. Er begann mit seinem düsteren Anfang, mit den Tagen, als er den Roman auf seiner Reise von Bath nach Cheltenham gekauft hatte. Er beschrieb seine Arbeitsweise, seine Registrierung des Pakets, seine Spannung, seine wachsende Resignation. Er skizzierte den Verlauf seines Lebens. Er sprach von Audrey und gab eine klare Charakterskizze von Mr Hirte . Er nahm seinen Zuhörer bis zu dem Moment mit, als ihm die Wahrheit klar wurde.

Gegen Ende seiner Erzählung gingen die Lichter aus und er beendete seine Geschichte im Innenhof des Hotels. In der kühlen Luft fühlte er sich wie neu belebt. Die Umrisse von Herrn Prosser wurden wieder klar und deutlich.

Der Soziologe hörte bewundernswert zu. Er wirkte versunken und unterbrach kein einziges Mal.

„Was macht Sie so sicher, dass dies Ihre Version war?" fragte er, als sie den Strand betraten.

Owen erzählte ihm im dritten Akt von der Kreatur seiner Fantasie.

„Aber Sie haben Ihr Manuskript verloren?"

'Ja; Ich habe es verbrannt.'

„Genau das, was man von Ihnen erwartet hätte", sagte Mr. Prosser unfreundlich. „Junger Mann, ich fange an zu glauben, dass da etwas dran sein könnte." Natürlich haben Sie nicht den Hauch eines Beweises, der vor Gericht Bestand hätte; aber trotzdem neige ich dazu, dir zu glauben. Erstens haben Sie nicht die Intelligenz, eine solche Geschichte zu erfinden.'

Owen dankte ihm.

„Tatsächlich wäre ich zufrieden, wenn Sie mir eine Frage beantworten könnten."

Owen hatte den Eindruck, dass Mr. Prosser dazu neigte, ein wenig über sich hinauszuwachsen. Als intelligenter Zuhörer war er von Nutzen gewesen, aber das schien kein Grund zu sein, warum er sich zu einer Art Richter und Zeremonienmeister machen sollte.

„Das ist sehr nett von dir", sagte er; „Aber wird Edith Butler zufrieden sein? Das ist mehr auf den Punkt gebracht.'

„Ich *bin* Edith Butler", sagte Herr Prosser.

Owen blieb stehen. 'Du?'

„Du brauchst es nicht von den Dächern herab zu plappern.“ Sie sind außer meinem Agenten die einzige Person, die es weiß, und ich hätte es Ihnen nicht gesagt, wenn ich hätte helfen können. Es ist nichts, was ich wissen möchte. Großartiger Scott, Mann, starr mich nicht wie ein Fisch an! „Haben Sie noch nie von Pseudonymen gehört?“

'Ja aber-'

„Na ja, egal. Glauben Sie mir, ich *bin* Edith Butler. Jetzt hör mir zu. Dieses Manuskript erreichte mich, als ich auf dem Land war. Es stand kein Name darauf. Das allein weist stark darauf hin, dass Sie der Autor waren. Es war genau die Art von lachender Art, die man gemacht hätte, wenn man der Sache keinen Namen gegeben hätte.‘

„Ich habe jedenfalls einen Brief beigelegt.“

„Da war ein Brief beigefügt.“ Ich habe das Paket im Freien geöffnet. Zu dieser Zeit wehte eine frische Brise. Es fing den Brief auf, und das war das letzte, was ich davon sah. Ich hatte bis zu „Sehr geehrte Frau“ gelesen. Aber an eines erinnere ich mich noch, und zwar daran, dass es von einem Hotel in Cheltenham verschickt wurde, und ich könnte mich daran erinnern, wenn ich es hörte. Nun dann?'

„Ich kann es dir sagen. Es war Wilbrahams. Ich habe dort angehalten.'

„Sie haben bestanden“, sagte Herr Prosser. „Es war Wilbrahams.“

Owens Herz machte einen Satz. Für einen Moment ging er wie auf Luft.

„Dann willst du denn sagen, dass alles in Ordnung ist – dass du glaubst –“

„Das tue ich“, sagte Herr Prosser. „Übrigens“, sagte er, „die Bekanntmachung von *White Roses* ist gestern Abend online gegangen.“

Owens Herz schlug Blei.

„Aber – aber –“, stammelte er. „Aber heute Abend war das Haus voll.“

'Es war. Mit Papier verpackt. Alle lustigen Toten in London waren da. Es war der schlimmste Misserfolg dieser Saison. Und, bei George“, schrie er mit plötzlicher Heftigkeit, „haben Sie ihnen Recht gegeben. “ Wenn ich ihnen einmal gesagt hätte, dass es in England scheitern würde, habe ich es ihnen hundertmal gesagt. „Die Londoner Öffentlichkeit wird so ein inhaltsloses Geschwätz nicht ertragen.“

Owen blieb stehen und sah sich um. Auf der anderen Straßenseite stand ein Taxi. Er gab ihm ein Zeichen . Er fühlte sich unfähig, nach Hause zu gehen. Kein physischer Schlag hätte ihn vollständiger entmannen können als diese schreckliche Enttäuschung, als wie durch ein Wunder alles nach ihm zu laufen schien.

„Lieber reiten als gehen“, sagte Mr. Prosser und steckte seinen Kopf durch das offene Fenster. „Faulheit – Nachlässigkeit – das ist der Fluch des modernen jungen Mannes.“ Wohin soll ich ihm sagen, dass er fahren soll?‘

Owen erwähnte seine Adresse. Es fiel ihm auf, dass er seinem Gastgeber nicht für seine Gastfreundschaft gedankt hatte.

„Es war furchtbar nett von Ihnen, mir das Abendessen zu geben, Mr. Prosser“, sagte er. „Es hat mir unglaublich viel Spaß gemacht.“

„Kommen Sie wieder“, sagte Herr Prosser. „Ich fürchte, Sie sind von dem Stück enttäuscht?“

Owen zwang sich zu einem Lächeln.

„Oh nein, das ist in Ordnung“, sagte er. „Es lässt sich nicht ändern.“

Mr. Prosser drehte sich halb um, dann steckte er seinen Kopf erneut durch das Fenster.

„Ich wusste, dass ich etwas vergessen hatte zu sagen“, sagte er. „Ich hätte Ihnen sagen sollen, dass das Stück in Amerika produziert wurde, bevor es nach London kam. Es lief zwei Saisons in New York und eine in Chicago, und drei Unternehmen spielen es immer noch auf Tour. Hier ist meine Karte. Kommen Sie vorbei und sehen Sie mich morgen. Ich kann Ihnen die tatsächlichen Zahlen nicht ohne weiteres nennen, aber es wird Ihnen nichts ausmachen „Du wirst jede Menge Geld haben.“

AUS DER SCHULE

Merken Sie sich, ich verteidige nicht James Datchett . Ich habe keine Vorgaben für James. Im Gegenteil, ich bin ganz entschieden der Meinung, dass er es nicht hätte tun sollen. Ich sage lediglich, dass es mildernde Umstände gab. Nur das. Ext. Zirkel Nichts mehr.

Lassen Sie uns die Angelegenheit ruhig und gerichtlich prüfen, ohne James ohne weiteres zu verurteilen, sondern vielmehr die ganze Angelegenheit bis ins Mark durchleuchten, um zu sehen, ob wir meine Ansicht bestätigen können, dass es möglich ist, Ausreden für ihn zu finden.

Wir beginnen mit der Zeit, als das Thema der Kolonien zum ersten Mal die Tendenz zeigte, sich bedrohlich in das tägliche Geplauder seines Onkels Frederick einzuschleichen.

James' Onkel Frederick sprach immer mehr oder weniger von den Kolonien, da er in Westaustralien ein beträchtliches Vermögen gemacht hatte, aber erst als James aus Oxford zurückkam, wurde die Sache wirklich bedrohlich. Bis zu diesem Zeitpunkt hatte der Onkel lediglich von den Kolonien *als* Kolonien gesprochen. Jetzt begann er mit finsterer Anspielung auf seinen Neffen darüber zu sprechen. Er spielte James. Es handelte sich um „Frederick Knott präsentiert James Datchett in „The Colonies"" und es bestand die Aussicht, dass es sich bei der Produktion um eine frühe Produktion handeln würde; Denn wenn es einen Teil der Öffentlichkeit gab, den Mr. Knott mehr verabscheute als den anderen, dann waren es junge Männer, die ihren Lebensunterhalt verdienen sollten, anstatt zu Hause herumzuhängen. Bei jedem Besuch im Haus seiner Schwester brachte er seine Ansichten zu diesem Thema mit einiger Beredsamkeit zum Ausdruck. Frau Datchett war Witwe und hatte seit dem Tod ihres Mannes die Angewohnheit, jede Äußerung ihres Bruders Frederick als ein Stück echter Weisheit zu akzeptieren; Tatsächlich hatte James' Onkel jedoch gerade genug Gehirn, um einen Eichelhäher schief fliegen zu lassen, und nicht mehr. Er hatte sein Geld mit der Schafhaltung verdient. Und jeder Narr kann Schafe halten. Allerdings hatte er den Ruf, klug zu sein, und was er sagte, ging durch. Es dauerte daher nicht lange, bis klar war, dass die Reihen der YMWOTBOETLIOIAH im Begriff waren, ein Mitglied zu verlieren.

James seinerseits war ganz gegen die Kolonien. Als Kulisse für seine Karriere also. Er war kein kleiner Englander. Er hatte keine Einwände gegen die Gründung von Kolonien in Großbritannien . Auf jeden Fall gibt es Kolonien. Sie konnten sich auf seine moralische Unterstützung verlassen. Aber als es darum ging, nach Westaustralien zu reisen, um als eine Art Kammerdiener für Onkel Fredericks tierische Schafe zu fungieren – nein.

Nicht für James. Für ihn das literarische Leben. Ja, das war James' Traum – einen Einstieg in das literarische Leben zu wagen. In Oxford hatte er Beiträge für die *Isis geleistet* und war seit seinem Sturz bestrebt , dasselbe mit den Zeitungen der Metropolis zu tun. Er hatte bisher keinen Erfolg gehabt. Aber eine innere Stimme schien ihm zu sagen : (Lesen Sie weiter. Lesen Sie weiter. Dies ist keine Geschichte über die Kämpfe des jungen Anfängers in London. Wir kommen nicht näher als fünfzig Meilen an die Fleet Street heran.)

kam ein vorübergehender Kompromiss zustande , indem James eine Stelle als stellvertretender Schulleiter an Harrow House, der Privatschule eines gewissen Blatherwick , MA, gesichert wurde, mit der Vereinbarung, dass er in England bleiben könnte, wenn er die Stelle behalten könnte schreibe, wenn es ihm gefällt, in seiner Freizeit. Aber wenn er als Betreuer kleiner Jungen in irgendeiner Weise zu kurz kam , sollte er im Tierreich einen Schritt weiter nach unten gehen und sich mit den westaustralischen Schafen messen. Im Falle eines Scheiterns sollte es keine zweite Chance geben. Aus der Art und Weise, wie Onkel Frederick sprach, kam James fast auf den Gedanken, dass er der Verbindung mit Schafen eine spirituelle Bedeutung beimisst . Er schien mit einer Art religiösem Eifer danach zu streben, James nach Westaustralien zu bekehren. Also ging James mit fast den gleichen Gefühlen zum Harrow House, die die Alte Garde auf ihrem Weg den Hügel hinauf bei Waterloo empfunden haben muss.

Harrow House war ein düsteres Herrenhaus am Stadtrand von Dover. Es ist natürlich besser, am Stadtrand von Dover zu sein als tatsächlich dort, aber wenn Sie das gesagt haben, haben Sie alles gesagt. James' Eindrücke von diesem Teil seines Lebens bestanden fast ausschließlich aus Kreide. Kreide im Schulzimmer, Kreide überall auf dem Land, Kreide in der Milch. In diesem Universum aus Kreide brachte er gelangweilten Jungen die Grundlagen von Latein, Geographie und Rechnen bei, und abends, nach einer stattlichen Tasse Kaffee mit Mr Blatherwick in seinem Arbeitszimmer, ging in sein Zimmer und schrieb Geschichten. Das Leben hatte den Vorteil, dass es kaum Ablenkungen bot. Außer Mr Blatherwick und einen seltsamen Freak, der dienstags und freitags aus Dover herkam, um Französisch zu unterrichten, sah er niemanden.

Ungefähr fünf Wochen nach Beginn des Semesters geriet der Fluss des Lebens in Harrow House für den neuen stellvertretenden Schulleiter in Aufruhr.

Ich möchte, dass du mir hier ganz genau folgst. Was die Entschuldigung für James' Verhalten angeht: Jetzt oder nie. Wenn es mir an dieser Stelle nicht gelingt, dich zu berühren, habe ich meinen Bolzen abgeschossen.

Lassen Sie uns die Fakten zusammentragen.

Erstens war es ein perfekter Vormittag.

Außerdem hatte er beim Frühstück einen Brief vom Herausgeber einer Monatszeitschrift erhalten, in dem er eine Kurzgeschichte annahm.

Das war ihm noch nie passiert.

Er war zweiundzwanzig.

Und gerade als er um die Ecke des Hauses herumging, traf er auf Violet, die wie er selbst die Luft einnahm.

Violet war eines der Hausmädchen, eine schlanke, energiegeladene kleine Person mit runden blauen Augen und einem freundlichen Lächeln. Sie lächelte James jetzt an. James blieb stehen.

„Guten Morgen, Sir“, sagte Violet.

In meiner Liste der mitwirkenden Ursachen stelle ich fest, dass ich einen Punkt ausgelassen habe – nämlich, dass anscheinend niemand sonst in der Nähe war.

James sah Violet nachdenklich an. Violet sah James lächelnd an. Der Morgen war genauso aufregend wie kurz zuvor. James war immer noch zweiundzwanzig. Und der Brief des Herausgebers knisterte unaufhörlich in seiner Brusttasche.

Daraufhin bückte sich James und küsste Violet – auf eine rein brüderliche Art und Weise.

Das war natürlich falsch. Es gehörte nicht zu James‘ Pflichten als stellvertretender Hausmeister im Harrow House, umherzuwandern und den Hausmädchen brüderliche Küsse zu geben. Andererseits ist kein großer Schaden entstanden. In den Kreisen, in denen Violet sich bewegte, war der Kuss gleichbedeutend mit dem Händedruck der gehobenen Gesellschaft. Jeder, der zur Hintertür kam, küsste Violet. Der Spediteur tat es; ebenso der Lebensmittelhändler, der Bäcker, der Metzger, der Gärtner, der Postbote, der Polizist und der Fischhändler. In den meisten Punkten waren sie Männer mit sehr unterschiedlichen Ansichten. Über Religion, Politik und die Aussichten der Teilnehmer für das Drei-Uhr-Rennen gingen ihre Meinungen auseinander. Aber in einer Hinsicht waren sie sich einig. Immer wenn sie zur Hintertür von Harrow House kamen , küssten sie alle Violet.

„Ich habe eine Story vom *Universal Magazine angenommen bekommen* “, sagte James beiläufig.

„Haben Sie, Sir?“ sagte Violet.

„Es ist eine ziemlich gute Zeitschrift." Ich werde wahrscheinlich von Zeit zu Zeit viel dafür tun. „Der Herausgeber scheint ein anständiger Kerl zu sein."

„Tatsächlich, Sir?"

„Ich werde mich natürlich in keiner Weise binden, es sei denn, ich bekomme sehr gute Konditionen." Aber ich werde ihn auf jeden Fall viele meiner Sachen sehen lassen. Ein schöner Morgen, nicht wahr?'

Er schlenderte weiter; und Violet, die mit gespitzter Nase noch ein paar Minuten lang die Luft gerochen hatte, ging ins Haus, um sich ihrer Arbeit zu widmen.

Fünf Minuten später schrieb James, zurück in der Kreideatmosphäre, bestimmte Sätze an die Tafel, die seine Klasse in lateinische Prosa umwandeln sollte. Eine etwas aktuelle Note durchzog sie. Wie also:

„Der Onkel von Balbus wünschte, er solle Schafe in den Kolonien (*Provincia*) hüten ."

„ Balbus sagte, dass England gut genug für ihn sei (*Placeo*)."

„ Balbus schickte eine Geschichte (versus) an Maecenas, der antwortete, dass er hoffe, sie zu gegebener Zeit verwenden zu können."

Seine Gedanken verließen das Klassenzimmer, als ihn eine schrille Stimme zurückbrachte.

„Sir, bitte, Sir, was bedeutet „zur rechten Zeit"?"

James dachte nach. „Ändern Sie es in „sofort"", sagte er.

„ Balbus ist ein großartiger Mann", schrieb er an die Tafel.

Zwei Minuten später war er im Büro einer wichtigen Zeitschrift, und auf dem Gesicht des Herausgebers lag Erleichterung, denn James hatte praktisch versprochen, eine Serie von zwölf Kurzgeschichten für ihn zu schreiben.

Es wurde gut beobachtet, dass ein Autor, wenn eine Geschichte abgelehnt wird , diese Geschichte an einen anderen Herausgeber schicken sollte, aber dass er, wenn er eine angenommen hat, eine andere Geschichte an diesen Herausgeber schicken sollte. Diesem hervorragenden Plan folgend, rauchte James, der nach dem Tee eine Stunde dienstfrei hatte, in seinem Schlafzimmer eine Pfeife und machte sich daran, an einem zweiten Werk für das Universal zu arbeiten.

Er kam ziemlich gut zurecht, als sein Ideenfluss durch ein Klopfen an der Tür unterbrochen wurde.

„Komm rein", schrie James. (Ihr Autor ist bekanntermaßen gereizt.)

Der Neuankömmling war Adolf. Adolf gehörte zu den zahlreichen Schweizer und deutschen Jugendlichen, die in dieses Land kamen und bereit waren, ihre Dienste zu einem lächerlichen Preis anzubieten, als Gegenleistung für die Möglichkeit, die englische Sprache zu lernen. Herr Blatherwick vertrat die Ansicht, dass für eine Privatschule ein männlicher Haustüröffner besser sei als ein weiblicher, und argumentierte, dass die Eltern künftiger Schüler vom Anblick eines Mannes in Livree beeindruckt wären. Er hätte sich etwas Imposanteres als Adolf gewünscht, aber Letzterer war das Auffälligste, was man für das Geld bekommen konnte, also machte er das Beste daraus und engagierte ihn. Schließlich könnte ein astigmatischer Elternteil, der Adolf in einem schlechten Licht sieht, von ihm beeindruckt sein. Man konnte es nie sagen.

'Also?' sagte James und starrte ihn an.

„ Wie auch immer vrom dze fillage , sare ?'

Der Großteil von Adolfs Nebenleistungen bestand aus Trinkgeldern, die er für den Gang zum Gemischtwarenladen an der Straße erhielt, um Tabak, Briefmarken usw. zu kaufen. 'NEIN. „Verschwinde", knurrte James und wandte sich seiner Arbeit zu.

Er war überrascht, als er feststellte, dass Adolf, weit davon entfernt, herauszukommen, hereinkam und die Tür schloss.

„ Zst !" sagte Adolf mit einem Finger auf den Lippen.

James starrte.

„In dze Garten „Zis Morgen", fuhr sein Besucher fort und grinste wie ein Wasserspeier, „ich habe dich wirklich gesehen." Verletzt . Zo!'

James' Herz setzte einen Schlag aus. Rein situativ betrachtet war seine gegenwärtige Lage nicht ideal. Er musste hart arbeiten, und mit der Arbeit war nicht viel Geld verbunden. Aber was zählte, war die Situation. Es war sein kleiner Fels der Sicherheit inmitten eines wogenden Ozeans westaustralischer Schafe. Einmal verlor er die Kontrolle, und es gab keine Chance mehr für ihn. Er würde weggeschwemmt werden und es gäbe keine Hoffnung mehr auf eine Rückkehr.

'Wie meinst du das?' sagte er heiser.

„In dze Garten . Ich habe dich aus einem Fenster gesehen. Du und Violed . Zo!' Und Adolf lieferte im schlechtesten Geschmack eine realistische Nachahmung der Szene, indem er selbst die Rolle des James übernahm.

James sagte nichts. Die ganze Welt schien von einem riesigen Gebrüll erfüllt zu sein , wie von unzähligen Herden.

„ Lizzun !" sagte Adolf. „ Vielleicht , Herr Blazzervig dell. Vielleicht nicht. Zo!'

James stand auf. Er muss diesen Wurm um jeden Preis besänftigen. Herr Blatherwick war ein strenger Mann. Er würde ein solches Verbrechen nicht übersehen.

Er appellierte an die Ritterlichkeit des anderen.

„Was ist mit Violet?" er sagte. „Du willst doch sicher nicht, dass das arme Mädchen ihren Job verliert?" Sie würden sie zwangsläufig auch entlassen.'

Adolfs Augen leuchteten.

„Zo? Lizzun ! Wenn ich Gom mache virst hier, ich selbst tue es, um zu gissen Verletzt Vunce vish . Aber sie drückt Dze Zide meines Gesichts, und meine Liebe ist verdammt zu hassen.'

James hörte dieser Boulevard-Tragödie aufmerksam zu, äußerte sich jedoch nicht dazu.

„ Wie auch immer vrom dze fillage , sare ?'

Adolfs Stimme war bedeutungsvoll. James holte eine halbe Krone hervor.

„Dann bist du hier. „Besorg mir ein halbes Dutzend Briefmarken und behalte das Wechselgeld."

„ Zdamps ? Ja, Sare . Bei vunce .'

Der letzte Eindruck, den James von dem Verlassenden hatte, war ein breites und fettiges Grinsen, das sich fast über sein Gesicht erstreckte.

Adolf als Erpresser, in der Rolle, in der er sich nun zeigte, unterschied sich in einigen Punkten vom herkömmlichen Erpresser der Fiktion. Es könnte sein, dass er Zweifel hatte, wie viel James ertragen würde, oder es könnte sein, dass seine Seele im Allgemeinen über Geld stand. Jedenfalls hat er seinem Opfer in der Tat nur sehr wenig abgenommen. Er schien den Wunsch zu haben, öfter als zuvor ins Dorf geschickt zu werden, aber das war auch alles. Eine halbe Krone pro Woche hätte James' finanziellen Verlust gedeckt.

Aber er behauptete sich auf andere Weise. Auch in seinen unbeschwertesten Momenten vergaß Adolf nie den Grund, der ihn nach England geführt hatte. Er war ins Land gekommen, um die Sprache zu lernen, und er hatte vor, es zu tun. Die Schwierigkeit, die ihn bisher immer behindert hatte – nämlich der dürftige Wortschatz der Bewohner der Dienstbotenquartiere – war nun beseitigt. Er ernannte James zum Oberlehrer der englischen Sprache und sorgte dafür, dass er seine Pflichten sofort wahrnahm.

Als er James zum ersten Mal im Gang vor dem Klassenzimmer ansprach und ihn aufforderte, bestimmte schwierige Wörter in einem Leitartikel der gestrigen Zeitung zu erklären, war James erfreut. Adolf, dachte er, betrachtete die schmerzhafte Episode als abgeschlossen. Er hatte die halbe Krone als vollen Preis für sein Schweigen akzeptiert und bemühte sich nun , freundlich zu sein, um Wiedergutmachung zu leisten.

Dieses rechtschaffene Verhalten befriedigte James. Er fühlte sich Adolf gegenüber wohlwollend eingestellt. Er las den Leitartikel und gab dann eine ausführliche und freundliche Erklärung der harten Worte. Er hat sich darum gekümmert. Er ging auf die Ableitungen der Wörter ein. Er berührte bestimmte, ziemlich knifflige Unterbedeutungen desselben. Adolf ließ alle Zweifel, die er an James' Fähigkeiten als Englischlehrer gehabt haben könnte, endgültig zerstreuen. Er hatte das Gefühl, den richtigen Mann gefunden zu haben.

Als am nächsten Morgen dasselbe passierte, war James' Art etwas weniger freundlich. Aber er weigerte sich nicht, dem ungebildeten Ausländer zu helfen. Der Vortrag war weniger erschöpfend als der vom Vormittag, aber wir müssen annehmen, dass er Adolf befriedigte, denn er kam am nächsten Tag wieder, sein Vertrauen in seinen Lehrer war unvermindert.

James versuchte eine Geschichte zu schreiben. Er wandte sich gegen den Studenten.

'Aussteigen!' er heulte. „Und nimm das scheußliche Papier weg." Siehst du nicht, dass ich beschäftigt bin? Glaubst du, ich kann meine ganze Zeit damit verbringen, dir das Lesen beizubringen? Aussteigen!'

„ Da ist ein hartes Wort „Vos ", sagte Adolf geduldig, „davon weiß ich nichts." dze Bedeutung.'

James verfluchte kurz das harte Wort .

„Aber", fuhr Adolf fort, „von einem Vord , von Dze." vord „ giss ", ich dze Bedeutung wissen. Zo!'

James sah ihn an. Es entstand eine Pause.

Zwei Minuten später war der Englischunterricht in vollem Gange.

Alles, was James jemals über die wunderbare Hingabe des modernen deutschen jungen Mannes an das Studium gehört oder gelesen hatte, wurde ihm in den nächsten zwei Wochen bewusst. Unsere englische Jugend verbringt ihre Zeit mit Müßiggang und Vergnügungssucht. Der Deutsche konzentriert sich. Adolf konzentrierte sich wie ein poröser Putz. Jeden Tag nach dem Frühstück, gerade als der Erfolg von James' literarischer Karriere von absoluter Abgeschiedenheit abhing, kam er zu seiner Unterrichtsstunde angetrabt. James' Schreiben hörte praktisch auf.

So etwas kann nicht von Dauer sein. Es gibt eine Grenze, und Adolf stieß an diese Grenze, als er versuchte, Abendkurse in den bestehenden Lehrplan aufzunehmen.

James hatte, wie gesagt, die Angewohnheit, mit Mr. Kaffee zu trinken Blatherwick in seinem Arbeitszimmer, nachdem er die Jungen ins Bett gebracht hatte. Als er gerade unterwegs war, um diesen Termin einzuhalten, überfiel ihn der junge Student vierzehn Tage nach seinem ersten Gespräch mit Adolf mit der Abendzeitung.

Irgendetwas hätte Adolf warnen sollen, dass der Zeitpunkt nicht gut gewählt war. Zunächst hatte James Kopfschmerzen, die Folge eines anstrengenden Tages mit den Jungs. Dann hatte ihn der Englischunterricht an diesem Morgen dazu gebracht, eine Idee völlig zu vergessen, die versprach, der Kern einer hervorragenden Handlung zu sein. Und schließlich hatte er, als er kurz zuvor durch die Halle ging, Violet getroffen, die den Kaffee und die Abendpost ins Arbeitszimmer trug, und sie hatte ihm zwei lange Umschläge gegeben, die in seiner eigenen Handschrift adressiert waren. Er brütete gerade darüber und bereitete sich darauf vor, sie zu öffnen, als Adolf ihn ansprach.

„ Eggscuse ", sagte Adolf und öffnete die Zeitung.

James' Augen leuchteten bedrohlich.

„ Hier sind", fuhr Adolf fort, ohne es zu sehen, „einige jenseits der Grenze liegende harte Vords . " Ich nicke jedoch und verstehe . Für Eierprobe –'

An diesem Punkt trat James ihn.

Adolf sprang wie eine angeschlagene Gämse.

' Abstimmung iss ?' er weinte.

Mit diesen langen Umschlägen in der Hand kümmerte sich James um nichts. Er trat Adolf erneut.

„Zo!" sagte der Student und sprang davon. Er fügte ein paar Worte in seiner Muttersprache hinzu und fuhr fort. „ Wait !" Lizzun ! Ich sage dir, vait ! Brezendly , ven I haf dze Silber Gelöscht und meine seltsameren Kerle sind zahlreich erschienen , ich tue Herrn Blazzervig vil vith von liddle szdory Das wissen Sie schon. Zo!'

Er schoss zu seinem Versteck.

James wandte sich ab und ging den Gang hinunter, um sein Nervengewebe mit Kaffee zu regenerieren.

Mr. im Arbeitszimmer in düsterer Nachdenklichkeit an den Kaminsims Blatherwick dachte traurig über die Strapazen im Leben des Schulmeisters nach. Der Besitzer von Harrow House war ein langer, ernster Mann, einer der letzten, die sich gegen den Anti-Schnurrbart-Kreuzzug wehrten. Er hatte ausdruckslose haselnussbraune Augen und eine allgemeine Ausstrahlung, als wäre er körperlich präsent, aber geistig abwesend. Mütter, die die Schule besuchten, um ihre Söhne vorzustellen, führten seine Unbestimmtheit auf die geistige Aktivität zurück. „Dieses beschäftigte Gehirn", dachten sie, „ruht nie." Sogar während er mit uns spricht, beschäftigt ihn ein abstruser Punkt aus den Klassikern.

Was ihn im Moment beschäftigte, war das völlig unbefriedigende Verhalten des Bruders seiner Frau, Bertie Baxter. Je angespannter er über die wichtigsten Punkte in der Lebensgeschichte des Bruders seiner Frau, Bertie Baxter, grübelte, desto tiefer grub sich das Eisen in seine Seele. Bertie war einer der Berührer der Natur. Dies ist das Zeitalter der Spezialisten, Berties Spezialität war das Ausleihen von Geld. Er war ein Mann von geradezu unheimlicher Vielseitigkeit in dieser Richtung. Die Zeit konnte nicht verwelken, noch konnte die Sitte seine unendliche Vielfalt veralten. Er konnte mit einer luftigen Bluffheit Anleihen machen, die die Sache praktisch zum Stillstand brachten. Und als sein Opfer sich gegen diese Methode gewappnet hatte, konnte er mit der Feinheit eines Spillikins-Spielers eine weitere Fünf-Pfund-Note aus seinem kleinen Schatz ziehen . Herr Blatherwick war für ihn jahrelang eine Goldgrube gewesen. In der Regel ließ der Besitzer von Harrow House klaglos den Gürtel los, denn Bertie hatte, wie jeder gute Kreditnehmer es tun sollte, die Gabe, seinem Opfer im Moment der Rückzahlung das Gefühl zu geben, als hätte er gerade eine ziemlich gute Investition getätigt. Aber aus dem Bann der persönlichen Anziehungskraft seines Schwagers befreit, begann Mr Blatherwick neigte zum Grübeln. Er grübelte jetzt. Warum, fragte er sich mürrisch, sollte er von diesem Bertie belästigt werden? Es war nicht so, als ob Bertie mittellos wäre.

Er hatte ein kleines eigenes Einkommen. Nein, es war reine Rücksichtslosigkeit. Wer war Bertie, dass er –

An diesem Punkt seiner Meditationen begann Violet mit dem Kaffee nach dem Abendessen und der Abendpost.

Herr Blatherwick nahm die Briefe entgegen. Es waren zwei, und mit einem Anflug von Empörung sah er, dass eines in der Handschrift seines Schwagers war. Herr Blatherwicks Blut kochte. Der Kerl dachte also , er könnte sich per Post etwas ausleihen, oder? Nicht einmal die Mühe, einen Besuch abzustatten, oder? Er riss den Brief auf und das erste, was er sah, war ein Scheck über fünf Pfund.

Herr Blatherwick war erstaunt. Dass ein Brief seines Schwagers keine Geldforderung enthalten sollte, war überraschend; Dass darin ein Scheck enthalten sein sollte, selbst über fünf Pfund, grenzte an ein Wunder.

Er öffnete den zweiten Brief. Es war kurz, aber voller feinster und edelster Gefühle; Nämlich, dass der Schriftsteller Charles J. Pickersgill sich freuen würde, wenn Mr Blatherwick könnte seine drei Söhne im Alter von sieben, neun und elf Jahren zum frühestmöglichen Zeitpunkt aufnehmen.

Herr Blatherwicks erstes Gefühl war ein Gefühl der Reue, dass er selbst im Gedanken hart zu dem goldherzigen Bertie hätte sein sollen. Sein nächstes war ein Hochgefühl.

Violet stand unterdessen geduldig mit dem Kaffee vor ihm. Herr Blatherwick bediente sich. Sein Blick fiel auf Violet.

Violet war ein freundliches, warmherziges kleines Ding. Sie sah, dass Mr Blatherwick hatte gute Nachrichten gehabt; und als Überbringerin der Briefe, in denen es enthalten war, fühlte sie sich fast verantwortlich. Sie lächelte Herrn freundlich an Blatherwick .

Herr Blatherwicks verträumtes haselnussbraunes Auge ruhte nachdenklich auf ihr. Der größte Teil seines Geistes war weit weg in der Zukunft und beschäftigte sich mit Visionen einer Schule, die zu kolossalen Ausmaßen angewachsen war und von Millionären besucht wurde. Der Teil davon, der in der Gegenwart noch funktionierte, war gerade groß genug, um zu verstehen, dass er Violet gegenüber freundlich und sogar fast dankbar war. Leider war es zu klein, um ihm klarzumachen, wie falsch es war, sie über das Kaffeetablett hinweg väterlich zu küssen, gerade als James Datchett den Raum betrat.

James hielt inne. Herr Blatherwick hustete. Völlig ungerührt versorgte Violet James mit Kaffee und eilte aus dem Zimmer.

Sie hinterließ eine etwas gewaltige Stille.

Herr Blatherwick hustete erneut.

„Es sieht nach Regen aus", sagte James nachlässig.

'Ah?' sagte Herr Blatherwick .

„Ähnlich wie Regen", sagte James.

'In der Tat!' sagte Herr Blatherwick .

Eine Pause.

„Schade, wenn es regnet", sagte James.

„Stimmt", sagte Mr Blatherwick .

Noch eine Pause.

„Ähm – Datchett ", sagte Mr Blatherwick .

„Ja", sagte James.

„Ich – ähm – spüre, dass vielleicht –"

James wartete aufmerksam.

„Hast du Zucker?"

„Vielen Dank", sagte James.

„Es wird mir leid tun, wenn es regnet", sagte Mr Blatherwick .

Das Gespräch verlief ins Stocken.

James stellte seine Tasse ab.

„Ich muss etwas schreiben", sagte er. „Ich glaube, ich gehe jetzt nach oben."

„Ähm – einfach so", sagte Mr Blatherwick , erleichtert. 'Einfach so. Eine ausgezeichnete Idee.'

„Ähm – Datchett ", sagte Mr Blatherwick am nächsten Tag nach dem Frühstück.

'Ja?' sagte James.

Ein Gefühl der Zufriedenheit überkam ihn heute Morgen. Die Sonne war durch die Wolken durchgebrochen. In einem der langen Umschläge, die er am Vorabend erhalten hatte, hatte sich bei der Prüfung herausgestellt, dass er einen Brief des Herausgebers enthielt, in dem er die Geschichte akzeptierte, wenn er bestimmte am Rand angegebene Passagen rekonstruieren würde.

„Ich war – ach – leider gezwungen, Adolf zu entlassen“, sagte Herr Blatherwick .

'Ja?' sagte James. Er hatte Adolfs strahlendes Morgengesicht vermisst.

'Ja. Nachdem du mich letzte Nacht verlassen hattest, kam er mit einer böswilligen – äh – Erfindung in Bezug auf dich selbst in mein Arbeitszimmer, die ich nicht – äh – näher erläutern muss.'

James sah gequält aus. Es ist schrecklich, diese nährenden Vipern im Busen.

„Ich gebe Adolf in letzter Zeit fast jeden Tag Englischunterricht. „Kein Gefühl der Dankbarkeit, diese Ausländer“, sagte er traurig.

„ Also war ich gezwungen“, fuhr Herr fort Blatherwick , „um – tatsächlich einfach so.“

James nickte mitfühlend.

„Wissen Sie etwas über Westaustralien?“ fragte er und wechselte das Thema. „Es ist ein schönes Land, glaube ich.“ Ich hatte einmal darüber nachgedacht, dorthin zu gehen.'

'In der Tat?' sagte Herr Blatherwick .

„Aber ich habe die Idee jetzt aufgegeben“, sagte James.

DREI AUS DUNSTERVILLE

Es war einmal, vor langer Zeit, auf dem Longacre Square in New York stand eine große weiße Statue mit der Aufschrift „Unsere Stadt", die Figur einer Frau in griechischen Gewändern, die einen Schild hochhielt. Kritische Bürger protestierten aus verschiedenen Gründen dagegen, doch der eigentliche Fehler bestand darin, dass seine Symbolik fehlerhaft war. Der Bildhauer hätte New York als Zauberer im Abendkleid darstellen sollen, der milde lächelte und ein Kaninchen in eine Schüssel mit Goldfischen verwandelte. Denn das ist vor allem die Spezialität New Yorks . Es ändert.

Zwischen dem 1. Mai, als sie aus dem Zug stieg, und dem 16. Mai, als sie Eddy Moores Brief mit der Information erhielt, dass er ihr eine Stelle als Stenographin im Büro von Joe Rendal vermittelt hatte , hatte sich Mary Hill ganz bemerkenswert verändert.

Mary stammte aus Dunsterville , das in Kanada liegt. Auswanderungen aus Dunsterville waren selten. Es ist eine schläfrige Stadt; und in der Regel treten dort geborene junge Männer in die Fußstapfen ihres Vaters und arbeiten auf dem väterlichen Bauernhof oder helfen im väterlichen Laden. Gelegentlich bricht ein mutiger Geist aus, aber selten weiter als bis nach Montreal. Nur zwei aus der jüngeren Generation, Joe Rendal und Eddy Moore, hatten sich vorgenommen, in New York ihr Glück zu machen; und beide hatten, trotz der düsteren Prophezeiungen der Dorfweisen, Erfolg gehabt.

Maria, die dritte und letzte Auswanderin, strebte nicht nach solchen Höhen. Alles, was sie vorerst von New York verlangte, war, dass es ihr einen existenzsichernden Lohn zahlen sollte, und zu diesem Zweck hatte sie, nachdem sie sich heimlich mit Schreibmaschine und Stenographie beschäftigt hatte, den Sprung gewagt und war begeistert von der Aufregung und der Romantik der Dinge; und New York hatte sie angeschaut, die Augenbrauen hochgezogen und wieder weggeschaut. Wenn jede Stadt eine Stimme hat, hätte New York in diesem Moment „Huh!" gesagt. Das hatte Mary gedämpft. Sie sah, dass es Hindernisse geben würde. Zum einen hatte sie sich so sehr auf Eddy Moore verlassen, und er hatte sie im Stich gelassen. Drei Jahre zuvor hatte er auf einem Kirchenfest ausdrücklich erklärt, dass er für sie sterben würde. Vielleicht war er dazu immer noch bereit – sie hatte nicht nachgefragt –, aber er sah sich jedenfalls nicht bereit, sie als Sekretärin einzustellen. Er war sehr nett dazu gewesen. Er hatte freundlich gelächelt, ihre Adresse entgegengenommen und gesagt, er würde tun, was er konnte, und war dann schnell davongeeilt, um sich beim Mittagessen mit einem Mann zu treffen. Aber er hatte ihr keine Stelle gegeben. Und als die Tage vergingen und sie keine Anstellung fand, ihr kleiner Geldvorrat schrumpfte und kein

Wort von Eddy kam, machte sich New York an die Arbeit und änderte ihre Einstellung zu den Dingen wunderbar. Was romantisch gewirkt hatte, wurde nur noch beängstigend. Was so aufregend gewesen war, löste in ihr ein Gefühl benommener Hilflosigkeit aus.

Aber erst als Eddys Brief eintraf, wurde ihr klar, wie vollständig die Veränderung war. Am 1. Mai hätte sie sich höflich bei Eddy für seine Mühe bedankt und hinzugefügt, dass sie den armen Joe wirklich lieber nicht wiedersehen würde. Am 16. Mai begrüßte sie ihn als etwas, das vom Himmel gesandt wurde. Die Tatsache, dass sie angestellt werden sollte, war tausendfach schwerer als die Tatsache, dass ihr Arbeitgeber Joe sein sollte.

Es war nicht so, dass sie Joe nicht mochte. Er tat ihr leid.

Sie erinnerte sich an Joe, einen schweigsamen, schlurfenden Jugendlichen, voller Hände, Füße und Schüchternheit, der den größten Teil seiner Freizeit damit verbracht hatte, seine Finger zu drehen und sie aus der Ferne bewundernd anzustarren. Die Menschen im gesellschaftlichen Trubel von Dunsterville waren der Meinung, dass es seine hoffnungslose Leidenschaft für sie war, die ihn dazu gebracht hatte, nach New York zu fliegen. Es wäre peinlich, ihn wiederzusehen. Es würde Fingerspitzengefühl erfordern, seine stille Anbetung zu unterbinden, ohne ihn noch tiefer zu verletzen. Sie hasste es, Menschen zu verletzen.

Aber selbst um diesen Preis muss sie den Posten annehmen. Sich zu weigern bedeutete einen schändlichen Rückzug nach Dunsterville , und ihr Stolz empörte sich dagegen. Sie muss Dunsterville im Triumph erneut besuchen oder überhaupt nicht.

Joe Rendals Büro lag im Herzen des Finanzviertels, etwa auf halber Höhe eines Gebäudes, das für Mary, inmitten der weniger beeindruckenden Architektur ihrer Heimatstadt aufgerichtet, fast bis zum Himmel zu reichen schien. Ein stolz aussehender Bürojunge, offenbar verblüfft und beschämt über die Nachricht, dass sie einen Termin hatte, nahm ihren Namen und setzte sich, erfüllt von einer schönen Mischung gemischter Gefühle, um zu warten.

Zum ersten Mal seit ihrer Ankunft in New York fühlte sie sich fast unbeschwert. New York mit seinen drängenden, drängelnden und eiligen Menschenmengen; ein riesiger Vogelgehege voller menschlicher Hühner, die hin und her huschen ; Das Gluckern, immer auf der Suche nach einem begehrten Bissen und immer bereit, herabzustürzen und es seinem vorübergehenden Besitzer zu entreißen, hatte sie betäubt. Aber jetzt spürte sie, wie die Anspannung nachließ. New York war vielleicht zu viel für sie, aber mit Joe kam sie zurecht.

Der hochmütige Junge kehrte zurück. Herr Rendal war ausgerückt. Sie stand auf und ging in einen Innenraum, wo ein großer Mann an einem Schreibtisch saß.

Es war Joe. Daran bestand kein Zweifel. Aber es war nicht der Joe, an den sie sich erinnerte, er mit den verdrehten Klingeln und dem stummen Blick. In seinem Fall hatte New York wirkungsvoll gezaubert. Er sah besser aus, war besser gekleidet und in jeder Hinsicht besser. Früher hatte man die Hände und Füße bemerkt und auf die Anwesenheit von Joe irgendwo im Hintergrund geschlossen. Jetzt waren sie nur noch Ergänzungen. Mit einem Anflug von Empörung fühlte sich Mary bukolisch und unbehaglich. Peinlich mit Joe! Es war eine Empörung.

Seine Art steigerte das Gefühl. Hätte er auch nur das geringste Anzeichen von Verlegenheit gezeigt , wäre sie ihm gegenüber vielleicht sanfter geworden. Er zeigte keinerlei Verlegenheit. Er fühlte sich sehr wohl. Er war fröhlich. Er war sogar leichtfertig.

„Willkommen in unserer wunderschönen kleinen Stadt", sagte er.

Mary war von hilfloser Wut erfüllt. Welches Recht hatte er, die Vergangenheit auf diese Weise zu ignorieren und sich so zu verhalten, als hätte ihre Anwesenheit ihn nie zu Brei gemacht?

„Willst du dich nicht hinsetzen?" Er ging weiter. „Es ist großartig, dich wiederzusehen, Mary. Du siehst sehr gut aus. Wie lange bist du schon in New York? Eddy erzählt mir, dass du als Sekretärin eingestellt werden möchtest. Zufälligerweise ist in diesem Büro genau dafür eine Stelle frei. Eine große, weite Stelle wurde von einer Dame hinterlassen, die gestern in einem Schauer aus brennenden Worten und Haarnadelkurven abgereist ist. Sie sagte, sie würde niemals zurückkehren, und unter uns war das die richtige Vermutung. Würde es Ihnen etwas ausmachen, mich sehen zu lassen, was Sie tun können? Nimmst du diesen Brief mit?

Dieser neue Joe hatte auf jeden Fall etwas Überzeugendes. Mary nahm den Bleistift und den Block, die er ihm anbot – und sie nahm sie bescheiden entgegen. Bis zu diesem Moment war sie immer erstaunt gewesen über die Berichte, die nach Dunsterville über seinen Erfolg in der Großstadt gelangten. Natürlich hatte niemand jemals an seiner Beharrlichkeit gezweifelt; Aber es braucht etwas mehr als nur Ausdauer, um New York fair und direkt zu bekämpfen und zu gewinnen. Und Joe hatte das gewisse Etwas. Er hatte Kraft. Er war sich seiner selbst sicher.

„Lesen Sie es bitte", sagte er, als er mit dem Diktieren fertig war. „Ja, das ist in Ordnung. Du wirst tun.'

Für einen Moment war Mary kurz davor, sich zu weigern. Ein wahnsinniges Verlangen erfasste sie, sich zu behaupten und ihren Unmut über diesen Aufstand der Leibeigenen deutlich zu machen. Dann dachte sie an die huschende, glucksende Menschenmenge, und ihr Herz verließ sie.

„Danke", sagte sie mit leiser Stimme.

Während sie sprach, öffnete sich die Tür.

'Gut gut gut!' sagte Joe. „Hier sind wir alle! Komm rein, Eddy. „Mary hat mir gerade gezeigt, was sie kann."

Wenn die Zeit viel für Joe getan hatte, hatte sie für seinen Mitauswanderer Eddy Moore noch mehr getan. Er war schon immer gutaussehend und – für örtliche Verhältnisse – vorzeigbar gewesen. Groß, schlank, mit dunklen Augen, die einem den Atem stocken ließen, wenn sie in die eigenen schauten, und einem fließenden Redefluss – er war Dunstervilles Paradestück gewesen. Und hier war er mit all seiner Exzellenz, die durch den Glanz der Stadt noch verstärkt und betont wurde. Er hatte ausgefüllt. Seine Kleidung war wunderbar. Und wenn er sprach, hatte seine Stimme genau die gleiche musikalische Qualität.

„ Du und Joe habt es also in Ordnung gebracht? Hauptstadt! Sollen wir alle irgendwo zu Mittag essen gehen?'

„Habe einen Termin", sagte Joe. „Ich bin schon zu spät." „Sei pünktlich um zwei hier, Mary." Er nahm seinen Hut und ging hinaus.

Die Wirkung von Eddys Höflichkeit hatte dazu geführt, dass Mary die Position, in der sie sich jetzt gegenüber Joe befand, vergessen ließ. Eddy hatte für den Moment eine ganz altmodische Atmosphäre guter Kameradschaft geschaffen. Sie hasste Joe dafür, dass er das kaputt gemacht und sie daran erinnert hatte, dass sie seine Angestellte war. Ihr schneller Flush ging Eddy nicht entgangen.

„Der liebe alte Joe ist manchmal etwas schroff", sagte er. 'Aber-'

„Er ist ein Schwein!" sagte Mary trotzig.

„Aber es darf dir nichts ausmachen. „New York macht solche Männer."

„Es hat dich nicht zu dir gemacht – jedenfalls nicht zu mir. „Oh, Eddy", rief sie impulsiv, „ich habe Angst." Ich wünschte, ich wäre nie hierher gekommen. „Du bist das Einzige in dieser ganzen Stadt, das nicht hasserfüllt ist."

'Armes kleines Mädchen!' er sagte. 'Egal. Lass mich dich mitnehmen und dir etwas zu Mittag geben. Mitkommen.'

Eddy war beruhigend. Daran bestand kein Zweifel. Er versorgte sie mit gehacktem Hühnchen und tröstete sie mit weichschaligen Krabben. Seine Stimme war ein Schlaflied, das ihre von Joe geplagten Nerven zur Ruhe brachte.

Sie diskutierten über die lieben alten Zeiten. Ein Carper hätte sagen können, dass Eddy sich in Bezug auf die guten alten Zeiten im Geringsten vage äußerte. Ein Karpfen hätte darauf hinweisen können, dass die Diskussion über die guten alten Zeiten, wenn man sie analysierte , praktisch ein Monolog von Marys Seite war, unterbrochen von musikalischen „Ja, Ja" ihrer Begleiterin. Aber wen interessiert es, was Karpfenfischer denken? Maria selbst hatte keinen Fehler zu finden. Im Trubel von New York war ihr Dunsterville plötzlich sehr ans Herz gewachsen, und in Eddy fand sie eine mitfühlende Seele, der sie ihr Herz öffnen konnte.

„Erinnerst du dich an die alte Schule, Eddy, und wie du und ich zusammen dorthin gegangen sind, du hast meinen Esskorb getragen und mir über die Zäune geholfen?"

'Ja ja.'

„Und wir würden Hickory-Nüsse und Kakis sammeln?"

„Kakis, ja", murmelte Eddy.

„Erinnern Sie sich an die Preise, die der Lehrer demjenigen verliehen hat, der im Rechtschreibunterricht die besten Noten bekommen hat?" Und die Leckereien zu Weihnachten, wenn wir alle zwölf Stangen gestreifte Pfefferminzbonbons bekamen? Und im Winter das Wasser aus dem Brunnen in diesem alten Holzeimer schöpfen und es auf dem Spielplatz ausschütten und darauf Schlittschuh laufen, wenn es gefroren ist? Und war es im Winter nicht auch kalt! Erinnern Sie sich an den Ofen im Schulzimmer? Wie wir uns immer darum drängten!'

„Der Herd, ja", sagte Eddy verträumt. „Ah ja, der Herd. Ja ja. Das waren die lieben alten Zeiten!' Mary stützte ihre Ellbogen auf den Tisch, ihr Kinn auf ihre Hände und blickte mit funkelnden Augen zu ihm herüber.

„Oh, Eddy", sagte sie, „du weißt nicht, wie schön es ist, jemanden zu treffen, der sich an all diese alten Zeiten erinnert!" Ich fühlte mich hundert Millionen Meilen von Dunsterville entfernt, bevor ich dich sah, und ich hatte Heimweh. Aber jetzt ist alles anders.'

„Arme kleine Mary!"

'Erinnerst du dich-?'

Er blickte hastig auf seine Uhr.

„Es ist zwei Uhr“, sagte er. „Ich denke, wir sollten gehen.“

Marys Gesicht verfiel.

„Zurück zu diesem Schwein, Joe! Ich hasse ihn. Und ich werde ihm zeigen, dass ich es tue!‘

Eddy sah fast alarmiert aus.

„Ich – ich sollte das nicht tun“, sagte er. „Ich glaube nicht, dass ich das tun sollte.“ Es ist zunächst nur seine Art. Du wirst ihn immer mehr mogen. Er ist wirklich ein schrecklich guter Kerl, Joe. Und wenn du – äh – mit ihm streitest , wird es dir vielleicht schwer fallen – ich meine, es ist nicht so einfach, in New York einen Job zu finden, ich möchte nicht an dich denken, Mary“, fügte er zärtlich hinzu. „Auf der Suche nach einem Job – müde – vielleicht hungrig –“

Marys Augen füllten sich mit Tränen.

„Wie gut du bist, Eddy!“ Sie sagte. „Und ich bin schrecklich und grummele, obwohl ich Ihnen dafür danken sollte, dass Sie mir die Wohnung besorgt haben. „Ich werde nett zu ihm sein – wenn ich kann – so nett wie ich kann.“

'Das ist richtig. Versuchen Sie es. Und wir werden uns ziemlich oft sehen. Wir müssen oft zusammen zu Mittag essen.'

Mary betrat das Büro nicht ohne einige Bedenken. Vor zwei Stunden wäre es absurd erschienen, Angst vor Joe zu haben, aber Eddy hatte ihr wieder einmal klar gemacht, wie völlig sie vom Wohlwollen ihres ehemaligen Leibeigenen abhängig war. Und er hatte ihr gesagt, sie solle pünktlich um zwei zurück sein, und es war jetzt fast Viertel nach.

Das Vorbüro war leer. Sie ging weiter in den inneren Raum.

Sie hatte im weiteren Verlauf über Joes wahrscheinliche Einstellung spekuliert. Sie hatte ihn sich genervt, sogar unhöflich vorgestellt. Worauf sie nicht vorbereitet war, war, ihn auf allen Vieren zu finden, wie er grunzte und in einem Stapel Papiere wühlte. Sie blieb abrupt stehen.

'Was *machst* du?' sie schnappte nach Luft.

„Ich kann mir nicht vorstellen, was du meintest“, sagte er. „Da muss ein Fehler vorliegen. Ich bin nicht einmal ein passables Schwein. Ich könnte einen Neuling nicht täuschen.'

Er stand auf und klopfte sich den Staub auf die Knie.

„Dennoch schienen Sie gerade im Restaurant absolut sicher zu sein. Ist Ihnen aufgefallen, dass Sie in der Nähe einer Art Dschungel aus Topfpalmen saßen? Ich aß sofort auf der anderen Seite des Waldes zu Mittag.

Mary richtete sich auf und starrte ihn mit einem Blick an, der vor Wut und Verachtung leuchtete.

'Lauscher!' Sie weinte.

„Nicht schuldig“, sagte er fröhlich. „Ich hatte keine Ahnung, dass du da warst, bis du schrie: „Dieses Schwein Joe, ich hasse ihn!“ und fast direkt danach bin ich gegangen.'

„Ich habe nicht geschrien.“

„Mein liebes Mädchen, du hast an meinem Tisch ein Weinglas zerbrochen. Der Mann, mit dem ich zu Mittag aß, sprang sofort von seinem Sitz auf und schluckte seine Zigarre. Du solltest vorsichtiger sein!'

Mary biss sich auf die Lippe.

„Und jetzt, nehme ich an, wirst du mich entlassen?“

„Dich entlassen? Nicht viel. Die Sache hat einfach meine hohe Meinung von Ihren Qualifikationen bestätigt. Die ideale Sekretärin muss zwei Eigenschaften haben: Sie muss in der Lage sein, zu sprechen. und sie muss ihren Arbeitgeber für ein Schwein halten. Sie bezahlen die Rechnung. Würde es Ihnen etwas ausmachen, diesen Brief zur Hand zu nehmen?'

Das Leben verlief für Mary in den ersten Tagen ihrer beruflichen Laufbahn sehr schnell und anregend. Das Innenleben eines vielbeschäftigten Maklerbüros ist für den Fremden immer interessant. Sie hatte nie verstanden, wie Geschäftsleute ihr Geld verdienten, und sie verstand es auch jetzt nicht; Aber es dauerte nicht lange, bis ihr klar wurde, dass sie es verdient hätten, wenn sie alle wie Joe Rendal wären . Es gab Tage relativer Ruhe. Es gab arbeitsreiche Tage. Und es gab Tage, an denen sich in wenigen Stunden die geballte Essenz eines Konzerts im Varieté, eines Erdbebens, eines Fußball-Duells und der Hauptverkehrszeit in der U-Bahn vereinte; als das Büro voller schreiender Männer war, als seltsame Gestalten ein- und aussprangen und Türen zuschlugen wie Charaktere in einer alten Farce, und Harold, der stolze Bürojunge, die Miene verlor, als wäre er kurz davor, mit einem Herzog im Büro zu Mittag zu essen Club und schwitzte wie einer vom Proletariat. Bei diesen Gelegenheiten konnte man nicht umhin, Joe zu bewundern, auch wenn man ihn hasste. Wenn ein Mann seine eigene Arbeit gut macht, ist es unmöglich, ihn nicht zu bewundern. Und Joe hat seine Arbeit gut gemacht, überragend gut. Er war überall. Wo andere trotteten, sprang er. Wo andere ihre Stimme erhoben, schrie er. Wo andere gleichzeitig an zwei Orten waren, befand er sich an dreien und bewegte sich auf einen vierten zu.

Diese Umwälzungen bewirkten bei Mary, dass sie sich auf seltsame Weise mit der Firma verbunden fühlte. An gewöhnlichen Tagen war Arbeit Arbeit, aber bei Sturm und Stress war es ein Kampf, und sie betrachtete jedes Mitglied der kleinen Truppe, die sich unter dem Banner von J. Rendal gruppierte , als einen Waffenbruder. Für Joe hätte sie alles getan, während der Kampf tobte. Ihr Groll darüber, unter seinen Befehlen zu stehen, verschwand völlig. Er war ihr Kapitän und sie nur eine Einheit in der Schusslinie. Es war ein Privileg, das zu tun, was ihr gesagt wurde. Und wenn der Befehl scharf und abrupt kam, bedeutete das nur, dass die Kämpfe erbittert waren und dass sie umso glücklicher war, in der Lage zu sein, ihr zu Diensten zu sein.

Die Reaktion würde mit dem Ende des Kampfes kommen. Ihre privaten Feindseligkeiten begannen, als die Firma aufhörte. Sie wurde wieder ein gewöhnlicher Mensch, und Joe auch. Und gegenüber Joe als gewöhnlichem Menschen hatte sie Einwände. Es lag etwas Undefinierbares in seinem Verhalten, das sie erschütterte. Sie kam zu dem Schluss, dass es vor allem an seiner unerträglichen guten Laune lag . Wenn er ihr gegenüber nur hin und wieder die Beherrschung verlieren würde, wäre er ihrer Meinung nach erträglich. Er hat es mit anderen verloren. Warum nicht mit ihr? Denn, sagte sie sich bitter, er wollte ihr zeigen, dass sie ihm so wenig bedeutete, dass es sich nicht lohnte , mit ihr zu streiten; weil er sie ins Unrecht bringen wollte, um ihr überlegen zu sein. Sie hatte das vollkommene Recht, einen Mann zu hassen, der sie so behandelte.

Sie verglich ihn zu seinem Nachteil mit Eddy. Eddy war in diesen Tagen immer mehr ein Trost für mich. Es überraschte sie ziemlich, dass er so viel Zeit fand, sich ihr zu widmen. Als sie ihn bei ihrer Ankunft in der Stadt zum ersten Mal aufgesucht hatte, hatte er bei ihr den Eindruck erweckt – mehr, wie sie zugab, durch sein Verhalten als durch seine Worte –, dass sie unerwünscht sei. Er hatte keinerlei Neigung gezeigt, ihre Gesellschaft zu suchen. Aber jetzt schien er immer zur Stelle zu sein. Es schien sein größtes Hobby zu sein, sie zum Mittagessen mitzunehmen.

Eines Nachmittags äußerte sich Joe dazu mit der Miene, ein nachsichtiges Lächeln zu unterdrücken, was Mary so anstrengend fand.

„Ich habe dich und Eddy gerade bei Stephano gesehen", sagte er zwischen den Sätzen eines Briefes, den er diktierte. „Sie sehen viel von Eddy, nicht wahr?"

„Ja", sagte Mary. „Er ist sehr nett. Er weiß, dass ich einsam bin.' Sie hielt inne. „ *Er* hat die alten Zeiten nicht vergessen", sagte sie trotzig.

Joe nickte.

„Guter alter Eddy!" er sagte.

Es gab nichts in den Worten, das Maria in Aufregung versetzt hätte, wohl aber die Art und Weise, wie sie gesprochen wurden, und sie war entsprechend in Aufregung geraten.

'Wie meinst du das?' Sie weinte.

'Bedeuten?' fragte Joe.

„Sie deuten etwas an. Wenn Sie etwas gegen Eddy zu sagen haben, warum sagen Sie es dann nicht direkt?

„Es ist eine gute Lebensregel, niemals etwas direkt zu sagen." Wenn ich in Gleichnissen spreche, werde ich feststellen, dass, wenn Amerika eine Monarchie statt einer Republik wäre und die Menschen hier Titel hätten, Eddy mit Sicherheit der erste Earl of Pearl Street wäre.

Einen Moment lang kämpfte in Maria die Würde mit der Neugier. Letzterer hat gewonnen.

„Ich weiß nicht, was du meinst! Warum Pearl Street?'

„Geh und sieh es dir an."

Die Würde gewann wieder an Boden. Mary warf den Kopf zurück.

„Wir verschwenden viel Zeit", sagte sie kalt. „Soll ich den Rest dieses Briefes notieren?"

'Großartige Idee!' sagte Joe nachsichtig. 'Tun.'

Ein Polizist, der an diesem Abend über das Leben in der Nachbarschaft von City Hall Park und Broadway grübelte, erwachte aus seinen Meditationen und wurde plötzlich von einer jungen Dame angesprochen. Die junge Dame hatte große graue Augen und eine schlanke Figur. Sie appellierte an den ästhetischen Geschmack des Polizisten.

„Halten Sie an mir fest, Dame", sagte er mit galantem Eifer. „Ich sehe dich auf dem Rücken."

„Danke, ich möchte nicht überqueren", sagte sie. 'Offizier!'

Dem Polizisten gefiel es sehr, wenn man ihn „Offizier" nannte.

„Ma'am?" er strahlte.

„Officer, kennen Sie eine Straße namens Pearl Street?"

„Das mache ich, Ma'am."

Sie zögerte. „Was ist das für eine Straße?"

Der Polizist suchte in Gedanken nach einer treffenden Definition.

„Verdammt schief, Miss", sagte er.

Dann zeigte er den Weg, aber die Dame war gegangen.

Es war eine Bombe in einem blauen Kleid, die Joe am nächsten Morgen im Büro vorfand, die auf ihn wartete. Er betrachtete es schweigend und hob dann die Hände über den Kopf.

„Nicht schießen", sagte er. 'Was ist los?'

„Welches Recht hattest du, das über Eddy zu sagen? Sie wissen, was ich meine – über Pearl Street.'

Joe lachte.

„Haben Sie einen Blick auf die Pearl Street geworfen?"

Marys Wut flammte auf.

„Ich hätte nicht gedacht, dass du so gemein und feige sein könntest", rief sie. „Du solltest dich schämen, über Menschen hinter ihrem Rücken zu reden, wenn – wann – außerdem, wenn er das ist, was du sagst, wie kam es dann dazu, dass du mich auf seine Empfehlung hin engagiert hast?"

Er sah sie einen Moment lang an, ohne zu antworten. „Ich hätte Sie engagiert", sagte er, „auf Empfehlung eines Syndikats aus Fälschern und Drei-Karten-Trickmännern."

Er stand da und befingerte einen Stapel Papiere auf dem Schreibtisch.

„Eddy ist nicht der Einzige, der sich an die alten Zeiten erinnert, Mary", sagte er langsam.

Sie sah ihn überrascht an. In seiner Stimme lag ein Ton, den sie vorher noch nicht gehört hatte. Sie spürte eine merkwürdige Verlegenheit und ein subtileres Gefühl, das sie nicht analysieren konnte . Doch bevor sie etwas sagen konnte, betrat Harold, der Bürojunge, mit einer Karte den Raum, und das Gespräch wurde von einer Flutwelle der Arbeit mitgerissen.

Joe machte keinen Versuch, es fortzusetzen. Dieser Morgen war zufällig einer der Erdbeben- und Klopfskizzenmorgen, und die Gespräche, die überhaupt stattfanden, bestanden aus kurzen, anstrengenden Bemerkungen rein geschäftlicher Natur.

Aber ab und zu kehrte Mary im Laufe des Tages zu seinen Worten zurück. Ihre Wirkung auf ihren Geist verwirrte sie. Irgendwie kam es ihr so vor Sie führten dazu, dass die Dinge ihre Perspektive veränderten. In gewisser Weise war Joe menschlicher geworden. Sie weigerte sich immer noch zu glauben, dass Eddy nicht gerade ritterlich und edel war, aber ihre Wut auf Joe wegen seiner Unterstellungen war einem Gefühl des Bedauerns gewichen, dass er sie hätte machen sollen. Sie hörte auf, ihn als etwas mutwilliges Böswilliges zu betrachten, als einen Thersites, der rücksichtslos seine Vorgesetzten verleumdete. Sie hatte das Gefühl, dass es irgendwo ein Missverständnis gegeben haben musste und bedauerte es.

Als sie darüber nachdachte, kam sie zu dem Schluss, dass es an ihr lag, dieses Missverständnis auszuräumen. Die folgenden Tage bestärkten die Entscheidung; denn die Verbesserung in Joe wurde stetig aufrechterhalten. Das Undefinierbare in seinem Verhalten, das sie so geärgert hatte, war verschwunden. Es war, als es existierte, so nebulös gewesen, dass es keiner Worte bedurfte, um es zu beseitigen. Tatsächlich konnte sie selbst jetzt nicht genau sagen, worin es bestanden hatte. Sie wusste nur, dass sich die Atmosphäre verändert hatte. Ohne ein Wort auf beiden Seiten schien Frieden zwischen ihnen hergestellt worden zu sein, und es erstaunte sie, was für einen Unterschied das machte. Sie fühlte sich besänftigt und glücklich und allen Menschen gegenüber freundlich gesinnt, und jeden Tag verspürte sie stärker die Notwendigkeit, Joe und Eddy von den Verdiensten des anderen zu überzeugen, oder besser gesagt, Joe zu überzeugen, denn Eddy, wie sie zugab, sprach immer sehr großzügig von ihnen das andere.

Eine Woche lang erschien Eddy nicht im Büro. Am achten Tag rief er sie jedoch an und lud sie zum Mittagessen ein.

Später am Morgen lud Joe sie zufällig zum Mittagessen ein.

„Es tut mir so leid", sagte Mary; „Ich habe es Eddy gerade versprochen. Er möchte, dass ich ihn bei Stephano treffe, aber …" Sie zögerte. „Warum sollten wir nicht alle zusammen zu Mittag essen?" sie fuhr impulsiv fort.

Sie beeilte sich weiter. Dies war ihre Eröffnung, aber sie war nervös. Das Thema Eddy war zwischen ihnen seit dem denkwürdigen Gespräch vor einer Woche nicht mehr zur Sprache gekommen, und sie war sich ihrer Meinung nicht sicher.

„Ich wünschte, Eddy würde dir gefallen, Joe", sagte sie. „Er mag dich sehr, und es scheint so schade, dass wir – ich meine – alle aus derselben alten Stadt kommen, und – oh, ich weiß, ich habe es schlecht ausgedrückt, aber –"

„Ich denke, Sie haben es sehr gut ausgedrückt", sagte Joe; „Und wenn ich möchte, dass ein Mann Befehle erteilt, würde ich es tun, um Ihnen einen

Gefallen zu tun." Aber – nun ja, ich werde nicht weiter darauf herumreiten. Vielleicht wirst du Eddy eines Tages selbst durchschauen.'

Das Gefühl der Hoffnungslosigkeit ihrer Aufgabe bedrückte Mary. Sie setzte ihren Hut auf, ohne zu antworten, und wandte sich zum Gehen.

Als sie an der Tür stand, veranlasste sie ein Impuls, zurückzublicken, und als sie das tat, begegnete sie seinem Blick und stand da und starrte ihn an. Er sah sie an, wie sie ihn drei Jahre zuvor in Dunsterville so oft gesehen hatte – demütig, flehend, hungrig.

Er machte einen Schritt nach vorne. Eine Art Panik erfasste sie. Ihre Finger lagen auf der Türklinke. Sie drehte es um und im nächsten Moment war sie draußen.

Sie ging langsam die Straße entlang. Sie fühlte sich erschüttert. Sie hatte so fest geglaubt, dass seine Liebe zu ihr mit seiner Schüchternheit und Unbeholfenheit im Kampf um den Erfolg in New York verschwunden sei. Seine Worte, sein Verhalten – alles hatte darauf hingewiesen. Und jetzt – es war, als ob diese drei Jahre nicht gewesen wären. Nichts hatte sich verändert, außer sie selbst.

Hatte sie sich verändert? Ihre Gedanken waren im Wirbel. Dieses Ding hatte sie wie ein körperlicher Schock getroffen. Die Menschenmassen und der Lärm auf der Straße verwirrten sie. Wenn sie nur von ihnen wegkommen und ruhig nachdenken könnte …

Und dann hörte sie, wie ihr Name gesprochen wurde, und blickte sich um, um Eddy zu sehen.

„Freut mich, dass du kommen konntest", sagte er. „Ich habe etwas, worüber ich mit dir reden möchte." Bei Stephano wird es ruhig sein.'

Sie bemerkte fast unbewusst, dass er nervös wirkte. Er schwieg ungewöhnlich. Sie war froh darüber. Es half ihr beim Nachdenken.

Er gab dem Kellner eine Bestellung, verstummte wieder und trommelte mit den Fingern auf dem Tuch. Er sprach kaum, bis das Essen vorbei war und der Kaffee auf dem Tisch stand. Dann beugte er sich vor.

„Mary", sagte er, „wir waren schon immer ziemlich gute Freunde, nicht wahr?"

Seine dunklen Augen blickten in ihre. Es war ein Ausdruck darin, der ihr fremd war. Er lächelte, aber Mary hatte den Eindruck, dass hinter dem Lächeln eine Anstrengung steckte.

„ Natürlich haben wir das, Eddy", sagte sie. Er berührte ihre Hand.

„Liebe kleine Mary!" sagte er leise.

Er hielt einen Moment inne.

„Mary“, fuhr er fort, „möchtest du mir eine gute Geste tun?“ Das würdest du doch tun, nicht wahr, Mary?'

„Warum, Eddy, natürlich!“

Er berührte erneut ihre Hand. Diesmal ging ihr die Aktion irgendwie auf die Nerven. Vorher schien es impulsiv, ein bloßer spontaner Beweis der Freundschaft . Nun lag da eine Andeutung von Künstlichkeit, von Berechnung. Sie zog sich ein wenig in ihrem Stuhl zurück. Tief in ihrem Inneren hatte ein wachsamer Instinkt Alarm geschlagen. Sie war auf der Hut.

Er holte schnell Luft.

„Es ist nicht viel.“ Gar nichts. Es ist nur das. Ich – ich – Joe werde am Donnerstag – denk dran – Donnerstag einen Brief an einen Mann namens Weston schreiben . Es wird nichts drin sein – nichts Wichtiges – nichts Privates – aber – ich – ich möchte, dass du mir eine Kopie davon schickst, Mary. A—eine Kopie von—'

Sie sah ihn mit offenen Augen an. Ihr Gesicht war weiß und schockiert.

„Um Himmels willen“, sagte er gereizt, „sehen Sie nicht so aus.“ Ich bitte Sie nicht, einen Mord zu begehen. Was ist los mit dir? Schau her, Maria; Du gibst wohl zu, dass du mir etwas schuldest? Ich bin der einzige Mann in New York, der jemals etwas für dich getan hat. Habe ich dir nicht deinen Job verschafft? Nun ja, es ist ja nicht so, dass ich Sie auffordern würde, etwas Gefährliches oder Schwieriges zu tun, oder …“

Sie versuchte zu sprechen, konnte es aber nicht. Er ging schnell weiter. Er sah sie nicht an. Sein Blick wanderte unruhig an ihr vorbei.

„Schau her“, sagte er; „Ich bin ehrlich zu dir.“ Sie sind in New York, um Geld zu verdienen. Nun, Sie werden es nicht schaffen, auf eine Schreibmaschine zu hämmern. Ich gebe dir deine Chance. Ich werde ehrlich zu dir sein. Lassen Sie mich diesen Brief sehen und –“

Seine Stimme verstummte abrupt. Der Ausdruck auf seinem Gesicht veränderte sich. Er lächelte und dieses Mal war die Anstrengung offensichtlich.

„ Hallo , Joe!“ er sagte.

Mary drehte sich um. Joe stand an ihrer Seite. Er sah sehr groß und gesund und erholsam aus.

„Ich möchte mich nicht einmischen“, sagte er; „Aber ich wollte dich sehen, Eddy, und ich dachte, ich sollte dich hier erwischen. Ich habe gestern – nachdem ich aus dem Büro nach Hause kam – einen Brief an Jack Weston geschrieben und einen an Sie; und irgendwie habe ich es geschafft, sie in den falschen Umschlägen zu verschicken. Es spielt keine große Rolle, denn beide sagten das Gleiche.'

'Das gleiche?'

'Ja; Ich habe dir gesagt, dass ich dir am Donnerstag noch einmal schreiben soll, um dir einen guten Tipp zu geben, den ich vom alten Longwood erwartet habe. Jack Weston hat mich gerade angerufen und mir mitgeteilt, dass er einen Brief erhalten hat, der ihm nicht gehört. Ich habe es ihm erklärt und dachte, ich komme mal vorbei und erkläre es dir. Warum hast du es eilig, Eddy?'

Eddy war von seinem Platz aufgestanden.

„Ich muss zurück ins Büro", sagte er heiser.

'Beschäftigter Mann! Ich habe einen entspannten Tag. Na dann auf Wiedersehen. Ich werde Mary wiedersehen.'

Joe setzte sich auf den freien Stuhl.

„Du siehst müde aus", sagte er. „Hat Eddy zu viel geredet?"

„Ja, das hat er … Joe, du hattest recht."

„Ah – Maria!" Joe kicherte. „Ich sage dir etwas, was ich Eddy nicht erzählt habe. Es war nicht ganz aus Unachtsamkeit, dass ich diese Briefe in den falschen Umschlägen verschickt habe. Um ganz ehrlich zu sein: Es geschah überhaupt nicht aus Unachtsamkeit. In Pittsburgh gibt es einen alten Herrn namens John Longwood, der gelegentlich die Güte hat, mich einen Tag oder so, bevor der Rest der Welt davon erfährt, über einige seiner geplanten Aktivitäten auf dem Markt zu informieren, und Eddy hat immer eine starke Haltung gezeigt Wunsch nach frühzeitiger Information. Erinnern Sie sich, dass ich Ihnen erzählt habe, dass Ihr Vorgänger das Büro etwas abrupt verlassen hat? Es gab einen Grund. Ich habe sie als vertrauliche Sekretärin engagiert, und sie hat es übertrieben. Sie vertraute sich Eddy an. Aus Ihrem Gesichtsausdruck, als ich eintrat, konnte ich schließen, dass er Ihnen gerade vorgeschlagen hatte, eine ähnliche Tat christlicher Nächstenliebe zu vollbringen. Hatte er?'

Mary ballte die Hände.

„Es ist dieses schreckliche New York!" Sie weinte. „Eddy war in Dunsterville noch nie so ."

„ Dunsterville bietet nicht ganz die gleichen Möglichkeiten", sagte Joe.

„New York verändert alles", gab Mary zurück. „Es hat Eddy verändert – es hat dich verändert."

Er beugte sich zu ihr und senkte seine Stimme.

„Nicht ganz“, sagte er. „Mir geht es in einer Hinsicht genauso.“ Ich habe versucht, so zu tun, als hätte ich mich verändert, aber es hat keinen Zweck. Ich gebe es auf. Ich bin immer noch derselbe arme Idiot, der in Dunsterville herumlungerte und dich anstarrte .'

Ein Kellner näherte sich dem Tisch mit der Miene, die Kellner pflegen, als sei er zufällig in diese Richtung gegangen. Joe beugte sich weiter nach vorne und sprach schnell.

„Und für wen“, sagte er, „war dir ein einziges Fingerschnippen egal, Mary.“

Sie sah zu ihm auf. Der Kellner stand da und bereitete sich auf seinen Sturzflug vor. Plötzlich lächelte sie.

„New York hat mich auch verändert, Joe“, sagte sie.

'Maria!' er weinte.

„Ze pill, sare “, bemerkte der Kellner.

Joe drehte sich um.

„Zie was!“ er rief aus. „Nun, ich bin gehängt! Eddy ist weggegangen und hat mich verlassen, um sein Mittagessen zu bezahlen! Dieser Mann ist ein Wunder! Wenn es um Gehirnarbeit geht, ist er eine Klasse für sich.“ Er stoppte. „Aber ich habe das Glück“, sagte er.

DER TUPPENNY-MILLIONÄR

In der Menschenmenge, die auf der Promenade des Etrangers flanierte und die Morgensonne genossen, gab es einige, die wegen ihrer Gesundheit nach Roville gekommen waren, andere, die den Strapazen des englischen Frühlings entgehen wollten , und viele andere, die den Ort mochten, weil er so war günstig und in der Nähe von Monte Carlo.

Keines dieser Motive hatte George Albert Balmer hervorgebracht. Er war dort, weil Harold Flower ihn drei Wochen zuvor als Gemüse bezeichnet hatte.

Was bringt Menschen dazu, gefährliche Taten zu begehen? Warum fährt ein Mann in einem Fass über die Niagarafälle? Nicht für seine Gesundheit. Eine halbe Stunde Springseil würde seiner Leber ebenso gut tun. NEIN; In neun von zehn Fällen tut er dies, um seinen Freunden und Verwandten zu beweisen, dass er nicht der sanfte, standhafte Mensch ist, für den sie ihn immer gehalten haben. Beobachten Sie den Varieté-Akrobaten, wie er sich an seinen Augenlidern darauf vorbereitet, vom Dach zu schwingen. Sein Blick schweift über das Haus. „Es ist nicht wahr", scheint es zu sagen. „Ich bin keine Qualle."

So war es auch bei George Balmer.

In London gibt es derzeit einige tausend respektable, ordentlich gekleidete, mechanische, wenig unternehmungslustige junge Männer, die zu bescheidenen Gehältern bei verschiedenen Banken, Konzernen, Geschäften, Läden und Firmen beschäftigt sind. Sie werden in jungen Jahren zur Arbeit eingesetzt und bleiben dort. Es sind Muscheln. Jeder hat seinen besonderen Platz auf dem Felsen und bleibt sein ganzes Leben lang daran kleben.

Zu diesen Tausenden gehörte George Albert Balmer. Er unterschied sich in keinem Detail vom Rest der großen Armee. Er war ebenso respektabel, ebenso ordentlich gekleidet, ebenso mechanisch und ebenso wenig unternehmungslustig. Sein Leben war im Osten, Westen, Norden und Süden durch die Planet Insurance Company begrenzt, die ihn beschäftigte; und dass es andere Möglichkeiten gäbe, wie ein Mann sich verwirklichen könnte, als indem er täglich hinter einem Tresen eine mechanische Figur im Schlaf nachahmt, die im Schlaf wandelt, war ihm nie ernsthaft in den Sinn gekommen.

Auf George, im Alter von vierundzwanzig Jahren, kam aus heiterem Himmel ein Vermächtnis von tausend Pfund.

Körperlich blieb er unter dem Schock unverändert. Keine Spur von Hochmut war in seiner Haltung zu erkennen. Als der Leiter seiner Abteilung ihn auf einen technischen Fehler in seiner Arbeit vom Vormittag aufmerksam machte und ihn mit „Hier, du – junger, wie ist dein verdammter Name!" ansprach, sagte er: Er wies nicht darauf hin, dass dies keine Möglichkeit sei, mit einem Gentleman von Vermögen zu sprechen. Man hätte sagen können, dass das plötzliche Lächeln des Schicksals ihn nicht aus der Fassung gebracht hatte.

Aber die ganze Zeit über lag sein Kopf, völlig erschöpft, auf einem schlaffen Haufen und fragte sich, was ihn getroffen hatte.

Zu ihm kam in seinem benommenen Zustand Harold Flower. Harold, Bote der Planet Insurance Company und einer der eifrigsten Kreditnehmer Londons, hatte dem Büroklatsch über das Erbe zugehört wie den Klängen einer großartigen, süßen Hymne. Er war ein trinkfreudiger Mensch ungewissen Alters, der in den Pausen, in denen er seinen Pflichten nachging, ein Auge auf mögliche Ergänzungen zu seinem Gläubigerstab hielt. Die meisten Angestellten im „Planet" waren zu ihrer Zeit von ihm mit Beiträgen belegt worden, denn Harold hatte eine Art Umgang mit ihm, der an jedem Zahltag drei Pence einbrachte , und es schien ihm, dass die Dinge zu einem traurigen Ende gekommen waren, wenn er konnte Plutokrat Balmer in seiner Freudenstunde nichts Besonderes entlocken.

Den ganzen Tag über beschattete er George und drängte ihn kurz vor Ladenschluss in eine Ecke, klopfte ihm auf die Brust und bat um die vorübergehende Ausleihe eines Souveräns.

Im selben Atemzug sagte er ihm, dass er ein Gentleman sei, dass das Leben eines Boten praktisch das eines Kuschelsklaven sei und dass ein junger Mann mit Mut, der sein ohnehin schon großes Vermögen noch vergrößern wolle, dafür ein Stückchen von Giant Gooseberry bekommen würde Stadt und Vorstadt. Dann hielt er für eine Antwort inne.

Nun war George den ganzen Tag über von einem stetigen Strom entschlossener Ohrenbeißer angegriffen worden. Wieder und wieder war er von Männern als Erzfördergebiet abgesteckt worden, deren Zurückweisung unhöflich gewesen wäre. Er hatte es satt, Kredite zu vergeben, und war in der Stimmung, sich über unerlaubte Forderungen zu ärgern. Harold Flower kam ihm besonders unautorisiert vor. Er sagte es.

Es dauerte eine Weile, bis Mr. Flower davon überzeugt war, dass er es wirklich ernst meinte, aber als er endlich die düstere Wahrheit erkannte, holte er tief Luft und sprach.

„Ho!" er sagte. „Ich habe Angst, dass du es nicht entbehren kannst, nicht wahr? Ein Herr kommt und bittet Sie höflich und höflich um einen vorübergehenden Kredit von etwa 100 Euro , und Sie tun nichts weiter, als ihn zu beschimpfen und zu beschimpfen. Weißt du, wie ich dich nenne –

dich und deine tausend Pfund? Ein Tuppenny- Millionär, so nenne ich dich. Behalten Sie Ihr blühendes Geld. Das ist alles, was ich frage. *Behalte* es. Es wird dir viel Gutes bringen. Ich kenne deinen Typ. Du wirst nie Freude daran haben. Nicht du. Du bist der vorsichtige Typ. *Sie* werden es in Consols einzahlen und Ihre drei Ha'pence pro Jahr abheben. Geld war nicht für Ihresgleichen bestimmt. Das ist nicht der Fall *bedeute* dir nichts. Du hast nicht den Mut, es zu schätzen. Ein Gemüse – das ist alles, was du bist. Ein kuscheliges kleines Gemüse. Ein kuscheliges, kleines, blutrünstiges Gemüse. Ich habe Rüben gesehen , die mehr Geist in sich haben als du. Und Rosenkohl. Ja, *und* Pastinaken.'

Es ist schwierig, in Würde davonzukommen, wenn ein Mann mit heiserer Stimme und tränenden Augen einen mit einer Pastinake zu Ihrem Nachteil vergleicht, und George hat dieses Kunststück nicht annähernd geschafft. Aber er konnte sich irgendwie befreien und ging grübelnd nach Hause.

Herrn Flower empörten sich insbesondere deshalb, weil es sich bei Consols tatsächlich um die identische Investition handelte, für die er sich entschieden hatte. Sein Onkel Robert, bei dem er als zahlender Gast lebte, hatte sie stark befürwortet. Auch sie hatten sich ihm selbständig vorgeschlagen.

Aber die Worte von Harold Flower ließen ihn nachdenken. Sie brachten ihn zum Nachdenken. Zwei Wochen und einige Tage lang dachte er nach und errötete jedes Mal, wenn er diesem wässrigen, aber verächtlichen Blick begegnete. Und dann kam der Tag seines Jahresurlaubs und mit ihm die Inspiration. Er suchte den Boten auf, dem er bisher sorgfältig aus dem Weg gegangen war.

„Ähm – Blume", sagte er.

„Mein Herr?"

„Morgen mache ich Urlaub." Werden Sie meine Briefe weiterleiten? Ich werde Ihnen die Adresse überweisen. Ich habe mich noch nicht für mein Hotel entschieden. Ich komme vorbei' – er hielt inne – ,Ich komme vorbei', fuhr er nachlässig fort, ,zu Monte.'

'Zu wem?' fragte Herr Flower.

„Nach Monte. Monte Carlo, wissen Sie.'

Mr. Flower blinzelte zweimal schnell, dann riss er sich zusammen.

„ Yus , ich glaube *nicht* !" er sagte.

Und damit war es erledigt.

Der George, der an diesem angenehmen Morgen auf der Promenade des Strangers spazierte, unterschied sich sowohl äußerlich als auch innerlich von dem George, der sich in den Büros der Planet Insurance Company mit Harold Flower überworfen hatte. Einen Tag nach seiner Ankunft hatte er sich an das Gewand der englischen Mittelklasse geklammert. Beim zweiten Mal hatte er festgestellt, dass es unangenehm warm und, schlimmer noch, auffällig war. An diesem Abend hatte er im Casino Municipale einen Mann beobachtet, der ein Arrangement aus leuchtend gelbem Samt trug, ohne aufzufallen. Der Anblick hatte ihn beeindruckt. Am nächsten Morgen verließ er sein Hotel in einem Flanellanzug, der so leicht war, dass es von seinem Onkel Robert, seiner Tante Louisa, seinen Cousins Percy, Eva und Geraldine und der Mutter seiner Tante Louisa einstimmig als unmöglich verurteilt worden war, und in einem Geschäft in der Rue Lasalle hatte zwanzig Franken für einen Homburg-Hut ausgegeben. Und Roville hatte es ohne mit der Wimper zu zucken hingenommen.

Innerlich war seine Veränderung noch beträchtlicher gewesen. Roville war nicht Monte Carlo (an diesem schwulen Ort war er nur lange genug geblieben, um eine Postkarte an Harold Flower zu schicken, bevor er sich an die Küste zurückzog, um etwas Billigeres zu finden), aber es war eine Offenbarung für ihn gewesen. Zum ersten Mal in seinem Leben sah er Farbe und es berauschte ihn. Das seidige Blau des Meeres war verblüffend. Das reine Weiß der tollen Hotels entlang der Promenade und des Casino Municipale faszinierte ihn. Er war geblendet. Im Casino waren die Säulen purpurrot und cremefarben, die Tische himmelblau und rosa. Er saß auf einem grün-weiß gestreiften Stuhl und sah sich eine *Revue an*, von der er vom Anfang bis zum Ende nur ein Wort verstand – nämlich „out", und war ganz in die Taten eines rotbärtigen Herrn in Blau vertieft, der sich im Eiltempo stritt Französisch mit einem Herrn mit schwarzem Schnurrbart in Gelb, während ein schneeweißer *Kommandeur* und ein *Schiedsrichter* in einem malvenfarbenen Flanellanzug der Schlägerei zusahen.

An diesem Abend schoss ihm der erste Verdacht durch den Kopf, dass die geistige Einstellung seines Onkels Robert etwas eingeschränkt war.

Und jetzt, als er die Promenade entlangging und das geschäftige Treiben der Menge beobachtete, verurteilte er seinen abwesenden Verwandten definitiv als engstirnigen Trottel.

Wenn die braunen Stiefel, die er an diesem Morgen in seinem Schlafzimmer so eifrig mit der Innenseite einer Bananenschale poliert hatte und die jetzt zum ersten Mal an seinen Füßen glänzten, einen Fehler hatten, dann war es, dass sie etwas eng waren. Daher war es unklug, über längere Zeit mit der fröhlichen Menge herumzuschlendern; und George, der durch ein glühend heißes Gefühl gewarnt wurde, dass der Moment gekommen war, sich auszuruhen, ließ sich anmutig auf einen Sitz sinken, um sofort wieder aufzustehen, als er entdeckte, dass sich zwischen ihm und ihm etwas Längliches mit scharfen Ecken befand.

Es war ein Buch – ein toller neuer Roman. George zog es heraus und untersuchte es. Darin stand ein Name – Julia Waveney .

George war von Kindesbeinen an in der Denkschule erzogen worden, deren Motto lautet: „Funde sind Bewahrungen", und nachdem er sich vergewissert hatte, dass mit dem Namen keine Adresse verbunden war, war er, leider muss ich das sagen, kurz davor, einzustecken Das Buch, das er bereits als sein eigenes betrachtete, löste sich aus der Menge, als sich eine Gestalt aus der Menge löste und er in ein Paar grauer und, zu seinem erschreckten Gewissen, anklagender Augen blickte.

'Oh danke! Ich hatte Angst, dass es verloren ging.'

Sie atmete schnell und ihr Gesicht war leicht gerötet. Sie nahm das Buch aus Georges widerstandsloser Hand und belohnte ihn mit einem Lächeln.

„Ich habe es verpasst und konnte mir nicht vorstellen, wo ich es hätte lassen können." Dann fiel mir ein, dass ich hier gesessen hatte. Vielen Dank.'

Sie lächelte erneut, drehte sich um und ging weg, während George all die gesellschaftlichen Verhaltensweisen durchrechnen musste, die er in einem einzigen Augenblick begangen hatte. Er war während des gesamten Interviews sitzen geblieben, erinnerte er sich. eins. Er hatte seinen Hut nicht gelüftet, dieser faszinierende Homburg ließ sich unter solchen Bedingungen einfach mit einem eleganten Schwung heben; zwei. Nennen Sie es drei, denn er hätte es zweimal erhöhen sollen. Er hatte wie ein Idiot gestarrt; vier. Und fünftens hatte er nicht ein einziges Wort der Anerkennung als Antwort auf ihren Dank ausgesprochen.

Fünf riesige Blüten in weniger als einer Minute! Was hätte sie von ihm denken können? Die Sonne hörte auf zu scheinen. Für was für einen völligen Außenseiter hätte sie ihn halten können? Es kam ein Ostwind auf. Für was für einen Cockney-Bound und Kerl hätte sie ihn halten können? Das Meer wurde ölig grau; und George erhob sich und schritt in einer Stimmung zurück in Richtung seines Hotels, die ihn vergessen ließ, dass er überhaupt braune Stiefel trug.

Sein Geist war aktiv. Seit er nach Roville gekommen war, hatte er mehrere Male ein Gefühl verspürt, das er nicht verstehen konnte, ein vages, sehnsüchtiges Gefühl, ein Gefühl, dass, so großartig alles in diesem Farbenparadies auch war , ihm dennoch etwas fehlte. Jetzt verstand er. Man musste verliebt sein, um den vollen Geschmack dieser leuchtenden Weiß-

und Blautöne zu genießen. Er bekam es jetzt. Seine Niedergeschlagenheit war schnell verflogen und von einem Hochgefühl abgelöst worden, wie er es nur ein einziges Mal in seinem Leben erlebt hatte, etwa in der Mitte eines fürstlichen Abendessens für die Planet-Mitarbeiter, das ein in den Ruhestand getretener Geschäftsführer gegeben hatte.

Er war erhöht. Nichts schien ihm unmöglich. Er würde das Mädchen auf der Promenade wiedersehen, sagte er sich, erneuerte schwungvoll die Bekanntschaft, zeigte ihr, dass er nicht der gaffende Idiot war, den er dargestellt hatte. Seine Fantasie schlüpfte in Siebenmeilenstiefel. Er sah, wie er einen Heiratsantrag machte – eloquent – angenommen, verheiratet und glücklich bis ans Ende seiner Tage lebend.

Ihm kam der Gedanke, dass es ein ausgezeichneter erster Schritt wäre, herauszufinden, wo sie wohnte. Er kaufte eine Zeitung und blätterte in der Besucherliste. Miss Waveney . Wo war es. Er ließ seinen Blick über die Säule gleiten.

Und dann fielen mit einem Krachen seine Luftschlösser in schreckliche Ruinen.

„Hotel Cercle de la Méditerranée . Lord Frederick Weston. Die Gräfin von Southborne und der Hon. Adelaide Liss . Lady Julia Waveney –'

Er ließ die Zeitung fallen und humpelte weiter zu seinem Hotel. Seine Stiefel begannen wieder zu schmerzen, da er nicht mehr auf der Luft ging.

In Roville gibt es mehrere von der Gemeinde zur Verfügung gestellte Einrichtungen, die es Besuchern ermöglichen, vorübergehend ihre Gedanken zu töten. Das wichtigste davon ist das Casino Municipale , wo die Trauernden gegen Bezahlung durch das geniale *Boule -Spiel in Vergessenheit geraten können* . Enttäuschte Liebhaber spielen in Roville *Boule* , wie sie es an anderen Orten vielleicht auch trinken. Es ist ein faszinierendes Spiel. Ein Hohepriester mit Holzgesicht wirft einen roten Gummiball in eine polierte Eichenschale, in deren Boden sich Löcher befinden, in denen jeweils eine Zahl bis neun steht. Der Ball schwingt immer wieder wie ein Planet, wird langsamer, stolpert zwischen den Löchern hin und her, bleibt für einen Moment in dem Loch liegen, das Sie unterstützt haben, springt dann in das nächste und Sie verlieren. Wenn es jemals einen Zeitvertreib gab, der darauf abzielte, den jungen Adam Amor in den Hintergrund zu rücken, dann ist es dieser.

An diesem Abend flüchtete George mit seiner hoffnungslosen Leidenschaft zu den *Boule- Tischen.* Von dem Augenblick an, als er die verhängnisvollen Worte in der Zeitung las , war ihm klar geworden, dass es hoffnungslos war. Alle anderen Hindernisse hatte er zu überwinden bereit, aber einen Titel – nein. Er machte sich keine Illusionen über seinen Platz auf der sozialen Skala. Die Lady Julias dieser Welt heirateten keine Versicherungsangestellten, selbst wenn die Cousine ihrer verstorbenen Mutter ihnen tausend Pfund hinterlassen hatte. Dieser Tagtraum war definitiv beendet. Es gehörte der Vergangenheit an – bis auf den Kummer.

Mit einem ersten Schluck Wasser von Lethe, bevor er mit dem vollen Fass begann, setzte er einen Franc auf Nummer sieben und verlor. Ein weiterer Franken auf sechs erlitt das gleiche Schicksal. Er warf auf Evens leichtsinnig ein Fünf-Franken-Wagenrad. Es gewann.

Es war genug. Er schob seinen Hut auf den Hinterkopf, drückte sich fest gegen den Tisch und machte es sich gemütlich, um den Abend zu genießen.

Es gibt nichts Besseres als *Boule*, um den Geist zu fesseln. Es dauerte einige Zeit, bis George bemerkte, dass ihm eine Hand in die Rippen stieß. Er drehte sich irritiert um. Unmittelbar hinter ihm füllten zwei kräftige Franzosen die Landschaft. Doch während er in seinem Gehirn nach Worten suchte, die ihnen in ihrer Muttersprache seine Missbilligung dieser Rempeleien zum Ausdruck bringen konnten, erkannte er, dass sie, obwohl sie beherzt und im Allgemeinen beleidigend waren, in dieser besonderen Hinsicht schuldlos waren. Die stoßende Hand gehörte jemandem, der hinter ihnen unsichtbar war. Es war klein und behandschuht, die Hand einer Frau. Darin befand sich ein Fünf-Franc-Stück.

Dann sah er in einer Lücke, die durch eine Bewegung in der Menge entstanden war, das Gesicht von Lady Julia Waveney.

Sie lächelte ihn an.

„Um acht bitte, würde es Ihnen etwas ausmachen?" hörte er sie sagen, und dann veränderte sich die Menge erneut und sie verschwand und ließ ihn mit der Münze in der Hand zurück, während seine Gedanken durcheinander waren.

Das Boulespiel *verlangt* von seinen Anhängern ungeteilte Aufmerksamkeit. Mit einem Kopf voller anderer Dinge zu spielen, ist ein Fehler. Diesen Fehler hat George gemacht. Kaum bewusst, was er tat, warf er die Münze auf das Brett. Sie hatte ihn gebeten, es auf die Acht zu legen, und er dachte, er hätte es auf die Acht gelegt. Dass er es in Wirklichkeit, blind vor Gefühlen, auf drei gesetzt hatte, war eine Tatsache, die ihm weder damals noch später klar wurde.

Als daher die Kugel aufhörte zu rollen und eine Grabstimme die Nachricht krächzte, dass die Acht die Gewinnzahl sei, richtete er einen Blick auf den Croupier, der zunächst freudig und erwartungsvoll war und schließlich, als der Croupier völlig unempfänglich blieb, mit zornigem Ausdruck endete.

Er beugte sich zu ihm.

„Monsieur", sagte er. *„Moi! Ich habe fünf Franken aufs Haus gebracht !'*

Der Croupier war ein Mann mit spitzem Schnurrbart, der aussah, als hätte er all das Leid und die Bosheit gesehen, die es jemals auf der Welt gegeben hatte. Er verdrehte den ersteren und erlaubte einem schwachen Lächeln, die Melancholie des letzteren zu verstärken, aber er sagte kein Wort.

George trat an seine Seite. Die beiden kräftigen Franzosen waren davongeschlendert und ließen noch Bewegungsfreiheit.

Er klopfte dem Croupier auf die Schulter.

„Ich sage", sagte er. „Was ist das Spiel? *Ich bin jetzt fünf Franken auf dem Haus* , ich sage dir, *moi !'*

Eine vergessene Redewendung aus der Kindheit und den Französischübungen fiel ihm ein.

„ Moi qui parle ", fügte er hinzu.

„ Herren, Faites „Vos jeux ", gurrte der Croupier distanziert.

Für den normalen George, wie für die meisten Engländer seiner Zeit, bestand die einzige Grundregel im Leben darin, um jeden Preis zu vermeiden, in der Öffentlichkeit aufzufallen. Kein Veilchen, das sich jemals in einer moosigen Bank versteckte, hätte eine größere Abneigung gegen Szenen haben können als George. Aber heute Nacht war er nicht normal. Roville und seine Farbe hatten eine Art Fieber in seinem Gehirn ausgelöst. *Boule* hatte es erhöht. Und die Liebe hatte es zum Toben gebracht. Wenn dies ganz seine eigene Angelegenheit gewesen wäre, wäre es wahrscheinlich gewesen, dass die kalte Ruhe des Croupiers ihn niedergeschlagen hätte und er sich zurückgezogen hätte, gärend, aber verblüfft. Aber es war nicht seine eigene Angelegenheit. Er kämpfte für das einzige Mädchen der Welt. Sie hatte ihm vertraut. Konnte er sie im Stich lassen? Nein, er war am Boden zerstört, wenn er konnte. Er würde ihr zeigen, was in ihm steckt. Sein Herz schwoll in ihm an. Eine Erregung durchströmte sein ganzes Wesen, angefangen bei seinem Kopf bis hin zu seinen Fersen. Er fühlte sich großartig – eine Art Mischung aus Oliver Cromwell, einem Berserker-Krieger, und Sir Galahad.

„Monsieur", sagte er noch einmal. 'Hallo! Was ist damit?'

Diesmal sprach der Croupier.

' *C'est* „*fini*", sagte er; und Druck kann den nachdenklichen Spott seiner Stimme nicht wiedergeben. Es traf George in seiner gehobenen Stimmung wie ein Schlag. Fertig, oder? Okay, jetzt würde er es ihnen zeigen. Sie hatten darum gebeten, und jetzt sollten sie es bekommen. Wie viel ist es geworden? Der Einsatz betrug fünf Franken, und Sie bekamen das Siebenfache Ihres Einsatzes. Und Sie haben Ihren Einsatz zurückbekommen. Das hatte er fast vergessen. Insgesamt also vierzig Franken. Genauer gesagt, zwei dieser goldenen, wie nennt man sie ? Sehr gut, dann.

Er beugte sich schnell über den Croupier, riss den Deckel vom Goldtablett und nahm zwei Louis heraus.

Es ist eine bemerkenswerte Tatsache im Leben, dass die Szenen, die wir in unseren Gedanken geprobt haben, nie so eintreten, wie wir sie uns vorgestellt haben. Im vorliegenden Fall war es beispielsweise Georges Absicht gewesen, die weiteren Phasen dieses kleinen Streits mit ruhiger Würde zu meistern. Er hatte vorgeschlagen, das erhaltene Geld seinem rechtmäßigen Besitzer zu übergeben, seinen Hut zu heben und sich mit der Miene eines tapferen Verfechters der Unterdrückten zurückzuziehen. Vermutlich etwa eine Sechzehntelsekunde, nachdem seine Hand sich um die Münzen gelegt hatte, wurde ihm auf lebhafteste Weise klar, dass dies nicht die Richtung war, in der sich der Vorfall entwickeln sollte, und er gratulierte sich von ganzem Herzen darüber, dass ich diese braunen Stiefel zugunsten eines abgenutzten, aber geräumigen Paares Herren-Oxfords abgelegt habe .

Für einen Moment herrschte eine Pause und eine Stille völligen Erstaunens, während sich die Gedanken derer, die die Angelegenheit miterlebt hatten, an das Wunder gewöhnten, und dann wurde die Welt voller erschreckter Augen, schreiender Kehlen und umklammernder Hände. Aus dem ganzen Casino schwärmten frische Einheiten wie Bienen, um die Menschenmenge im Mittelpunkt des Geschehens anschwellen zu lassen. Die Spaziergänger hörten auf zu flanieren, die Kellner hörten auf zu warten. Ältere Herren sprangen an die Tische.

Aber in dieser kurzen Pause war George vom Ziel abgekommen. Der Tisch, an dem er gestanden hatte, war der, der der Tür am nächsten war, und er hatte auf der Türseite davon gestanden. Als die ersten Augen zuckten, die ersten Kehlen zu schreien und die ersten Hände sich zu umklammern begannen, kam er an der Theke des Geldwechslers vorbei. Er stürmte mit voller Geschwindigkeit auf die Schwingtür zu, und getreu ihrer Mission schwang sie. Aus dem Augenwinkel erhaschte er einen vagen Blick auf die Hut- und Umhangtheke, und dann stand er auf dem Platz, die kalte Nachtbrise wehte ihm auf die Stirn und die Sterne funkelten vom blauen Himmel herab.

Ein Zeitungsverkäufer auf dem Bürgersteig, immer ein Geschäftsmann, trat vor und bot ihm die Pariser Ausgabe der *Daily Mail an* , und da er sich in der direkten Verkehrslinie befand, schoss er schnell auf die Straße und fiel zusammen mit George auf einen Haufen Erschüttert, aber es ging ihm gut, bog nach links ab, wo es anscheinend etwas dunkler war als anderswo.

Und dann spuckte das Casino die Verfolger aus.

Für George, der hastig über die Schulter blickte, schienen es tausend zu sein. Der Platz hallte von ihren Schreien wider. Er konnte sie nicht verstehen, kam aber zu dem Schluss, dass sie keine Komplimente machten. Jedenfalls regten sie einen kleinen Mann im Abendkleid, der auf dem Bürgersteig auf ihn zuging, dazu an, plötzlich lebhaft zu werden und mit ausgestreckten Armen von einer Seite zur anderen zu springen.

Panik macht drei Viertel von uns allen zum Harlekin. Für jemanden, der noch nie Rugby-Football gespielt hat, hat George die Situation gut gemeistert. Er zog die Verteidigung mit einer Finte nach links in Bedrängnis und schoss dann mit einem Ausweichen nach rechts in die freundliche Dunkelheit vorüber. Von hinten ertönte das Geräusch von Füßen und ein immer größer werdender Lärm.

Es ist eine der wenigen Entschädigungen, die ein von einer Menschenmenge verfolgter Flüchtling genießt, dass er zwar Raum für seine Manöver hat , die Verfolger jedoch durch ihre Zahl behindert werden. In dem kleinen Regiment, das ihm auf den Fersen war, gab es wahrscheinlich viele schnellere Läufer als George. Andererseits gab es viele langsamere Tiere, die in der Anfangsphase der Jagd ihre schnelleren Brüder behinderten. Am Ende der ersten halben Minute war George also, ohne sich selbst zu schonen, weit voraus und hatte zum ersten Mal Muße für zusammenhängende Überlegungen.

Sein Gehirn wurde übernatürlich wachsam, so dass er, als er um eine Ecke bog und bemerkte, wie aus einer Seitenstraße vor ihm eine kleine Gruppe von Fußgängern auf die Hauptstraße eintrat, nicht ins Wanken geriet, sondern von einem scharfen Krampf der Anwesenheit erfasst wurde Geist. Ohne in seinem Schritt innezuhalten, zeigte er aufgeregt vor sich hin und rief im selben Moment die Worte: „ *La!"La! Vite ! Vite !* '

Seine Französischkenntnisse waren gering, reichten aber aus und waren für seine Zwecke ausreichend. Das französische Temperament ist nicht stur. Wenn das französische Temperament einen Mann sieht, der schnell rennt und in die Mitte zeigt, und ihn schreien hört: „ *La!"La! Vite ! Vite !* „Es hört nicht auf, formelle Nachforschungen anzustellen. Es sprintet wie ein Mustang. Dies geschah nun, mit dem erfreulichen Ergebnis, dass George einen Moment später die Straße entlang raste, der Mittelpunkt und anerkannte Anführer einer begeisterten sechsköpfigen Gruppe, die in den nächsten zwanzig Metern auf elf anschwoll.

Fünf Minuten später nippte er in einer Weinhandlung in der Nähe des Hafens am ersten Glas einer Flasche billigen, aber beruhigenden *Vin ordinaire* , während er dem interessierten Besitzer mit einer Mischung aus Englisch, gebrochenem Französisch und Gesten das erklärte Er hatte bei der Verfolgung eines Diebes mitgeholfen, war aber aufgrund der Müdigkeit gezwungen gewesen, sich vorzeitig zurückzuziehen, um sich zu erfrischen. Der Inhaber kam jedoch zu dem Schluss, dass er vollstes Vertrauen in den Eifer seiner noch aktiven Kollegen hatte.

am nächsten Tag in seinem Hotel zu verstecken, nicht einmal in den Sinn kam. Unmittelbar nach dem Frühstück, oder wie man es in Roville nannte , machte er sich auf den Weg zum Hotel Cercle de la Mediterranee , um die beiden Louis ihrem Besitzer zu übergeben.

Lady Julia, wurde ihm bei der Ankunft mitgeteilt, sei nicht da. Der höflich freundliche Portier riet Monsieur, sie auf der Promenade des Etrangers aufzusuchen .

Sie saß dort, auf demselben Platz, auf dem sie das Buch zurückgelassen hatte.

„Guten Morgen", sagte er.

Sie hatte ihn nicht kommen sehen und erschrak bei seiner Stimme. Die Röte war wieder in ihrem Gesicht, als sie sich zu ihm umdrehte. In den grauen Augen lag ein Ausdruck des Erstaunens.

Er hielt ihm die beiden Louis hin.

„Ich konnte sie dir letzte Nacht nicht geben", sagte er.

Eine schreckliche Idee befiel ihn. Es war ihm vorher nicht in den Sinn gekommen.

„Ich sage", stammelte er, „ich sage, ich hoffe, Sie glauben nicht, dass ich mit Ihrem Gewinn endgültig davongelaufen bin!" Der Croupier wollte sie nicht hergeben, also musste ich sie mir schnappen und wegrennen. Sie kamen auf genau zwei Louis. Sie setzen fünf Franken ein und erhalten das Siebenfache Ihres Einsatzes. ICH-'

Eine ältere Dame, die auf der Bank saß und mitten in diesen Bemerkungen hinter einem Sonnenschirm hervorgetaucht war, unterbrach sich abrupt ins Reden.

„Wer ist dieser junge Mann?"

George sah sie erschrocken an. Er hatte ihre Anwesenheit bisher kaum bemerkt. Schnell diagnostizierte er bei ihr eine Mutter – oder Tante. Sie sah eher wie eine Tante aus. Natürlich muss es ihr seltsam vorkommen, dass er als vollkommen Fremder so hierher gestürmt kommt und anfängt, mit ihrer Tochter oder Nichte oder was auch immer zu plaudern. Er begann sich zu rechtfertigen.

„Ich habe Ihre – diese junge Dame" getroffen – etwas sagte ihm, was nicht die richtige Art war, es auszudrücken, aber hängen Sie es ab, was sollte er sonst sagen? – „Gestern Abend im Casino."

Er hörte auf. Die Wirkung seiner Worte auf die ältere Dame war bemerkenswert. Ihr Gesicht schien zu Stein zu werden und zu scharfen Spitzen zu werden. Sie starrte das Mädchen an.

„ Du hast also letzte Nacht im Casino gespielt?" Sie sagte.

Sie erhob sich vom Sitz, eine erstarrte Statue des Unmuts.

„Ich werde zum Hotel zurückkehren. Wenn Sie Ihre Finanztransaktionen mit Ihrem Freund vereinbart haben, möchte ich mit Ihnen sprechen. Du wirst mich in meinem Zimmer finden.'

George sah ihr stumm nach.

Das Mädchen sprach mit merkwürdig angespannter Stimme, als würde sie mit sich selbst sprechen.

„Das ist mir egal", sagte sie. 'Ich bin froh.'

George war besorgt.

„Ich fürchte, Ihre Mutter ist beleidigt, Lady Julia."

In ihren grauen Augen lag ein verwirrter Ausdruck, als sie seine trafen. Dann leuchteten sie auf. Sie lehnte sich im Sitz zurück und begann zu lachen, zuerst leise und dann mit einer Stimme, die George erschütterte. Was auch immer der Humor der Situation sein mochte – und er hatte ihn im Moment noch nicht gespürt –, diese Heiterkeit empfand er als unnatürlich und übertrieben.

Sie überprüfte sich ausführlich und eine Röte kroch über ihr Gesicht.

„Ich weiß nicht, warum ich das getan habe", sagte sie abrupt. 'Es tut mir Leid. Es war nichts Komisches an dem, was du gesagt hast. Aber ich bin nicht Lady Julia und ich habe keine Mutter. Das war Lady Julia, die gerade gegangen ist, und ich bin nichts Wichtigeres als ihre Begleiterin.'

„Ihr Begleiter!"

„Ich sage besser, ihr verstorbener Begleiter." Das wird es bald sein. Ich hatte strikte Anweisung, nicht ohne sie in die Nähe des Casinos zu gehen – und ich ging hin.'

„Dann – dann habe ich dir deinen Job verloren – ich meine, deine Position!" Wenn ich nicht gewesen wäre, hätte sie es nicht gewusst. ICH-'

„Sie haben mir einen großen Dienst erwiesen", sagte sie. „Sie haben den Maler für mich geschnitten, obwohl ich monatelang versucht habe, den Mut aufzubringen, ihn für mich selbst zu schneiden." Ich glaube nicht, dass Sie wissen, was es heißt, in eine Krise zu geraten und sich danach zu sehnen, daraus herauszukommen, ohne den nötigen Mut zu haben. Mein Bruder hat mir schon lange geschrieben, ob ich ihn nach Kanada begleiten möchte. Und ich hatte nicht den Mut oder die Energie oder was auch immer es ist, das Menschen aus der Fassung bringt. Ich wusste, dass ich mein Leben verschwendete, aber ich war ziemlich glücklich – zumindest nicht unglücklich; also – nun ja, da war es. Ich nehme an, dass Frauen so sind.'

'Und nun-?'

„Und jetzt hast du mich aus der Fassung gebracht. Ich werde mit dem ersten Boot nach Bob fahren.'

Nachdenklich kratzte er mit seinem Stock über den Beton.

„Es ist ein hartes Leben da draußen", sagte er.

„Aber es *ist* ein Leben."

Er betrachtete die Spaziergänger auf der Promenade. Sie schienen sehr weit weg zu sein – in einer anderen Welt.

„Schau her", sagte er heiser und hielt inne. 'Darf ich mich setzen?' fragte er plötzlich. „Ich habe etwas zu sagen, und ich kann es nicht sagen, wenn ich dich ansehe."

Er setzte sich und richtete seinen Blick auf eine Yacht, die vor Anker vor dem wolkenlosen Himmel schwankte.

„Schau her", sagte er. 'Willst du mich heiraten?'

Er hörte, wie sie sich schnell umdrehte und spürte, wie sie ihn ansah. Er machte hartnäckig weiter.

„Ich weiß", sagte er, „wir haben uns erst gestern getroffen." Du denkst wahrscheinlich, ich bin verrückt.'

„Ich glaube nicht, dass du verrückt bist", sagte sie leise. „Ich finde nur, dass du zu weltfremd bist. Es tut dir leid für mich und du lässt dich von einem freundlichen Impuls mitreißen, so wie du es gestern Abend im Casino getan hast. Es ist wie Du.'

Zum ersten Mal drehte er sich zu ihr um.

„Ich weiß nicht, was Sie für mich halten", sagte er, „aber ich werde es Ihnen sagen." Ich bin Sachbearbeiterin in einem Versicherungsbüro. Ich bekomme hundert im Jahr und zehn Tage Urlaub. Hast du mich für einen Millionär gehalten? Wenn ja, bin ich nur ein Tuppenny . Vor ein paar Wochen hat mir jemand tausend Pfund hinterlassen. So bin ich hierher gekommen. Jetzt wissen Sie alles über mich. Ich weiß nichts über dich, außer dass ich niemals jemand anderen lieben werde. Heirate mich und wir gehen zusammen nach Kanada. Sie sagen, ich hätte Ihnen aus der Patsche geholfen. Nun, ich habe nur eine Chance, da rauszukommen, und die ist durch dich. Wenn du mir nicht hilfst, ist es mir egal, ob ich da rauskomme oder nicht. Ziehst du mich raus?'

Sie sprach nicht. Sie saß da und blickte auf das Meer hinaus, vorbei an der vielfarbigen Menschenmenge .

Er beobachtete ihr Gesicht, aber ihr Hut verdeckte ihre Augen und er konnte nichts darin lesen.

Und dann plötzlich, ohne genau zu wissen, wie es dorthin gekommen war, stellte er fest, dass ihre Hand in seiner war und er sie umklammerte wie ein Ertrinkender ein Seil.

Jetzt konnte er ihre Augen sehen und darin lag eine Botschaft, die sein Herz höher schlagen ließ. Ein toller Inhalt erfüllte ihn. Sie war so gesellig, so eine Freundin. Es kam ihm unglaublich vor, dass sie sich erst gestern zum ersten Mal begegnet waren.

„Und jetzt", sagte sie, „würde es Ihnen etwas ausmachen, mir Ihren Namen zu sagen?"

Die kleinen Wellen murmelten, als sie träge den Strand hinaufrollten. Irgendwo hinter den Bäumen im Garten hatte eine Band zu spielen begonnen. Die Brise, die vom blauen Mittelmeer wehte, war voller Salz und Glück. Und von einem Platz an der Promenade aus blickte ein junger Mann mit trotzigem Blick über die Menge.

„Das ist nicht wahr", schien es zu sagen. „Ich bin keine Qualle."

VOR DEM ZEITPLAN

Es war Wilson, sein Kammerdiener, mit dem er vor dem Aufstehen häufig in lockerer Form plauderte, als Rollo Finch seine großartige Idee zum ersten Mal offenbarte. Wilson war ein Mann mit stillem Verhalten, und Männer mit stillem Verhalten entgingen Rollos Vertraulichkeit nur selten.

„Wilson", sagte er eines Morgens in den Nischen seines Bettes, als der Kammerdiener mit seinem Rasierwasser hereinkam, „waren Sie jemals verliebt?"

„Ja, Sir", sagte der Kammerdiener unbeeindruckt.

Mit einer bejahenden Antwort hätte man wohl kaum gerechnet. Wie die meisten Kammerdiener und alle Chauffeure erweckte Wilson den Eindruck, über den sanfteren Gefühlen zu stehen.

'Was ist passiert?' fragte Rollo.

„Es hat nichts gebracht, Sir", sagte Wilson und begann, ohne den Anschein von Besorgnis das Rasiermesser abzustreifen.

'Ah!' sagte Rollo. „Und ich wette, ich weiß warum. „Du bist nicht den richtigen Weg zur Arbeit gegangen."

'Nein Sir?'

„Nicht einer von hundert Kerlen tut das." Ich weiß. Ich habe es mir ausgedacht. Ich habe in letzter Zeit sehr viel darüber nachgedacht. Es ist verdammt knifflig, diese Liebe zu machen. Die meisten Leute haben keine Ahnung, wie man damit umgeht. Kein System. Kein System, Wilson, alter Pfadfinder.'

'Nein Sir?'

„Jetzt *habe ich* ein System. Und ich werde es dir sagen. Es könnte Ihnen etwas Gutes tun, wenn Sie das nächste Mal diesen Impuls verspüren. Du bist noch nicht tot. Nun besteht mein System einfach darin, schrittweise und schrittweise vorzugehen. Arbeiten Sie nach Zeitplan. Verstehst du, was ich meine?'

„Nicht ganz, Sir."

„Nun, ich gebe Ihnen die Einzelheiten. Als Erstes willst du das Mädchen finden.'

„Genau so, Sir."

„Nun, wenn du sie gefunden hast, was machst du? Du siehst sie einfach an. Verstehst du, was ich meine?'

„Nicht ganz, Sir.“

„Schau sie dir an, mein Junge. Das ist erst der Anfang – das Fundament. Daraus entwickelt man sich. Aber du bleibst weg. Das ist der Punkt. Ich habe mir das ausgedacht. Allerdings beanspruche ich nicht unbedingt die alleinige Anerkennung für die Idee selbst. Es basiert auf der Christlichen Wissenschaft. Fehlende Behandlung und so weiter. Aber das meiste davon gehört mir. All die gute Arbeit.'

'Jawohl?'

'Ja. Absolut gute Arbeit. Hier ist die Sache kurz und bündig. Du findest das Mädchen. Rechts. Natürlich muss man sie einmal treffen, nur um die Verbindung herzustellen . Dann wird man beschäftigt. Erste Woche, sieht aus. Schau sie dir einfach an. Zweite Woche, Briefe. Schreibe ihr jeden Tag. Dritte Woche, Blumen. Schicken Sie ihr jeden Nachmittag etwas davon. Vierte Woche, Geschenke mit etwas mehr Unterricht darüber. Hin und wieder etwas Schmuck . Verstehst du, was ich meine? Fünfte Woche: Mittag- und Abendessen und so. Schlagen Sie in der sechsten Woche vor, aber Sie können es auch in der fünften Woche tun, wenn Sie eine Chance sehen. Das müssen Sie dem Urteil des Kerls überlassen. Nun, da sind Sie ja. Verstehst du, was ich meine?'

Nachdenklich zog Wilson das Rasiermesser seines Herrn ab.

„Ein bisschen ausführlich, Sir, nicht wahr?“ er sagte.

Rollo schlug auf die Tagesdecke.

„Ich wusste, dass du das sagen würdest. Das *würden neun von zehn Leuten* sagen. Sie würden es beschleunigen wollen. Ich sage dir, Wilson, alter Pfadfinder, du *darfst* es nicht überstürzen.'

Wilson grübelte eine Weile, seine Gedanken waren zurück in der leidenschaftlichen Vergangenheit.

„In Market Bumpstead , Sir –“

„Was zum Teufel ist Market Bumpstead ?“

„Ein Dorf, Sir, in dem ich lebte, bis ich nach London kam.“

'Also?'

„In Market Bumpstead , Sir, war es vorherrschender Brauch, die junge Dame von der Kirche nach Hause zu begleiten, ihr am nächsten Tag ein kleines Geschenk zu kaufen – vielleicht ein paar Bänder –, mit ihr spazieren zu gehen und sie zu küssen, Sir.“

Als Wilson diese Kunstgriffe der schneidigen Jugend von Market Bumpstead vortrug , hatte seine Stimme eine Lebhaftigkeit angenommen, die für einen gewissenhaften Diener völlig unpassend war. Er machte den Eindruck eines Mannes, der sich für seine Fakten nicht auf leere Gerüchte verlässt . Sein Auge leuchtete einen Moment lang unprofessionell, bevor er wieder den gewohnten Ausdruck ruhiger Selbstbeobachtung annahm.

Rollo schüttelte den Kopf.

„So etwas könnte in einem Dorf funktionieren", sagte er, „aber Sie wollen etwas Besseres für London."

Rollo Finch – in der gegenwärtig unbefriedigenden Rechtslage können Eltern immer noch ein Kind taufen. Rollo – war ein Jugendlicher, dem die Natur ein fröhliches Gemüt verliehen hatte, das nicht durch einen Überschuss an Gehirn getrübt war. Jeder mochte Rollo – die große Mehrheit auf den ersten Blick, der Rest, sobald sie hörten, dass er nach dem Tod seines Onkels Andrew Millionär werden würde. Junge Männer, die nach dem Tod ihres Onkels Andrew Millionäre werden, haben etwas Subtiles, sozusagen eine Art nebulösen Charme, der selbst den schroffsten Menschenfeind besänftigt.

Rollos Mutter war eine Miss Galloway aus Pittsburgh, Pennsylvania, USA; und Andrew Galloway, der weltberühmte Braces King, der Erfinder und Inhaber des unnachahmlichen „Tried and Proven", war ihr Bruder. Seine Zahnspangen waren bis in jeden Winkel der Erde vorgedrungen. Wo immer die Zivilisation herrschte, traf man Männer, die „Tried and Proven" von Galloway trugen.

Zwischen Rollo und diesem menschlichen Wohltäter bestanden schon immer freundschaftliche Beziehungen, und es war ein offenes Geheimnis, dass der junge Mann zu seinem Geld kommen würde, wenn sein Onkel nicht heiraten und die Welt mit kleinen Galloways und Zahnspangen versorgen würde.

So zog Rollo beliebt und glücklich durchs Leben. Immer fröhlich und hell. Das war Rollo.

Oder fast immer. Denn es gab Momente – wir alle haben unsere graueren Momente –, in denen er sich gewünscht hätte, dass Mr. Galloway etwas älter oder etwas weniger robust gewesen wäre. Der Potentat von Braces erlebte derzeit bei ausgezeichneter Gesundheit den Altweibersommer des Lebens. Darüber hinaus war er, wie bereits erwähnt, aufgrund seiner Geburt und seines Wohnsitzes ein Mann aus Pittsburgh. Und die Tendenz von Pittsburgh-Millionären mittleren Alters, Chorsängerinnen zu heiraten, ähnelt bekanntermaßen dem Heimsuchinstinkt von Tauben. Etwas – es könnte der Rauch sein – scheint wie ein Zauber auf sie zu wirken.

Im Fall von Andrew Galloway war die Natur bisher durch den Zufall einer unglücklichen Bindung in jungen Jahren ausgebremst worden. Die Fakten waren nicht vollständig bekannt, aber es wurde allgemein angenommen, dass seine Verlobte das Vorrecht der Frau ausgeübt und ihre Meinung geändert hatte. Außerdem habe sie dies am eigentlichen Hochzeitstag getan, was allen Ärger bereitete, und die Angelegenheit dadurch entschieden, dass sie mit dem Kutscher des künftigen Bräutigams nach Jersey City durchgebrannt sei. Was auch immer die Fakten waren, es gab keinen Zweifel an ihrem Ergebnis. Mr. Galloway, der der Frau völlig abgeschworen hatte, hatte sich mit düsterer Energie in die Herstellung und Verbreitung seiner „erprobten" Zahnspangen gestürzt und seitdem darin Trost gefunden. Er würde stark sein, sagte er sich, genau wie seine Zahnspange. Unter einer plötzlichen Belastung könnte das Herz brechen. Nicht so das „Bewährte". Die Liebe mag immer wieder zerren, aber niemals mehr sollten sich die Hosen der Leidenschaft von den harten, meisterhaften Hosenträgern der Selbstbeherrschung lösen.

Da sich Mr. Galloway bereits seit elf Jahren in dieser Geisteshaltung befand, erschien es Rollo nicht unangemessen zu hoffen, dass er dauerhaft in dieser Verfassung bleiben würde. Er hatte die allerstärksten Einwände dagegen, dass sein Onkel eine Chorsängerin heiratete; Und als die Jahre vergingen und die Katastrophe ausblieb, wurden seine Hoffnungen, bis zum Fall des Vorhangs die Rolle des Erben zu spielen, immer stärker. Er war einer dieser jungen Männer, die Erben sein mussten oder nichts. Dies ist das Alter des Spezialisten, und Rollo hatte sich schon vor Jahren für seine Karriere entschieden. Schon als Junge, der kaum zu zusammenhängendem Denken fähig war, war er davon überzeugt gewesen, dass seine Spezialität , das Einzige, was er wirklich gut konnte, darin bestand, Geld zu erben. Alles, was er wollte, war eine Chance. Es wäre bitter, wenn das Schicksal es ihm vorenthalten würde.

Er hatte grundsätzlich nichts dagegen, wenn Männer Chorsängerinnen heirateten. Im Gegenteil, er wollte selbst einen heiraten.

Es war diese Tatsache, die seinen Gedanken die Wendung gab, die schließlich zum Zeitplan führte.

Den ersten Hinweis darauf, dass der Zeitplan tatsächlich in die Tat umgesetzt werden sollte, bekam Wilson, als sein Arbeitgeber ihn an einem Montagabend aufforderte, einen mittelgroßen Strauß der besten roten Rosen zu kaufen und ihn persönlich mit einem Zettel zu liefern Miss Marguerite Parker am Bühneneingang des Duke of Cornwall's Theatre.

Wilson nahm den Befehl in seiner gewohnten ernsten, respektvollen Art entgegen und drehte sich zum Gehen um; aber Rollo hatte noch mehr hinzuzufügen.

„Blumen, Wilson", sagte er bedeutungsvoll.

„ Das habe ich so verstanden, Sir. Ich werde mich sofort darum kümmern.'

'Verstehst du, was ich meine? Dritte Woche, Wilson.'

„In der Tat, Sir?"

Rollo verharrte einen Moment in etwas, das er als Nachdenken bezeichnet hätte.

„Charmantes Mädchen, Wilson."

„In der Tat, Sir?"

„Haben Sie die Show gesehen?"

„Noch nicht, Sir."

„Das solltest du", sagte Rollo ernst. „Befolgen Sie meinen Rat, alter Späher, und sehen Sie es sich bei der ersten Gelegenheit an. Es ist top. „Ich habe seit zwei Wochen denselben Platz in der Mitte der ersten Reihe im Parkett."

„In der Tat, Sir?"

„Sieht aus, Wilson! Der gute alte Zeitplan.'

„Haben Sie zufriedenstellende Ergebnisse festgestellt, Sir?"

'Es funktioniert. Am Samstagabend sah sie mich fünfmal an. Sie ist ein entzückendes Mädchen, Wilson. Nettes, ruhiges Mädchen – nicht die übliche Sorte. Ich traf sie zum ersten Mal bei einem Mittagessen bei Oddy's . Sie ist das letzte Mädchen auf der OP-Seite. Ich bin sicher, dass sie dir gefallen würde, Wilson.'

„Ich habe vollstes Vertrauen in Ihren Geschmack, Sir."

„Du wirst sie heute Abend selbst sehen." Lassen Sie sich nicht von dem Kerl am Bühneneingang abschrecken. Schicken Sie ihm eine halbe Krone oder ein paar Pfund oder so etwas und sagen Sie, dass Sie sie unbedingt persönlich sehen müssen. Sind Sie ein genauer Beobachter, Wilson?'

„Ich denke schon, Sir."

„Weil ich möchte, dass Sie besonders bemerken, wie sie es aufnimmt. Sorgen Sie dafür, dass sie die Notiz in Ihrer Gegenwart liest. Ich habe mir wegen dieser Notiz viel Mühe gegeben, Wilson. Das ist eine gute Nachricht. Gut ausgedrückt. Beobachten Sie ihr Gesicht, während sie es liest.'

'Sehr gut, Herr. Entschuldigen Sie bitte.'

„Äh?“

„Ich hatte fast vergessen, es zu erwähnen. Mr. Galloway hat kurz vor Ihrem Eintreffen am Telefon angerufen.

'Was! Ist er in England?'

Herr Galloway hatte die Angewohnheit, gelegentlich nach Großbritannien zu reisen, um sich mit dem Geschäftsführer seiner Londoner Niederlassung zu beraten. Rollo hatte sich daran gewöhnt, von diesen Besuchen keine Mitteilung zu erhalten.

„Er ist vor zwei Tagen an der *Ostsee angekommen* , Sir.“ Er hat eine Nachricht hinterlassen, dass er eine Woche in London ist und sich freuen würde, wenn Sie morgen mit ihm in seinem Club speisen würden.

Rollo nickte. Bei diesen Gelegenheiten war es seine Gewohnheit, Mr. Galloway vorbehaltlos zur Verfügung zu stehen . Die Einladungen des letzteren waren königliche Befehle. Rollo war froh, dass der Besuch nun stattgefunden hatte. In weiteren zwei Wochen hätte es für den Zeitplan katastrophal sein können.

Der Club, dem der Braces King angehörte, war ein reich, aber düster ausgestattetes Gebäude in der Pall Mall, ein Ort voller weicher Teppiche, gedämpfter Lichter und Flüstern. Ernste, ältere Männer bewegten sich geräuschlos hin und her oder saßen in meditativer Stille in tiefen Sesseln. Manchmal hatte der Besucher das Gefühl, in einer Kathedrale zu sein, manchmal in einem türkischen Bad; Hin und wieder erinnerte man jedoch an das Wartezimmer eines überdurchschnittlich wohlhabenden Zahnarztes. Es war großartig, aber nicht berauschend.

Rollo wurde in das Raucherzimmer geführt, wo ihn sein Onkel empfing. Es gab viel von Mr. Andrew Galloway. Der Kummer, der an seinem Herzen nagte, hatte seine weite Weste nicht durchhängen lassen, die ihm vorausging, während er sich auf die gleiche Weise bewegte, wie Birnam Woods der Armee von Macduff vorausging. Eine wohlgenährte Hand kroch um die Ecke des Gebäudes und umfasste Rollos Hand mit kräftigem Griff.

„Ah, mein Junge!“ brüllte Mr. Galloway fröhlich. Seine Stimme war immer laut. „Freut mich, dass du gekommen bist.“

Es wäre absurd zu sagen, dass Rollo seinen Onkel scharf ansah. Er war nicht in der Lage, jemanden scharf anzusehen. Aber auf jeden Fall war ein verwirrter Ausdruck auf seinem Gesicht. Ob es an der Herzlichkeit des Händedrucks des anderen lag oder an der ungewöhnlichen Fröhlichkeit seiner Stimme, konnte er nicht sagen; aber irgendetwas erweckte in ihm den Eindruck, dass eine merkwürdige Veränderung im Braces-König stattgefunden hatte. Als sie sich in den letzten Jahren schon einmal begegnet waren, war Mr. Galloway praktisch 16 Pfund aus Blut und Eisen gewesen – einer dieser strengen , verärgerten Männer. Seine Haltung war die eines Menschen, für den die Musik des Lebens aufgehört hatte. Hatte er dann einen weiteren Datensatz eingefügt? Seine Art vermittelte diese Idee.

Anhaltende Gedanken bereiteten Rollo immer Kopfschmerzen. Er hörte auf zu spekulieren.

„Ist hier immer noch derselbe *Koch* , Onkel?" er sagte. „Verdammter, kluger Kerl." „Ich esse hier immer gerne."

'Hier!' Mr. Galloway musterte die schläfrigen Bewohner des Raumes mit lebhafter Verachtung. „Wir werden nicht in diesem verlassenen alten Mausoleum speisen." Ich habe heute meine Kündigung eingereicht. Wenn ich jemals Lust auf so etwas habe, fahre ich nach Paris und suche das Leichenschauhaus auf. Ein Haufen alter Deadbeats! Bah! Ich habe einen Tisch bei Romano reserviert. Das ist eher mein Stil. Hol deinen Mantel und lass uns gehen.'

Im Taxi riskierte Rollo Kopfschmerzen. Über diese Sache muss um jeden Preis nachgedacht werden. Sein Onkel plapperte während der gesamten Fahrt fröhlich. Einmal jubelte er – irgendein seltsamer, vergessener College-Schrei, herbeigeholt aus den nebligen Tiefen der Vergangenheit. Es war seltsam. Und auf diese ungewöhnliche Weise rollten die beiden in den Strand und hielten vor Romanos Tür.

Mr. Galloway war ein guter Grabenarbeiter. Schon sehr früh war ihm klar geworden, dass ein Mann, der eine zufriedenstellende Zahnspange herstellen möchte, seine Kräfte aufrechterhalten muss. Er wollte hier unten ein gutes Angebot machen, und er wollte es warm und gut zubereitet. Daher wurde sein Abendessen mit Rollo nicht sofort zu einem Fest der Vernunft und einem Seelenfluss. Tatsächlich hatten die beiden Feiernden ihre Zigarren angezündet, bevor der Älteste eine Bemerkung machte, die nicht rein gastronomischer Natur war.

Als er das Gespräch tatsächlich auf eine höhere Ebene brachte, lenkte er es heftig. Er schickte es mit einem Schwung in die Bereiche des Seelenvollen.

„Rollo", sagte er und blies einen Rauchring, „glaubst du an Affinitäten?"

Rollo, der gerade an einem Likörbrand nippte, senkte überrascht sein Glas. Sein Kopf sang leicht aufgrund eines ziemlich lebhaften Bollingers (zusätzliche Sekunde) und er fragte sich, ob er richtig gehört hatte.

Mr. Galloway fuhr mit lauter werdender Stimme fort.

„Mein Junge", sagte er, „ich fühle mich heute Abend zum ersten Mal seit Jahren jung." Und halt, ich bin noch nicht so alt! Männer haben im doppelten Alter wie ich geheiratet.'

Streng genommen war dies falsch, es sei denn, man zählte Methusalem mit; aber vielleicht hat Mr. Galloway im übertragenen Sinne gesprochen.

„Dreimal so alt wie ich", fuhr er fort, lehnte sich zurück und blies Rauch, wodurch er den aufgeregten Schrecken seines Neffen verpasste. „Viermal so alt wie ich." Fünfmal so alt wie ich. Sechs-'

Er riss sich verwirrt zusammen. Ein großzügiger Wein, dieser Bollinger. Er muss vorsichtig sein.

Er hustete.

„Bist du – bist du nicht – bist du …" Rollo hielt inne. „Denkst du darüber nach zu heiraten, Onkel?"

Mr. Galloways Blick war noch immer auf die Decke gerichtet.

„Viel Unsinn", schrie er streng, „wird darüber geredet, dass Männer sich erniedrigen, indem sie Schauspielerinnen heiraten." Gestern Abend war ich Gast auf einer Abendessenparty, bei der eine Schauspielerin anwesend war. Und ein charmanteres, vernünftigeres Mädchen, das ich nie treffen möchte. Keiner dieser dummen, hirnlosen Kerle, die den Unterschied zwischen Newburg-Hummer und Ente aus Segeltuch nicht kennen und süßen Champagner lieber trocknen als trocken. Nein Sir! Keiner von der affektierten Sorte, die so tut, als würde sie nie etwas außer einem Löffel kalter *Brühe anfassen* . Nein Sir! Guter, gesunder Appetit. Genoss ihr Essen und wusste, warum sie es genoss. Ich gebe dir mein Wort, mein Junge, bis ich sie traf , wusste ich nicht, dass es eine Frau gibt, die so verdammt vernünftig über eine *Bavaroise au Rhum sprechen kann* .'

Er unterbrach seinen markanten Tribut, um seine Zigarre wieder anzuzünden.

„Sie kann einen Chafing Dish gebrauchen", fuhr er fort, seine Stimme vibrierte vor Emotionen. „ Sie hat es mir gesagt. Sie sagte, sie könne Hühnchen so zubereiten, dass ein Mann dafür das Haus verlässt.' Er hielt inne und war für einen Moment überwältigt. „ *Und* walisische Rarebits", fügte er ehrfürchtig hinzu.

Er zog kräftig an seiner Zigarre.

„Ja", sagte er. „Auch walisische Rarebits." Und weil", schrie er zornig, „weil sie tatsächlich ihren Lebensunterhalt ehrlich damit verdient, im Chor einer komischen Oper zu singen, wird ein ganzer Haufen weinerlicher Idioten sagen, ich habe mich lächerlich gemacht." Lass sie!' „, brüllte er, setzte sich auf und starrte Rollo böse an. „Ich sage, lasst sie! Ich werde ihnen zeigen, dass Andrew Galloway nicht der Mann ist, der – nicht der Mann – ist. Er hielt inne. „Na ja, ich werde es ihnen jedenfalls zeigen", schloss er ziemlich lahm.

Rollo musterte ihn mit gesenktem Kinn. Sein Likör hatte sich in Wermut verwandelt. Das hatte er schon seit Jahren befürchtet. Du magst die Natur mit der Heugabel vertreiben, aber sie wird zurückkehren. Blut wird es zeigen. Einmal Pittsburgh-Millionär, immer Pittsburgh-Millionär. Elf Jahre lang hatte sein Onkel mit offensichtlichem Erfolg gegen seine natürlichen Neigungen gekämpft; aber am Ende hatte die Natur gesiegt. Seine Worte könnten keine andere Bedeutung haben. Andrew Galloway wollte eine Chorsängerin heiraten.

Mr. Galloway klopfte auf den Tisch und bestellte einen weiteren Kummel.

„Marguerite Parker!" Er brüllte verträumt und rollte die Worte wie Portwein auf seiner Zunge.

„Marguerite Parker!" rief Rollo aus und sprang auf seinen Stuhl.

Sein Onkel sah ihm streng in die Augen.

„Das war der Name, den ich gesagt habe." Du scheinst es zu wissen. Vielleicht haben Sie etwas gegen die Dame einzuwenden. Äh? Hast du? Hast du? Ich warne Sie, vorsichtig zu sein. Was wissen Sie über Miss Parker? Sprechen!'

„Ähm – nein, nein. Ach nein! Ich kenne nur den Namen, das ist alles. Ich – ich glaube eher, dass ich sie einmal beim Mittagessen getroffen habe. Oder es könnte jemand anderes gewesen sein. Ich weiß, dass es jemand war.'

Er stürzte sich auf sein Glas. Der Blick seines Onkels lockerte seine Strenge.

„Ich hoffe, dass du sie beim Mittagessen noch oft triffst, mein Junge. Ich hoffe, dass Sie sie als zweite Mutter betrachten werden.'

Hier fragte Rollo, ob er vielleicht noch etwas Brandy hätte.

Als das Stärkungsmittel kam, trank er es in einem Zug; Dann sah er zu seinem Onkel hinüber. Der große Mann grübelte immer noch.

„Ähm – wann soll es sein?" fragte Rollo. „Die Hochzeit und so?"

„Kaum vor dem Fall, glaube ich. Nein, nicht vor dem Fall. Bis dahin werde ich beschäftigt sein. Ich habe in dieser Angelegenheit noch keine Schritte unternommen.'

„Keine Schritte? Was meinen Sie-? Hast du nicht – hast du nicht einen Antrag gemacht?'

„Ich hatte keine Zeit. Sei vernünftig, mein Junge; sei vernünftig.'

'Oh!' sagte Rollo.

Er atmete tief durch. Durch die Wolken war der Verdacht eines Silberstreifs sichtbar geworden.

„Ich bezweifle", sagte Mr. Galloway nachdenklich, „ob ich bis zum Ende der Woche Zeit finden werde." Ich bin sehr beschäftigt. Lassen Sie mich sehen. Morgen? Nr. Hauptversammlung. Donnerstag? Freitag? Nein. Nein, es muss bis Samstag stehen bleiben. Nach der Matinee am Samstag. Das wird hervorragend funktionieren.'

In unserem Land gibt es jeden Tag ein dramatisches Spektakel zu beobachten, das zwar Anerkennung verdient, aber noch kein Künstler auf Leinwand dargestellt hat. Wir spielen auf den plötzlichen Geschwindigkeitsschub des Vorort-Dauerkarteninhabers an. Jeder muss schon einmal einen glücklichen Dauerkarteninhaber mit strahlendem Gesicht gesehen haben, der ruhig zum Bahnhof schlenderte und vielleicht in seiner Unbeschwertheit etwas fröhliches summte. Er fühlt sich sicher. Das Schicksal kann ihm nichts anhaben, denn er hat sich ausnahmsweise genug Zeit gelassen, um die 8,50 zu erreichen, für die er so oft gesprintet ist wie die Gazelle der Prärie. Beim Schlendern fällt sein Blick plötzlich auf die Kirchturmuhr. Im nächsten Moment versucht er mit einem leidenschaftlichen Schrei, seinen Rekord im 50-Yard-Lauf zu verbessern. Die ganze Zeit über ging seine Uhr fünfzehn Minuten nach.

In einem solchen Fall befand sich Rollo Finch. Er hatte geglaubt, dass er genügend Zeit hätte. Und nun wurde ihm augenblicklich klar, dass er sich beeilen musste.

Den größten Teil der Nacht, in der sein Onkel zu Abend aß, lag er schlaflos da und versuchte vergeblich , einen Ausweg aus der Schwierigkeit zu finden. Erst am frühen Morgen wurde er mit dem Unvermeidlichen konfrontiert. Er hasste es, den Zeitplan aufzugeben. Dies zu tun bedeutete, einen wohlgeordneten Vormarsch in eine verlassene Hoffnung zu verwandeln. Aber die Umstände zwangen es. Es gibt Momente, in denen allein die Schnelligkeit den Besitzer einer Dauerkarte der Liebe retten kann.

Am folgenden Nachmittag spielte er. Es war kein Anlass zum Knausern. Er musste die sorgfältig überlegten Bewegungen von zwei Wochen an einem Tag zusammenfassen, und er tat dies nach besten Kräften. Er kaufte drei Blumensträuße, ein Armband und einen goldenen Billiken mit rubinroten Augen und schickte sie per Botenjunge ins Theater. Mit ihnen ging eine Einladung zum Abendessen.

Dann kehrte er mit dem Gefühl, alles Mögliche getan zu haben, in seine Wohnung zurück und wartete auf die Stunde.

Er kleidete sich an diesem Abend mit größerer Sorgfalt als sonst. Ihr kluger General wirft niemals einen Zug weg. Er legte besonderen Wert auf seine Krawatte. In der Regel wählte Wilson einen für ihn aus. Aber es gab Zeiten, in denen Wilson Fehler gemacht hatte. Man konnte sich nicht absolut auf Wilsons Geschmack in Sachen Krawatten verlassen. Er machte ihm keine Vorwürfe. Bessere Männer als Wilson hatten bei einem abendlichen Unentschieden einen Fehler gemacht. Aber heute Abend darf es kein Risiko geben.

„Wo bewahren wir unsere Krawatten auf, Wilson?" er hat gefragt.

„Der Schrank rechts von der Tür, Sir." Die ersten zwölf flachen Regale, von oben gezählt, Sir. Sie enthalten eine faire Auswahl unserer verschiedenen Krawatten. Repliken in großen Mengen finden Sie in der dritten Schublade Ihres Ankleidezimmers, Sir."

„Ich will nur einen, mein guter Mann." Ich bin kein Regiment. Ah! Ich setze alles auf dieses. Kein Wort, Wilson. Keine Diskussion. Das ist die Krawatte, die ich trage. Wie viel Uhr ist es?'

„Acht Minuten vor elf, Sir."

„Ich muss weg." Ich werde mich verspäten. Ich werde dich heute Nacht nicht mehr wollen. Warte nicht auf mich.'

'Sehr gut, Herr.'

Rollo verließ blass, aber entschlossen den Raum und rief ein Taxi.

Es ist ein angenehmer Ort, das Vestibül des Carlton Hotels. Glanz – Glitzer – ferne Musik – schöne Frauen – mutige Männer. Aber man kann zu viel davon haben, und je mehr Augenblicke vergehen und sie nicht eintrifft, desto mehr scheint sich ein Schauer in die Atmosphäre einzuschleichen. Wir warten weiter, hoffen wider alle Hoffnung, und schließlich, gerade als Kellner und Kommissionäre beginnen, uns mit Argwohn zu beäugen, sehen wir uns der Wahrheit ins Auge. Sie kommt nicht. Dann kriechen wir hinaus in die kalte, gefühllose Pall Mall und nach Hause. Sie haben es durchgemacht, lieber Leser, und ich auch.

Und so geschah es auch bei Rollo, um elf Uhr fünfundvierzig an diesem Abend. Eine ganze Dreiviertelstunde lang wartete er und musterte das Gesicht jedes Neuankömmlings mit der ängstlichen Prüfung eines verlorenen Hundes, der sein Herrchen sucht; aber um vierzehn Minuten vor zwölf war der letzte schwache Hoffnungsschimmer verflogen. Ein Mädchen kann eine Viertelstunde zu spät zum Abendessen kommen. Sie könnte eine halbe Stunde zu spät kommen. Aber es gibt eine Grenze, und für Rollo waren fünfundvierzig Minuten vergangen. Um zehn Minuten vor zwölf gab ein uniformierter Beamter vor dem Carlton einem Taxi ein Zeichen , und dort stieg ein junger Mann ein, dessen Glaube an die Frau erloschen war.

Rollo dachte bitter nach, als er nach Hause fuhr. Es war nicht so sehr die Tatsache, dass sie nicht gekommen war, die ihn bewegte. Viele Dinge können ein Mädchen vom Abendessen abhalten. Es war die ruhige Art, mit der sie die Einladung ignoriert hatte. Wenn Sie einem Mädchen drei Blumensträuße, ein Armband und einen goldenen Billiken mit rubinroten Augen schicken, erwarten Sie nicht, dass Ihnen jegliche Anerkennung fehlt. Sogar ein Penny-in-the-Slot-Automat verwöhnt Sie noch besser. Es kann zu Haarnadelkurven führen, wenn Sie Übereinstimmungen wünschen, aber es nimmt Ihnen zumindest etwas Beachtung.

Er war immer noch in düstere Gedanken versunken, als er seinen Hausschlüssel einsteckte und die Tür seiner Wohnung öffnete.

Er wurde durch ein Lachen im Wohnzimmer aus seinen Überlegungen gerissen. Er begann. Es war ein angenehmes Lachen und musikalisch, aber Rollo stürzte sich empört nach der Türklinke. Was machte eine Frau um diese Zeit in seinem Wohnzimmer? War seine Wohnung ein Hotel?

Das Auftauchen eines ungebetenen Gastes führt selten dazu, dass ein bestimmtes *Gen entsteht* . Das plötzliche Auftauchen von Rollo sorgte für Totenstille.

Es wurde durch den Sturz eines Stuhls auf dem Teppich zerbrochen, als Wilson hastig aufstand.

Rollo stand in der Tür, eine beeindruckende Statue verhaltener Empörung. Er konnte die äußeren Teile eines Mädchens in Blau am anderen Ende des Tisches sehen, aber Wilson verdeckte seine Sicht.

„Ich habe nicht erwartet, dass Sie zurückkommen, Sir", sagte Wilson.

Zum ersten Mal in der Geschichte ihrer Bekanntschaft schien seine gewohnte Ruhe etwas gestört zu sein.

„ So sollte ich denken", sagte Rollo. „Ich glaube dir, bei George!"

„Das solltest du besser erklären, Jim", sagte eine leidenschaftslose Stimme vom Ende des Tisches.

Wilson trat beiseite.

„Meine Frau, Sir", sagte er entschuldigend, aber mit Stolz.

'Deine Frau!'

„Wir haben heute Morgen geheiratet, Sir."

Die Dame nickte Rollo fröhlich zu. Sie war klein und schmächtig, hatte eine freche Nase und eine Fülle brauner Haare.

„Freut mich sehr, Sie kennenzulernen", sagte sie und knackte eine Walnuss.

Rollo starrte ihn an.

Sie sah ihn wieder an.

„Wir haben uns kennengelernt, nicht wahr? Oh ja, ich erinnere mich. Wir trafen uns einmal zum Mittagessen. Und du hast mir Blumen geschickt. „Es war wirklich nett von dir", sagte sie strahlend.

Sie knackte eine weitere Nuss. Sie schien der Meinung zu sein, dass die Vorstellungen abgeschlossen seien und dass nun erneut auf Formalität verzichtet werden könne. Sie schien mit allen Männern Frieden zu schließen.

Die Situation entglitt Rollos Kontrolle. Er starrte weiter.

Dann erinnerte er sich an seine Beschwerde.

„Ich glaube, du hättest mich vielleicht wissen lassen, dass du nicht zum Abendessen kommst."

'Abendessen?'

„Ich habe heute Nachmittag eine Nachricht an das Theater geschickt."

„Ich war heute nicht im Theater. Sie ließen mich frei, weil ich heiraten wollte. Es tut mir so leid. Ich hoffe, du hast nicht lange gewartet.'

Rollos Groll schwand vor der Freundlichkeit ihres Lächelns.

„Kaum zu jeder Zeit", sagte er wahrheitswidrig.

„Wenn ich es erklären dürfte, Sir", sagte Wilson.

„Bei George! Wenn du kannst, ersparst du mir ein Brainstorming. Machen Sie Schluss und haben Sie keine Angst, dass Sie mich langweilen. Das wirst du nicht.'

„ Frau Wilson und ich sind alte Freunde, Sir. Wir kommen aus derselben Stadt. Tatsächlich-'

Rollos Gesicht klärte sich.

„Bei George! Vermarkten Sie, wie es heißt! Warum natürlich. Dann hat sie-'

„Genau so, Sir. Wenn Sie sich erinnern, haben Sie mich einmal gefragt, ob ich jemals verliebt gewesen sei, und ich habe dies bejaht.

'Und es war-'

„ Frau Wilson und ich hatten uns verlobt, bevor einer von uns nach London kam. Es gab ein Missverständnis, das ganz allein auf mich zurückzuführen war …"

„Jim! Es war meines.'

„Nein, das lag nur daran, dass ich ein Narr war."

'Es war nicht. Du weißt, dass es das nicht war!'

Rollo intervenierte.

'Also?'

„Und als Sie mich mit den Blumen geschickt haben, Sir – nun, wir haben noch einmal darüber gesprochen, und – so kam es, Sir."

Die Braut blickte von ihren Walnüssen auf.

„Du bist nicht böse?" Sie lächelte Rollo an.

'Wütend?' Er dachte nach. Natürlich war es nur vernünftig, dass er ein wenig – nun ja, nicht gerade wütend, aber – war. Und dann wurde ihm zum ersten Mal klar, dass die Situation nicht ganz ohne Ausgleich war. Bis zu diesem Moment hatte er Mr. Galloway völlig vergessen .

'Wütend?' er sagte. „Großartiger Scott, nein! Ich bin sehr froh, dass ich rechtzeitig zurückgekommen bin, um etwas vom Hochzeitsfrühstück zu bekommen. Ich will es, das kann ich dir sagen. Ich bin hungrig. Hier sind wir alle, oder? Lasst uns Spaß haben. Wilson, alter Pfadfinder, geh geschäftig umher und gib uns deine Imitation eines Bräutigams, der ein „B. und S." mischt. für den Trauzeugen. Mrs. Wilson, wenn Sie morgen im Theater vorbeischauen, werden Sie ein oder zwei kleine Hochzeitsgeschenke finden. Drei Blumensträuße – die werden ein wenig verwelkt sein, fürchte ich –, ein

Armband und ein goldener Billiken mit rubinroten Augen. Ich hoffe, er wird dir Glück bringen. Oh, Wilson!'

'Herr?'

„Wenn ich diese kleine Angelegenheit anspreche – antworten Sie nicht, wenn es eine heikle Frage ist, aber ich *würde* es gerne wissen – ich nehme an, Sie haben es nicht mit dem Zeitplan probiert. Was? Eher die Market Thingummy-Methode, oder? Die, die du mir beschrieben hast?'

„Market Bumpstead , Sir?" sagte Wilson. „In diesem Sinne."

Rollo nickte nachdenklich.

„Mir scheint", sagte er, „unten in Market Bumpstead wissen sie ein oder zwei Dinge ."

„Ein sehr aufstrebender kleiner Ort, Sir", stimmte Wilson zu.

SIR AGRAVAINE

Eine Geschichte von der Tafelrunde von König Arthur

Als ich vor einiger Zeit ein wunderbares Wochenende im angestammten Schloss meines lieben alten Freundes, des Herzogs von Weatherstonhope (ausgesprochen Wop), verbrachte, stieß ich auf ein altes MS mit schwarzen Buchstaben. Darauf basiert die folgende Geschichte.

Ich habe es für notwendig gehalten, die Sache hier und da ein wenig nachzubessern, da die Schriftsteller damals schwach im Aufbau waren. Ihre Idee beim Erzählen einer Geschichte bestand darin, tief Luft zu holen und ohne Zwischenstopps und Dialoge vor sich hin zu reden, bis die Sache zu Ende war.

Ich habe auch den Titel gekürzt. Im Original hieß es: „Wie es dazu kam, dass der gute Ritter Sir Agravaine, der Dolorous von der Tafelrunde, auszog, um einer Jungfrau in Not zu helfen, und sie nach vielen Reisen und Gefahren durch Überschwemmungen und Felder für seine Braut gewann." und glücklich lebten sie beide bis an ihr Lebensende, von Ambrosius, ihr Mönch.'

Damals war es ein ziemlich flotter Titel, aber heutzutage haben wir einen so hohen Standard an Titeln, dass ich mich gezwungen sah, ein paar Meter davon wegzulassen.

Wir können nun mit der Geschichte fortfahren.

Das große Turnier war in vollem Gange. Den ganzen Nachmittag über hatten sich kampferprobte Ritter auf tapferen Streitrossen zur großen Zufriedenheit aller auf die Speere des anderen gestürzt. Helle Augen leuchteten; Taschentücher flatterten; Musikalische Stimmen forderten die auserwählten Champions dazu auf, ihren bulligen Gegnern die Deckung zu entreißen. Die billigen Sitze waren längst voller Emotionen. Überall in der Arena erklangen die Schreie der umherziehenden Kaufleute: „Eisgekühlte Malvoisie", „Scorekarten; Ohne eine Punktekarte kann man den Wettkämpfern nichts sagen.' Alles war ausgelassen und aufregend.

Stille herrschte in der Menge. Von beiden Enden der Arena war ein berittener Ritter in Rüstung hereingekommen.

Der Herold hob die Hand.

' Ladeez'n gemmen ! Im Kampf gegen Galahad und Agravaine the Dolorous. Galahad zu meiner Rechten, Agravaine zu meiner Linken. Knappen aus dem Ring. Zeit!'

Ein Spekulant aus der Menge bot sechs zu eins für Galahad an, fand aber keinen Abnehmer. Die Vorsicht der Öffentlichkeit war auch nicht ohne Grund.

Einen Moment später trafen die beiden in einer Staubwolke aufeinander, und Agravaine schoss über den Schweif seines Pferdes und fiel mit metallischem Klirren zu Boden.

Er rappelte sich auf und humpelte langsam aus der Arena. Er war an so etwas nicht gewöhnt. Tatsächlich war ihm in seiner gesamten Turnierkarriere nichts anderes passiert.

Die Wahrheit war, dass Sir Agravaine der Schmerzhafte am Hofe von König Artus nicht in seinem Element war, und er wusste es. Es war dieses Wissen, das ihm jene beruhigende Melancholie verliehen hatte, von der er seinen Titel ableitete.

Bis ich auf dieses schwarze MS stieß. Ich hatte, wie vermutlich alle anderen auch, den Eindruck gehabt, dass jeder Ritter der Tafelrunde ein Vorbild an körperlicher Stärke und Schönheit sei. Malory sagt nichts, was das Gegenteil andeuten würde. Tennyson auch nicht. Aber anscheinend gab es Ausnahmen, deren Anführer Sir Agravaine der Schmerzhafte gewesen sein muss.

Anscheinend gab es nichts, was die körperlichen Mängel dieses unglücklichen Mannes mildern konnte. Es gibt einen Platz auf der Welt für den starken, hässlichen Mann, und es gibt einen Platz für den schwachen, gutaussehenden Mann. Aber wenn man sowohl in den Gesichtszügen als auch in der Muskulatur zu kurz kommt, setzt man alles auf sein Gehirn. Und in den Tagen von König Artus kam die Bevölkerung nicht dazu, dem Gehirn zu huldigen. Es war ein Medikament auf dem Markt. Agravaine war hinsichtlich seiner grauen Substanz um einiges besser ausgestattet als seine Zeitgenossen, aber er war in Socken nur 1,70 m groß; und seine Muskeln blieben erschreckend schlaff, obwohl er drei Fernkurse in Körperkultur besucht hatte. Seine Augen waren blass und sanft, seine Nase stumpf und sein Kinn trat scharf von der Unterlippe zurück, als hätte die Natur, die ihn geschaffen hatte, ohnehin so schnell aufhören und die Arbeit zu Ende bringen müssen. Die hervorstehenden oberen Zähne vervollständigten die Ähnlichkeit mit einem nervösen Kaninchen.

Aufgrund dieser Behinderung ist es kein Wunder, dass er sich am Hofe von König Artus traurig und einsam fühlt. Im Herzen sehnte er sich nach Romantik; aber die Romantik ging an ihm vorbei. Die Damen des Hofes ignorierten seine Existenz, während die wandernden Jungfrauen regelmäßig nach Camelot kamen, um sich über das Verhalten von Drachen, Riesen und dergleichen zu beschweren und den König um Erlaubnis zu bitten, einen

Ritter mit nach Hause nehmen zu dürfen für ihre Sache zu kämpfen (so wie man heutzutage rausgeht und einen Polizisten ruft), hatte er einfach keine Chance. Die Wahl fiel immer auf Lancelot oder einen anderen beliebten Favoriten .

Im Anschluss an das Turnier gab es ein Fest. In jenen tapferen Tagen folgte auf fast alles ein Fest. Die Szene war fröhlich und lebhaft. Schöne Damen, tapfere Ritter, Trottel, Knechte, Knappen, Skorbut-Schurken, Waffenknechte, schlechtgelaunte Schurken – alle waren fröhlich. Alle außer Agravaine. Er saß still und launisch da. Für Dagonets Scherze war er taub. Und als sein Nachbar Sir Kay, der mit Sir Percivale über die aktuelle Form stritt, ihn aufforderte, seine Aussage zu untermauern, dass Sir Gawain, obwohl er ein handwerklich guter Mittelgewichtler sei, nicht die Durchschlagskraft habe, antwortete er nicht, obwohl das Thema es war eine, zu der er starke Ansichten vertrat. Er saß da und grübelte.

Während er dort saß, betrat ein bewaffneter Mann die Halle.

„Eure Majestät", rief er, „ein Mädchen in Not wartet draußen."

Es gab ein aufgeregtes und interessiertes Gemurmel.

„Führen Sie sie herein", sagte der König strahlend.

Der Waffenknecht ging in den Ruhestand. Um den Tisch herum versuchten die Ritter, sich auf ihren Sitzen aufzurichten, und zwirbelten ihre Schnurrbärte. Agravaine allein machte keine Bewegung. So etwas hatte er schon so oft erlebt. Was waren für ihn verzweifelte Jungfrauen? Sein gesamtes Verhalten sagte so deutlich, als hätte er die Worte gesprochen: „Was nützt das?"

Die Menge an der Tür teilte sich, und durch die Öffnung kam eine Gestalt, bei deren Anblick die erwartungsvollen Gesichter der Ritter vor Bestürzung blass wurden. Denn die Neuankömmling war das schlichteste Mädchen, das diese stattlichen Hallen je gesehen hatten. Möglicherweise das einzige unscheinbare Mädchen, das sie jemals gesehen hatten, denn in unseren Behörden gibt es keine Aufzeichnungen über die Existenz eines solchen Mädchens zu dieser Zeit.

Die Ritter starrten sie ausdruckslos an. Das waren die großen alten Zeiten des Rittertums, als tausend Schwerter aus ihren Scheiden sprangen, um wehrlose Frauen zu beschützen, wenn sie schön waren. Das Geschenk schien etwas Besonderes zu sein, und niemand war sich über die richtige Vorgehensweise ganz sicher.

Der König brach ein peinliches Schweigen.

'Ähm ja?' er sagte.

Das Mädchen blieb stehen.

„Eure Majestät“, rief sie, „ich bin in Not.“ Ich sehne mich nach Hilfe!'

„Genau so“, sagte der König unbehaglich und warf einen besorgten Blick auf die Reihen verstörter Gesichter vor ihm. 'Einfach *so* . Was – ähm – was ist die genaue Natur des – äh – Problems? „Jede Hilfe, die diese tapferen Ritter leisten können, wird, da bin ich mir sicher, eifrig geleistet.“

Er blickte die schweigenden Krieger flehend an. In der Regel war diese Rede das Signal für tosenden Applaus. Aber jetzt gab es nicht einmal ein Murren.

„Das kann ich begeistert sagen“, fügte er hinzu.

Kein Ton.

„Genau“, sagte der König immer taktvoll. „Und jetzt – sagten Sie?“

„Ich bin Yvonne, die Tochter von Earl Dorm of the Hills“, sagte die Jungfrau, „und mein Vater hat mich geschickt, um einen tapferen Ritter um Schutz gegen einen feurigen Drachen zu bitten, der das Land verwüstet.“

„Ein Drache, meine Herren“, sagte der König beiseite. Normalerweise war es ein sicheres Unentschieden. Nichts gefiel dem damaligen Ritter mehr als ein lebhafter Kampf mit einem Drachen. Doch nun wurde das verlockende Wort schweigend aufgenommen.

„Feurig“, sagte der König.

Noch etwas Stille.

Der König griff auf die direkte Berufung zurück. „Sir Gawain, dieses Gericht wäre Ihnen zu großem Dank verpflichtet, wenn –“

Sir Gawain sagte, er habe sich beim letzten Turnier eine Muskelzerrung zugezogen.

„Sir Pelleas .“

Die Stimme des Königs wurde vor Bestürzung leiser. Die Situation war beispiellos.

Sir Pelleas sagte, er habe einen eingewachsenen Zehennagel.

Die Augen des Königs verdrehten sich schmerzerfüllt am Tisch. Plötzlich hörte es auf. Es wurde heller. Sein Ausdruck der Bestürzung verwandelte sich in einen Ausdruck der Erleichterung.

Ein Ritter war aufgestanden. Es war Agravaine.

'Ah!' sagte der König und holte tief Luft.

Sir Agravaine schluckte. Er fühlte sich nervöser als jemals zuvor in seinem Leben. Noch nie zuvor hatte er sich bereit erklärt, in einer solchen Angelegenheit ehrenamtlich seine Dienste zu leisten, und sein Gemütszustand glich dem eines kleinen Jungen, der gerade dabei ist, sein erstes Gedicht vorzutragen.

Es war nicht nur das Bewusstsein, dass alle Augen auf ihn gerichtet waren, außer einem von Sir Balins , der während des Turniers an diesem Nachmittag geschlossen war. Was ihm das Gefühl gab, ein sanfter Herr auf einem Postamt zu sein, der die Assistentin gefragt hat, ob sie bald Zeit hat, sich um ihn zu kümmern, und ihre Aufmerksamkeit erregt hat, war die Tatsache, dass er glaubte, beobachtet zu haben, wie das Mädchen Yvonne die Stirn runzelte Rose. Er stöhnte im Geiste. Er hatte das Gefühl, dass dieses Mädchen die richtigen Güter oder gar keine wollte. Möglicherweise gelingt es ihr nicht, Sir Lancelot oder Sir Galahad zu erreichen; aber sie würde sich nicht mit einer halben Portion zufrieden geben.

Tatsache war, dass Sir Agravaine sich auf den ersten Blick verliebt hatte. In dem Moment, als er einen Blick auf das Mädchen Yvonne erhaschte, liebte er sie hingebungsvoll. Auf andere wirkte sie schlicht und unattraktiv. Für ihn war sie eine Königin der Schönheit. Er war erstaunt über die unerklärliche Haltung der Ritter um ihn herum. Er hatte erwartet, dass sie sich in Scharen erheben würden, um nach einer Chance zu schreien , diese strahlende Vision zu unterstützen. Er konnte selbst jetzt kaum glauben, dass er tatsächlich der einzige Starter war.

„Das ist Sir Agravaine der Schmerzhafte“, sagte der König zu der Jungfrau. „Wirst du ihn zu deinem Champion machen?“

Agravaine hielt den Atem an. Aber alles war gut. Das Mädchen verneigte sich.

„Dann, Sir Agravaine“, sagte der König, „sollten Sie vielleicht besser sofort Ihr Streitross herschicken lassen.“ Ich stelle mir vor, dass die Angelegenheit dringend ist – die Zeit und – äh – Drachen warten auf niemanden.'

Zehn Minuten später joggte Agravaine, immer noch benommen, mit dem Mädchen an seiner Seite zu den Hügeln.

Es dauerte einige Zeit, bis einer von ihnen sprach . Das Mädchen schien beschäftigt zu sein, und Agravaines Geist war ein Gewirr wirrer Gedanken, von denen der prominenteste und der, zu dem er immer wieder zurückkehrte, die verblüffende Überlegung war, dass er, der sich so lange nach Romantik gesehnt hatte, diese jetzt in vollem Umfang verstanden hatte .

Ein Drache! Feurig dabei. War er absolut sicher, dass er in der Lage war, einen Streit mit einem feurigen Drachen zu bewältigen? Für ein wenig Vorerfahrung in solchen Dingen hätte er viel gegeben. Es war jetzt zu spät, aber er wünschte, er hätte die Voraussicht gehabt, Merlin dazu zu bringen, ein Zauberrezept für ihn auszustellen, das ihn immun gegen Drachenbisse machte. Aber haben Drachen gebissen? Oder haben sie mit ihren Schwänzen auf dich eingeschlagen? Oder einfach Feuer blasen?

Es gab ein Dutzend solcher Punkte, die er gerne geklärt hätte, bevor er anfing. Es war albern, ohne besondere Kenntnisse ein solches Unternehmen zu gründen. Er hatte fast Lust, sich auf eine vergessene Verlobung zu berufen und sofort zurückzukehren.

Dann schaute er das Mädchen an und seine Entscheidung war gefallen. Was bedeutete der Tod, wenn er ihr dienen konnte?

Er hustete. Sie erwachte erschrocken aus ihren Träumereien.

„Dieser Drache jetzt?“ sagte Agravaine.

Einen Moment lang antwortete das Mädchen nicht. „Ein furchterregender Wurm, Sir Knight“, sagte sie schließlich. „Es tobt bei Tag und bei Nacht.“ Es spuckt Feuer aus seinen Nasenlöchern.'

'Macht es!' sagte Agravaine. ' *Macht* es! Sie können sich keine Vorstellung davon machen, wie es aussieht und welche *Größe* es hat?“

„ Sein Körper ist so dick wie zehn kräftige Bäume und sein Kopf berührt die Wolken.“

'Macht es!' sagte Agravaine nachdenklich. ' *Macht* es!'

„Oh, Sir Knight, ich bete, dass Sie sich darum kümmern.“

„Das werde ich“, sagte Agravaine. Und er hatte selten etwas leidenschaftlicher gesagt. Die Zukunft sah so schlimm aus, wie sie nur sein konnte. Alle Hoffnungen, die er gehegt hatte, dass dieser Drache sich als vergleichsweise klein und harmlos erweisen würde, zerstreuten sich. Dies war eindeutig kein geschwächtes Wrack eines Drachen, dessen Wachstum durch übermäßiges Feuerspucken gehemmt wurde. Ein Körper so dick wie zehn kräftige Bäume! Er hätte nicht einmal die melancholische Genugtuung gehabt, dem Geschöpf Verdauungsstörungen zu bereiten. Trotz des Eindrucks, den er in diesem riesigen Innenraum hinterlassen würde, könnte er genauso gut eine gesalzene Mandel sein.

Während sie sprachen, nahm eine dunkle Masse am Horizont Gestalt an.

'Erblicken!' sagte das Mädchen. „Das Schloss meines Vaters." Und schon ritten sie über die Zugbrücke und durch das große Tor, das sich mit einem Klirren hinter ihnen schloss.

Als sie abstiegen, kam ein Mann durch eine Tür am anderen Ende des Hofes heraus.

„Vater", sagte Yvonne, „das ist der tapfere Ritter Sir Agravaine, der gekommen ist –" Agravaine kam es so vor, als ob sie einen Moment zögerte.

„Um unseren Drachen zu bekämpfen?" sagte der Vater. 'Exzellent. Komm gleich rein.'

Earl Dorm of the Hills war ein kleiner, älterer Mann mit etwas, das Agravaine als ausgesprochen verstohlen empfand. Seine Augen standen zu nah beieinander und er lächelte übermäßig verschwenderisch. Sogar Agravaine, der Yvonnes zuliebe möglichst die ganze Familie mögen wollte, konnte sich des Eindrucks nicht erwehren, dass der äußere Schein gegen dieses besondere Exponat sprach. Unter dem äußeren Erscheinungsbild eines Experten für Selbsttäuschungsmanöver, dessen Hobby das Hundestehlen war, verbarg er vielleicht ein Herz aus Gold, aber es bestand kein Zweifel daran, dass sein Äußeres keinen freundlichen Schimmer von Selbstvertrauen hervorrief.

„Sehr schön, dass Sie gekommen sind", sagte der Earl.

„Es ist mir eine Freude", sagte Agravaine. „Ich habe alles über den Drachen gehört."

„Eine große Geißel", stimmte sein Gastgeber zu. „Wir müssen nach dem Abendessen noch lange darüber reden."

Damals war es in den Herrenhäusern Englands Brauch, dass die gesamte Gesellschaft ihre Mahlzeiten gemeinsam einnahm. Die Gäste saßen am oberen Tisch, die Damen auf einer Galerie über ihnen, während die übliche Schar von Bewaffneten, Bogenschützen, böswilligen Schurken, Knappen, Skorbut-Schurken, Küchenjungen und hässlichen Hässlichen, die zu allen mittelalterlichen Haushalten gehörten, zerquetscht wurde in der Nähe der Tür, wo immer sie Platz finden konnten.

Das Gefolge von Earl Dorm war zahlenmäßig nicht stark – der Haushalt hatte, dem äußeren Anschein nach zu urteilen, schon bessere Tage gesehen; Aber es fiel Agravaine auf, dass der Mangel an zahlenmäßiger Stärke durch Zähigkeit wettgemacht wurde. Unter all denen, die sich unten im Raum befanden, gab es keinen, den man gerne allein in einer dunklen Gasse getroffen hätte. Von all diesen Stirnen erreichte keine eine Höhe von mehr als einem Punkt und nicht einmal vier Zoll. In der Tat eine finstere Sammlung, und Agravaine meinte, sie hätte in der Lage sein müssen, ohne seine Hilfe mit jedem Drachen fertig zu werden, der jemals auf die Welt kam, um die Asbestindustrie anzukurbeln.

Die Stimme seines Gastgebers riss ihn aus seinen Überlegungen.

„Ich hoffe, Sie sind nach Ihrer Reise nicht müde, Sir Agravaine?" Ich hoffe , mein kleines Mädchen hat dich nicht gelangweilt ? Wir sind hier sehr ruhige Leute. Landmäuse. Aber wir müssen versuchen, Ihren Besuch interessant zu gestalten.'

Agravaine hatte das Gefühl, dass man sich darauf verlassen konnte, dass der Drache das tun würde. Das hat er auch gesagt.

„Ah ja, der Drache", sagte Earl Dorm, „ich habe den Drachen vergessen." Ich möchte ein langes Gespräch mit dir über diesen Drachen führen. Nicht jetzt. Später.'

Sein Blick traf den von Agravaine und er lächelte sein schwaches, listiges Lächeln. Und zum ersten Mal wurde sich der Ritter des merkwürdigen Gefühls bewusst, dass in dieser Burg nicht alles in Ordnung war. Es begann sich in ihm die Überzeugung zu breitzumachen, dass in irgendeiner Weise mit ihm gespielt wurde, dass ein Spiel im Gange war, das er nicht verstand, dass – mit einem Wort – an der Kreuzung Drecksarbeit geleistet wurde.

Es lag ein Hauch von Geheimnis in der Atmosphäre, der ihn ein wenig unruhig machte. Wenn ein feuriger Drache das Land so stark verwüstet, dass der SOS-Ruf an die Tafelrunde gesendet wurde, hat ein Ritter das Recht zu erwarten, dass das Monster das Hauptthema des Gesprächs ist. Sein Gastgeber tendierte offenbar dazu, das Thema überhaupt nicht anzusprechen. Er war vage und schwer fassbar; und das einzige Thema, bei dem ein ehrlicher Mann nicht vage und schwer fassbar ist, sind die feurigen Drachen. Es war nicht richtig. Es war, als ob man die Polizei rufen und sie bei ihrer Ankunft in eine Diskussion über die Fußballergebnisse des Tages verwickeln sollte.

Eine Welle des Misstrauens erfasste Agravaine. Er hatte Geschichten von Räuberhäuptlingen gehört, die Fremde in ihre Festungen lockten und sie dann gefangen hielten, während die Öffentlichkeit nervös ihren ängstlichen Freunden auswich, die Abonnementslisten erstellt hatten, um das Lösegeld zu begleichen. Könnte das so ein Fall sein? Der Mann hatte sicherlich eine ausweichende Art und ein Lächeln, das jede Jury dazu berechtigt hätte, ein Urteil zu fällen, ohne die Loge zu verlassen. Auf der anderen Seite war da Yvonne. Sein Verstand lehnte sich gegen die Vorstellung auf, dass dieses süße Mädchen an einer solchen Verschwörung beteiligt sein könnte.

Nein, wahrscheinlich lag es nur an der unglücklichen Art des Grafen. Vielleicht litt er unter einer Muskelschwäche im Gesicht, die ihn so zum Lächeln brachte.

Rüstung berauben lassen . Damals hatte es ihm so vorgekommen, als verriet die Bemerkung des Grafen, dass letzterer poliert werden müsse und ersterer abgestreift werden müsse, nur eine freundliche Rücksichtnahme auf das Wohlergehen seines Gastes. Nun hatte es den Eindruck, Teil einer sorgfältig konstruierten Handlung zu sein.

Andererseits – hier kam ihm die Philosophie zu Hilfe – wenn jemand tatsächlich etwas anfangen wollte, wären sein Schwert und seine Rüstung genauso gut nicht da. Jeder dieser gigantischen Niedrigbrauer an der Tür könnte ihn mitsamt seiner Rüstung auffressen.

Er nahm seine Mahlzeit wieder auf, unruhig, aber resigniert.

Das Abendessen bei Earl Dorm's war kein Handgemenge an der Mittagstheke. Es begann früh und endete spät. Erst zu fortgeschrittener Stunde wurde Agravaine in sein Zimmer geführt.

Der ihm zugewiesene Raum lag hoch oben im Ostturm. Es war ein schönes Zimmer, aber für jemanden in Agravaines Zustand unterdrücktem Misstrauen war die Polsterung etwas zu fest. Die Tür bestand aus dickstem Eichenholz und war mit Eisennägeln beschlagen. Eisenstangen bildeten ein ordentliches Muster über dem einzigen Fenster.

Kaum hatte Agravaine diese Dinge bemerkt, als sich die Tür öffnete und vor ihm das Mädchen Yvonne stand, blass im Gesicht und nach Luft ringend.

Sie lehnte sich gegen den Türpfosten und schluckte.

'Fliege!' Sie flüsterte.

Leser, wenn Sie gekommen wären, um die Nacht im einsamen Schloss eines völlig Fremden mit zwielichtigem Blick und dem Lächeln einer Schurkengalerie zu verbringen, und als Sie sich in Ihr Zimmer zurückgezogen hätten, hätten Sie festgestellt, dass die Tür trittsicher und das Fenster verriegelt ist, und wenn, Unmittelbar nachdem Sie diese Phänomene entdeckt hatten, war eine junge Dame mit weißem Gesicht auf Sie losgegangen und hatte Sie zur sofortigen Flucht gedrängt. Würde Sie das nicht erschrecken?

Es erschütterte Agravaine.

„Äh?“ er weinte.

'Fliege! Fliegen Sie, Sir Knight.'

Ein weiterer Schritt war im Flur zu hören. Das Mädchen warf einen erschrockenen Blick über die Schulter.

„Und was ist das alles?"

Earl Dorm erschien im schwach beleuchteten Korridor. Seine Stimme hatte ein unangenehmes Klingeln.

„Deine – deine Tochter", sagte Agravaine hastig, „hat mir gerade gesagt, dass das Frühstück …"

Der Satz blieb unvollendet. Eine plötzliche Handbewegung des Earls, und die große Tür schlug ihm vor der Nase zu. Es ertönte das Geräusch eines Bolzens, der in seine Fassung schoss. Ein Schlüssel wurde im Schloss gedreht. Er war gefangen.

Draußen hatte der Earl seine Tochter am Handgelenk gepackt und führte ein väterliches Kreuzverhör durch.

„Was hast du zu ihm gesagt?"

Yvonne zuckte nicht zusammen.

„Ich habe ihm gesagt, dass er fliegen soll."

„Wenn er dieses Schloss verlassen will", sagte der Earl grimmig, „muss er es tun."

„Vater", sagte Yvonne, „ich kann nicht."

„Kann was nicht?"

„Ich kann nicht."

Sein Griff um ihr Handgelenk wurde fester. Von der anderen Seite der Tür war das gedämpfte Geräusch von Schlagen auf die massive Eiche zu hören. 'Oh?' sagte Earl Dorm. „Das geht doch nicht, oder?" Nun, hör mir zu. Du musst. Verstehst du? Ich gebe zu, dass er vielleicht besser aussieht, aber …"

„Vater, ich liebe ihn."

Er ließ ihr Handgelenk los und starrte sie im unsicheren Licht an.

'Du liebst ihn!'

'Ja.'

'Dann was-? Warum? „Nun, ich habe Frauen nie verstanden", sagte er schließlich und stapfte den Flur entlang.

Während dieses kryptische Gespräch im Gange war, versuchte Agravaine, die schlimmsten Befürchtungen zu erkennen, die Tür einzuschlagen. Nach ein paar Augenblicken erkannte er jedoch die Sinnlosigkeit seiner Bemühungen und setzte sich zum Nachdenken auf das Bett.

Auch auf die Gefahr hin, den Respekt des Lesers einzubüßen, muss man zugeben, dass sein erstes Gefühl eine tiefe Erleichterung war. Wenn er so eingesperrt war, musste das bedeuten, dass diese Drachengeschichte erfunden war und dass alle Gefahr darin bestand, dass er seine Unerfahrenheit einem gefräßigen Monster gegenübertreten musste, das sein Leben damit verbracht hatte, Ritter zu verschlingen. Die Aussicht hatte ihm nie gefallen, obwohl er bereit gewesen war, sie durchzuziehen, und das Gefühl, dass sie definitiv abgesagt wurde, entschädigte für einen guten Deal.

Als nächstes wandten sich seine Gedanken seiner unmittelbaren Zukunft zu. Was sollten sie mit ihm machen? In diesem Punkt fühlte er sich einigermaßen wohl. Diese Inhaftierung konnte nichts anderes bedeuten, als dass er gezwungen werden würde, ein Lösegeld zu erpressen. Das störte ihn nicht. Er war reich, und nachdem die Situation nun auf eine rein geschäftliche Grundlage umgestellt worden war, hatte er das Gefühl, dass er damit klarkommen würde.

Auf jeden Fall war es nichts, wenn er sich aufsetzte, also ging er zu Bett, wie ein guter Philosoph.

Die Sonne schien durch das vergitterte Fenster, als er durch den Eintritt einer riesigen Gestalt mit Essen und Trinken geweckt wurde.

Er erkannte ihn als einen der Skorbut-Schurken, die am Abend zuvor unten im Raum gespeist hatten – einen riesigen, käferbraunen Kerl mit schielenden Augen, einem roten Haarschopf und einem Genie fürs Schweigen. Auf Agravaines Versuche, ihn in ein Gespräch zu verwickeln, antwortete er nur mit Grunzen, verließ nach kurzer Zeit den Raum und schloss die Tür hinter sich.

In der Abenddämmerung folgte ihm ein weiterer von etwa gleicher Größe und Hässlichkeit und mit noch weniger *Gesprächselan*. Dieser grunzte nicht einmal.

Smalltalk, so schien es, war keine Kunst, die von den unteren Schichten im Dienst von Earl Dorm in großem Maße gepflegt wurde.

Der nächste Tag verlief ohne Zwischenfälle. Am Morgen brachte ihm der Strabismus-Plug-Hässliche mit den roten Haaren Essen und Trinken, während ihm am Abend der Nicht-Grunzer die Ehre erwies . Es war ein friedliches Leben, das jedoch zur Monotonie neigte, und Agravaine war bald in einer Stimmung, die jede Pause im Alltag willkommen heißt.

Er hatte das Glück, es zu bekommen.

Er hatte sich für den Schlaf dieser Nacht vorbereitet und war gerade dabei, bequem einzuschlafen, als er von der anderen Seite der Tür den Klang wütender Stimmen hörte.

Es reichte aus, um ihn zu erregen. In der Nacht zuvor herrschte Stille. Offensichtlich geschah etwas Außergewöhnliches.

Er hörte aufmerksam zu und unterschied die Worte.

„Mit wem habe ich dich die Straße entlangkommen sehen?"

„Mit wem hast du mich die Straße entlangkommen sehen?"

„Ja, mit wem habe ich dich die Straße entlangkommen sehen?"

„Wer glaubst du, dass du bist?"

„Für wen halte ich mich?"

„Ja, für wen hältst du dich?"

Agravaine konnte nichts daraus machen. Tatsächlich hörte er das erste echte Übersprechen, das in jenen düsteren Tagen vor der Musikhalle jemals stattgefunden hatte. In den kommenden Jahren sollte der Dialog in dieser Richtung in ganz Großbritannien populär sein. Aber bis dahin war es unbekannt gewesen.

Die Stimmen wurden wütender. Einem eingeweihten Zuhörer wäre es klar gewesen, dass bald die Worte unzureichend sein würden und der Dolch, der mittelalterliche Vorläufer des Slap-Sticks, ins Spiel kommen würde. Doch für Agravaine, die völlig unerfahren war, war es eine Überraschung, als plötzlich mit einem gedämpften Knall zwei Körper gegen die Tür fielen. Es gab ein scharrendes Geräusch, einiges Stöhnen und dann Stille.

Und dann hörte er voller Erstaunen, wie der Riegel zuruckschoss und ein Schlüssel im Schlüsselloch knirschte.

Die Tür schwang auf. Draußen war es dunkel, aber Agravaine konnte eine weibliche Gestalt und dahinter eine formlose Masse erkennen, die er zu Recht für die Überreste der beiden Plug-Hässlichen hielt.

„Ich bin es, Yvonne", sagte eine Stimme.

'Was ist es? Was ist passiert?'

„Ich war es. Ich habe sie gegeneinander antreten lassen." Sie liebten beide eines der Küchenmädchen. Ich habe sie eifersüchtig gemacht. Ich erzählte Walt im Geheimen, dass sie Dickon bevorzugt hatte , und Dickon im Geheimen, dass sie Walt liebte. Und nun-'

Sie warf einen Blick auf den formlosen Haufen und schauderte. Agravaine nickte.

„Keine Hochzeitsglocken für sie", sagte er ehrfürchtig.

„Und es ist mir egal. Ich habe es getan, um dich zu retten. Aber komm! Wir verschwenden Zeit. Kommen! Ich werde dir bei der Flucht helfen.'

Ein Mann, der zwei Tage lang in einem kleinen Raum eingesperrt war, bremst selten, wenn sich die Gelegenheit bietet, Sport zu treiben. Agravaine folgte ihnen wortlos und gemeinsam krochen sie die dunkle Treppe hinunter, bis sie die Haupthalle erreicht hatten. Von irgendwo in der Ferne erklang das rhythmische Schnarchen von Skorbut-Schurken, die ihre acht Stunden absolvieren mussten.

Leise öffnete Yvonne eine kleine Tür, und als Agravaine hindurchging, blickte er zu den Sternen auf, während die großen Mauern des Schlosses über ihm aufragten.

„Auf Wiedersehen", sagte Yvonne.

Es entstand eine Pause. Zum ersten Mal untersuchte Agravaine den genauen Stand der Dinge. Nach seinem Aufenthalt im bewachten Raum sah die Freiheit für ihn sehr gut aus. Doch Freiheit bedeutete den Abschied von Yvonne.

Er schaute in den Himmel und auf die Burgmauern und machte einen Schritt zurück zur Tür.

„Ich bin mir nicht so sicher, ob ich gehen will", sagte er.

„Oh, flieg! Fliegen Sie, Sir Knight!' Sie weinte.

„Du verstehst es nicht", sagte Agravaine. „Ich möchte nicht den Eindruck erwecken, dass es so aussieht, als würde es Ihren Vater in irgendeiner Weise auch nur im Geringsten abwertend behandeln, aber ohne Vorurteile, er ist sicherlich nur ein einfacher, gewöhnlicher Räuber?" Ich meine, es geht nur um ein Lösegeld? Und ich habe überhaupt nichts dagegen …"

'Nein nein Nein.' Ihre Stimme zitterte. „Er würde kein Lösegeld verlangen."

„Erzähl mir nicht, dass er Menschen nur aus Hobby entführt!"

„Du verstehst es nicht. Er – Nein, das kann ich dir nicht sagen. Fliege!'

„Was verstehe ich nicht?"

Sie schwieg. Dann begann sie schnell zu sprechen. 'Sehr gut. Ich werde es dir sagen. Hören. Mein Vater hatte sechs Kinder, allesamt Töchter. Wir waren arm. Wir mussten an diesem abgelegenen Ort begraben bleiben. Wir haben niemanden gesehen. Es schien unmöglich, dass einer von uns jemals heiraten sollte. Mein Vater war verzweifelt. Dann sagte er: „Wenn wir nicht in die Stadt kommen können, muss die Stadt zu uns kommen." Also schickte er meine Schwester Yseult nach Camelot, um den König zu bitten, uns einen Ritter zur Verfügung zu stellen, der uns vor einem Riesen mit drei Köpfen beschützen sollte. Es gab keinen Riesen, aber sie bekam den Ritter. Es war Sir Sagramore . Vielleicht kannten Sie ihn?'

Agravaine nickte. Er begann, Tageslicht zu sehen.

„Meine Schwester Yseult war sehr schön. Nach dem ersten Tag vergaß Sir Sagramore den Riesen völlig und schien nichts anderes tun zu wollen, als sich von Yseult zeigen zu lassen, wie man Katzenwiege spielt. Sie heirateten zwei Monate später und mein Vater schickte meine Schwester Elaine nach Camelot, um um einen Ritter zu bitten, der uns vor einem wilden Einhorn beschützen sollte.'

„Und wer hat gebissen?" fragte Agravaine zutiefst interessiert.

„Sir Malibran von Devon. Sie waren innerhalb von drei Wochen verheiratet, und mein Vater – ich kann nicht weitermachen. Du verstehst jetzt.'

„Ich verstehe die Grundidee", sagte Agravaine. „Aber in meinem Fall –"

„Du solltest mich heiraten", sagte Yvonne. Ihre Stimme war ruhig und kalt, aber sie zitterte.

Agravaine war sich einer dumpfen, schweren Last bewusst, die auf seinem Herzen drückte. Er hatte gewusst, dass seine Liebe hoffnungslos war, aber selbst Hoffnungslosigkeit ist umso besser, weil sie auf unbestimmte Zeit existiert. Er verstand es jetzt.

„Und natürlich willst du mich loswerden, bevor es passieren kann", sagte er. „Das wundert mich nicht. Ich bin nicht eitel... Nun, ich werde gehen. Ich wusste, dass ich keine Chance hatte. Auf Wiedersehen.'

Er hat sich gedreht. Sie stoppte ihn mit einem scharfen Schrei.

'Wie meinst du das? Sie können jetzt nicht bleiben wollen? Ich rette dich.'

'Mich retten! „Ich habe dich geliebt, seit du die Halle von Camelot betreten hast", sagte Agravaine.

Sie holte tief Luft.

„Du – du liebst mich!"

Sie sahen einander im Sternenlicht an. Sie streckte ihre Hände aus.

„Agravaine!"

Sie beugte sich zu ihm herab und er nahm sie in seine Arme. Für einen Anfänger hat er es ungewöhnlich gut gemacht.

Ungefähr sechs Monate später besuchte Agravaine, nachdem er in den Wald geritten war, einen weisen Mann in seiner Zelle.

Damals konnte fast jeder, der kein perfekter Dummkopf war, sich als Weiser etablieren und ungeschoren davonkommen. Alles, was Sie tun mussten, war, in einem Wald zu leben und sich einen weißen Bart wachsen zu lassen. Dieser besondere weise Mann verfügte überraschenderweise über ein gewisses Maß an grober Scharfsinnigkeit. Er hörte aufmerksam zu, was der Ritter zu sagen hatte.

„Es hat mich so verwirrt", sagte Agravaine, „dass ich das Gefühl hatte, ich müsse einen Spezialisten konsultieren." Sie sehen mich. Schauen Sie mich gut an. Wie finden Sie mein persönliches Erscheinungsbild? Sie brauchen nicht zu zögern. Es ist noch schlimmer. „Ich bin der hässlichste Mann in England."

„Würden Sie so weit gehen?" sagte der Weise Mann höflich.

'Weiter. Und alle anderen denken so. Alle außer meiner Frau. Sie sagt mir, dass ich ein Vorbild männlicher Schönheit bin. Kennen Sie Lancelot? Nun, sie sagt, ich hätte Lancelot zu einer Vanillesoße geschlagen. Was halten Sie davon? Und hier ist noch etwas. Für mich ist völlig klar, dass meine Frau eines der schönsten Geschöpfe ist, die es gibt. Ich habe sie alle gesehen und ich sage Ihnen, dass sie allein dasteht. Sie sitzt buchstäblich allein in der Klasse A fest. Dennoch besteht sie darauf, dass sie schlicht ist. Was halten Sie davon?'

Der Weise streichelte seinen Bart.

„Mein Sohn", sagte er, „die Sache ist einfach." Wahre Liebe achtet nicht auf das Aussehen.'

'NEIN?' sagte Agravaine.

„Ihr zwei seid eng verwandt. Daher ist für Sie der äußere Aspekt nichts. Sagen Sie es so. „Liebe ist ein Ding, Mistkerl, wer wie nennt man das ?"

„Ich fange an zu verstehen", sagte Agravaine.

„Was ich meinte, war Folgendes. Liebe ist ein Zauberer, größer als Merlin. Er spielt seltsame Streiche mit dem Sehvermögen.'

„Ja", sagte Agravaine.

„Oder anders gesagt." Die Liebe ist ein größerer Bildhauer als Praxiteles. „Er nimmt ein unansehnliches Stück Ton und formt daraus etwas Göttliches."

„Ich verstehe", sagte Agravaine.

Der Weise begann, sich für seine Arbeit zu begeistern.

„Oder sollen wir sagen –"

„Ich glaube, ich muss gehen", sagte Agravaine. „Ich habe meiner Frau versprochen, dass ich früher zurückkomme."

„Wir könnten es sagen –", begann der Weise Mann beharrlich.

„Ich verstehe", sagte Agravaine hastig. „Jetzt verstehe ich es ganz genau. Auf Wiedersehen.'

Der Weise seufzte resigniert.

„Auf Wiedersehen, Sir Knight", sagte er. 'Auf Wiedersehen. Bezahlen Sie am Schalter.'

Und Agravaine ritt staunend seines Weges .

DER TORHÜTER UND DER PLUTOKRATEN

Die Hauptschwierigkeit beim Schreiben einer Geschichte besteht darin, dem Leser klar und doch prägnant das Wesen und die Dispositionen der Hauptfiguren zu vermitteln. Kürze, Kürze – das ist die Devise. Vielleicht ist der Stil des Theaterstücks doch der Beste. In diesem Drama um Liebe, Fußball (Vereinsordnung) und Politik lauten die Hauptdarsteller in der Reihenfolge ihres Auftretens wie folgt:

ISABEL RACKSTRAW (ein Engel).

DER HON. CLARENCE TRESILLIAN (ein griechischer Gott).

LADY RUNNYMEDE (eine stolze alte Aristokratin).

MR RACKSTRAW (ein Multimillionär aus der Stadt und radikaler Politiker).

Mehr über Clarence später. Lassen Sie ihn für den Moment als griechischen Gott gehen. Es gab auch andere Seiten in Mr. Rackstraws Charakter, aber lassen Sie ihn für den Moment als Multimillionär aus der Stadt und radikaler Politiker gelten. Nicht, dass es zufriedenstellend wäre; es ist zu mild. Die radikale Politik anderer radikaler Politiker war wie Magermilch für die radikale Politik des radikalen Politikers Rackstraw. Während Herr Lloyd George das House of Lords als freche Hinterwäldler und alberne Anachronismen bezeichnete, verachtete Herr Rackstraw seine Zurückhaltung in seiner Rede. Er nahm kein Blatt vor den Mund. Seine Haltung gegenüber einem Mitglied des Adels war die eines Terriers gegenüber einer umherstreifenden Katze.

Auf einem Wohltätigkeitsbasar trafen sich Isabel und Clarence zum ersten Mal. Isabel leitete den Billiken-, Teddybär- und Fancy-Goods-Stand. Da stand sie, dieses schlanke, strahlende Mädchen, und ließ die leidenschaftliche Jugend aus dem Bett ihres Vaters springen – verdient mit einem Lächeln, das allein fast das Geld wert war, als sie bemerkte, wie sich der hübscheste Mann näherte, den sie je gesehen hatte. Es war – das ist keine dieser Krimis – es war Clarence Tresillian . Über die Köpfe der Schar vergoldeter Jugendlicher hinweg, die sich um den Stand drängten, trafen sich ihre Blicke. Ein Schauer durchlief Isabel. Sie senkte den Blick. Im nächsten Moment hatte Clarence seinen Sprung gemacht; Die vergoldeten Jünglinge waren wie ein Nebel verschwunden, und er beugte sich zu ihr und eröffnete Verhandlungen über den Kauf eines gelben Teddybären zum Sechzehnfachen seines Nennwerts.

Im Laufe des Nachmittags kam er in regelmäßigen Abständen zurück. Beim zweiten Teddybären wurden sie freundschaftlich, beim dritten intim.

Er machte ihr einen Heiratsantrag, als sie gerade den vierten Golliwog einpackte, und sie gab ihm gleichzeitig ihr Herz und das Paket. Um sechs Uhr ging Clarence mit vier Teddybären, sieben Fotorahmen, fünf Golliwogs und einem Billiken nach Hause, um seinen Eltern die Neuigkeiten zu erzählen.

Wenn Clarence nicht an der Universität war, lebte er mit seinem Vater und seiner Mutter am Belgrave Square. Seine Mutter war eine Miss Trotter aus Chicago gewesen, und mit ihrer Mitgift gelang es den Runnymedes, über die Runden zu kommen. Für eine Adelsfamilie befanden sie sich finanziell in einer eher angespannten Lage. Sie lebten einfach und ohne Neid auf ihre reichen Mitbürger von ihren hunderttausend Pfund im Jahr. Sie fragten nicht mehr. Es ermöglichte ihnen, in bescheidenem Umfang zu unterhalten. Clarence hatte es geschafft, nach Oxford zu gehen; sein älterer Bruder, Lord Staines, in die Garde. Die Mädchen konnten sich ab und zu ein neues Kleid kaufen. Im Großen und Ganzen waren sie eine rundum glückliche und zufriedene englische Familie der besten Sorte. Herr Trotter war zwar ein Nachteil. Er war ein robuster, alter, verdorbener Millionär der alten Schule, mit einer Vorliebe für Hemdsärmel und einer Tendenz, Zahnstochern unangemessene Werbung zu machen. Aber man hatte ihm schon früh klargemacht, dass die Deadline für ihn das jenseitige Ufer des Atlantischen Ozeans war, und er machte sich nun kaum noch Mühe.

Nachdem er sich für das Abendessen angezogen hatte, ging Clarence in die Bibliothek, wo er seine hysterische Mutter und seinen zusammengebrochenen Vater auf dem Sofa vorfand. Clarence war zu wohlerzogen, um irgendeinen Kommentar abzugeben. Als wahrer Runnymede tat er, als merke er nichts, nahm die Abendzeitung zur Hand und begann zu lesen. Die Bekanntgabe seiner Verlobung könnte auf einen günstigeren Zeitpunkt verschoben werden.

„Clarence!" flüsterte eine Stimme vom Sofa.

'Ja Vater?'

Der silberhaarige alte Mann schnappte nach Luft, um etwas zu sagen.

„Ich habe mein kleines Veto verloren", sagte er schließlich gebrochen.

„Wo hast du es zuletzt gesehen?" fragte Clarence, immer praktisch.

„Das ist dieser Rackstraw!" schrie der alte Mann in schwacher Wut. „Dieser Grenzgänger Rackstraw! Er ist der Mann hinter allem. Der Räuber!'

„Clarence!"

Es war seine Mutter, die sprach. Ihre Stimme schien die Luft in Millionen Fetzen zu zerreißen und darauf herumzutrampeln. Es gibt kaum etwas Schrecklicheres als eine Stimme aus Chicago, die vor Aufregung oder Angst erklingt.

'Mutter?'

„Kümmern Sie sich nicht um Ihren Pop und sein altes Veto. Er wusste nicht, dass er eines hatte, bis in der Zeitung stand, dass er es verloren hatte. Du hörst mir zu. Clarence, wir sind ruiniert.'

Clarence sah sie fragend an.

„Viel ruiniert?" er hat gefragt.

„Grundgestein", sagte seine Mutter. „Wenn wir danach sechzigtausend Dollar pro Jahr haben, ist das alles, was wir haben werden."

Ein leises Heulen ertönte aus dem geschockten alten Mann auf dem Sofa.

Clarence zeigte keinerlei Emotionen.

„Ah", sagte er ruhig. 'Wie ist es passiert?'

„Ich habe gerade ein Telegramm aus Chicago erhalten, von Ihrem Großvater. Er hat versucht, Weizen in die Enge zu treiben. „Er war schon immer ein impulsiver alter Gazook ."

„Aber sicher", sagte Clarence, und eine schwache Erinnerung an etwas, das er irgendwo gehört oder gelesen hatte, kam ihm in den Sinn, „ist die Weizenernte nicht ein ziemlich profitabler Prozess?"

„Sicher", sagte seine Mutter. ' Sicher ist es das. Ich schätze, dass Papas Versuch, Weizen in die Enge zu treiben, so ziemlich das Gewinnbringendste war, was je passiert ist – für die anderen Kerle. Es scheint, als hätten sie sich an die Arbeit gemacht und siebenundfünfzig Hades-Sorten aus Ihrem alten Grand-Pop herausgepickt. Er muss viele seiner teuren Gewohnheiten aufgeben, und eine davon ist, uns Geld zu schicken. So ist das.'

„Und obendrein, wohlgemerkt", stöhnte Lord Runnymede, „verliere ich mein kleines Veto." Es ist bitter – bitter.'

Clarence zündete sich eine Zigarette an und zog nachdenklich daran. „Ich weiß nicht, wie wir mit zwölftausend Pfund pro Jahr auskommen sollen", sagte er.

Seine Mutter überarbeitete seine Pronomen scharfsinnig.

„Das sind wir nicht", sagte sie. „Du musst raus und dich beeilen."

Clarence sah sie verständnislos an.

'Mich?'

'Du.'

'Arbeiten?'

'Arbeiten.'

Clarence holte tief Luft.

'Arbeiten? „Natürlich, wohlgemerkt, Leute *arbeiten* “, fuhr er nachdenklich fort. „Erst gestern habe ich mit einem Mann im Bachelor-Studium zu Mittag gegessen, der geschworen hat, dass er einen Kerl kennt, der einen Mann kennengelernt hat, dessen Cousin gearbeitet hat. Aber ich sehe nicht, was ich tun könnte, wissen Sie?'

Sein Vater richtete sich auf dem Sofa auf.

„Habe ich Ihnen nicht die Erziehung eines englischen Gentlemans gegeben?“

„Das ist die Schwierigkeit“, sagte Clarence.

„Kannst du *nichts tun* ?“ fragte seine Mutter.

„Nun, ich kann Fußzeile spielen.“ Bei Gott, ich melde mich als Profi an. Ich werde einen neuen Namen annehmen. Ich werde mich Jones nennen. Ich kann mich in einer Minute anmelden. „Jeder Verein wird mich angreifen.“

Das war keine leere Prahlerei. Seit seiner frühen Kindheit konzentrierte sich Clarence darauf, Fußballer zu werden, und war nun ein überaus guter Torwart. Es war ein erfreulicher Anblick, ihn zu sehen, wie er auf einem Bein in der Haltung eines Salome-Tänzers stand, ein Auge auf den Mann mit dem Ball gerichtet, das andere Auge kalt auf den Rest der gegnerischen Stürmerlinie gerichtet, abrupt aufgerollt wie der Hauptdarsteller, Feder einer Uhr und Halt einer heißen Uhr. Clarence im Tor kam einem Gummiakrobaten und Society-Schlangenmenschen am nächsten , wenn man ihn abseits der Bühne des Varietés sieht. Kurz gesagt, er war ein heißer Kerl. Er hatte die Ware.

Kaum hatte er diese bedeutungsvollen Worte ausgesprochen, als der Butler mit der Ankündigung eintrat, dass er von einer Dame am Telefon gesucht werde.

Es war Isabel, verstört und ängstlich.

„Oh, Clarence“, rief sie, „mein kostbares Engelswunderkind, ich weiß nicht, wie ich anfangen soll.“

„Fang einfach so an“, sagte Clarence anerkennend. „Es ist top. Du kannst es nicht schlagen.'

„Clarence, es ist etwas Schreckliches passiert. Ich erzählte Papa von unserer Verlobung, aber er wollte nichts davon hören. Er hat dich „a ppp " genannt …"

'Ein Was?'

„Ein Pr-Pr-Pr-"

'Er hat Unrecht. Ich bin nichts dergleichen. Er muss an jemand anderen denken.'

„Ein absurder Auswuchs im sozialen Kosmos." Es gefällt ihm nicht, dass dein Vater ein Earl ist."

„Ein Mann kann ein Earl und dennoch ein Gentleman sein", sagte Clarence, nicht ohne einen Hauch von Kälte in seiner Stimme.

„Das habe ich vergessen, ihm zu sagen." Aber ich glaube nicht, dass es einen Unterschied machen würde. Er sagt, ich werde nur einen Mann heiraten, der arbeitet.'

„Ich gehe zur Arbeit, Liebste", sagte Clarence. „Ich werde wie ein Pferd arbeiten." Etwas – ich weiß nicht was – sagt mir, dass ich bei der Arbeit ziemlich gut sein werde. Und eines Tages, als ich –'

„Auf Wiedersehen", sagte Isabel hastig. „Ich höre Papa kommen."

Clarence hatte, wie vorhergesagt, keine Schwierigkeiten, eine Anstellung zu finden. Er wurde sofort unter dem Namen Jones von Houndsditch Wednesday, dem führenden Großstadtklub, verpflichtet und begann sofort seine neue Karriere.

Die Saison, in der Clarence Tresillian am Mittwoch das Tor für Houndsditch hielt, wird den Anhängern des Profifußballs noch lange in Erinnerung bleiben. Wahrscheinlich hat es in der Geschichte des Spiels noch nie eine so anhaltende und weitverbreitete Sterblichkeit unter den entfernteren Verwandten von Büroangestellten und jungen Angestellten gegeben. Statistiker haben geschätzt, dass, wenn alle Großmütter, die zwischen September und April dieser Saison ums Leben kamen, aneinandergereiht worden wären, sie vom Hyde Park Corner bis zum Stadtrand von Manchester gereicht hätten. Und es war Clarence, der für diesen Holocaust verantwortlich war. Vor dem Saisonauftakt hatten Skeptiker den Kopf über die Chancen am Mittwoch in der Ersten Liga geschüttelt. Andere Clubs hatten die besten Männer auf dem Markt aufgekauft, so dass nur eine gemischte Mischung minderwertiger Schotten, Iren und Nordländer übrig blieb , um die Ehre des Londoner Clubs zu wahren.

Tresillian wie ein Meteor über die Welt des Fußballs geflogen. Im Eröffnungsspiel hatte er sich im Torraum wie ein chinesischer Crack benommen und eine absolut unpassierbare Verteidigung an den Tag gelegt ; und von da an hatte Houndsditch Wednesday, abgesehen von gelegentlichen Kontrollen, nie mehr zurückgeschaut.

Unter den Zuschauern, die zum Houndsditch-Stadion strömten, um Clarences Auftritt zu sehen, tauchte Woche für Woche ein kleiner, grauer, ausgetrockneter Mann auf, unbedeutend, abgesehen von einer gewissen glücklichen Wahl der Sprache in emotionalen Momenten und einer Begeisterung, die das Gewöhnliche bei weitem übertraf Zuschauer. Für das geschulte Auge gibt es subtile Unterschiede zwischen Fußballbegeisterten. Dieser Mann gehörte zu der vergleichsweise kleinen Klasse derer, die Fußball im Großhirn haben.

Das Schicksal hatte Daniel Rackstraw zum Millionär und Radikalen gemacht, aber im Herzen war er ein Fußballzuschauer. Er hat nie ein Spiel verpasst. Seine Bibliothek mit Fußballliteratur war die beste des Landes. Sein Fußballmuseum hatte nur eines, das seinesgleichen hatte: das von Herrn Jacob Dodson aus Manchester. Zusammen hatten die beiden mit enormem Aufwand den Kuriositätenmarkt des Spiels erobert. Es war Rackstraw, der sich das authentische Paar Schuhe gesichert hatte, in denen Bloomer zum ersten Mal für England gespielt hatte; Aber es war Dodson, der den bemalten Gummiball besaß, den Meredith als Junge benutzte – wahrscheinlich das Erste, was außer einer Krankenschwester jemals von diesem talentierten Fuß getreten wurde. Die beiden Männer waren Freunde, soweit rivalisierende Kenner Freunde sein können; und wenn Mr. Dodson seine Freizeit hatte, stattete er häufig Mr. Rackstraws Landhaus einen Besuch ab, wo er stundenlang wehmütig auf die Bloomer-Stiefel starrte und nur von den Gedanken an den Meredith Ball zu Hause beflügelt wurde.

Isabel sah Clarence in den Wintermonaten kaum, außer aus der Ferne. Sie begnügte sich damit, Fotos von ihm aus den Sportzeitungen auszuschneiden. Jeder war ihm etwas unähnlicher als der andere, was der Sammlung Abwechslung verlieh. Ihr Vater begrüßte ihre neugeborene Begeisterung für das Spiel mit Zustimmung. Es war dem alten Herrn insgeheim ein großer Kummer gewesen, dass sein einziges Kind den Unterschied zwischen einem Linienrichter und einem Innenrechten nicht kannte und sich darüber hinaus auch nicht darum zu kümmern schien. Er fühlte sich näher zu ihr hingezogen. Zwischen Eltern und Kind begann sich ein Verständnis zu entwickeln, das ebenso angenehm wie neu und seltsam war.

Was Clarence angeht, wie einfach wäre es, in dieser Zeit praktisch unbegrenzt die Hosen anzuziehen, wenn es um das Thema seiner Gefühle geht. Man kann sich vorstellen, dass er, nachdem das Spiel vorbei ist und die schwule Menge sich zerstreut hat, launisch einschleicht – aber was nützt das? Kürze – das ist die Devise. Kürze. Lasst uns weitermachen.

Die Monate vergingen wie im Flug; Die Pokalspiele begannen, und bald war klar, dass das Finale zwischen Houndsditch Wednesday und Mr. Jacob Dodsons Lieblingsmannschaft, Manchester United, ausgetragen werden musste. Mit jedem Spiel schien der Mittwoch besser zu werden. Clarence war ein Gibraltar unter den Torhütern.

Das waren wahnsinnige Tage für Daniel Rackstraw. Lange vor der vierten Runde war seine Stimme zu einem heiseren Flüstern verstummt. Auf seiner Stirn bildeten sich tiefe Falten; Denn für einen Fußballbegeisterten ist es eine schreckliche Sache, mitten im Pokalspiel gezwungen zu sein, nur durch seinen Gesichtsausdruck zu applaudieren. In dieser Zeit des Kummers empfand er Isabel als immer größeren Trost. Sie saßen Seite an Seite, und das Gesicht des alten Mannes verlor seinen verhärmten Ausdruck und leuchtete auf, während ihr klarer junger Sopran über den Lärm hinwegtönte und diesen Spieler dazu drängte, zu schießen, einem Gegner ins Gesicht zu treten; oder den Schiedsrichter unmissverständlich als Reinkarnation des verstorbenen Mr. Dick Turpin beschreiben.

Und nun rückte der Tag des Finales im Crystal Palace näher, und ganz England war wachsam und zuversichtlich, dass ein rekordverdächtiger Wettkampf bevorstand. Aber leider! Wie wahr ist die Aussage von Epictetus: „Wir wissen nicht, was uns um die Ecke erwartet , und die Hand, die ihre Hühner zählt , bevor sie schlüpfen, tritt oft nur auf die Bananenschale." Die Propheten, die einen härteren Kampf als je zuvor in der Geschichte des Fußballs erwartet hatten, sollten sich als falsch erweisen.

Es lag nicht daran, dass ihr Urteil über die Form fehlerhaft war. Im Verlauf der Saison spielen Houndsditch Wednesday *v* . Manchester United hätte die beiden ausgeglichensten Mannschaften in der Geschichte des Spiels sein sollen. Nach vorne hatte letzterer eine leichte Überlegenheit; Dies wurde jedoch durch die geniale Torwartleistung von Clarence Tresillian ausgeglichen . Selbst die eifrigsten Befürworter beider Seiten waren nicht zuversichtlich. Sie diskutierten ausführlich und ermittelten mithilfe von Bleistiftstummeln und der Rückseite von Umschlägen die Wahrscheinlichkeit, aber sie waren nicht zuversichtlich. Von all diesen rasenden Millionen hatten nur zwei Männer keine Zweifel. Herr Daniel Rackstraw sagte, er wolle Manchester United gegenüber nicht unfair sein. Er wünschte, es sei klar, dass Manchester United in seiner eigenen Klasse möglicherweise einen erheblichen Vorteil haben könnte. Er leugnete zum Beispiel nicht, dass sie in irgendeinem Landbund alle vor sich hinwegfegen könnten. Aber als es darum ging, mit Houndsditch Wednesday zu konkurrieren, fehlten Herrn Rackstraw die Worte.

Herr Jacob Dodson erklärte in einem Interview mit *Manchester Weekly Football Boot* , dass seine Entscheidung, die er nach einer genauen und sorgfältigen Untersuchung der Arbeit beider Teams getroffen habe, darin bestehe, dass Houndsditch Wednesday im bevorstehenden Turnier eher weniger Chancen habe als eine ausgestopfte Ratte Battersea Dogs' Home. Er war der wohlüberlegten Meinung, dass Houndsditch Wednesday in einem Duell mit der zweiten Elf der Church Lads' Brigade eines Dorfes mit Mühe (wobei er ihnen das Quäntchen Glück schenkte, das so oft das Blatt eines Spiels wendet) die Nase vorn haben könnte . Aber als es darum ging, eine Mannschaft wie Manchester United zu treffen – hier zuckte Mr. Dodson verzweifelt mit den Schultern, sank in seinen Stuhl zurück und wachsame Sekretärinnen brachten ihn mit Sauerstoff zu sich.

Im ganzen Land wurde nur über das bevorstehende Spiel gesprochen. Wo immer die Zivilisation herrschte und in Teilen von Liverpool, war nur eine Frage in aller Munde: Wer würde gewinnen? Achtzigjährige murmelten es. Kleinkinder lispelten es. Müde Männer aus der Stadt, die im Ansturm auf ihre Straßenbahn mit Füßen getreten wurden , verlangten dies von den Krankenwagenbegleitern, die sie ins Krankenhaus brachten.

Und dann, eines hellen, klaren Morgens, als die Vögel sangen und die ganze Natur schön und fröhlich schien, bekam Clarence Tresillian Mumps.

London war in Aufruhr. Am liebsten hätte ich ins Detail gegangen und in klaren, brennenden Sätzen die Panik beschrieben, die wie ein Tornado durch eine Million Häuser fegte. Eine kleine Ermutigung, die geringste Abschwächung der redaktionellen Strenge, und schon wäre die Sache erledigt. Aber nein. Kürze. Das war der Schrei. Kürze. Lasst uns weitermachen.

Houndsditch traf am Mittwoch im Crystal Palace auf Manchester United, und fast zwei Stunden lang lief der Schweiß der Qual unaufhörlich über die gerunzelten Stirnen der Patrioten auf der Tribüne. Die Männer aus Manchester, befreit von der Angst vor Clarence, lächelten grimmig und sammelten Punkte. Es war vergebens, dass die Houndsditch-Backs und Halfbacks wie Schwalben über das Feld huschten. Sie konnten den Punktestand nicht niedrig halten. Von Anfang bis Ende war Houndsditch eine geschlagene Mannschaft.

London war während dieser schwarzen Zeit eine Wüste. Düsternis erfasste die Stadt . Im fernen Brixton standen rotäugige Ehefrauen beim Abendessen stillschweigend dreinblickenden Ehemännern gegenüber, und die Kinder wurden früh ins Bett geschickt. Die Zeitungsjungen riefen flüsternd die Statisten.

Kaum jemand hat sich die Tragödie mehr zu Herzen genommen als Daniel Rackstraw. Er verließ den Boden mit der Miene eines Vaters, der um einen verlorenen Sohn trauert, und traf Herrn Jacob Dodson aus Manchester.

Nun, Mr. Dodson war vielleicht ein wenig zurückhaltend gegenüber den feineren Gefühlen. Er hätte die Trauer eines gefallenen Feindes respektieren sollen. Er hätte sich des Jubelns enthalten sollen. Aber er war in einer zu aufgeregten Verfassung, um großmütig zu sein. Als er Mr. Rackstraw erblickte , machte er sich freudig an die Aufgabe, das Ding einzureiben. Mr. Rackstraw hörte in stiller Angst zu.

„Wenn wir Jones gehabt hätten –“, sagte er schließlich.

„Das sagen sie alle“, jubelte Mr. Dodson, „Jones! Wer ist Jones?'

„Wenn wir Jones gehabt hätten, hätten wir …“ Er hielt inne. Eine Idee war ihm durch den Kopf geschossen. „Dodson“, sagte er, „schau mal. Warten Sie, bis es Jones wieder gut geht, und lassen Sie uns die Sache noch einmal in meinem Privatpark um eine beliebige Seite ausspielen.

Herr Dodson dachte nach.

„Du bist dran“, sagte er. „Welche Nebenwette? Eine Million? Zwei Millionen? Drei?'

Mr. Rackstraw schüttelte verächtlich den Kopf.

'Eine Million? Wer will eine Million? Ich werde meinen Bloomer-Stiefel gegen deinen Meredith-Ball stellen. Geht das?'

„Das würde ich sagen“, sagte Mr. Dodson freudig. „Ich wollte diesen Stiefel schon seit Jahren. Es ist, als würde man es in einem Weihnachtsstrumpf finden.'

„Sehr gut“, sagte Mr. Rackstraw. „Dann lass es uns reparieren.“

Ehrlich gesagt ist es nur ein Hundeleben, das eines Kurzgeschichtenschreibers. An dieser Stelle möchte ich insbesondere eine Beschreibung von Herrn Rackstraws Landhaus und Anwesen einführen , einschließlich des privaten Fußballplatzes mit seinem Saum aus edlen Bäumen. Es hätte einem doppelten Zweck gedient: Es hätte nicht nur den Naturliebhaber bezaubert, sondern auch ein guter Anreiz für die Jugend des Landes gewesen und ihnen gezeigt, welche Art von Haus sie eines Tages kaufen könnten, wenn sie hart gearbeitet und ihr Geld gespart hätten Geld. Aber nein. Sie müssen dreimal raten, was der Schrei war. Du gibst es auf? Es war Kürze – Kürze! Lasst uns weitermachen.

Pünktlich zum Mittagessen kamen die beiden Teams bei Herrn Rackstraw an. Clarence, dessen Gesichtszüge wieder auf die üblichen fein gemeißelten Proportionen reduziert waren, stieg mit schwellendem Herzen aus dem Auto. Bald fand er eine Gelegenheit, davonzuschleichen und Isabel zu treffen. Ich werde das Treffen der beiden Liebenden leichtfertig übergehen. Ich werde die feuchte Sanftheit ihrer Augen, den stockenden Atem und die gemurmelten Zärtlichkeiten nicht beschreiben. Ich könnte, wohlgemerkt. Über solche Beschreibungen freue ich mich besonders. Aber ich bin entmutigt geworden. Mein Geist ist gebrochen. Es genügt zu sagen, dass Clarence ein Niveau emotionaler Beredsamkeit erreicht hatte, das unter Torhütern der First League selten anzutreffen war, als Isabel sich mit einem erschrockenen Ausruf von ihm löste und verschwand; und als Clarence über seine Schulter blickte, bemerkte er, wie Mr. Daniel Rackstraw auf ihn zukam.

Verhalten des Millionärs war ersichtlich, dass er nichts gesehen hatte. Sein Gesichtsausdruck war besorgt, aber nicht zornig. Er sah Clarence und eilte auf ihn zu.

„Jones", sagte er, „ich habe nach dir gesucht." Ich möchte mit dir reden.'

„Tausend, wenn Sie es wünschen", sagte Clarence höflich.

„Sehen Sie mal", sagte Mr. Rackstraw. „Ich möchte Ihnen erklären, was dieses Spiel für mich bedeutet." Glauben Sie nicht, dass ich Sie zu einem Ausstellungsspiel eingeladen habe, nur um mich fröhlich und fröhlich zu halten. Wenn Houndsditch heute gewinnt, bedeutet das, dass ich wieder in der Lage sein werde, meinen Kopf hochzuhalten und meinen Mitmenschen ins Gesicht zu sehen, anstatt auf dem Bauch herumzukriechen und mich wie ein schwarzer Käfer unter einer Dampfwalze zu fühlen. Verstehst du das?'

„Das tue ich", antwortete Clarence.

„Und nicht nur das", fuhr der Millionär fort. 'Es gibt mehr. Als Nebenwette habe ich meinen Bloomer-Schuh gegen Mr. Dodsons Meredith-Ball eingesetzt. Verstehst du, was das bedeutet? Es bedeutet, dass entweder du gewinnst oder mein Leben für immer ruiniert ist . Sehen?'

„Ich habe dich", sagte Clarence.

'Gut. Was ich dann sagen wollte, war Folgendes. Heute ist Ihr Tag, um Ihr Ziel zu halten, wie Sie es noch nie zuvor getan haben. Alles hängt von dir ab. Wenn Sie das Ziel so halten, wie Ihre Mutter es immer getan hat, sind Houndsditch in Sicherheit. Ansonsten sind sie komplett in der Bouillon. Es ist das eine oder das andere. Es hängt alles von dir ab. Wenn du gewinnst, warten viertausend Pfund auf dich, mehr als das, was du mit den anderen teilst.'

Clarence wedelte abfällig mit der Hand.

„Herr Rackstraw“, sagte er, „behalten Sie Ihre Schlacken.“ Mir ist Geld egal. „Alles, was ich von Ihnen verlange“, fuhr Clarence fort, „ist Ihre Zustimmung zu meiner Verlobung mit Ihrer Tochter.“

Mr. Rackstraw sah ihn scharf an.

„Wiederholen Sie das“, sagte er. „Ich glaube nicht, dass ich es ganz verstanden habe.“

„Ich bitte Sie lediglich um Ihre Zustimmung zu meiner Verlobung mit Ihrer Tochter.“

„Junger Mann“, sagte Mr. Rackstraw nicht ohne einen Anflug von Bewunderung, „ich bewundere die Frechheit.“ Aber es gibt eine Grenze. „Diese Grenze haben Sie so weit überschritten, dass Sie mit einem Teleskop danach suchen müssten.“

„Sie verweigern Ihre Einwilligung?“

„Ich habe nie gesagt, dass du kein kluger Rater bist.“

'Warum?'

Herr Rackstraw lachte. Eines dieser fiesen, scharfen, metallischen Lacher, die einen wie eine Kugel treffen.

„Wie würden Sie meine Tochter unterstützen?“

„Ich dachte, dass du in gewissem Maße helfen würdest.“

„Das warst du, oder?“

'Ich war.'

'Oh?'

Mr. Rackstraw stieß ein weiteres dieser Lacher aus.

„Nun“, sagte er, „es ist aus.“ Sie können davon ausgehen, dass dies aus einer seriösen Quelle stammt. Keine Hochzeitsglocken für dich.'

Clarence richtete sich auf, Feuer blitzte aus seinen Augen und ein bitteres Lächeln verzog sich um seine ausdrucksstarken Lippen.

„Und kein Meredith-Ball für dich!“ er weinte.

Mr. Rackstraw zuckte zusammen, als hätte ihm eine starke Hand einen Bohrer hineingestoßen.

'Was?' er schrie.

Clarence zuckte schweigend mit den Schultern.

„Kommen Sie, kommen Sie", sagte Mr. Rackstraw, „Sie würden doch nicht zulassen, dass eine kleine private Differenz wie diese Sie bei einer wirklich wichtigen Sache wie diesem Fußballspiel beeinflusst, oder?"

'Ich würde.'

„Du würdest den Vater des Mädchens, das du liebst, praktisch erpressen?"

'Jedes Mal.'

„Ihr weißhaariger alter Vater?"

„Die Farbe seiner Haare würde mich nicht beeinflussen."

„Nichts würde dich bewegen?"

'Nichts.'

„Dann, bei George, bist du genau der Schwiegersohn, den ich will." Du sollst Isabel heiraten; und ich werde Sie noch heute in mein Geschäft einbeziehen. Ich suche schon seit Jahren nach einem guten, leistungsfähigen Banditen wie Ihnen. Sie lassen Captain Kidd wie einen vorläufigen Drei-Runden-Kampf aussehen. Mein Junge, wir werden die großartigste Kombination sein, du und ich, die die Stadt je gesehen hat. Hände schütteln.'

Clarence zögerte einen Moment. Dann setzte sich seine bessere Natur durch und er sprach.

„ Herr Rackstraw", sagte er, „ich kann Sie nicht täuschen."

„Das wird keine Rolle spielen", sagte der begeisterte alte Mann. „Ich wette, du schaffst es, alle anderen zu täuschen. Ich sehe es in deinen Augen. Mein Junge, wir werden die Größten sein –'

„Mein Name ist nicht Jones."

„Meins ist es auch nicht." Was macht das schon?'

„Mein Name ist Tresillian . " Der Hon. Tresillian . Ich bin der jüngere Sohn des Earl of Runnymede. An einen Mann Ihrer politischen Ansichten –"

„Unsinn, Unsinn", sagte Mr. Rackstraw. „Was sind politische Ansichten im Vergleich zu der Chance, einen Torwart wie Sie in die Familie aufzunehmen?" Ich erinnere mich, dass Isabel etwas über dich zu mir sagte, aber ich wusste damals nicht, wer du warst.'

„Ich bin ein absurder Auswuchs im sozialen Kosmos", sagte Clarence und beäugte ihn zweifelnd.

„Dann werde ich auch einer sein“, rief Mr. Rackstraw. „Ich gebe zu, dass ich bisher dagegen vorgegangen bin, aber die Umstände ändern den Fall.“ „Ich werde morgen den Premierminister anrufen und selbst einen Titel kaufen.“

Clarences letzte Bedenken waren beseitigt. Schweigend ergriff er die Hand des alten Mannes und streckte sie ihm entgegen.

Es bleibt wenig zu sagen, aber ich werde es sagen, wenn es schneit. In diesen zarten Szenen idyllischer Häuslichkeit fühle ich mich von meiner besten Seite.

Vier Jahre sind vergangen. Wieder einmal sind wir im Rackstraw-Haus. Eine Dame kommt die Treppe herunter und führt ihren kleinen Sohn an der Hand. Es ist Isabel. Die Jahre sind leichtfertig mit ihr umgegangen. Sie ist immer noch dasselbe stattliche, wunderschöne Geschöpf, das ich schon vor langer Zeit ausführlich beschrieben hätte, wenn ich nur die halbe Chance dazu gehabt hätte. Am Fuß der Treppe bleibt das Kind stehen und zeigt auf einen kleinen runden Gegenstand in einer Glasvitrine.

„Wah?“ er sagt.

'Das?' sagte Isabel. „Das ist der Ball, mit dem Herr Meredith als kleiner Junge gespielt hat.“

Sie blickt auf eine Tür links im Flur und legt einen Finger auf ihre Lippe.

'Stille!' Sie sagt. „Wir müssen ruhig sein. Papa und Opa sind da drin damit beschäftigt, Weizen in die Enge zu treiben.'

Und leise gehen Mutter und Kind in den sonnenbeschienenen Garten.

IN ALCALA

In ALCALA, wie in den meisten New Yorker Apartmenthäusern, ist die Preisliste wie eine schlecht gerollte Zigarette – dick in der Mitte und dünn an beiden Enden. Die Zimmer auf halber Höhe sind teuer; Einige davon waren fast so teuer, als ob die Mode nicht für immer verschwunden wäre , sondern immer noch vorhanden wäre. Die oberen Zimmer sind günstig, die Zimmer im Erdgeschoss noch günstiger.

Am günstigsten war das Flur-Schlafzimmer. Die Möbel waren von der einfachsten Art. Es bestand aus einem Stuhl, einem weiteren Stuhl, einem abgenutzten Teppich und einem Klappbett. Das Klappbett hatte einen Hauch von Depression und enttäuschten Hoffnungen. Jahrelang hatte es tagsüber versucht, wie ein Bücherregal auszusehen, und jetzt ähnelte es mehr denn je einem Klappbett. Es gab auch einen schlichten Tisch aus Fichtenholz, der stark mit Tinte befleckt war. Dabei saß Rutherford Maxwell Nacht für Nacht, manchmal bis weit in den Morgen hinein, und schrieb Geschichten. Ab und zu kam es vor, dass man eine gute Geschichte erzählte und einen Markt fand.

Rutherford Maxwell war ein Engländer und der jüngere Sohn eines Engländers; und sein Los war das Los der jüngeren Söhne auf der ganzen Welt. Von Beruf war er einer der zahlreichen Mitarbeiter der New Asiatic Bank, die ihre Filialen auf der ganzen Welt hat. Es handelt sich um eine solide, vertrauenswürdige Einrichtung, und treue Verwandte würden Rutherford versichern, dass er sich glücklich schätzen konnte, dort einen Platz ergattert zu haben. Rutherford war mit ihnen nicht einverstanden. So solide und vertrauenswürdig es auch sein mochte, es war nicht gerade romantisch. Es war auch kein Fehler, diejenigen, die es servierten, übermäßig großzügig zu behandeln. Rutherfords Gehalt war gering. Das galt auch für seine Aussichten – wenn er in der Bank blieb. Schon sehr früh hatte er geschworen, dass er dies nicht tun würde. Und der Weg, der für ihn daraus herausführte, war der steile Weg der Literatur.

Er war dankbar für kleine Gnaden. Das Schicksal war bisher nicht allzu gnädig gewesen, aber immerhin hatte sie ihn nach New York geschickt, ins Zentrum der Dinge, wo er die Chance haben würde, es zu versuchen, und nicht an einen Ort abseits der Landkarte. Ob er gewann oder verlor, auf jeden Fall war er im Ring und konnte kämpfen. So saß er jeden Abend in Alcala und schrieb. Manchmal versuchte er nur zu schreiben, und das war eine Folter.

Es gibt weder eine Tages- noch eine Nachtstunde, in der Alcala ganz schläft. In der Mitte des Hauses befindet sich eine Art Chormädchengürtel, während sich in den oberen Räumen Reporter und andere Nachtvögel aufhalten. Lange nachdem er zu Bett gegangen war, hörte Rutherford Schritte an seiner Tür vorbeigehen und Stimmen im Flur. Er wuchs, um sie willkommen zu heißen. Sie schienen ihn mit der Außenwelt zu verbinden. Aber für sie war er allein, nachdem er das Büro verlassen hatte, völlig allein, wie es nur möglich ist, im Herzen einer großen Stadt zu sein. An manchen Abenden hörte er Gesprächsfetzen und in seltenen Abständen einen Namen. Er baute in seinem Kopf Identitäten für die Besitzer der Namen auf. Eine davon, Peggy, gab ihm besonders viele Denkanstöße. Er stellte sie sich als strahlend und lebhaft vor. Das lag daran, dass sie manchmal sang, wenn sie an seiner Tür vorbeikam. Sie hatte gesungen, als er ihren Namen zum ersten Mal hörte. „Oh, hör auf damit, Peggy", hatte eine Mädchenstimme gesagt. „Bekommen Sie im Theater nicht genug von dieser Melodie?" Er hatte das Gefühl, dass er Peggy gerne kennenlernen würde.

Der Juni und der Juli kamen und verwandelten New York in einen Ofen und brachten glühend heiße Tage und Nächte näher, in denen die Feder aus Blei zu bestehen schien; und immer noch arbeitete Rutherford weiter, nippte in Hemdsärmeln an Eiswasser und füllte die Blätter langsam, aber mit einer verbissenen Beharrlichkeit, die das Wetter nicht töten konnte. Trotz der Hitze war er fröhlich. Jetzt begannen die Dinge ein wenig nach seinen Vorstellungen zu laufen. Eine Novelle, eine luftige Kleinigkeit, erdacht in Tagen, als das Thermometer noch niedriger war und man noch denken konnte, und fast mechanisch ausgearbeitet wurde, war von einer Zeitschrift mit höherem Ansehen als denen, die ihm bisher Gastfreundschaft erwiesen hatten, angenommen worden. Er begann von einem Urlaub im Wald zu träumen. Die Urlaubsstimmung war im Ausland. Alcala leerte sich. Es würde nicht mehr lange dauern, bis auch er entkommen könnte.

Er war so in Gedanken versunken, dass er das Klopfen an der Tür zunächst nicht hörte. Aber es war ein scharfes, eindringliches Klopfen, das seine Aufmerksamkeit zwang. Er stand auf und drehte die Klinke.

Draußen im Flur stand ein großes Mädchen mit schläfrigen Augen. Sie trug einen Bilderhut und ein Kostüm, dessen Hauptmerkmal eine gewisse aggressive Attraktivität war. Es gab keinen Zweifel darüber, welche Duftmarke ihr im Moment am besten gefiel.

Sie blickte Rutherford ausdruckslos an. Wie Banquos Geist hatte sie keine Spekulation in ihren Augen. Rutherford sah sie fragend an und war sich seiner Hemdsärmel einigermaßen bewusst.

„Hast du geklopft?" sagte er und begann, wie es sich für einen Mann gehört, mit der unvermeidlichen dummen Frage.

Die Erscheinung sprach.

„Sag mal", sagte sie, „hast du eine Zigarette?"

„Ich fürchte, das habe ich nicht", sagte Rutherford entschuldigend. „Ich habe Pfeife geraucht. Es tut mir sehr leid.'

'Was?' sagte die Erscheinung.

„Ich fürchte, das habe ich nicht."

'Oh!' Eine Pause. „Sag mal, hast du eine Zigarette?"

Der intellektuelle Druck des Gesprächs begann für Rutherford etwas zu groß zu werden. In Kombination mit der Hitze der Nacht drehte sich sein Kopf.

Sein Besucher betrat den Raum. Als sie am Tisch ankam, fing sie an, mit dem Inhalt herumzuspielen. Der Stift schien sie zu faszinieren. Sie hob es auf und untersuchte es genau.

„Sagen Sie, wie nennen Sie das?" Sie sagte.

„Das ist ein Stift", sagte Rutherford beruhigend. 'Ein Füllfederhalter.'

'Oh!' Eine Pause. „Sag mal, hast du eine Zigarette?"

Rutherford umklammerte mit einer Hand einen Stuhl und mit der anderen seine Stirn. Er war in einer schwierigen Situation.

In diesem Moment kam die Rettung, nicht bevor sie gebraucht wurde. Ein lebhaftes Geräusch von Schritten im Flur, und in der Tür erschien ein zweites Mädchen.

„Was denkst du, was du tust, Gladys?" forderte der Neuankömmling. „Auf diese Weise darfst du nicht in die Zimmer anderer Leute eindringen." Wer ist dein Freund?'

„Mein Name ist Maxwell", begann Rutherford eifrig.

„Was sagst du, Peggy?" sagte der Zigarettensucher und ließ ein Manuskriptblatt auf den Boden fallen.

Rutherford blickte interessiert auf das Mädchen in der Tür. Das war also Peggy. Sie war klein und hatte eine schlanke Figur. So hatte er sie sich immer vorgestellt. Ihr Kleid war einfacher als das der anderen. Das Gesicht unter dem Bilderhut war klein und wohlgeformt, die Nase leicht geneigt, das Kinn entschlossen, der Mund etwas weit und deutete auf gute Laune hin . Ein Paar grauer Augen schaute ihm fest in die Augen, bevor sie sich auf das statuarische Wesen am Tisch richteten.

„Mach nicht mit dem Tintenfass des Mannes herum, Gladys. Komm mit ins Bett.'

'Was? Sag mal, hast du eine Zigarette?'

„Oben gibt es jede Menge." Mitkommen.'

Der andere ging mit vollkommener Fügsamkeit. An der Tür blieb sie stehen und musterte Rutherford mit ernstem Blick.

'Gute Nacht, Junge!' sagte sie mit hochmütiger Herablassung.

'Gute Nacht!' sagte Rutherford.

„Freut mich, Sie kennengelernt zu haben. Gute Nacht.'

'Gute Nacht!' sagte Rutherford.

'Gute Nacht!'

„Komm mit, Gladys", sagte Peggy bestimmt.

Gladys ging.

Rutherford setzte sich und tupfte sich mit dem Taschentuch die Stirn ab. Er fühlte sich ein wenig schwach. Er war Besucher nicht gewohnt.

2

Er hatte seine Pfeife angezündet und las noch einmal seine Nachtarbeit, um sich auf das Einschlafen vorzubereiten, als es erneut an der Tür klopfte. Dieses Mal gab es keine Wartezeiten. Er war in dem Geisteszustand, in dem man das kleinste Geräusch hört.

'Komm herein!' er weinte.

Es war Peggy.

Rutherford sprang auf.

„Willst du nicht –", begann er und schob den Stuhl nach vorne.

Sie setzte sich gelassen auf den Tisch. Sie trug den Bilderhut nicht mehr, und als Rutherford sie ansah, kam er zu dem Schluss, dass die Änderung eine Verbesserung darstellte.

„Das reicht mir", sagte sie. „Ich dachte, ich schaue einfach mal vorbei. Das mit Gladys tut mir leid." Sie ist nicht oft so. Es ist das heiße Wetter.'

„Es ist heiß", sagte Rutherford.

„Du hast es bemerkt? Bully für dich! Zurück auf der Bank für Sherlock Holmes. Hat Gladys versucht, sich selbst zu erschießen?'

„Mein Gott, nein! Warum?'

„Das hat sie einmal getan. Aber ich habe ihre Waffe gestohlen, und ich nehme an, sie hat nicht daran gedacht, sich eine andere zu besorgen. Sie ist wirklich ein braves Mädchen, nur dass sie bei heißem Wetter manchmal so wird.' Sie sah sich einen Moment im Raum um und blickte dann Rutherford ohne zu blinzeln an. „Wie hast du gesagt, dass dein Name war?" Sie fragte.

„Rutherford Maxwell."

„Mensch! Das geht schon einiges, nicht wahr? Will eine Amputation, so ein Name. Ich nenne es gemein, einem armen, wehrlosen Kind ein Schimpfwort zu geben wie „Was ist das?" Rutherford? Ich habe es – um damit durch die Welt zu gehen. Hast du nicht etwas kürzeres – Tom oder Charles oder so?'

'Ich fürchte nein.'

Die runden, grauen Augen fixierten ihn erneut.

„Ich werde dich George nennen", entschied sie schließlich.

„Danke, das wünschte ich", sagte Rutherford.

„Dann ist es George. Du kannst mich Peggy nennen. „Peggy Norton ist mein Name."

'Danke, werde ich.'

„Sagen Sie mal, Sie sind Engländer, nicht wahr?" Sie sagte.

'Ja. Woher wusstest du das?'

„Du bist so stark in der Dankbarkeitssache." Es heißt die ganze Zeit „Danke, danke". Nicht, dass es mir etwas ausmacht, George.'

'Danke. Entschuldigung. Ich sollte sagen: „Oh, du Peggy!"

Sie sah ihn neugierig an.

„Wie gefällt dir New York, George?"

„Gut – heute Abend."

„Waren Sie schon in Coney?"

'Noch nicht.'

'Du solltest. Sag mal, was machst du, George?'

'Was mache ich?'

„Hör auf damit, George! Antworten Sie nicht so, als wären wir ein Varieté-Team, das sich gegenseitig unterhält. Was machst du? Wenn Ihr Chef Ihnen samstags Ihren Umschlag zuschiebt, wozu dient er dann?'

„Ich bin in einer Bank.“

'Mag ich?'

'Hasse es!'

„Warum gibst du dann nicht auf?“

„Das kann ich mir nicht leisten. Es gibt Geld, wenn man in einer Bank ist. Zwar nicht viel, aber was davon übrig ist, ist gut.‘

„Was machst du um diese Zeit außerhalb des Bettes? Sie arbeiten doch nicht den ganzen Tag, oder?‘

'NEIN; sie würden es gerne tun, aber sie tun es nicht. Ich habe geschrieben.'

„Was schreiben? Sagen Sie, es macht Ihnen nichts aus, wenn ich Sie in den Zeugenstand verweise, oder? Wenn Sie das tun, sagen Sie es, und ich streiche den Bezirksstaatsanwalt und rede über das Wetter.‘

„Eigentlich kein bisschen, das versichere ich Ihnen. Bitte stellen Sie so viele Fragen, wie Sie möchten.

„Ich schätze, es besteht kein Zweifel daran, dass du Engländer bist, George.“ Wir haben hier keine Zeit, es so abzuschießen. Wenn Sie nur „Sicher!“ gesagt hätten. Ich wüsste, was du meinst. Es macht dir nichts aus, dass ich Schulunterricht mache , George, oder? Es ist alles zu deinem Besten.‘

„Sicher“, sagte Rutherford grinsend.

Sie lächelte anerkennend.

'Das ist besser! Du bist in Ordnung, Little Willie, der passende Schüler. Worüber haben wir gesprochen, bevor wir auf die Bildungsschiene umgestiegen sind? Ich weiß – über Ihr Schreiben. Was hast du geschrieben?'

'Eine Geschichte.'

„Für eine Zeitung?“

„Für eine Zeitschrift.“

'Was! Eine der Romangeschichten über den Gibson-Helden und das Mädchen, dessen Leben er rettete, wie Sie es gelesen haben?‘

'Das ist die Idee.'

Sie sah ihn mit neuem Interesse an.

„Mensch, George, wer hätte das gedacht!“ Stell dir vor, du gehörst zu den Hochkarätigen! Du solltest ein Schild aufhängen. „Du siehst ganz normal aus.“

'Danke!'

„Ich meine, was die graue Substanz betrifft. Ich meinte nicht, dass du schlecht aussiehst. Das bist du nicht. „Du hast schöne Augen, George.“

'Danke.'

„Mir gefällt auch die Form deiner Nase.“

„Ich sage: Danke!“

„Und deine Haare sind einfach wunderschön!“

„Ich sage wirklich. Schrecklichen Dank!'

Sie musterte ihn einen Moment lang schweigend. Dann platzte sie heraus:

„Du sagst, dass dir die Bank nicht gefällt?“

„Das tue ich bestimmt nicht.“

„Und Sie möchten einen lukrativen Geschäftszweig eröffnen?“

'Sicher.'

„Warum machen Sie dann nicht Ihr Vermögen, indem Sie sich als größte menschliche Muschel in Gefangenschaft in einem Museum verdingen?“ Das ist, was du bist. Du sitzt da und sagst nur „Danke“ und „Bai Jawve , vielen Dank “, während dir ein Mädchen nette Dinge über deine Augen und Haare erzählt, und du tust nichts!'

Rutherford warf den Kopf zurück und brüllte vor Lachen.

'Es tut mir Leid!' er sagte. „Langsamkeit ist unser nationales Versagen, wissen Sie.“

'Ich glaube Ihnen.'

' Erzähl mir von dir. Du weißt inzwischen alles über mich. Was machen Sie, außer die trüben Abende der armen Bankangestellten zu verschönern ?

„Geben Sie drei Vermutungen an.“

'Bühne?'

„Mensch! Du bist der menschliche Detektiv, in Ordnung, in Ordnung! Es ist jedes Mal ein Homerun, wenn man seine deduktiven Theorien auf die Probe stellt. Ja, Georg; die Bühne, die es ist. Ich bin eine Schauspielerin — eine der Pony- Ballettfiguren in „*Die Insel der Mädchen* bei der Melodie“. Haben Sie unsere Show gesehen?'

'Noch nicht. Ich gehe morgen.‘

'Großartig! Ich werde es ihnen sagen, damit sie die Markise ausziehen und den roten Teppich auslegen können. „Es ist ein süßes kleines Stück.“

' So habe ich es gehört.'

„Nun, wenn ich dich morgen vorne sehe, werde ich dir ein halbes Lächeln schenken, damit du nicht das Gefühl hast, dass du nicht auf deine Kosten gekommen bist. Gute Nacht, George!'

„Gute Nacht, Peggy!“

Sie sprang vom Tisch herunter. Ihr Blick fiel auf die Fotos auf dem Kaminsims. Sie begann sie zu untersuchen.

„Wer sind diese Willies?“ sagte sie und nahm eine Gruppe auf.

„Das ist die Fußballmannschaft meiner alten Schule.“ Der Lümmel mit dem verlegenen Grinsen, der den Ball hält, bin ich selbst, wie ich war, bevor mich die Sorgen der Welt verärgerten.

Ihr Blick wanderte über den Kaminsims und fiel auf ein Kabinettfoto eines Mädchens.

„Und wer ist *das*, George?“ Sie weinte.

Er nahm ihr das Foto ab und platzierte es mit einer seltsamen Mischung aus Schüchternheit und Trotz in der Mitte des Kaminsimses. Einen Moment lang stand er da und betrachtete es aufmerksam, seine Ellbogen ruhten auf dem Marmorimitat.

'Wer ist es?' fragte Peggy. „Wach auf, George. Wer ist das?'

Rutherford begann.

„Entschuldigung“, sagte er. „Ich habe über etwas nachgedacht.“

'Ich wette, du warst. Du sahst so aus. Nun, wer ist sie?'

„Äh! „Oh, das ist ein Mädchen.“

Peggy lachte satirisch.

„ Vielen Dank , wie du sagen würdest.“ Ich habe Augen, George.'

„Das ist mir aufgefallen“, sagte Rutherford lächelnd. „Auch bezaubernde.“

„Mensch! Was würde sie sagen, wenn sie dich so reden hören würde!'

Sie kam einen Schritt näher und sah zu ihm auf. Ihre Blicke trafen sich.

„Sie würde sagen“, sagte Rutherford langsam: „Ich weiß, dass Sie mich lieben, und ich weiß, dass ich Ihnen vertrauen kann, und ich habe nicht die geringsten Einwände dagegen, dass Sie Miss Norton die Wahrheit über ihre Augen sagen. Miss Norton ist eine Lieber, guter kleiner Kerl, tatsächlich einer der Besten, und ich hoffe, ihr werdet tolle Freunde sein!"

Es herrschte Stille.

„Das würde sie doch sagen, oder?" sagte Peggy schließlich.

'Sie würde.'

Peggy blickte auf das Foto und dann wieder auf Rutherford.

„Du hast sie ziemlich gern, George, schätze ich, nicht wahr?"

„Das bin ich", sagte Rutherford ruhig.

'George.'

'Ja?'

„George, sie ist ziemlich weit weg, nicht wahr?"

Sie sah zu ihm auf, mit einem seltsamen Leuchten in ihren grauen Augen. Rutherford begegnete ihrem Blick fest.

„Für mich nicht", sagte er. „Sie ist jetzt und die ganze Zeit hier."

Er trat zurück und hob den Stapel Papiere auf, den er bei Peggys Eingang fallen gelassen hatte. Peggy lachte.

„Gute Nacht, Georgie-Junge", sagte sie. „Ich darf dich nicht mehr aufhalten, sonst kommst du morgens zu spät." Und was würde die Bank dann tun? Smash oder so, schätze ich. Gute Nacht, Georgie! Wir sehen uns an einem dieser alten Abende wieder.'

„Gute Nacht, Peggy!"

Die Tür schloss sich hinter ihr. Er hörte, wie ihre Schritte zögerten, innehielten und dann schnell wieder weitergingen.

<h1 style="text-align:center">3</h1>

Nach diesem ersten Besuch sah er viel von ihr. Allmählich einigten sie sich darauf, dass sie nach ihrer Rückkehr vom Theater vorbeischauen sollte. Er erwartete sie zunehmend und fühlte sich unruhig, wenn sie zu spät kam. Einmal brachte sie die zigarettenbegeisterte Gladys mit, doch das Experiment war kein Erfolg. Gladys war träge und überwältigend kultiviert, und die Unterhaltung wurde forciert. Danach kam Peggy alleine.

Im Allgemeinen fand sie, dass er arbeitete. Sein Fleiß überraschte sie.

„Mensch, George", sagte sie eines Abends, als sie an ihrem Lieblingsplatz auf dem Tisch saß, von dem er einen kleinen Stapel

Manuskripte weggeräumt hatte, um Platz für sie zu schaffen. „Lasst du nie eine Sekunde locker? Mir kommt es so vor, als würdest du die ganze Zeit schreiben.‘

Rutherford lachte.

„Ich werde eine Pause einlegen“, sagte er, „wenn die Nachfrage nach meinen Sachen etwas größer ist als derzeit.“ „Wenn ich in der 20-Cent-pro-Wort-Klasse bin, schreibe ich einmal im Monat und verbringe den Rest meiner Zeit auf Reisen.“

Peggy schüttelte den Kopf.

„Ich reise nicht“, sagte sie. „Mir scheint, dass es nur Schimpferei ist, die die Leute dazu bringt, den Broadway zu verlassen, wenn sie genug Mumm haben, dort zu bleiben und sich zu amüsieren.“

„Magst du den Broadway, Peggy?“

„Mag ich den Broadway? Mag ein Kind Süßigkeiten? Warum, nicht wahr?'

„Für die Zeit ist es in Ordnung.“ Das ist nicht mein Ideal.‘

„Oh, und nach was für einem kleinen alten Paradies sehnen *Sie sich besonders* ?“

Er zog an seiner Pfeife und sah sie verträumt durch den Rauch an.

„Weit drüben in England, Peggy, gibt es eine Grafschaft namens Worcestershire. Und irgendwo in der Nähe davon gibt es ein graues Haus mit Giebeln, und es gibt einen Rasen und eine Wiese und ein Gebüsch und einen Obstgarten und einen Rosengarten und eine große Zeder auf der Terrasse, bevor man zum Rosengarten kommt. Und wenn Sie auf die Spitze dieser Zeder klettern, können Sie durch die Apfelbäume im Obstgarten den Fluss sehen. Und in der Ferne sind Hügel. Und-'

„Von all den Miststücken!“ rief Peggy in tiefem Ekel aus. „Na ja, ein Tag davon würde ungefähr dreiundzwanzig Stunden dauern und etwas zu lang für mich. Broadway für mich! Platzieren Sie mich dort, wo ich die Forty-Second Street berühren kann, ohne das Gleichgewicht zu verlieren, und dann können Sie mich verlassen. Ich hätte nie gedacht, dass du so ein Mistkerl bist, George.“

„Mach dir keine Sorgen, Peggy. Ich gehe davon aus, dass es lange dauern wird, bis ich dorthin gehe. „Ich muss zuerst mein Vermögen machen.“

„Kommen Sie schon annähernd an die John-D.-Klasse heran?“

„Ich habe noch einen weiten Weg vor mir." Aber die Dinge bewegen sich, denke ich. Weißt du, Peggy, du erinnerst mich an einen kleinen Billiken, der auf diesem Tisch sitzt?‘

„Danke , George. Ich wusste immer, dass mein Mund ziemlich weit war, aber ich dachte, ich hätte Billiken zum Schlechten. Machst du so einen Candid-Friend-Stunt mit *ihr* ?‘ Sie zeigte auf das Foto auf dem Kaminsims. Es war das erste Mal seit der Nacht, als sie sich trafen, dass sie irgendeine Anspielung darauf machte. Durch stillschweigendes Übereinkommen war das Thema zwischen ihnen ausgeschlossen worden. „Übrigens hast du mir nie ihren Namen verraten."

„Halliday", sagte Rutherford knapp.

'Was sonst?'

„Alice."

„Beißen Sie mich nicht an, George! Ich tue dir nicht weh. Erzähl mir von ihr. Ich bin interessiert. Lebt sie in dem grauen Haus mit den Schweinen und Hühnern und all diesen Rosen und dem Rest der schicken Kleidung?‘

'NEIN.'

„Sei freundlich, George. Was ist los mit dir?'

„Es tut mir leid, Peggy", sagte er. 'Ich bin ein Narr. Es ist nur so, dass alles so verdammt hoffnungslos erscheint! Hier bin ich, verdiene ungefähr einen halben Dollar pro Jahr und – es hat trotzdem keinen Sinn, herumzuschmeißen, oder? Außerdem kann es sein, dass ich eines Tages mit meinem Schreiben einen Volltreffer schaffe. Das habe ich gemeint, als ich sagte, du wärst eine Billiken, Peggy. Weißt du, du hast mir Glück gebracht. Seitdem ich dich kennengelernt habe, geht es mir auch doppelt so gut. Du bist mein Maskottchen.'

„Bully für mich!" Wir alle haben auf der Welt einen Nutzen, nicht wahr? Ich frage mich, ob es jemandem helfen würde, wenn ich dich küssen würde, George?'

„Tu es nicht." „Man darf ein Maskottchen nicht zu sehr anstrengen."

Sie sprang herunter und kam durch den Raum zu ihm, wo sie saß, und blickte mit den runden, grauen Augen, die ihn immer an die eines Kätzchens erinnerten, auf ihn herab .

'George!'

'Ja?'

'Oh nichts!'

Sie wandte sich dem Kaminsims zu und blickte mit dem Rücken zu ihm auf das Foto.

'George!'

„Hallo?“

„Sag mal, welche Augenfarbe hat sie?“

'Grau.'

'Wie mein?'

„Dunkler als deins.“

„Schöner als meiner?“

„Glaubst du nicht, wir könnten über etwas anderes reden?“

Sie drehte sich um, die Fäuste geballt, ihr Gesicht strahlte.

'Ich hasse dich!' Sie weinte. 'Ich tue! Ich wünschte, ich hätte dich nie gesehen! Ich wünsche-'

Sie lehnte sich an den Kaminsims, vergrub ihr Gesicht in ihren Armen und brach in leidenschaftliches Schluchzen aus. Rutherford sprang auf, schockiert und hilflos. Er sprang auf sie zu und legte sanft eine Hand auf ihre Schulter.

„Peggy, altes Mädchen –“

Sie hat sich von ihm getrennt.

„Fass mich nicht an! Tu es nicht! Mensch, ich wünschte, ich hätte dich nie gesehen!'

Sie rannte zur Tür, stürmte hindurch und schlug sie hinter sich zu.

Rutherford blieb regungslos dort, wo er stand. Dann kramte er fast mechanisch in seiner Tasche nach Streichhölzern und zündete seine Pfeife erneut an.

Eine halbe Stunde verging. Dann öffnete sich langsam die Tür. Peggy kam herein. Sie war blass und ihre Augen waren rot. Sie lächelte – ein erbärmliches kleines Lächeln.

„Peggy!“

Er machte einen Schritt auf sie zu.

Sie streckte ihre Hand aus.

„Es tut mir leid, George. Ich fühle mich gemein.'

„Liebes altes Mädchen, was für ein Mist!“

'Ich tue. Du weißt nicht, wie gemein ich mich fühle. Du warst wirklich nett zu mir, George. Ich dachte, ich schaue mal vorbei und sage, dass es mir leidtut. Gute Nacht, George!'

In der folgenden Nacht wartete er, aber sie kam nicht. Die Nächte vergingen und sie kam immer noch nicht. Und eines Morgens, als er seine Zeitung las, sah er, dass *die Insel der Mädchen* nach Westen nach Chicago gegangen war.

4

Für Rutherford lief es nicht gut. Er hatte seinen Urlaub verbracht, goldene zwei Wochen an frischer Luft und Sonnenschein in den Catskills, und war zurück in Alcala, wo er erfolglos versuchte, die Fäden seiner Arbeit wieder aufzunehmen. Aber obwohl der Altweibersommer begonnen hatte und Energie in der Luft lag, saß er Nacht für Nacht untätig in seinem Zimmer; Nacht für Nacht ging er müde zu Bett, bedrückt von einem dumpfen Gefühl des Versagens. Er konnte nicht arbeiten. Er war unruhig. Seine Gedanken konnten sich nicht konzentrieren. Etwas war falsch; und er wusste, was es war, auch wenn er sich dagegen sträubte, es sich selbst einzugestehen. Es war die Abwesenheit von Peggy, die die Veränderung herbeigeführt hatte. Erst jetzt war ihm richtig bewusst geworden, wie sehr ihn ihre Besuche angeregt hatten. Er hatte sie lachend sein Maskottchen genannt; aber die Sache war kein Scherz. Es war wahr. Ihre Abwesenheit raubte ihm die Fähigkeit zu schreiben.

Er war einsam. Zum ersten Mal seit seiner Ankunft in New York war er wirklich einsam. Die Einsamkeit hatte ihm bisher nicht geschadet. In seinen düsteren Momenten hatte es ihm gereicht, auf das Foto auf dem Kaminsims zu schauen, und schon war er nicht mehr allein. Doch nun hatte das Foto seinen Zauber verloren. Es konnte ihn nicht halten. Immer wieder wanderten seine Gedanken zu dem kleinen, schwarzhaarigen Gespenst zurück, das auf dem Tisch saß, ihn anlächelte und ihn mit seinen grauen Augen befragte.

Und die Tage vergingen, unverändert in ihrer Monotonie. Und immer saß der Geist auf dem Tisch und lächelte ihn an.

Mit dem Herbst kam die Wiedereröffnung der Theater. Eines nach dem anderen leuchteten die elektrischen Schilder am Broadway auf und verbreiteten die Botschaft, dass die langweiligen Tage vorbei seien und New York wieder es selbst sei. Im Melody, wo vor langer Zeit „*The Island of Girls*“ seinen unbeschwerten Auftritt hatte, wurde gerade ein neues Musikstück geprobt. Alcala war wieder einmal voll. Die nächtlichen Gesprächsfetzen vor seiner Tür hatten wieder begonnen. Er lauschte auf ihre Stimme, aber er hörte sie nie.

Bis in die frühen Morgenstunden saß er da und wartete, aber sie kam nicht. Einmal hatte er versucht zu schreiben und war, wie immer, ins Grübeln geraten – da klopfte es leise an der Tür. Im Nu war er von seinem Stuhl aufgesprungen und drehte den Griff. Es war einer der Reporter von oben, dem die Streichhölzer ausgegangen waren. Rutherford gab ihm eine Handvoll. Der Reporter ging hinaus und fragte sich, worüber der Mann gelacht hatte.

Am Broadway gibt es Balsam, besonders nachts. Die Depression verschwindet vor der Fröhlichkeit des großen weißen Weges, wenn die Lichter angezündet werden und die menschliche Flut in voller Flut ist. Rutherford hatte sich in letzter Zeit angewöhnt, zur Theaterzeit im Viertel Forty-Second Street zu patrouillieren. Er fand, dass es ihm gut tat. In der Atmosphäre der New Yorker Straßen herrscht eine Fröhlichkeit, eine gute Laune. Rutherford liebte es, auf dem Bürgersteig zu stehen, die Passanten zu beobachten und ihnen Geschichten zu erzählen.

Eines Nachts hatten ihn seine Wanderungen zum Herald Square geführt. Die Theater leerten sich gerade. Dies war die Zeit, die ihm am besten gefiel. Er trat zur Seite, um zuzusehen, und als er sich bewegte , sah er Peggy.

Sie stand an der Ecke und knöpfte einen Handschuh zu. Er war sofort an ihrer Seite.

„Peggy!" er weinte.

Sie sah blass und müde aus, aber die Farbe kehrte in ihre Wangen zurück, als sie ihre Hand ausstreckte. In ihrem Verhalten war keine Spur von Verlegenheit zu erkennen; es war einfach nur eine ehrliche Freude, ihn wiederzusehen.

'Wo bist du gewesen?' er sagte. „Ich konnte mir nicht vorstellen, was aus dir geworden ist."

Sie sah ihn neugierig an.

„Hast du mich vermisst, George?"

'Vermisse dich? Natürlich habe ich. „Seit du weg bist, geht meine Arbeit völlig kaputt."

„Ich bin erst letzte Nacht zurückgekommen. Ich bin im neuen Stück im Madison. Mensch, ich bin müde, George! „Wir haben den ganzen Tag geprobt."

Er nahm sie am Arm.

„Kommen Sie und essen Sie etwas zu Abend. Du siehst erschöpft aus. Bei Gott, Peggy, schön dich wiederzusehen! Kannst du bis zum Haus des Rektors gehen, oder soll ich dich tragen?'

„Ich schätze, ich kann so weit laufen." Aber Rektor? Ist dein reicher Onkel gestorben und hat dir ein Vermögen hinterlassen, George?'

„Mach dir keine Sorgen, Peggy. Das ist ein Anlass. Ich dachte, ich würde dich nie wieder sehen. Wenn du willst, kaufe ich dir das ganze Hotel.'

„Nur das Abendessen reicht, schätze ich. „Du wirst immer runder, George."

'Natürlich bin ich. „Mein Charakter hat alle möglichen Seiten, von denen Sie noch nie geträumt haben."

Sie schienen Peggy bei Rector zu kennen. Paul, der Oberkellner, strahlte sie väterlich an. Ein oder zwei Männer drehten sich um und sahen ihr nach, als sie vorbeiging. Die Kellner lächelten leicht, aber freundlich. Rutherford, der auf sie konzentriert war, bemerkte nichts davon.

Trotz ihrer Proteste bestellte er ein aufwendiges und teures Abendessen. Er legte besonderen Wert auf den Wein. Der Kellner, der an ihm gezweifelt hatte, war überzeugt und ging los, um den Befehl auszuführen, da er darüber nachdachte, dass es nie sicher sei, einen Mann nach seiner Kleidung zu beurteilen, und dass Rutherford wahrscheinlich einer dieser exzentrischen jungen Millionäre war, die es nicht taten. Es ist mir egal, wie sie sich gekleidet haben.

'Also?' sagte Peggy, als er fertig war.

'Also?' sagte Rutherford.

„Du siehst braun aus, George."

„Ich war in den Catskills."

„Bleiben Sie immer noch so stark auf dem Rube-Vorschlag wie eh und je?"

'Ja. Aber auch der Broadway hat seine Vorteile.'

„Oh, das wird dir langsam klar? Mensch, ich bin froh, zurück zu sein. Ich habe genug vom Wilden Westen. Wenn irgendjemand jemals versucht, dich westlich der Eleventh Avenue zu steuern, George, dann geh nicht. Es gibt nichts zu tun. Wie ist es dir bei deinem Schreibstunt ergangen?

'Ziemlich gut. Aber ich wollte dich. Ohne mein Maskottchen war ich verloren. Ich habe eine Geschichte in der *Wilson's-Ausgabe dieses Monats* . Eine lange Geschichte und entsprechend bezahlt. Deshalb kann ich großartigen Schauspielerinnen Abendessen geben."

„Ich habe es im Zug gelesen", sagte Peggy. „Es ist großartig. Weißt du, was du tun solltest, George? Du solltest daraus ein Theaterstück machen. In Theaterstücken steckt eine Menge Geld.'

'Ich weiß. Aber wer will schon ein Stück von einem unbekannten Mann?'

Willie in der Wildnis haben möchte , wenn man daraus ein Theaterstück machen würde, und das ist Winfield Knight." Hast du ihn jemals gesehen?'

„Ich habe ihn in *The Outsider gesehen* . Er ist schlau.'

„Er ist es, wenn er eine Rolle bekommt, die zu ihm passt." Wenn er das nicht tut, ist er keine Bohnenreihe. Es ist nur ein Glücksspiel. Das Ding, in dem er jetzt steckt, ist nicht gut. Die Rolle passt ihm überhaupt nicht. In einem Monat wird er nach einem weiteren Stück schreien, damit Sie ihn in Connecticut hören können.'

„Er soll nicht umsonst schreien", sagte Rutherford. „Wenn er meine Arbeit will, wer bin ich dann, dass ich seinen einfachen Vergnügungen im Wege stehen sollte?" Ich fange morgen mit der Sache an.'

„Ich denke, ich kann dir auch etwas helfen." Ich kannte Winfield Knight. Ich kann Sie über viele Dinge über ihn informieren, die Ihnen dabei helfen werden, Willies Charakter so zu entwickeln, dass er wie angegossen zu ihm passt."

Rutherford hob sein Glas.

„Peggy", sagte er, „du bist mehr als ein Maskottchen." Sie sollten für alles, was ich schreibe, eine hohe Provision erhalten. Es ist mir unheimlich, wie einer dieser anderen Kerle jemals etwas schreiben kann, ohne dass Sie da sind, um ihnen zu helfen. Ich frage mich, was die teuerste Zigarre ist, die sie hier aufbewahren? Ich muss es haben, was auch immer es ist. *Adel verpflichtet* . „Wir beliebten Dramatiker dürfen in der Öffentlichkeit nicht dabei gesehen werden, wie wir billiges Zeug rauchen."

Es war Rutherfords künstlerisches Temperament, das ihn dazu veranlasste, ein Taxi herbeizurufen, als sie das Restaurant verließen. Taxis sind nichts für junge Männer, die in Banken verschwindend geringe Gehälter beziehen, selbst wenn diese Gehälter in seltenen Abständen durch eine Kurzgeschichte in einer Zeitschrift aufgestockt werden. Peggy war dafür, mit dem Auto nach Alcala zurückzukehren, aber Rutherford weigerte sich, einen solchen Höhepunkt zu akzeptieren.

Peggy kuschelte sich mit einem müden Seufzer in die Ecke des Taxis, und es herrschte Stille, als sie sich sanft den Broadway entlang bewegten.

Er blickte sie im trüben Licht an. Sie sah sehr klein und wehmütig und zerbrechlich aus. Plötzlich überkam ihn ein intensiver Wunsch, sie hochzuheben und an sich zu drücken. Er hat dagegen gekämpft. Er versuchte, seine Gedanken auf das Mädchen zu Hause zu richten und sich einzureden, dass er ein Ehrenmann sei . Seine Finger umklammerten die Kante des Sitzes und verkrampften sich, bis jeder Muskel seines Arms steif war.

Das Taxi überquerte ein holpriges Stück Straße und riss Peggy aus ihrer Ecke. Ihre Hand fiel auf seine.

„Peggy!" er weinte heiser.

Ihre grauen Augen waren feucht. Er konnte sie glitzern sehen. Und dann umarmte er sie und bedeckte ihr nach oben gerichtetes Gesicht mit Küssen.

Das Taxi hielt am Eingang von Alcala. Schweigend stiegen sie aus und gingen wortlos in die Halle. Aus Gewohnheit warf Rutherford einen Blick auf den Briefständer an der Wand am Fuß der Treppe. In seiner Schublade lag ein Brief.

Mechanisch zog er es heraus; und als sein Blick auf die Handschrift fiel, schien etwas in ihm zu zerbrechen.

Er blickte zu Peggy, die unten auf der Treppe stand, und dann wieder zu dem Umschlag in seiner Hand. Seine Stimmung veränderte sich mit einer Heftigkeit, die ihn körperlich schwach machte. Er fühlte sich benommen, als wäre er aus einer Trance erwacht.

Mit großer Anstrengung meisterte er es. Peggy war ein paar Stufen hinaufgestiegen und blickte über ihre Schulter zu ihm zurück. Er konnte jetzt die Bedeutung in den grauen Augen lesen.

„Gute Nacht, Peggy", sagte er mit leiser Stimme. Sie drehte sich zu ihm um und rührte sich einen Moment lang nicht.

'Gute Nacht!' sagte Rutherford noch einmal.

Ihre Lippen öffneten sich, als wollte sie etwas sagen, aber sie sagte nichts.

Dann drehte sie sich wieder um und begann langsam die Treppe hinaufzugehen.

Er stand da und beobachtete sie, bis sie das obere Ende der langen Treppe erreicht hatte. Sie blickte nicht zurück.

5

Danach begannen Peggys nächtliche Besuche von neuem, und der Geist auf dem Tisch machte Rutherford keine Sorgen mehr. Seine Unruhe verließ ihn. Er begann mit neuem Elan und Erfolg zu schreiben. In späteren Jahren schrieb er viele Stücke, die meisten davon gute, klare Werke, aber keines davon stammte von ihm mit der völligen Arbeitslosigkeit, die das Schreiben von „*Willie in the Wilderness*" zu einer Freude machte. Er schrieb leicht und mühelos. Und immer war Peggy da, helfend, anregend, ermutigend.

Manchmal, wenn er nach dem Abendessen hereinkam, um sich an die Arbeit zu machen, fand er auf seinem Tisch ein Stück Papier, das mit ihrer Schulmädchen-Kritzelei bedeckt war. Es würde ungefähr so ablaufen:

„Er ist stolz auf seine Arme." Sie sind dünn, aber er hält sie für die Grenze. Es ist besser, irgendwo eine hemdsärmlige Szene für Willie einzubauen.'

„Er findet, dass er ein schönes Profil hat." Könnten Sie nicht eines der Mädchen dazu bringen, etwas darüber zu sagen, dass Willie die Ware in dieser Reihe hat?

„Er ist verrückt nach Golf."

„Er ist stolz auf seinen französischen Akzent. Könntest du Willie nicht dazu bringen, ein kleines Stück Französisch zu sprechen?

„Er" ist Winfield Knight.

Und so wuchs die Figur von Willie nach und nach, bis er nicht mehr der Willie aus der Zeitschriftengeschichte war, sondern mit Verbesserungen zu Winfield Knight selbst wurde. Die Aufgabe begann Rutherford zu faszinieren. Es war, als würde man eine angenehme Überraschung für ein Kind planen. „Das wird ihm gefallen", sagte er zu sich selbst, während er in einer Rede schrieb, die es Willie ermöglichte, eine der tatsächlichen oder eingebildeten Leistungen des abwesenden Schauspielers zur Schau zu stellen. Peggy las es und stimmte zu. Sie war es, die die große Rede im zweiten Akt vorschlug, in der Willie den Verlauf seiner Liebesbeziehung im Hinblick auf die Golf-Links beschrieb. Von ihr kamen auch Informationen über kleine Charakterzüge des Mannes, die der Fremde nicht vermutet hätte.

Im Verlauf des Stücks war Rutherford erstaunt über die Vollständigkeit der Figur, die er geschaffen hatte. Es lebte. Willie in der Zeitschriftengeschichte hätte jeder sein können. Er passte in die Geschichte, aber man konnte ihn nicht sehen. Er hatte keine wirkliche Individualität.

Aber Willie im Stück! Er hatte das Gefühl, dass er ihn auf der Straße erkennen würde. Zwischen den beiden bestand der gleiche Unterschied wie zwischen einer namenlosen Figur auf einem billigen Bild und einem Porträt von Sargent. Es gab Zeiten, in denen ihm die Geschichte des Stücks dürftig und die anderen Charaktere hölzern vorkamen, aber in seiner düstersten Stimmung war er sich Willies sicher. Alle Widersprüche in der Figur stimmten: der Humor , das Pathos, die oberflächliche Eitelkeit, die eine echte Zurückhaltung verbarg, die Stärke und Schwäche, die gegeneinander kämpften.

„Du lebst, mein Sohn", sagte Rutherford bewundernd, während er die Blätter las. „Aber du gehörst nicht zu mir."

Endlich kam der Tag, an dem das Stück zu Ende war, an dem die letzte Zeile geschrieben und die letzte mögliche Änderung vorgenommen wurde ; und später, an dem Tag, als Rutherford, das mit braunem Papier bedeckte Paket unter dem Arm, im Players' Club vorsprach, um einen Termin mit Winfield Knight zu vereinbaren.

Fast vom ersten Moment an hatte Rutherford das Gefühl, dass er den Mann schon einmal getroffen hatte, dass er ihn kannte. Mit fortschreitender Bekanntschaft – der Schauspieler war in ausgelassener Stimmung und redete viel, bevor er zum Geschäft kam – wuchs das Gefühl. Dann verstand er. Das war Willie und kein anderer. Die Ähnlichkeit war außergewöhnlich. Kleine Gedankengänge, kleine Ausdrücke – sie alle waren Teil des Stücks.

Der Schauspieler hielt inne und erzählte, wie er beinahe einen Golf-Champion geschlagen hätte, und blickte auf das Paket.

„Ist das das Stück?" er sagte.

„Ja", sagte Rutherford. „Soll ich es lesen?"

„Ich schätze, ich werde es einfach selbst durchsehen." Wo ist Akt I? Hier sind wir! Trinken Sie eine Zigarre, während Sie warten?'

Rutherford ließ sich in seinem Stuhl nieder und beobachtete das Gesicht des anderen. Auf den ersten paar Seiten, die einige zahme Dialoge zwischen Nebenfiguren enthielten, war es leer.

„Herr, Willie", sagte er. „Bin ich Willie?"

„Das hoffe ich", sagte Rutherford lächelnd. „Es ist der Star-Teil."

'Hm.'

Er las weiter. Rutherford beobachtete ihn mit verstohlener Aufmerksamkeit. Am Ende der Seite, die er gerade las, kam eine Zeile, die ihm auffallen sollte, ein Epigramm über Golf, ein skurriler Gedanke, fast genau so ausgedrückt, wie er ihn selbst vor fünf Minuten ausgedrückt hatte, als er seine Golfgeschichte erzählte.

Der Schuss verfehlte sein Ziel nicht. Das Lachen des Schauspielers und der erleichterte Seufzer von Rutherford erklangen fast gleichzeitig. Winfield Knight drehte sich zu ihm um.

„Das ist ein toller Satz über Golf", sagte er.

Rutherford zog selbstgefällig an seiner Zigarre.

„Das Stück enthält noch viel mehr davon", sagte er.

„Bully für dich", sagte der Schauspieler. Und las weiter.

Es verging eine Dreiviertelstunde, bis er wieder sprach. Dann blickte er auf.

„Ich bin es", sagte er; „Ich bin es immer." Ich wünschte, ich hätte das gesehen, bevor ich den Punk anzog, den ich jetzt mache. Das bin ich vom Drive vom Abschlag. Es ist großartig! Sag mal, was willst du haben?'

Rutherford lehnte sich in seinem Stuhl zurück, seine Gedanken wirbelten durcheinander. Er war endlich angekommen. Seine Kämpfe waren vorbei. Er würde nicht zugeben, dass das Stück scheitern könnte. Er war ein gemachter Mann. Er konnte gehen, wohin er wollte, und tun, was er wollte .

Es erfüllte ihn mit einem gewissen Schock, als er feststellte, wie beharrlich seine Gedanken sich weigerten, in England zu bleiben. So sehr er sich auch bemühte, sie dort zu halten, sie huschten immer wieder zurück nach Alcala.

6

„*Willie in the Wilderness*" war kein Misserfolg. Es war ein Triumph. Grundsätzlich ist es zwar ein persönlicher Triumph für Winfield Knight. Alle waren sich einig, dass er noch nie eine Rolle gehabt hatte, die ihm so gut gepasst hatte. Die Kritiker verziehen dem Stück wegen seiner Hauptfigur die Fehler. Das Stück war eine merkwürdig amateurhafte Sache. Erst später lernte Rutherford Geschicklichkeit und Vorsicht. Als er „*Willie*" schrieb, war er ein junges Jungtier, das ungehindert durch das Feld des Theaterschreibens streifte, ohne sich seiner Fallstricke bewusst zu sein. Aber trotz all seiner Fehler war „*Willie in the Wilderness*" ein Erfolg. Wie ein Kritiker betonte, handelte es sich für Winfield Knight möglicherweise eher um einen Monolog als um ein Theaterstück, aber das hatte keinen Einfluss auf Rutherford.

Es war spät am Eröffnungsabend, als er nach Alcala zurückkehrte. Er hatte zuvor versucht zu fliehen. Er wollte Peggy sehen. Aber Winfield Knight war voller Erfolg in seiner ausgelassensten Stimmung. Er packte Rutherford und ließ ihn nicht gehen. Es gab ein Abendessen, ein fröhliches, ausgelassenes Abendessen, bei dem jeder jedem zu gratulieren schien. Männer, die er noch nie zuvor getroffen hatte, schüttelten ihm herzlich die Hand. Jemand hielt eine Rede, obwohl der Rest des Unternehmens sich bemühte, ihn daran zu hindern. Rutherford saß benommen da und hatte keinen Bezug zur Stimmung der Party. Er wollte Peggy. Er hatte die ganze Aufregung und den Lärm satt. Er hatte genug davon. Alles, was er verlangte, war die Erlaubnis, sich ruhig davonzumachen und nach Hause zu gehen. Er wollte nachdenken, versuchen zu erkennen, was das alles für ihn bedeutete.

Schließlich löste sich die Party in einer letzten Explosion von Händeschütteln und Glückwünschen auf; und um Winfield Knight zu entgehen, der vorschlug, ihn in seinen Club mitzunehmen, begann er, den Broadway hinaufzulaufen.

Es war spät, als er Alcala erreichte. In seinem Zimmer brannte Licht. Peggy hatte oben gewartet, um die Neuigkeiten zu hören.

Sie sprang vom Tisch, als er hereinkam.

'Also?' Sie weinte.

Rutherford setzte sich und streckte seine Beine aus.

„Es ist ein Erfolg“, sagte er. „Ein Riesenerfolg!“

Peggy klatschte in die Hände.

„Schläger für dich, George!“ Ich wusste, dass es so sein würde. Erzähl mir alles darüber. War Winfield gut?‘

„Er war der Volltreffer. Da war nichts außer ihm drin.‘ Er stand auf und legte seine Hände auf ihre Schultern. „Peggy, altes Mädchen, ich weiß nicht, was ich sagen soll. Sie wissen genauso gut wie ich, dass es Ihnen zu verdanken ist, dass das Stück ein Erfolg geworden ist. Wenn ich nicht deine Hilfe gehabt hätte …“

Peggy lachte.

„Oh, schlag es, George!“ Sie sagte. „Kommen Sie nicht, um mich zu vergnügen. Ich sehe aus wie ein hochkarätiger Dramatiker, nicht wahr? NEIN; Ich bin wirklich froh, dass du einen Hit gemacht hast, George, aber fange nicht an, die Geschichte zu erzählen, dass es nicht dein eigener ist. Ich habe nichts getan.‘

'Du machtest. Du hast alles getan.'

„Das habe ich nicht. Aber sagen wir mal, fangen wir nicht an zu streiten. Erzähle mir mehr darüber. Wie viele Anrufe haben Sie entgegengenommen?

Er erzählte ihr alles, was passiert war. Als er fertig war, herrschte Stille.

„Ich schätze, du wirst bald aufhören, George?" sagte Peggy schließlich. „Jetzt, wo du einen Volltreffer geschafft hast. Du gehst doch zurück zu diesem Kneipenladen mit den Kühen und Hühnern – nicht wahr?'

Rutherford antwortete nicht. Er starrte nachdenklich auf den Boden. Er schien es nicht gehört zu haben.

„Ich schätze, das Mädchen wird sich freuen, dich zu sehen", fuhr sie fort. „Solltest du morgen telegrafieren, George?" Und dann heiratest du, gehst und lebst im Rubenshaus, wirst ein ganz normaler Heusamen und …" Sie brach plötzlich mit einem Stocken in ihrer Stimme ab. „Mensch", flüsterte sie und hielt inne, „es wird mir leid tun, wenn du gehst, George."

Er sprang auf.

„Peggy!"

Er packte sie am Arm. Er hörte, wie sie schnell Luft holte.

„Peggy, hör zu!" Er umklammerte sie, bis sie vor Schmerz zusammenzuckte. „Ich gehe nicht zurück." Ich werde nie wieder zurückkehren. Ich bin ein Schurke, ich bin ein Hund! Ich weiß, ich bin. Aber ich gehe nicht zurück. Ich werde hier bei dir bleiben. Ich will dich, Peggy. Hörst du? Ich will dich!'

Sie versuchte sich loszureißen, aber er hielt sie fest.

„Ich liebe dich, Peggy! Peggy, wirst du meine Frau sein?'

In ihren grauen Augen lag völliges Erstaunen. Ihr Gesicht war sehr weiß.

„Willst du, Peggy?"

Er ließ ihren Arm fallen.

„Willst du, Peggy?"

'NEIN!' Sie weinte.

Er zog sich zurück.

'NEIN!' Sie weinte heftig, als würde es ihr wehtun, zu sprechen. „Ich würde dir keinen so gemeinen Streich spielen." Ich mag dich zu gern, George. Es gab noch nie jemanden wie dich. Du warst wirklich gut zu mir. Ich habe noch nie einen Mann getroffen, der mich so behandelt hat wie Sie. Du bist der einzige echte Weiße, der mir je passiert ist, und ich denke, ich werde dir keinen einfachen Streich spielen, wie zum Beispiel, dir das Leben zu verderben. George, ich dachte, du wüsstest es. Ehrlich gesagt, ich dachte, du wüsstest es. Wie hättest du gedacht, dass ich an einem tollen Ort wie diesem lebe, wenn du es nicht wüsstest? Wie kam es, dass mich jeder bei Rector kannte? Wie konnte ich Ihrer Meinung nach so viel über Winfield Knight herausfinden? Kannst du es nicht erraten?'

Sie holte tief Luft.

'ICH-'

Er unterbrach sie heiser.

„Ist da jetzt jemand, Peggy?"

„Ja", sagte sie, „das gibt es."

„Du liebst ihn nicht, Peggy, oder?"

'Liebe ihn?' Sie lachte bitter. 'NEIN; Ich liebe ihn nicht.'

„Dann komm zu mir, Liebling", sagte er.

Sie schüttelte schweigend den Kopf. Rutherford setzte sich, das Kinn auf die Hände gestützt. Sie kam zu ihm und strich ihm das Haar glatt.

„Das würde nicht gehen, George", sagte sie. „Ehrlich gesagt, das würde nicht gehen. Hören. Als wir uns das erste Mal trafen, mochte ich dich ziemlich, George, und ich war sauer auf dich, weil du das andere Mädchen so gern hattest und keine Notiz von mir nahmst – nicht auf die Art und Weise, wie ich es wollte, und ich habe es versucht – Mann, das fühle ich bedeuten. Es war alles meine Schuld. Ich dachte nicht, dass es eine Rolle spielen würde. Damals schien es für Sie keine Chance mehr zu geben, dorthin zurückzukehren und die Art von guter Zeit zu haben, die Sie sich gewünscht hatten; und ich dachte, du bleibst einfach hier und wir wären Freunde und – aber jetzt kannst du zurückgehen, es ist alles anders. Ich konnte dich nicht behalten. Es wäre zu gemein. Du siehst, du willst nicht wirklich aufhören. Du denkst, dass du es tust, aber du tust es nicht!'

„Ich liebe dich", murmelte er.

„Du wirst mich vergessen." Es ist alles nur ein Broadway-Traum, George. Stellen Sie sich das so vor. Der Broadway hat dich jetzt, aber du gehörst nicht wirklich dazu. Du bist nicht wie ich. Es liegt dir nicht im Blut, also kannst du es auch nicht rausbekommen. Es sind die Hühner und Rosen, die Sie wirklich wollen. Einfach ein Broadway-Traum. Das ist es. George, ich weiß noch, wie ich als Kind immer wieder im Schaufenster eines Ladens nach einem Stück Süßigkeiten geweint habe, bis einer meiner Brüder aufgestanden ist und es mir gekauft hat, nur um den Lärm zu stoppen. Mensch! Ungefähr eine Minute lang war ich mit dem Essen am beschäftigtsten, was mir je passiert ist. Und dann schien es mich nicht mehr zu interessieren. Für dich ist der Broadway so, George. Du gehst zurück zu dem Mädchen und den Kühen und all dem. Ich schätze, es wird einigen weh tun, aber ich schätze, du wirst es nicht bereuen.'

Sie bückte sich schnell und küsste ihn auf die Stirn.

„Ich werde dich vermissen, Liebes", sagte sie leise und verschwand.

Rutherford saß regungslos da. Draußen verwandelte sich die Schwärze in Grau und das Grau in Weiß. Er stand auf. Er fühlte sich sehr steif und kalt.

„Ein Broadway- Traum !" er murmelte.

Er ging zum Kaminsims und nahm das Foto auf. Er trug es zum Fenster, wo er es besser sehen konnte.

Ein Sonnenstrahl durchdrang die Vorhänge und fiel darauf.